图书在版编目（CIP）数据

江苏省稻米产业高质量发展战略研究 / 张洪程等著
. —北京：中国农业出版社，2021.12
　　ISBN 978-7-109-28968-0

Ⅰ.①江…　Ⅱ.①张…　Ⅲ.①水稻－产业经济－研究
报告－浙江　Ⅳ.①F326.11

中国版本图书馆 CIP 数据核字（2021）第 255740 号

江苏省稻米产业高质量发展战略研究
JIANGSUSHENG DAOMI CHANYE GAOZHILIANG FAZHAN ZHANLÜE YANJIU

中国农业出版社出版
地址：北京市朝阳区麦子店街 18 号楼
邮编：100125
责任编辑：孟令洋　郭晨茜　杜　然
版式设计：杨　婧　　责任校对：刘丽香　　责任印制：王　宏
印刷：北京通州皇家印刷厂
版次：2021 年 12 月第 1 版
印次：2021 年 12 月北京第 1 次印刷
发行：新华书店北京发行所
开本：787mm×1092mm　1/16
印张：22.25
字数：650 千字
定价：200.00 元

《江苏省稻米产业高质量发展战略研究》

著 者 名 单

张洪程　陆建飞　金　涛　徐金海
徐志刚　陈　品　魏海燕

中国工程院院地合作项目

中国工程科技发展战略江苏研究院 2019 年度

战略咨询研究重大项目

顾　问

刘　旭　中国工程院院士
程顺和　中国工程院院士
陈温福　中国工程院院士
宋宝安　中国工程院院士
康振生　中国工程院院士
张佳宝　中国工程院院士
胡培松　中国工程院院士
谢　健　国粮武汉科研设计院总工程师
唐明珍　江苏省农业农村厅总农艺师
张生彬　江苏省粮食和物资储备局副局长
杨天和　江苏省科技厅农村科技处处长
邵红宁　江苏省农村经济研究中心主任

 # 序　言

江苏是我国重要的稻作发源地，水稻种植历史超过 8 000 年。独拥江河湖海四水，享有"鱼米之乡"美誉，是长三角区域"第一粮仓"。江苏水稻常年种植面积 220 万 hm²、居全国第六，总产 190 亿 kg、居全国第四，是长江中下游单季粳稻优势区，也是我国南方最大的粳稻主产区，同时还是我国中籼稻生产北缘地带优势区。2011 年以来，江苏省水稻单产不断取得新突破，公顷产量连年稳定在 8 250kg 以上，居全国水稻主产省第一，超过了美国、埃及等世界水稻高产国家。超过 200 万 hm² 水稻大面积持续高产稳产，是支撑我国"口粮绝对安全"的重要保障。"苏米"不仅满足了全省 8 000 多万常住人口的口粮需求，每年净外调稻谷 60 多亿 kg，是保障长三角地区优质主粮安全的"压舱石"。

必须看到，在江苏省水稻大面积持续高产的进程中，江苏省稻米产业发展积累了一些矛盾和问题，首先是产量高而质不优，优质稻米占比不高，不能满足消费提档升级的需要，稻米总量增加与优质稻米供给短缺的矛盾突出；其次是产出高而不绿，长期高产依赖于高水平的化肥和农药投入，给稻田生态系统带来较大的环境压力；第三是高产而不高效，受生产成本刚性上升和销售价格下行的影响，水稻种植效益不高，严重影响了广大稻农生产积极性；第四是"稻强米弱"，稻米初级加工产品多，高附加值的精深加工产品较少，稻米品牌多而散，缺乏影响力强、市场占有率高的引领性品牌。这些矛盾和问题，严重制约了江苏省稻米产业的可持续发展，更不能适应江苏省稻米产业高质量发展的新要求。

在全省水稻稳定高产的前提下，大面积实现绿色、优质、高效，繁荣现代稻作文化，推动江苏省稻米产业高质量发展，是江苏这个鱼米之乡几千年农业发展史上的一场新的革命，在中国乃至世界农业发展中都是一个重大的课题，有许多"很难啃的骨头"，是一场持久战，需要在技术、管理、制度和政策等方面进行系统性的创新和集成应用。

推进江苏省稻米产业高质量发展，已经历史性地摆在江苏省高质量发展的新跑道上。为更好地服务江苏省稻米产业高质量发展的重大决策，迫切需要凝聚多学科、多部门的研究力量，对江苏省稻米产业高质量发展战略进行多角度、全方位、系统性、前瞻性的研究，明确江苏省稻米产业高质量发展的战略导向、战略路径、战略重点、战略举措，以及对相应的体制机制创新、制度建设与政策创设等。为此，中国工程科技发展战略江苏研究院将"江苏省稻米产业高质量发展战略研究"列为 2019 年度战略咨询研究重大项目，并设置了 4 个研究课题，分别为"江苏省稻米产业高质量发展综合研究"（主持人为张洪程和陆建飞）、"江苏省水稻生产大面积绿色优质丰产高效发展战略研究"（主持人为金涛和魏海燕）、"江苏省稻米加工业高质量发展战略研究"（主持人为徐金海）、"江苏省稻米产业高效流通与高影响力品牌建设研究"（主持人为徐志刚和陈品）。

项目研究历时两年半，基于水稻生产、加工、流通等全产业链分析的视角，对江苏省稻米全产业链进行诊断和优化研究，明确新时代江苏省稻米产业高质量发展"卡脖子"问题，提出了江苏省稻米产业高质量发展内涵、路径、重点及政策建议，得到江苏省领导的充分肯定，其中"开展比学赶超，奋力推进'苏米'产业走在全国最前列"的建议得到中共江苏省委原书记娄勤俭、副书记任振鹤和江苏省人民政府副省长赵世勇的肯定性批示，并被中共江苏省委督察室列为 2020 年督办事项。

推动江苏省稻米产业高质量发展，是江苏省实施乡村振兴战略推进农业现代化建设的重大工程，更是新时期践行发展新理念、勇担"争当表率、争做示范、走在前列"的新使命，也是新时代建设美丽富饶的鱼米之乡的必然要求，对引领全国稻米产业高质量发展乃至现代农业产业的高质量发展均具有重大意义。为此，项目组把得到广大同仁指导和支持、凝结项目组成员共同智慧和汗水的主要研究成果（不包括公开发表的研究论文和已提交的咨询研究报告）结集出版，期望能够对新时期我国粮食产业乃至农业产业高质量发展研究起到促进作用，对全面实施乡村振兴战略、加快农业农村现代化、保障我国粮食安全起到政策咨询作用。

推进农业高质量发展，是一场深刻的变革，绝不是对现有发展路径的小修小补，而是要实现工作导向的重大转变和工作重心的重大调整，推动农业发展的质性革命，是一项长期而艰巨的任务。我们将继续与广大同仁共同努力，潜心研究，多作贡献。

2021 年岁末

目　录

序言

第四篇　江苏省稻米产业高效流通与高影响力品牌建设研究

01

第一篇 江苏省稻米产业高质量发展综合研究

江苏省稻米产业高质量发展战略研究综合报告

[摘要] 水稻是江苏省第一大粮食作物，稻米产业是江苏省农业第一主导产业，推进江苏省稻米产业高质量发展意义重大。长期以来，江苏省强化政策支持、强化创新驱动、强化主体培育与载体建设、强化技术服务，全产业链推进稻米产业发展，水稻产能稳中有升，优质产能比重不断增加，绿色发展不断推进，生产机械化水平不断提高，水稻生产性服务不断发展，稻米加工业快速发展，品牌影响力不断增强，为稻米产业高质量发展奠定了良好基础。但江苏省稻米产业发展存在稳定水稻面积难度大、农药化肥"双减"难度大、高产高效协调难度大、优质化水平有待进一步提升、生产性服务有待进一步加强、稻米加工有待做优做强、品牌建设需要持续发力、稻米全产业链协同有待进一步推进等问题。新时期江苏省稻米产业发展需要抓住政策环境不断优化、市场需求不断升级、创新驱动不断加强、区域合作不断深化、生态文明不断厚植等机遇，全面应对构建发展新格局、推动共同富裕、推进绿色发展、提升要素生产率和市场竞争力的挑战。立足江苏省稻米产业发展的现实和人们美好生活的需求，江苏省稻米产业发展需要在学习借鉴国内外先进经验的基础上，聚焦产能稳定、产品质量高、产业效益高、生产效率高、经营主体强、绿色可持续、品牌影响力大、创新驱动强等内涵特征，以发展中高端稻米产业为指引，坚持"五良"（良田、良种、良法、良机、良制）配套、"五优"（优粮优产、优粮优购、优粮优储、优粮优加、优粮优销）联动，着力推进稻米产业"三链协同"（延伸产业链、提升价值链、打造供应链）和"三品一标"提升（品种创优、品质提升、品牌打造和标准化生产），实施固本强基、创新驱动、主体提升、绿色发展、链动融合、品牌引领"六大战略"，加快推进水稻种业提升、水稻大面积绿色优质丰产高效技术集成创新、水稻绿色高质高效创建、稻米加工业龙头企业培育、稻米加工园区建设、稻米多元开发与精深加工技术支撑、稻米加工业品牌价值提升、"水韵苏米"省域品牌再提升、"苏米""高特优"品牌培育、稻米全产业强链等"十大行动"，全面提高稻米产业发展质量效益与竞争力，在稻米产业高质量发展上"争当表率、争做示范、走在前列"，为全面推进乡村振兴、加快农业农村现代化提供坚实支撑。

一、江苏省稻米产业高质量发展的重大意义

习近平总书记在党的十九大报告中指出，我国经济已由高速增长阶段转向高质量发展阶段，必须坚持质量第一、效益优先，以供给侧结构性改革为主线，推动经济发展质量变革、效率变革、动力变革，提高全要素生产率。这一重要论断，明确了我国经济发展的阶段特征、方向路径和主要任务。高质量发展，是大形势、大格局、大逻辑。

2018 年中央 1 号文件提出，实施质量兴农战略，深入推进农业绿色化、优质化、特色化、品牌化，全面推进农业高质量发展。推进农业高质量发展，是一场深刻的变革，绝不是对现有发展路径的小修小补，而是要实现工作导向的重大转变和工作重心的重大调整，推动农业来一场质量革命，是一项长期而艰巨的任务。

稻米是主粮中的主粮，是保障国家粮食安全的基石。稻米产业是保证国民营养安全健康的民生产业，在构建和完善粮食安全保障体系中具有重要地位。由于稻米结构性过剩与有效供给不足并存，稻米产业仍需加快产业转型升级，促进产业高质量发展，不断满足人民日益增长的美好生活需要。

江苏省是江淮农业文明的重要发源地，水稻种植历史超过 8 000 年。独拥江河湖海四水，享有"鱼米之乡"美誉，是长三角区域"第一米仓"。江苏省水稻常年种植面积 220 多万 hm^2，居全国第六；总产 190 亿 kg 左右，居全国第四；是我国南方最大的粳稻主产区，面积约占全国粳稻的 20%，也是我国籼稻生产北缘地带和全国中籼稻优势区。

2011—2020 年，江苏省水稻单产稳定在 8 368kg/hm^2 以上，并不断跃上新台阶，2020 年达到 8 923.5kg/hm^2；近 3 年水稻单产稳定在 8 840kg/hm^2 以上，居全国水稻主产省第一，超过美国、埃及等世界水稻高产国家。220 多万 hm^2 水稻持续高产稳产，世界领先，为我国"口粮绝对安全"提供了支撑，为农民增收做出了重要贡献。"苏米"不仅满足了江苏省 8 000 多万常住人口的口粮需求，每年还输出稻谷 60 亿 kg 以上，是长三角区域大米消费的重要来源。

2018 年，江苏省将优质稻米产业列为"全省现代农业提质增效工程"八大千亿级农业特色产业之首，提出到 2022 年全省优质稻米产业总值要达到千亿元，吹响了推进稻米产业高质量发展的集结号。近年来，江苏省优质稻米尤其是优质食味稻米生产快速发展，"苏米"公用区域品牌正从多方面发力加强打造，千亿级优质稻米产业持续发展。

稻田是江苏省最大的人工湿地和生态文明建设的根基，"苏米"是 1 亿多人最主要的口粮，稻米产业是江苏 3 000 多万稻农收入增长的维系。推进江苏省稻米产业高质量发展，关乎国家口粮安全、生态安全和千万稻农收入的增长，是亿万人民永续美好生活的命脉所在，也是促进江苏省经济高质量发展的重要支撑，社会生态经济效益巨大。推动江苏省稻米产业高质量发展，是江苏省实施乡村振兴战略推进农业现代化建设的重要序篇和重大工程，更是新时期践行发展新理念，勇担"争当表率、争做示范、走在前列"新使命，建设美丽富饶的"新时代鱼米之乡"的必然要求，对引领全国稻米产业高质量发展乃至现代农业产业的高质量发展均具有重大意义。

推动江苏省稻米产业高质量发展，是数千年江苏农业发展史上的一场新革命，也是勇攀世界稻米产业发展高峰的时代壮举，其中有许多"难啃的骨头"，需要在技术、管理、制度和政策等多方面进行全面系统性的集成创新与探索。江苏省稻米产业基础好，科技、人才、经济以及区位优势突出，具备攀登世界稻米产业发展高峰的良好条件。打好水稻生产王牌，全面提升稻米产业质量效益和竞争力，是江苏现代农业发展的重中之重。继续勇立潮头，不断改革创新，聚力续写现代稻作文明发展的时代新篇，这是历史的使命、国家的重托和人民的期待。

二、江苏省稻米产业发展的重要成效

（一）水稻产能稳中有升

1. 水稻种植面积小幅增长

2001—2020 年，江苏省水稻种植面积的变化呈"W"形上升趋势，由 2001 年的 $2\,010.25\times10^3\,hm^2$，增加到 2020 年的 $2\,202.84\times10^3\,hm^2$，增加了 $192.59\times10^3\,hm^2$，增幅为 9.58%。江苏省水稻种植面积增长速度总体高于全国，对全国同期水稻种植面积增长的贡献率为 15.24%；江苏省水稻种植面积占全国的比重总体略有增加，近 5 年稳定在 7.3% 以上（图 1）。

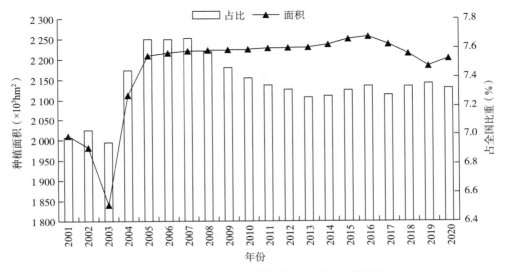

图 1　江苏省水稻种植面积及其占全国比重的变化

（资料来源：《江苏省农村统计年鉴》，2002—2021；《江苏省统计年鉴》，2021；《中国农村统计年鉴》，2002—2021）

2. 水稻单产波动上升

2001—2020 年，江苏省水稻单产呈现先降低后逐步提高的趋势，2001 年、2002 年，江苏省水稻单产均高于 $8\,400kg/hm^2$，分别高于全国同期水稻平均单产 36.66%、39.39%；2003 年江苏省水稻单产为近 20 年最低，其后缓慢波动上升，2019 年、2020 年江苏省水稻单产均高于 $8\,900kg/hm^2$，分别高于全国同期水稻平均单产 27.09%、26.68%；2020 年江苏省水稻单产比 2001 年增加 $500kg/hm^2$，增长 5.94%（图 2）。

3. 水稻总产量呈增长态势

2001—2020 年，江苏省水稻总产量除 2003 年有明显下降外，总体呈波动上升趋势，由 2001 年的 1 693.19 万 t 增加到 2020 年的 1 965.70 万 t，增加了 272.51 万 t，增长 16.09%。同期，全国水稻总产量变化态势总体上与江苏省相近，增长 19.30%，江苏省水稻总产增幅低于全国 3.21 个百分点。近 20 年，江苏省水稻总产量累计达到 36 321.99 万 t，占同期全国水稻总产量的 9.26%（图 3）。

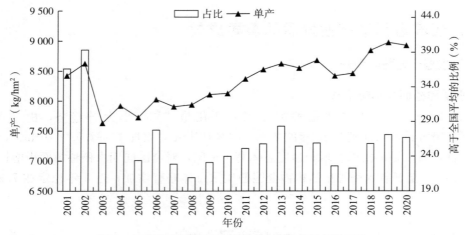

图 2　江苏省水稻单产及其高出全国平均比例的变化

（资料来源：《江苏省农村统计年鉴》，2002—2021；《江苏省统计年鉴》，2021；《中国农村统计年鉴》，2002—2021）

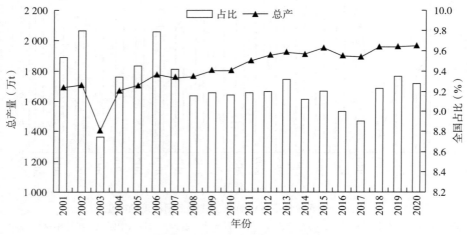

图 3　江苏省水稻总产量及其占全国比重的变化

（资料来源：《江苏省农村统计年鉴》，2002—2021；《江苏省统计年鉴》，2021；《中国农村统计年鉴》，2002—2021）

（二）优质水稻占比不断提高

1. 深受长三角地区市场青睐的粳稻种植占绝对主体

　　1992 年，江苏省提出了发展粳稻生产的方针，经过近 30 年的发展，江苏省已成为我国南方粳稻种植面积最大的省份。推广普及粳稻，不仅使江苏省成为我国水稻高产省，也提高了江苏大米的品质，形成了粳稻生产优势。

　　2001—2019 年，江苏省粳稻种植面积总体呈波动上升趋势，由 2001 年的 1 601.73 × 10³ hm² 增加到 2020 年的 1 830.83 × 10³ hm²，增长 14.30%；江苏省籼稻种植面积总体呈波动下降趋势，由 2001 年的 345.04 × 10³ hm² 下降到 2015 年的 252.63 × 10³ hm²，减少 26.78%。近年来呈恢复增长趋势，2020 年达到 332.27 × 10³ hm²，比 2001 年仅减少 3.30%

（图4）。2020年，江苏省粳稻、籼稻种植面积分别占水稻种植面积的83.11%、15.08%。

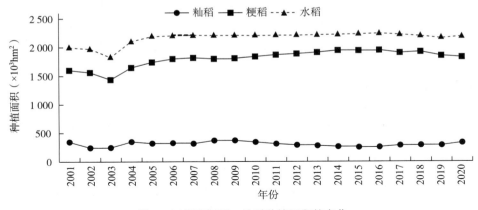

图4　江苏省粳稻、籼稻种植面积的变化

（资料来源：《江苏省农村统计年鉴》，2001—2021；《江苏省统计年鉴》，2021）

2. 优良食味粳稻占比不断提高

近年来，以优质、绿色、丰产、高效、安全为导向，培育出了多类型优质、高产、抗病水稻品种并在生产上大面积推广种植，实现了水稻品种种植结构的逐步调整，从南到北初步实现了晚粳和中粳、中籼和粳稻的优质稻米合理搭配与布局。以软米为代表的优良食味品种，已成为江苏省优质粳米的一个重要代表，并引领长三角地区食味品质改良的方向。

2020年，江苏省优良食味水稻种植面积966.7×10³hm²①，比2016年的381.3×10³hm²增加了1.53倍，占全省水稻种植面积40%以上，苏南和苏中地区占比已达60%以上。2020年，全省种植面积前两位的优良食味水稻品种为南粳9108和南粳5055，种植面积分别为408.7×10³hm²和159.1×10³hm²（图5）。

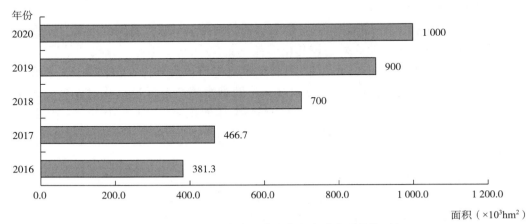

图5　"十三五"期间江苏省优良食味水稻种植面积

（资料来源：江苏省农业技术推广总站工作报告，2020年）

---

①　江苏省2020年度农业农村基本数据. http://nynct.jiangsu.gov.cn/art/2021/4/22/art_12552_9764131.html.

据江苏省粮油质量监测中心数据[①]，2020 年测评稻谷（粳稻）400 份，其中食味品质检测 400 份，该项指标达到优质稻谷三级（70 分以上）及以上的占比 99.2%，达到好粮油（大米）三级（80 分以上）及以上的占比 36.2%；检测直链淀粉指标 179 份，该指标达到优质稻谷三级及以上的占比 38.55%；检测垩白度 384 份，达到优质稻谷三级及以上的占比 41.9%。

3. 优质籼稻具有一定特色

目前，江苏省籼稻种植区主要位于淮北地区，分布于骆马湖、洪泽湖之间，是我国籼稻生产北缘地带，特殊的地理气候条件有利于杂交籼稻品质和产量形成。同时，籼稻具有省水省药省肥节本等特点，集中于骆马湖与洪泽湖之间的杂交籼稻种植区，水质较好，生产出来的籼米相对绿色环保。2020 年 10 月，在第三届中国黑龙江国际大米节品评品鉴活动中，江苏省宿迁市选送的"缘来味稻"品牌香优龙丝苗籼米、"贵嘴"牌晚籼米荣获"籼米十大好吃米饭"称号。目前，优质籼稻种植面积已经占据宿迁市水稻种植面积的一半，并呈上升趋势。

（三）水稻绿色发展不断推进

1. 大力开展水稻绿色高质高效创建

江苏省将开展水稻绿色高质高效创建作为推进水稻生产绿色发展的重要手段。自 2018 年以来，江苏省将水稻绿色高质高效创建作为约束性任务下达到各地，并将任务落实情况列入粮食安全责任制考核的指标体系。坚持绿色引领，强化科技支撑，把水稻生产绿色发展的要求贯穿于创建全过程。2021 年，创新提出并组织实施绿色技术清单、主体培育清单、服务责任清单、任务备案清单等"四个清单"制度，在更大规模、更高层次上推动水稻绿色高质高效创建，进一步发挥创建项目在水稻绿色高质高效发展中的引领作用。

2. 大力推进绿色高效栽培

大力推广水稻全程绿色机械化生产，加大水稻精确定量、毯（钵）苗机插、机插缓混侧深一次施肥、秸秆还田等轻简高效一体化配套技术推广。2020 年，全省机插精确定量栽培技术推广面积超过 $1\,445.3 \times 10^3\ hm^2$。因地制宜示范推广稻鱼共作、稻鸭共作、稻虾共作、稻菜轮作等"水稻＋"绿色高质高效技术模式，助推水稻产业绿色高质量发展。2020 年，全省稻田综合种养面积 $151.3 \times 10^3\ hm^2$，其中稻虾共作面积为 $122.0 \times 10^3\ hm^2$，占稻田综合种养面积的 80% 以上，是稻田综合种养的主体方式；"水稻＋N"模式面积达 $105.3 \times 10^3\ hm^2$，稻肥轮作面积占比 60% 以上。

3. 大力推进病虫草害绿色防控

推进绿色防控示范区建设"提质扩面"，形成了"省有示范区、市有示范方、县有示范片"的格局。针对江苏水稻病虫灾变规律变化发展的新特点，以及农药减量控害难度加大、稻米品质质量要求提高等社会需求，结合农药残留风险关键控制点和农药施用对稻米品质的影响分析，提出了水稻病虫害"前防、中控、后保"的全程简约化防控新策略，构建了以

---

① 2020 年江苏省新收获粮食质量和品质报告. http://lsj.jiangsu.gov.cn/art/2020/12/28/art_74729_9616845.html.

"种苗处理和穗期病虫绿色用药"为核心、以"生态调控"为配套的水稻不同生长时期防控技术体系和基于智能化监测预警技术及精准选药用药技术的支撑保障体系，以压制病虫源头，减少农药用量和防治次数，保障稻米品质和质量安全（朱凤等，2021）。积极推广抗病虫品种、培育健康种苗、进行避害栽培、采用防虫网和无纺布、改善肥水管理、间作套种等农业措施，研制和推广种子处理技术、信息素技术、穗期精准选药技术、病虫害智能化监测预警技术，大力推广绿色防控投入品。

4. 水稻专业化统防统治稳定发展

2019 年，江苏省 88 家专业化合作组织被评为省级"五有五好"专业化组织。全省水稻统防统治面积达到 $1\,333.3 \times 10^3$ 公顷次，占防治面积 60% 以上，全年专业化统防统治覆盖率达到 65.0%，水稻高产增效万亩高产示范片达 100%。张家港市首创的"农药零差价配送"服务模式逐步在全省推广，通过科学、规范、合理使用农药，减少农药滥用，从源头上保证稻米质量安全。

5. 大力推进化肥减量增效

江苏省是全国最早实施化肥减量工作的省份，强化政策措施落实，化肥减量取得明显成效。开展千村万户（场、社）百企化肥减量增效行动，建设一批部省级化肥减量增效示范县，集成推广一批有机无机结合、农机农艺融合、速效缓效配合、灌溉施肥耦合的新技术、新模式、新装备、新机制。充分运用耕地质量和测土配方施肥大数据，研发掌上智能配肥系统，实现配方肥应用进村、入户、到田。积极培育精准施肥、机械施肥、统供统施社会化服务组织。

6. 大力推进耕地质量保护和提升

全省每年建设 30 个以上耕地质量提升综合示范区，集成推广增施商品有机肥、秸秆腐熟还田、绿肥种植、酸化土壤改良以及水肥一体化等培肥改土技术。通过示范带动，促进土壤理化性状改善，综合产出能力提高。在耕地利用强度大、生产负荷重、夏熟作物生产效益低的县（市、区），开展以轮作换茬、冬耕晒垡和休耕培肥为核心内容的耕地轮作休耕试点。2018—2020 年，全省轮作休耕面积分别达 $30.6 \times 10^3\,\mathrm{hm}^2$、$86.7 \times 10^3\,\mathrm{hm}^2$、$133.3 \times 10^3\,\mathrm{hm}^2$。全省积极开展有机肥替代化肥、测土配方施肥推广工作，"十三五"期间，全省耕地质量等级平均提高 0.5 等以上。

7. 大力发展绿色食品原料（水稻）和绿色食品（大米）

按照"政府推进、产业化经营、相对集中连片、适度规模发展"的原则，建设全国绿色食品原料（水稻）标准化生产基地，截至 2020 年底，全省建设全国绿色食品原料（水稻）标准化基地超 $666.7 \times 10^3\,\mathrm{hm}^2$，占全省水稻种植面积 30%；认定绿色食品大米企业有 487 家、产品 970 个，分别占全省的 28.3%、26.4%，批准产量 240 万 t（按 68% 的出成率计算面积为 $235.3 \times 10^3\,\mathrm{hm}^2$）。通过发展绿色食品，促进水稻绿色与生产效益协同提高（徐继东，2021）。

（四）水稻生产机械化全面发展

江苏省作为全国粮食生产全程机械化整体推进示范省，出台了《关于加快推进粮食生产全程机械化的意见》，"十三五"期间，围绕水稻生产耕、种、收、植保、烘干、秸秆处理等重点环节，加强农机科技创新，推进农机农艺配套，发展农机合作社，着力提升农机装备水平、作业水平和社会化服务水平，水稻生产全程机械化水平不断提高，引领全国水稻生产全程机械化发展。江苏省水稻生产主要环节（旋整、播种、插秧、施肥、植保、收获等）创新应用适宜农机，机艺技术融合发展，促进了水稻生产的全程机械化。近年来，江苏省水稻耕种收综合机械化水平一直在高位运行，2019 年达到 92.7%，其中耕整地、收获两个环节近100%实现机械化作业，水稻机械种植水平达 85.0%，其中机插水平达 72.0%，苏南整体上高于苏中和苏北（图 6）。

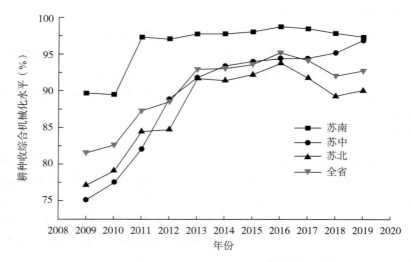

图 6　江苏省水稻耕种收综合机械化水平

1. 机械化秸秆还田水平与能力不断提高

2019 年江苏省水稻秸秆机械还田水平达 72.4%，秸秆粉碎还田机达 15.5 万台、秸秆捡拾打捆机达 0.5 万台。稻谷烘干能力大幅提高，2019 年江苏省谷物烘干机保有量达 2.9 万台。高效植保机械装备快速增加，2019 年江苏省机动喷雾机保有量达 62.0 万台、植保无人机增加至 4 855 架、自走式机动植保机械 22 261 台。江苏省水稻田间植保机械正从机动喷雾机向高地隙喷杆式喷雾机和植保无人机转变，稻田植保效率大大提高。

2. 农机农艺结合不断加强

研究制订了《机插水稻育秧技术规范》等 7 部地方标准，建立了较为完善的水稻机插秧生产技术体系；推进秸秆机械化还田与机插秧相结合，集成了秸秆还田机插秧技术规程；创建稻麦两熟条件下水稻钵苗机插、毯苗机插、简化旱条播的全程机械化栽培模式，并探寻适合不同生态区的水稻全程机械化模式，目前水稻毯（钵）苗机插与机械直播已成为江苏省水稻机械化种植的主体模式。

3. 农机化与信息化融合开始积极探索

探索开发水稻苗情智能监测、智能化一体化生产、"互联网＋"等新兴稻作生产技术；从耕种管收生产环节探索了农机化信息化的融合创新，自动码垛机器人、自动育秧播种摆盘机、无人驾驶插秧机等水稻种植方面的智能农机装备逐步推广应用；先行探索"智慧农机""无人农机示范农场"等。

（五）水稻生产性服务不断发展

1. 服务模式不断创新发展

一是发展形式多样的生产托管。目前江苏水稻生产托管服务的土地面积已超133.3万公顷次，形成全程全环节托管、菜单式多环节托管、股份合作分红和股份托管并行、专业化托管、供销社为农服务等服务模式，示范引领水稻生产性服务业发展。二是建立"全程机械化＋综合农事"服务中心。以农机专业合作社为主导，形成面向农业经营主体的托管式、订单式、一站式生产性服务，将公益性服务和经营性服务相结合、专项服务和综合服务相协调，为水稻生产提供产前、产中、产后全过程综合配套服务。2020年，溧阳市海斌农机专业合作社、宜兴市金兰农业服务专业合作社入选农业农村部办公厅第二批全国"全程机械化＋综合农事"服务中心典型案例。三是构建"互联网＋"服务模式。利用大数据、物联网等信息化工具和手段为水稻生产的各个环节提供服务。江苏克胜集团"蜻蜓农服"，以无人机植保、农技咨询、农资解决方案、线下代购、农业生产过程托管等服务为主要特色，提供数据信息服务、分享品牌价值，打造"产品＋技术＋服务＋互联网"的一站式农业服务平台。

2. 服务加快向稻米全产业链覆盖

水稻生产性服务已经从面向经营主体的产中作业向产前、产后和全产业链发展，如绿色发展、农资、品牌、新技术转化应用、产业链集成解决方案等服务，在稻米产业链高效运行和价值增值中扮演更重要的角色。一是关键环节服务转型升级。张家港市首创的农药零差价配送服务模式逐步在全省推广，通过科学、规范、合理使用农药，减少农药滥用，从源头上保证稻米质量安全。水稻育秧订单服务发展迅速，水稻育苗中心以机械替代人工、基质替代土壤，实现育苗环境和种苗质量的标准化、信息化管理，形成统一品种、统一育苗、统一机插、统一管理，统一收购"五统一"模式。二是科技服务体系不断完善。依托江苏水稻产业技术体系和基层农技推广体系，发挥试验示范基地、科技示范主体等示范带动作用，促进技术快速进村入户。建立"体系集成创新中心＋基地＋企业＋新型经营主体""岗位专家＋农技推广＋基地＋企业＋新型经营主体＋农户""超市＋高校院所（基地、龙头企业）＋农户"等科技服务和技术推广新模式，完善水稻生产科技服务体系，实现"藏粮于技"。三是新兴服务加速涌现。供给侧结构性改革和绿色发展理念引导新兴服务业务迅速发展，农机作业服务向全程式、保姆式、智能化方向升级，水稻统防统治、烘干仓储、信息追溯，以及品牌、信用、金融、科技、信息等服务供给不断增加。传统业态加速升级和新兴服务加速涌现，推动了稻米生产全产业链服务化进程，使稻米增值的利润向服务环节转移。

（六）稻米加工业快速发展

1. 稻米加工企业发展稳健

江苏省是全国稻米加工大省，稻米加工能力位居全国前列。2018—2020年，江苏省入统稻米加工企业数少于黑龙江省和安徽省，多于浙江省、辽宁省和吉林省，在全国排名第六位（表1）。

江苏省农垦米业集团有限公司、江苏宝粮控股集团有限公司、苏北粮油股份有限公司、南京远望富硒农产品有限责任公司和江苏宏健粮油科技发展有限公司等5家企业为国家农业产业化龙头企业，苏北粮油股份有限公司 2019 年在新三板成功上市。

表 1　江苏等 6 省入统稻米加工企业数量（个）

年份	江苏	浙江	安徽	辽宁	吉林	黑龙江
2018	715	199	841	544	466	1 524
2019	708	184	867	557	557	1 544
2020	656	194	864	542	518	1 547
平均	693	192	857	548	514	1 538

资料来源：2018 年数据来自布瑞克数据库；2019 年数据来自《2020 中国粮食和物资储备年鉴》；2020 年数据来自《2020 年粮食行业统计资料》；江苏省数据来自江苏省粮食和物资储备局。

江苏省农垦米业集团有限公司、宜兴市粮油集团大米有限公司和南京沙塘庵粮油实业有限公司等 3 家企业入选"2019 年全国大米加工企业 50 强"。江苏省粮食集团有限责任公司和江苏宝粮控股集团有限公司入选"2020 年中国粮油领军企业"（全国共 10 个）；11 个企业入选"2020 年中国百佳粮油企业"。

益海（泰州）粮油工业有限公司、益海（盐城）粮油工业有限公司、中粮米业（盐城）有限公司等为全国特大型集团公司在江苏省布点的大米加工企业，其中益海（泰州）粮油工业有限公司进入"2020 中国制造业民营企业 500 强"，排名第 469 位，年销售收入 99.5 亿元。

2. 稻米加工企业经营状态良好

2018—2020 年，江苏省平均每个入统企业处理稻谷能力为 4.8 万 t，低于安徽省的 4.9 万 t，高于黑龙江省的 4.5 万 t、吉林省的 3.5 万 t、辽宁省的 3.3 万 t 和浙江省的 3.2 万 t（表 2）；江苏省平均每个入统企业大米产量为 1.2 万 t，低于安徽省的 1.4 万 t，高于黑龙江省的 0.9 万 t、浙江省的 0.7 万 t、辽宁省的 0.7 万 t 和吉林省的 0.5 万 t（表 3）。

表 2　江苏等 6 省及全国入统稻米加工企业年稻谷处理能力（万 t）

年份	江苏	浙江	安徽	辽宁	吉林	黑龙江	全国
2018	3 161	500.0	3 701	1 809	1 740	6 969.5	36 898.2
2019	3 297	669.9	4 442	1 878	1 778	7 047.1	37 401.3
2020	3 479	653.7	4 459	1 782	1 862	6 957.1	37 786.8
平均	3 312	607.9	4 201	1 823	1 793	6 991.2	37 362.1

资料来源：2018 年来自布洛克数据库，2019 年数据来自《2020 中国粮食和物资储备年鉴》，2020 年数据来自《2020 年粮食行业统计资料》。

表 3　江苏等 6 省及全国入统稻米加工企业年大米产量（万 t）

年份	江苏	浙江	安徽	辽宁	吉林	黑龙江	全国
2018	776.8	125.1	1 178.0	445.7	245.8	1 225.2	7 179.7
2019	849.6	130.2	1 144.0	392.9	248.1	1 318.5	7 254.4
2020	888.9	130.3	1 212.0	394.2	271.5	1 389.7	7 359.6
平均	838.4	128.5	1 178.0	410.9	255.1	1 311.1	7 264.6

资料来源：《2019 年粮食行业统计资料》《2020 年粮食行业统计资料》。

注：大米产量不含二次加工。

2018—2020 年，江苏省入统企业产能利用率为 38.9％，低于安徽省的 43.1％，高于辽宁省的 34.7％、浙江省的 32.5％、黑龙江省的 28.9％、吉林省的 21.9％以及全国平均的 29.9％（图 7）。

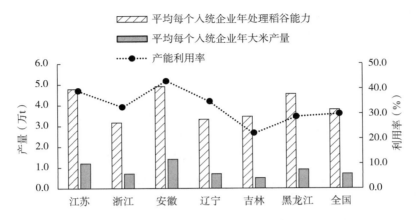

图 7　江苏等 6 省及全国入统稻米加工企业年大米加工情况

（资料来源：2018 年数据来自布瑞克数据库；2019 年数据来自《2020 中国粮食和物资储备年鉴》；2020 年数据来自《2020 年粮食行业统计资料》；江苏省数据来自江苏省粮食和物资储备局）

2020 年，江苏省入统稻米加工企业数占全国（9 867 个）的 6.6％；年大米产量 888.9 万 t（不含二次加工），占全国大米产量（7 359.6 万 t）12.1％，其中粳米 725.5 万 t、籼米 163.4 万 t；年销售收入 467.8 亿元，占全国（4 675.1 亿元）的 10.0％；年利润 10.5 亿元，占全国（131.7 亿元）的 8.0％；产品收入利润率为 2.2％，比全国平均低 0.6 个百分点。

3. 稻米加工、储藏、物流科技与能力居全国前列

加工设备及工艺上，大中型稻谷加工厂普遍推广应用现代化、自动化的碾米、抛光、精选、色选、包装等设备，以江南大学为代表的稻米加工研发团队成功开发出大米蛋白、多孔淀粉、米糠多糖等稻米深加工副产品 10 多个，推进稻米加工增值 5～10 倍，稻米加工设备及工艺总体接近或达到国际一流水平。

创新应用储藏技术上，利用自然低温的控温、气调、替代甲基溴等新技术，以及以粮情电子检测、机械通风、环流熏蒸和谷物冷却低温储粮为主要内容的储粮"四合一"技术与装备，并自主设计建设了一批仓储设施，研究开发了与之配套的散粮装卸输送设备。

稻米储藏与流通能力强。江苏省拥有仓库网点 1 500 多个，完好仓容 1 200 万 t，占地面积约 3 645 万 m²，有效仓容列全国第四位，基本满足了托市收购和各级储备需要；建立形成了以中国储备粮管理总公司南京分公司、江苏省粮食集团，以及各市、县粮食集团和国家储备库为主体的粮食储备和流通系统。

建成苏州市粮食批发交易市场、兴化市粮食交易市场、阜宁古河粮油市场、无锡市粮油批发市场等一批区域性、规模化的大型粮食批发交易市场。苏州市粮食批发交易市场服务有限公司、南京市下关粮食仓库有限公司新港粮油食品市场和昆山市粮油购销有限责任公司等入选 2019 年全国粮油批发交易市场"十强"榜。

（七）大米品牌化水平不断提升

江苏省始终坚持品牌引领的理念，深入实施"品牌强农"战略，农业品牌发展走在全国的前列，大米品牌发展成效显著。

1. 大米品牌发展在国内走在前列

"射阳大米"（2011 年）、"淮安大米"（2012 年）、"苏垦"大米（2015 年）、"远望"大米（2015 年）、"阜宁大米"（2015 年）、"建湖大米"（2016 年）、"漱湖"大米（2017 年）等荣获中国驰名商标；"射阳大米"和"苏垦"大米 2007 年荣获中国名牌产品。

2016 年、2018 年江苏省"兴化大米"和"射阳大米"均进入了全国十大大米区域公用品牌行列，在数量上仅次于黑龙江大米区域公用品牌，位居第二（表4）。"射阳大米""淮安大米""兴化大米"等入选 2021 年度"中国好大米"区域公用品牌十强榜单。

表4　2016 年、2018 年全国十大大米区域公用品牌

2016 年全国十大大米区域公用品牌		2018 年全国十大大米区域公用品牌	
五常大米	宣汉桃花米	五常大米	盘锦大米
响水大米	遮放贡米	庆安大米	宁夏大米
庆安大米	射阳大米	方正大米	兴安盟大米
盘锦大米	兴化大米	兴化大米	榆树大米
宁夏大米	罗定稻米	射阳大米	罗定稻米

2. 大米地理标志不断增多

"射阳大米"获地理标志保护产品专用标志注册，"阜宁大米"等 7 个地理标志集体商标、"淮安大米"等 15 个地理标志证明商标获准注册使用，"泗洪大米"等 7 个产品农产品地理标志登记获批，累计达到 30 个，其中 15 个为"十三五"期间新增，处于全国前列（表5）。

表5　江苏大米获地理标志商标（产品）汇总

类　型	名　称	数量
地理标志保护产品专用标志	射阳大米	1
地理标志集体商标	阜宁大米、兴化大米、金湖大米、姜堰大米、宝应大米、泗洪大米、盐城大米	7
地理标志证明商标	淮安大米、建湖大米、常阴沙大米、洪泽大米、沛县大米、海安大米、东海大米、淮阴大米、太仓大米、大丰大米、滨海大米、杨巷大米、吴中大米、常熟大米、盐都郭猛大米	15
农产品地理标志登记	泗洪大米、射阳大米、高墟大米、姜堰大米、土桥大米、宿迁籼米、东台大米	7

3. 大米品牌在省内不同农产品品类中处于领先地位

江苏大米品牌在省内众多优秀农产品品牌竞争中，也有优异的表现：

——"射阳大米""淮安大米"2019年入选江苏省首届"十强农产品区域公用品牌","兴化大米""泗洪大米"获江苏省首届"十强农产品区域公用品牌"提名（共8个）。"苏垦""蟹园""远望""艾津"等4个大米企业品牌2020年入选首届江苏省农业企业知名品牌30强。

——18个大米企业品牌入选江苏省"2020年江苏农业品牌目录产品品牌"（99个），23个大米企业品牌入选"2021年江苏农业品牌目录产品品牌"公示名单（94个）；3个大米品牌（"射阳大米""淮安大米""兴化大米"）入选"2020年江苏农业品牌目录区域公用品牌"（20个），3个大米品牌（"海安大米""泗洪大米""姜堰大米"）入选"2021年江苏农业品牌目录区域公用品牌"（20个）。

2017年以来，江苏省农业技术推广协会等单位连续举办5届"江苏好大米"评比活动，调动了全省各地发展具有各自特色的优质稻米的积极性，促进了江苏省稻米产业的发展，提升了江苏优质大米的市场知名度与品牌影响力。

4. 省域大米公用品牌建设成效明显

江苏省高度重视省域大米公用品牌建设，2018—2020年连续3年将其列为省政府十大任务百项重点工作。2018年以来，江苏省以"水韵苏米"省域公用品牌打造为接入点，形成省粮食和物资储备局牵头统筹协调督导，省粮食行业协会负责品牌授权使用机制运营，联合高校科研机构、媒体、核心企业等协同推进的工作局面，通过"省域—市县域—企业"三级联动品牌培育方案，带动区域品牌持续发展。

强化顶层设计：确定"放心、好吃、营养"的品牌核心理念和"柔、香、糯"的产品品质特性，发布了全国首个涵盖全产业链的"水韵苏米"团体标准，注册"水韵苏米"集体商标，出台《"苏米"集体商标使用管理规则》，编制《"水韵苏米"品牌宣传推广方案》，出台实施《江苏大米核心企业认定监管办法（试行）》《"苏米"省域公用品牌标识管理办法（试行）》《苏米生产基地认定管理办法》等系列管理办法，遴选"水韵苏米"核心企业50家，评选了"水韵苏米"十大区域品牌，评定核心企业生产基地12万hm²，制定《"苏米"品牌建设三年行动计划（2020—2022年）》，加强宣传推介力度，搭建合作平台，拓展市场渠道，提升品牌知名度、美誉度。

创新品牌渠道建设：深入推进"好粮油"样板店建设，制定《江苏好粮油样板店建设计划》《江苏好粮油样板店认定监管办法》，建设10家区域样板店，让"好粮油"样板店建设成为"水韵苏米"品牌对接上海等城市、渠道下沉的重要抓手。强化核心企业与餐饮、经销商等专业渠道的联系，开展社区对接活动，拓展"水韵苏米"产品销售市场。江苏省粮食行业协会与浙江省宿迁商会签署《"水韵苏米"品牌宿商渠道建设战略合作框架协议》，共同推进"水韵苏米"品牌在省外的渠道建设，创新商业营销模式，带动江苏优质稻米一二三产业融合发展。

加强品牌宣传推介：组织"苏米"核心企业参加中国农交会、中国粮食交易大会、粮食产销协作福建洽谈会等国家级展会，依托江苏国际农业展览中心、上海西郊国展中心等省级平台，组织参加农洽会、合作社产品展销会等省级展会，扩大"苏米"品牌影响。拓展线上销售渠道，利用社交电商、"互联网＋"等新兴手段，引导"苏米"核心企业利用知名电商平台开设专卖店、旗舰店，营销品牌产品。组织开展媒体集中宣传、重点宣传"苏米"区域公用品牌，提高"苏米"品牌知名度。成功举办 2 届"好吃苏米"品鉴推介活动，评选出一大批优质大米品牌。

建设成效显著："水韵苏米"荣获首届国际稻米博览会金牌，在第十七届、第十八届国际粮油精品展上连续获得金奖；在第九届、第十届中国粮油榜上，连续被评为"中国粮油影响力公共品牌"；在 2020 年上海农展会上，荣获品牌创新奖。据初步测算，2020 年度，全省 50 家"水韵苏米"核心企业，大米产品总销量 296 万 t，销售收入 157.8 亿元，约占全省 656 家入统大米加工企业销售总额的 33%，在行业中占据重要地位。通过持续的品牌示范不断提升"水韵苏米"核心企业质量品牌建设、产业链条带动能力，促进区域产业集群品牌塑造，放大"水韵苏米"区域品牌效应。

（八）江苏省稻米产业发展的主要经验

1. 强化政策扶持

一是完善稻米产业发展支持政策体系。全面落实土地经营权有序流转政策；统筹整合各方面资金投入，加大农田基础设施建设投入；扩大农机购置补贴政策对水稻生产、烘干、初加工机具补贴范围；结合各地实际落实好产粮大县奖励、种植大户补贴政策，完善稻谷最低收购价格、大灾保险试点、完全成本保险和水稻收入保险试点等扶持政策，提高地方政府抓粮和农民种粮的积极性；建立完善农业信贷担保体系，加大金融信贷支农力度，创新农业保险产品，积极引导社会资本参与稻米产业发展；在全国率先对稻谷流通环节给予补贴，用于品牌建设、市场化收购贷款贴息等方面。

二是构建多元资金投入格局。按照农业供给侧结构性改革和农业高质量发展的要求，调整完善财政专项资金扶持领域和扶持方式，推进实施大型商品粮生产基地、优质粮食产业工程、大型灌区节水改造、农业综合开发以及土地整理等重大项目，加强规划和投资整合，向水稻优势产区倾斜，支持水稻优势产区稻田基础设施建设，建成高标准稻田。引导乡村振兴投资基金、土地出让收入和地方政府债券等增加投入，引导社会资本加大参与力度，构建多元投入格局。

三是加大规模种植经营扶持。制定科学合理的区域发展政策，苏南、苏中、苏北地区采取因地制宜的以奖代补、先建后补、贷款贴息、信贷担保等财政或金融政策，向种粮大户、粮食生产专业合作社和家庭农场倾斜，加大对规模经营主体土地流转补贴力度，充分发挥补贴的产业引导作用。据调研，2020 年部分地区稻谷补贴补给 1.33hm² 以上规模种植户，水稻田生态补偿标准 300～1 500 元/hm² 大多也是补给规模种植户。

四是加强稻米加工龙头企业的培育与扶持。通过贴息补助、投资参股和税收优惠等政策，加大对大型稻米加工企业生产基地建设、技术改造、原料收购、批发和流通网络建设、科技研发、技术服务、质量标准和信息网络体系建设等方面的扶持力度，鼓励稻米加工企业发展现代主食品工业化精深加工和综合利用，积极推进大型米厂稻壳发电。加大对龙头企业的信贷支持，重点解决收购资金和发展资金缺乏等难题。

2. 强化创新驱动

一是加强品种创新。江苏省建成了一支由省农科院及地区农科所、农业院校系统、基层农科所系统、省农垦系统、种子企业系统等组成的实力雄厚、多元投入、市场化育种的科研队伍，建成国内一流的省级水稻种质资源保护与利用平台、水稻育种技术创新与品种选育发展平台。2001—2020 年，通过"苏审"水稻品种（包括糯稻）360 个，其中达到优质稻谷标准的有 226 个（62.78％）；达到部标三级和国标三级及以上的品种 211 个，占优质水稻的 93.36％。近年来，选育出南粳系列、宁粳系列、苏香粳系列、武粳系列、淮香粳系列等优良食味品种，引领全省优质粳稻的大发展。

二是加强稻作技术创新。围绕优质化、绿色化和防灾抗逆等生产发展需求，探索水稻良种、良田、良机、良技融合配套，因地制宜形成一整套丰产高效规范化栽培技术体系。为适应优质化稻米产业发展需求，研发了优质水稻全程机械化生产、优质水稻绿色安全生产、优质水稻丰产精确定量栽培等一系列技术，形成了一套比较完善的优质水稻生产技术体系。围绕发展"水稻＋N"（麦/油菜/绿肥/瓜果蔬菜/特种水产等）多元化种植模式，以精确定量栽培为核心，形成毯苗（钵苗）机插、秸秆机械还田、肥料农药减量替代等关键技术。针对水稻生育期间多发重发的重大病虫害、高温热害、低温冷害、涝灾等灾害，加强相关抗性品种的筛选，开展适宜播期、栽培方式、肥水运筹以及生物试剂调控等配套技术研究，集成防灾减灾技术体系，减轻因灾损失。

三是重视大米加工、流通与品牌等技术创新。发挥涉粮高校和人才资源优势，成立"国家优质粮食工程（南京）技术创新中心"，国家级研发中心达到 6 家，支撑了多层次、多样化、个性化优质粮油产品开发。江苏粮油商品交易市场、省粮食和物资储备局粮油质量监测所与南京财经大学信息工程学院，共建"苏粮硅谷"科研创新平台，开展"水韵苏米"全程质量溯源系统的研究。依靠江南大学食品科技创新国家级平台，开展大米精深加工、产品创新和食味品质研究。

四是健全全产业链的产业技术创新与集成应用的平台。成立"江苏现代农业（水稻）产业技术体系"，包括 1 个集成创新中心和良种繁育、绿色增效、轮作栽培、优质栽培、机插栽培、绿色防控、耕地质量、农机装备、智能生产、贮藏加工、产业经济 11 个创新团队及 29 个科技综合示范基地和 8 个推广示范基地，形成了一个组织严密、结构合理、多学科、跨领域、跨部门的创新网络。成立了由农业科研教学单位以及相关企业、新型经营主体、农业社会化服务机构等参与的中高端优质稻米产业技术集成与推广联盟，探索上下贯通、左右衔接、优势互补的产业技术推广协同服务新机制，实现技术创新与产业发展有机结合、技术服务与产业需求有效对接。省农科院、省粮食集团、省农垦米业集团、省沿海集团联合组建"江苏省水韵苏米产业研究院有限公司"，开展品牌大米全产业链技术创新。

3. 强化主体培育与载体建设

一是加强水稻生产新型经营主体培育。大力扶持种植大户、家庭农场、农民合作社等新型经营主体发展，带动水稻适度规模经营比例逐年提高。截至 2020 年，全省已注册家庭农场超过 2.2 万家，合作社超 9 万家，规模种植大户 2.8 万户以上，带动优势区域内水稻适度规模经营比例逐年提高。

二是培育各类新型服务主体。推进不同环节、不同类型的农业服务主体联合合作，组建农民专业合作社联合社、家庭农场联盟、大米行业协会、稻米产业化联合体等，为水稻产业发展提供多元化服务。供销社系统、农垦系统、粮食收储系统等依托传统体系和网络优势，成为综合化、系列化、超市式、全程式服务方式的重要供给主体。

三是加强"味稻小镇"等重要载体建设。为助力苏米品牌振兴,探索构建具有江苏特色的优良食味稻米产业化链式开发模式,江苏省创新性提出"大力培育建设优良食味稻米产业化小镇"(简称"味稻小镇")。以"味稻小镇"建设为依托,整建制打造稻米全产业链协调发展、一二三产深度融合的稻米产业高质量发展先行区、集聚区。截至2020年底,全省累计推介发布"味稻小镇"达107个。同时,江苏省在国家农业产业强镇和省级现代农业产业示范园建设中,注重推选稻米产业为主导产业的乡镇、园区,在已获批建设的56个国家农业产业强镇、52个省级现代农业产业示范园中,分别有19个镇、20个示范园是以稻米产业为主导产业。

4. 强化技术服务

一是推进技术靶向服务。针对适度规模经营不断发展的实际,突出加强对种植大户、家庭农场、专业合作社等新型经营主体的服务指导,建立规模经营主体信息数据库,全面准确掌握种植规模、种植类型、品种、生产条件、技术需求和市场信息等,根据基础信息实行定向服务,提高规模化生产水平和规模经营效益。

二是创新联农带农机制和模式。全省各地探索形成了"龙头企业+基地+农户""龙头企业+新型经营主体+农户""基地+合作社+农户""科研单位+龙头企业+基地+农户""村级党支部+示范基地+农户"等多种生产模式,以及粮食生产单环节、多环节、全程托管和联耕联种等多种社会化服务方式。

三是加强典型示范。"十三五"期间,江苏省共建设95个现代农业科技综合示范基地,其中33个面向水稻生产。各地农技人员、种粮大户、专业合作组织积极领建、创建水稻转型升级典型示范方,真正做到做给农民看、带着农民干。同时,在生育关键时期,组织不同层次现场观摩,通过典型引路,示范带动增产增收。

四是突出"新媒体"技术应用。充分运用网络、微信、微博、QQ、数字电视等新媒体,将水稻生育期间的天气信息、苗情信息、生产技术意见等第一时间传递至新型经营主体,切实提高因时、因地、因苗技术指导到位率。同时利用注册的"江苏农技"微信公众号和建立的"江苏农技推广网",实现微信公众号、手机App、电脑网络终端三网同步,将全省最新的水稻产业技术信息及时推送到种植大户手中。

三、江苏省稻米产业发展存在的主要问题

(一)稳定水稻种植面积难度大

2001—2020年,苏南水稻种植面积大幅下滑、苏中基本稳定、苏北总体持续增长,江苏省水稻种植重心不断北移。

2001—2020年,苏南水稻种植面积减少265.67×10³ hm²,苏中、苏北分别增长了41.58×10³ hm²、461.05×10³ hm²,增幅分别为−45.27%、8.14%、52.04%,对同期全省水稻种植面积变化的贡献率分别为−112.12%、17.55%、194.57%(图8)。

苏南、苏中、苏北水稻种植面积占全省比重由2001年的29.58%、25.76%、44.66%变化为2020年的14.46%、24.89%、60.65%,苏北水稻种植面积大幅度增加,在有效抵消苏南水稻种植面积减少的同时,还带来195.38×10³ hm²的水稻种植面积增量。

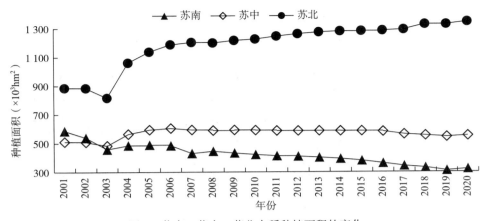

图 8 苏南、苏中、苏北水稻种植面积的变化

（资料来源：《江苏省农村统计年鉴》，2002—2021；《江苏省统计年鉴》，2021）

受政策影响，2020 年苏南、苏中和苏北水稻种植面积均有所回调增长，但缺乏长期的市场内在发展动力的支撑。随着苏中、苏北地区城镇化、工业化进程的进一步推进，遏制耕地"非农化"的压力加大，同时防止农民为追求种田收益而引发的耕地"非粮化"以及由于农村劳动力非农化就业和种田收益低等导致的耕地摞荒等工作的难度也不断加大。在新时期推进区域协调发展和共同富裕的进程中，如何稳定水稻种植面积是江苏省水稻生产持续发展必须解决的重大难题。

（二）农药、化肥投入水平高，继续"双减"难度大

以粳稻生产为例，与长三角浙江、安徽 2 省以及东北黑龙江、吉林、辽宁 3 省比较，江苏省粳稻生产单位面积、单位产量的农药投入水平总体上低于浙江省、高于安徽省和东北 3 省（图 9、图 10），江苏省粳稻生产单位面积、单位产量化肥用量总体上均高于其他 5 省（图 11、图 12）。

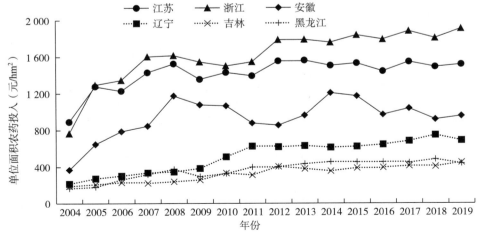

图 9 江苏省粳稻生产单位面积农药投入与其他 5 省的比较

（资料来源：《全国农产品成本收益资料汇编》，2005—2020）

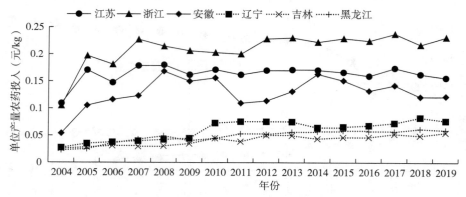

图 10　江苏省粳稻生产单位产量农药投入与其他 5 省的比较

（资料来源：《全国农产品成本收益资料汇编》，2005—2020）

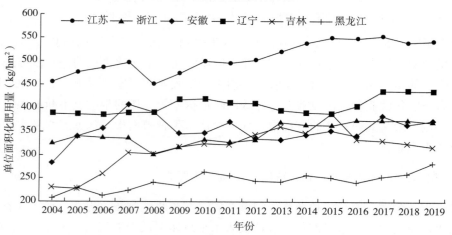

图 11　江苏省粳稻生产单位面积化肥用量与其他 5 省的比较

（资料来源：《全国农产品成本收益资料汇编》，2005—2020）

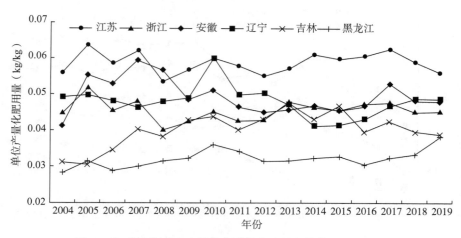

图 12　江苏省粳稻生产单位产量化肥用量与其他 5 省的比较

（资料来源：《全国农产品成本收益资料汇编》，2005—2020）

（三）高产高效协调难度大

近年来，受成本刚性上升和稻谷价格下行的影响，农户种稻利润空间不断缩小，水稻种植效益总体呈下降态势，影响了稻农的种稻积极性。

1. 生产成本不断上升

以粳稻生产为例，2004—2019 年，江苏省粳稻生产总成本增加 12 155.85 元/hm²，增长 154.25%，其中物质与服务费用、人工成本、土地成本分别增加了 4 701.15、4 014.75 和 3 439.35 元/hm²，对总成本增量的贡献率分别为 38.67%、33.03% 和 28.29%，物质与服务费用增加是推动总成本上升的主要原因（图 13）。

2004 年江苏省粳稻生产物质与服务费用、人工成本、土地成本占总成本的比重分别为 65.29%、24.65% 和 10.06%，2019 年变为 49.14%、29.73% 和 21.13%，物质与服务费用比重下降，土地成本比重明显上升。

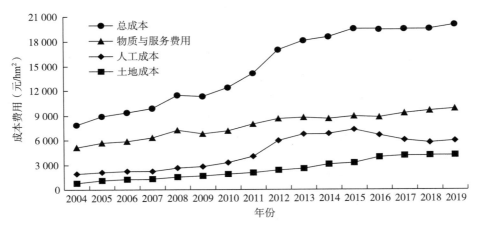

图 13　江苏省粳稻生产成本的变化

（资料来源：《全国农产品成本收益资料汇编》，2005—2020）

2. 生产利润明显下降

以粳稻生产为例，2004—2019 年，江苏省粳稻生产产值由 2004 年的 14 649.45 元/hm²增加到 2019 年的 23 456.70 元/hm²，增加了 8 807.25 元/hm²，增长 60.12%。研究表明，由于江苏省水稻单产波动不大，稻谷价格是影响产值的主要因素。由于稻谷价格连续下降，2019 年价格比 2014 年最高价格（2.98 元/kg）下降了 0.61 元/kg，降幅为 20.46%。2019 年江苏省粳稻生产利润为 3 420.60 元/hm²，较 2004 年下降 3 348.60 元/hm²，降幅为 49.46%；较 2011 年下降 7 078.00 元/hm²，降幅为 67.41%（图 14）。

（四）水稻优质化水平有待进一步提升

1. 优良品种供给需要加强

由于优质米评价标准比较宽泛，一些品种优质不优味、优味不优质，优质米评价标准与长三角地区消费者实际需求不完全一致。

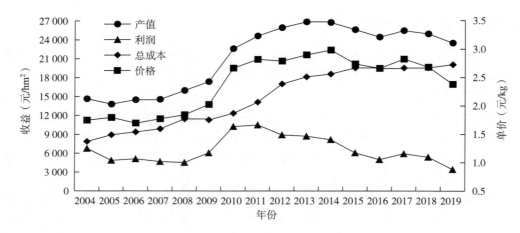

图 14　江苏省粳稻生产产值、利润的变化
（资料来源：《全国农产品成本收益资料汇编》，2005—2020）

综合性状优良、个性突出的领军型品种不多，大面积推广的优良食味品种偏少；审定水稻品种较多，但满足市场需求、群众认可、适口性好的品种不多，且种植区域相对有限；稻瘟病达到中抗及以上的品种很少，高产、优质兼顾抗病的品种更少。

目前审定的粳稻品种稻米品质"南盛北弱"现象比较明显，苏南早熟晚粳稻米品种品质好于苏中迟熟中粳品种，淮北优质中熟中粳品种和优质杂交中籼稻品种缺乏，国标二级以上的品种较少，不能适应淮北地区大面积水稻优质生产和产业化发展的要求。

优质籼稻、糯稻品种缺乏，降糖水稻、彩色水稻等功能性特色品种的选育和推广处于起步阶段，加工专用稻以及高抗性淀粉、低谷蛋白等功能保健稻品种缺乏。

对一些优质稻品种的退化需要及早预判，要防止因种质资源退化速度过快影响大面积优质水稻的种植。

2. 优质水稻规模化生产有待不断探索、加快发展

优质水稻种植规划缺乏。各地各自为战，水稻品种既多且杂，优质水稻大规模连片种植基地较少，难以为加工企业稳定地提供优质稻谷原料，导致大米品质不稳定，制约了优质大米产业的发展。

水稻生产的规模化、组织化程度不高。江苏水稻规模化种植面积达 137.33 万 hm²，适度规模化率超过 60%。但土地确权后小规模农户的"恋地""恋粮"情结、粮价低位徘徊和流转费用高导致流转放缓甚至回流，土地流转率下降。土地零碎分散、肥力厚薄不均、品种选用多样化、种植方式粗放化、投入品多元化等造成生产管理、产品质量不一，不利于标准化、机械化、规模化生产。水稻生产局部存在粗放现象，有些地区生产上注重追求产量，大量施用肥料、农药，生产管理方式不规范，导致稻谷出糙率降低、外观和内在品质下降等，限制了大米品质提高。

3. "优质优价"尚未有效解决

当前国内市场上大米"掺混""调和"现象普遍，收储政策难以体现优质优价。最低收购价政策下稻谷的价格除了区分早稻、中晚籼稻、粳稻之外，同一品种的稻谷不分优质、劣质，导致农民大多数选择易种植、产量高的稻谷，不利于优质水稻品种的推广应用，有的出现"一户两稻"现象（种植大户一部分田种植优质稻，加工成大米自销；另一部分田种植高产稻，销售给收购商或粮食收储部门）。

（五）水稻生产性服务有待进一步加强

水稻生产性服务处于加速发展期，面临服务主体弱小、服务标准不够规范等问题，匹配水稻高质量发展的要求存在差距。代耕、代种、代管等社会化服务比例还有待进一步提高，产后烘干、加工、仓储等专业化服务还较少，迫切需要创新与创建适应现代水稻产业发展的全程托管服务模式。

服务主体小、弱、散，缺乏有影响力的农服企业和服务品牌，大部分服务组织规模不大，全省专业化农业服务主体超过2万家，但有一定规模的较少，从事产加销全程服务、带动整个稻米产业发展的龙头更少。多数服务主体散弱小，服务业务层次较低、内容单一问题较为突出。部分地区集体经济组织、传统服务组织、农民合作组织等服务主体业务趋同，与农业服务户错位发展、协同协作、网络联结不够，服务效率大打折扣。一些实力较强的农业专业化服务公司以抢先布局、占领市场为主要目的，各自为战、缺乏沟通，以致布局散乱、重复建设、功能不足。

生产性服务市场监管缺失。一是标准体系建设滞后。水稻生产性服务没有标准参照，服务纠纷难以调处、服务质量难以保障、服务效益难以发挥。二是合同规范意识薄弱。农业农村部发布了示范合同文本，但实际执行过程中服务主体和服务对象忽视合同的作用，草率签订合同，导致合同流于形式。三是质量保证机制缺失。行业协会、服务联盟等发育滞后，服务主体的自我约束不够，行业监督、权益保护、标准规范、价格制定等过度依靠政府部门。四是信息化手段监管服务能力不足。线上签约、作业确认、质量监督、合约履行、动态监测等信息化、智能化技术应用存在诸多瓶颈。

政策支持和主体期望差距较大。政府高度重视农业生产性服务发展，但政策支持和服务主体需求仍有一定偏差。一是补贴针对性有待加强。耕、种、防、收等传统作业环节为主的补贴多，对土壤改良、土地平整、灌溉、管理等薄弱环节支持力度较小。许多农业服务组织是由家庭农场、农民合作社和农业企业发展而来，服务组织购置设备成本高，部分先进、适用的农机没有纳入政府补贴或补贴额度低，服务组织购买信心不足。二是配套政策有待跟进。扶持政策侧重于服务面积但对服务主体能力、从业人员技能、组织体系建设、行业管理制度等关注不够。针对农业服务主体的财税、信贷、用地、人才等支持政策尚未明确，保险、担保等金融服务有待加强。三是政府主导的公益性、准公益性服务体系亟待强化。水稻等粮食生产具有公益性的特征，但公益性机构积极性、主动性不够，难以满足农户在信息、技术等方面的公益性服务需求。

（六）稻米加工有待做强做优

领军企业偏少，省级以上农业产业化龙头企业占比不高，中小加工企业、新型经营主体低水平重复建设、同质化严重。稻米加工企业仍以中小企业为主，面临产能过剩、企业研发能力不足、产品结构和功能较为单一、产业链短、稻米产品附加值不高等问题，企业利润率较低，发展订单收购面积不大，二次分配少。

中小稻米企业是江苏省稻米加工、销售主体，囿于加工规模、资金实力等限制，出于快速回笼资金等原因，销售渠道主要以普通的农贸批发市场、单位食堂等为主，价格相对较低。

普通大米仍占市场主体，高附加值大米产品偏少。各类胚芽米、富硒米、营养强化米、平衡膳食米、方便米饭等，具有更绿色、更健康等特点，但产销比例较低。

稻米加工业产品精深加工不够，副产品综合利用率低。以加工转化为口粮米、成品米为主，产业链下游的高端米制品以及多元化产品缺乏，稻米资源及其副产品的综合利用不够，迫切需要大力发展系列化、优质化、方便化主食食品，发展中高端米制品及其深加工产品，延伸大米加工产业链。

创新引领需求需要持续发力。随着社会经济的发展，人们在膳食方便化、营养化、多样化方面的需求越来越多。多元化、多变性、无主流的新时代，为大米加工企业不断开发新产品提供了广阔的平台和机遇。长三角地区的大米产品市场需求潜力大，但江苏省稻米加工业相应的产品创新明显不够。

（七）大米品牌建设需要持续发力

对品牌认知不够，促进品牌化发展的新思维、新办法和新手段不足，品牌培育保护制度体系不完善。江苏省各地大米品牌众多，但品牌影响力普遍不高，优势主导品牌不多、不强，市场占有率徘徊不前。"苏米"省域公用品牌打造迫切需要大力提升。

1. 高端品牌与品牌"雁阵"的影响力整体上与黑龙江、吉林等省有差距

近年来，黑龙江省大米进入全国区域品牌（地理标志产品）前100排行榜逐年增多，大米品牌价值不断攀升，品牌引领作用十分明显，使黑龙江大米品牌的"金字招牌"享誉全国。在近3届中国品牌价值评价"全国区域品牌"（地理标志产品）百强榜上，全国大米品牌分别上榜7个、9个、9个，其中黑龙江大米分别上榜5个、5个、6个。江苏省"射阳大米"在近3年榜单的大米类排名中均位于第六位，前5位均为黑龙江大米（表6）。近5年，"五常大米"品牌价值分别为639.55亿元、670.70亿元，677.93亿元、698.60亿元、703.27亿元，实现连续增长并持续保持全国地标产品前列，位居大米类全国第一。在企业品牌方面，据2019年中国品牌价值评价榜单，"北大荒"品牌价值789.18亿元，为领跑中国农业的第一品牌。

表6 近3届中国品牌价值评价"全国区域品牌"（地理标志产品）
百强榜大米类品牌排序情况

2019年榜单		2020年榜单		2021年榜单	
品牌	排序	品牌	排序	品牌	排序
五常大米	6	五常大米	5	五常大米	4
佳木斯大米	13	盘锦大米	11	佳木斯大米	12
方正大米	31	佳木斯大米	14	庆安大米	27
庆安大米	30	方正大米	30	方正大米	30

（续）

2019 年榜单		2020 年榜单		2021 年榜单	
品牌	排序	品牌	排序	品牌	排序
通河大米	37	庆安大米	31	通河大米	35
射阳大米	48	射阳大米	44	射阳大米	47
孝感香米	54	孝感香米	58	同江大米	57
		泰来大米	70	泰来大米	77
		南陵大米	76	南陵大米	88

资料来源：2019—2021 年中国品牌价值评价"全国区域品牌"（地理标志产品）百强榜。

2015 年以来，"吉林大米"品牌建设确立了"以我为主"的发展策略，以"五个一"工程为统领，通过对目标市场精准分析，重点突出品牌内在价值，彰显品牌整体形象，实施科学精准传播，并通过线上线下组合推广，最大限度地覆盖目标群体，实现品牌影响力的快速壮大，创造了国内区域性农产品公共品牌快速崛起的奇迹[①]。"吉林大米"已经成为吉林农业的"第一品牌"，吉林人引以骄傲和自豪的"白金名片"。

辽宁省大力培育"盘锦大米""东港大米""营口大米"等一批区域公用品牌，2003 年，"盘锦大米"被国家质检总局批准为"国家地理标志产品"；2007 年，"盘锦大米"同时获得"中国名牌"和"中国驰名商标"殊荣；2008 年，"盘锦大米"被指定为"北京奥运会专用米"；2019 年入选中国农业品牌目录，入选"中国农产品百强标志性品牌"，入选首批中欧地理标志协定保护名单[②]。

目前，江苏省最具影响力的区域公用品牌"射阳大米"与"五常大米"等有较大差距，最具影响力的企业品牌"苏垦"与"北大荒"等企业品牌也有差距。全省大米品牌多而散，区域间品牌创建不平衡，品牌成长相对缓慢，区域公用品牌与企业品牌、产品品牌间协同不够，相关推广维护不足，品牌影响力和市场占有率有进一步提升空间。

2. "水韵苏米"省域品牌迫切需要加大培育与推广，品牌影响力与带动力亟须扩大

历史悠久、享誉世界的"鱼米之乡"，在品牌大发展的新时代，江苏省稻米产业的发展必须要有一个人所共知的省域公用品牌。"水韵苏米"省域公用品牌建设经历了品牌规划阶段、品牌成立阶段，目前处于品牌培育阶段，"十四五"期间将向品牌扩张阶段迈进，迫切需要需要进一步提高站位、加强领导、加大培育力度，创新品牌推广和宣传，进一步提升品牌知名度、美誉度，与来自东北的大米品牌大军汇合，共同推进长三角中高端大米市场的不断成长，同时更好引领全省稻米产业高质量发展。

（八）稻米全产业链协同需要深入推进

长期以来，水稻生产和大米加工、流通等由不同的部门管理，属于分段治理模式；同

---

① 张长城：发挥"吉林大米"品牌效应 带动乡村振兴行稳致远 . https：//baijiahao. baidu. com/s？id＝1699333341626626223&wfr＝spider&for＝pc.

② https：//baike. baidu. com/item/%E7%9B%98%E9%94%A6%E5%A4%A7%E7%B1%B3/5408444？fr＝aladdin.

时，水稻种植与大米加工也由不同的主体经营，从而导致了稻米产业在生产、加工、流通、储藏以及物流配送等环节的彼此脱节，衔接不够紧密，供应链未完全打通，价值链待充分挖掘等问题，缺乏从稻谷品质、加工质量到营养质量的全产业链质量管理，缺乏促进稻米产业各个环节衔接的联盟。有的虽已建立了"龙头企业＋合作组织＋基地＋农户"的优质稻米产业经营模式，但合作社较分散，经营层次和服务水平还不够理想，农户的小规模经营仍占主导地位，产品质量管控较难，难以形成紧密的利益共同体。生产、加工、销售各个环节共享均衡利润的全产业链发展模式有待进一步探索和完善。

调研发现，江苏大米产业规模化、集约化程度还不高，省内大米企业"小而散"，大米品牌"多而杂"，制约了生产管理技术提高，加之对品牌整合程度不高，没有真正形成"品种—栽培—收获—加工—品牌"的一体化经营模式①。

四、江苏省稻米产业高质量发展的机遇与挑战

"十四五"时期，江苏省稻米产业高质量发展既面临着新的战略机遇，也面临着新的挑战，必须抓住机遇、创新发展、完善政策、强化支撑，以坚定的决心、务实的举措，主动应对挑战，推动稻米产业高质量发展取得新突破。

（一）重要机遇

1. 政策环境不断优化

"十四五"时期，国家将加大力度保障粮食安全特别是口粮安全，坚持最严格的耕地保护制度，持续实施"藏粮于地、藏粮于技"战略，努力解决好种子和耕地问题，建设国家粮食安全产业带，加快推进粮食安全保障立法，全面落实粮食安全党政同责，加大对粮食安全省长责任制的考核；持续推进农业供给侧结构性改革和体制机制创新，大力发展粮食经济。稻米产业发展面临重要政策机遇期。

2. 市场需求不断升级

"十四五"时期，随着城镇化持续推进、人口增长、中等收入群体扩大和居民收入水平不断提高，将迎来消费需求持续增长、消费结构加快升级、消费拉动经济作用明显增强的新阶段；消费分层明显，市场分化加速，特色品种、适度加工产品需求快速增长；人们对优质安全稻米、功能大米及其米制品的需求不断增加，新消费市场不断成长，将为稻米产业发展带来不断增长的市场空间。

3. 创新驱动不断增强

以生物技术和信息技术为特征的新一轮农业科技革命深入发展，江苏省稻米产业科技创新能力将进一步加强，优良品种选育、绿色生产技术、加工增值技术等一系列制约稻米产业高质量发展的核心关键技术有望逐步破解，将为推进稻米产业新一轮发展提供强大的动力。

---

① 夏春胜："苏米"好吃，更要把品牌打造好. https://baijiahao.baidu.com/s? id＝1689823324523804124&wfr＝spider&for＝pc.

4. 区域合作不断深化

2019 年 12 月，中共中央、国务院印发《长江三角洲区域一体化发展规划纲要》，长三角一体化从区域行动上升为国家战略，将有力推动长三角地区优势互补，共建长三角粮食安全共同体，江苏省稻米产业发展面临着与长三角大米主销区深度融合的历史机遇。

5. 生态文明不断厚植

随着生态文明建设的深入推进，"绿水青山就是金山银山"的理念将在江苏大地上演绎为生动的实践，江苏的生态环境将越来越好、经济实力将越来越强，"强富美高"新江苏将为推进稻米产业的高质量发展、打造新时代的鱼米之乡提供全面的支撑。

（二）主要挑战

1. 构建新发展格局迫切要求稻米供应链绝对安全

构建新发展格局首要是实现高水平的自立自强。粮食安全问题是国家自立自强的命脉，保障粮食安全是构建新发展格局的"压舱石"，确保口粮安全更是重中之重。作为国人第一口粮的稻米，必须绝对安全，这就要求从国内水稻生产、储备、加工、销售全链条入手提高供应链的稳定性和可靠性，特别是要确保水稻生产的稳定性和可靠性。

2. 推动共同富裕迫切要求稻米产业提质增效

推动共同富裕，短板弱项在农业农村，难点痛点在水稻等粮食主产区。江苏省水稻生产的重心在苏北、苏中，推动共同富裕的重点在于加快发展苏北、苏中地区经济和不断提高农民的收入水平。做强做优稻米产业，是促进江苏省水稻主产区乡村产业振兴和增加农民收入的必然要求。

3. 绿色发展要求趋高

"十四五"时期是我国促进经济社会发展全面绿色转型的关键时期，农业发展进入了加快推进绿色转型的新阶段，对稻米产业的绿色发展提出了新要求。目前，水稻绿色品种的选育、水稻生产和大米储运加工的绿色科技的进步还不能适应绿色发展的新要求，水稻生产中化肥农药投入的"双减"难度不断加大，实现稻米全产业链的绿色低碳的机制尚未健全。

4. 要素供给约束趋紧

在日趋加快的工业化、城镇化进程中，稻米产业发展投入边际报酬率相对较低，集聚相应的资本、人力、技术等生产要素的能力不强，水稻生产所必需的耕地等要素需要强有力的政策支持才能得到保障。稻米产业创新投入少、能力弱、产品附加值低。中小企业普遍缺少研发平台和技术人才，工艺装备落后，新产品开发滞后。稻米产业转型升级面临着要素供给不足的深度困扰。

5. 中高端大米市场竞争日趋激烈

随着乡村振兴战略的全面实施，各水稻主产省纷纷出台政策，加大推进稻米产业发展的力度。东北大米品牌的不断崛起，长江流域主产省的不断发力，中高端大米市场在不断扩容的同时，也将呈现日趋激烈的竞争。品牌、质量、服务、环境和创新等因素都已经成为各地谋取竞争优势的重要手段。

五、国内外稻米产业发展的经验借鉴

（一）日本

日本是世界上主要的水稻生产国和消费国，稻米产业化程度、机械化程度高。21 世纪以来，日本水稻种植面积总体呈现逐年下降趋势，从 2000 年的 177.0 万 hm^2 持续下滑至 2018 年的 147.0 万 hm^2，单产从 2000 年的 6.70t/hm^2 降至 2018 年的 6.67t/hm^2，总产也从 2000 年的 1 186.3 万 t 减至 2018 年的 972.8 万 t[1]。

1. 突出品质第一，重视优良品种选育

日本在水稻品种选育上以品质为第一评价指标，培育了许多优良品种，其中一些品种育成后半个世纪仍继续大面积种植。日本商品化水稻品种有 250 多个，种植面积前 5 位的水稻品种占了水稻总面积的 60% 以上，种植面积前 10 位的品种占到总面积的 76% 左右（王亚梁，2016）。"越光"自问世以来，凭借其优良的色香味品质征服了市场，自 1979 年取代"日本晴"至今，连续 40 余年高居日本水稻种植面积的第一。

1998 年日本颁布的《种苗法》规定：一般种苗保护有效期为 20 年。2005 年，对期限进行了延长修订，一般种苗保护有效期为 25 年[2]。原则上，为了保护日本育成的优良品种，在种苗保护有效期内，农林水产省不允许向海外输出。《种苗法》的颁布实施，促进了日本各地争相研发水稻新品种。

2. 重视大米质量全产业链"呵护"

日本稻米生产经营者大都选择种植单产较低但品质较好与销售价格较高的食用稻米，控制肥料施用量与保有稻米中的蛋白质含量的种植技术被广泛使用，种植的品种多为优质稻米，品质是日本稻米生产的第一评价指标（杨秀玉等，2020）。

日本大米生产的每个环节，从选种、育秧、移植、生长期管理到储藏、加工都极其专业规范，日本稻农对每一环节都很用心和专心。日本重视低温储藏，使用纸袋、集装袋进行糙米的低温储藏，以最大限度保持稻谷的新鲜度，并开发了"冰温陈米返新"技术[3]。日本精米机能够做到低温加工，不破坏大米的营养成分；分级加工能够适当保留稻谷的外皮，又不影响食用时的口感。

3. 实施大米筛选制度和质量追溯，对大米品质进行量化研究

日本每年都有专业机构对当年新米进行品质鉴定，除了营养外，口感也是重要考核环节。一流大米才能作为米饭用米供应，二流大米只能作为加工食品的原料，三流大米只能是牲畜的饲料。

2009 年，日本政府颁布了《大米可追溯法》，强制要求对大米及其加工品实施质量追溯管理。《大米可追溯法》的实施能够保障大米流通途径的透明性，迅速有效地向消费者、政

---

① 日本水稻概况 . https：//xw. qq. com/amphtml/20201012A0FLW700. 20201002.
② 日本大米，为什么「真香」? https：//zhuanlan. zhihu. com/p/144278422. 20200528.
③ 日本大米告诉你品牌化原来这么重要 . https：//www. 163. com/dy/article/G8O K431U05149 FK0. html. 20210429.

府以及地方公共团体提供大米及大米加工品的信息，实施以来获得了各界广泛的好评（李英等，2017）。

自 1971 年以来，日本谷物检验协会每年对日本 47 个县的 130 多种大米进行理化实验和感官实验，并选择最客观的"米饭味道排名"。该排名通常将日本的所有稻米品种划分为 5 个级别，即特 A、A、A'、B、B'，而最佳口味自然是特 A。由于其检测方法科学，选取样本广泛，因此对上游的选育品种、中游的销售包装定价、下游的消费者选购意愿都有很大的影响。

4. 重视培育水稻生产骨干型农户

日本农林水产省于 1992 年提出了"培育高效率且安定的农业经营体"，将规模农业经营体分为个别经营体（大规模农户）和组织经营体（区域性农业生产联合组织"集落营农组织"和农业法人）。1993 年，创设了"认定农业者制度"。无论是农业组织还是单独的农业经营者都可以按照《农业经营基础强化促进法》的规定以及参照所在的市町村等地方政府农业实际现状，制定农业经营改善计划（5 年），在通过政府的审核后，均可以成为"认定农业者"。"认定农业者"享受收入补贴、资金扶持、税收优惠等支持政策。

日本政府重点推进大规模经营主体政策，促进小规模经营农户向骨干型农户转变。2013年，日本农林水产省提出了《农林水产业·创造地域活力计划》，鼓励设立农地中间管理机构，并在各地进行有效推广，加快骨干型农户农地规模化转化速度（张永强、蒲晨曦，2018）。

日本稻米种植因规模不同其生产成本亦不同，种植规模 $2hm^2$ 以上的生产成本均低于其平均水平，规模越大其成本越低，与平均水平的差异越大。随着技术的进步，不同稻米种植规模的生产成本差距逐年加大，稻米种植规模扩大对于降低其生产成本极其重要（杨秀玉等，2020）。

5. 重视大米品牌化发展

日本具有强烈的品牌意识，市场上极少有来路不明的散装米，基本都是贴上各家品牌的成品米。农户自家产的大米，也会注册品牌商标后再拿出去卖，并在包装上下功夫，以提升自家辨识度[①]。日本在推进大米品牌化发展道路上，建立了以标准化生产和质量认证为基础、以标准制定为抓手、以产销促进和品牌推介为手段的品牌工作机制，形成了"政府、科研机构参与，社会组织推进，第三方配合"的运行机制，从产业链源头抓起，加强品牌建设要素与全产业链结构的关联性，把大米品牌建设贯穿于全产业链，深度挖掘核心产品，塑造优质大米品牌（张志东，2020）。

随着日本人民生活水平的提高，对优质品牌大米的需求日益趋旺，因而生产过程中十分重视优质品种的选育，只有特定的品种在特定的产地、符合标准的肥水调控、病虫草害综合防治等栽培农艺控制下，生产出的大米经特定机构认证后才可被定为"铭"米（品牌大米），且在规定期限（赏味期）内加工上市的，才具市场竞争力（马雷、张洪程，2004）。

---

① 日本大米告诉你品牌化原来这么重要. https://www.163.com/dy/article/G8OK431U05149FK0. html. 20210429.

（二）泰国

泰国素有"世界米仓"称号。水稻是泰国最主要的粮食作物，44％的农业用地种植水稻，66％的农户从事水稻生产（黄志才等，2018）。水稻不仅是泰国主要的食物和营养来源，水稻生产也是其传统文化的重要组成部分，每年6月5日是泰国的"国家大米日"。

1. 政府极端重视稻米产业发展

泰国政府把稻米产业当成发展泰国经济的重要手段，所推行的农业政策、所执行的每一项措施都是围绕这一目标进行的。泰国的稻米政策由泰国的稻米委员会制定，为适应多变的国际市场，每年修改一次。稻米委员会主席常由分管农业的副总理担任，副主席和委员常由其他相关的部长和常务秘书担任（马雷，2008）。

为了强化稻米产业的战略地位，泰国农业与合作社部专门设置水稻司，下设生产开发处、科技管理处、政策战略处、种子处、品种改良推广处、行政管理处等，负责全国水稻生产管理、科技研发与推广（肖昕等，2016）。

2. 高度重视优质品种选育与推广应用

泰国政府非常重视优质水稻品种的选育工作，政府投入大量的资金和科技人员研发优良、高产的水稻品种（刘红萍等，2017）。水稻司在全国设立28个水稻研究中心和23个种子生产中心，由这些机构负责水稻的品种选育、种子生产与推广。水稻研究中心不是按行政区域设置的，而是根据生态相似性划分研究区域，以加强水稻品种选育、种子生产和技术推广的针对性和有效性。在全国各地设立的23个水稻种子生产中心，负责良种的提纯复壮和除杂去劣，保证高品质种子的繁育和供应（肖昕等，2016）。

自20世纪50年代中期开始，泰国始终坚持把品质作为水稻品种选育的第一目标，并制定了自己的优质稻品种标准。按水稻品种标准要求，以地方品种为种质资源，全力选育优质常规水稻品种。在品种选育和推广上，强调质量至上（肖昕等，2016）。

泰国对水稻品种的审定和推广比较严格，审定和推广的品种数量较少，政府根据不同区域生态类型推荐种植品种。目前泰国共有53个推荐种植品种，全部为常规稻品种，包括27个农家品种和26个改良品种（黄志才等，2018）。

泰国制定了"2020—2024年国家稻米发展计划"，旨在5年内选育出12个水稻新品种，并力图降低生产成本，要让泰国的大米产业发展朝着高产、高附加值的方向发展[①]。

3. 严格践行基于标准的质量控制体系

为了保护泰国大米的出口质量，泰国制定了规范而详尽的大米标准。泰国的大米标准是目前世界所有大米生产国家稻米标准中最为复杂和详细的（刘红萍等，2017）。严格的大米标准是泰国大米畅销世界的"通行证"。泰国大米标准最重要的特点是将品种标准与产品标准紧密结合，并且落脚点是产品，用产品标准来培育品牌优质米，引导市场销售，这一点尤其值得借鉴（马雷，2008）。

泰国积极推行欧洲零售商农产品工作组提出的"良好农业规范"（GAP）生产模式，每

---

① 南生：从世界第一，降至第四！近年来，泰国大米出口量为何持续萎缩呢？https：//baijiahao．baidu．com/s？id=1695714761702080602&wfr=spider&for=pc.

一个生产环节，包括生态环境、种子来源、品种及施肥、施药、采收、运输、包装等农艺操作，都必须严格遵守 GAP 规程并记录在案，每一个环节都要处在严格的控制之下，实现从农场到餐桌的全程可溯源（肖昕等，2016）。

泰国政府经过近 5 年的申请，Thung Kula Rong Hai（TKRH，固拉侬亥平原）茉莉香米已经于 2013 年获得欧盟地理标志认证（Geographic Indication，GI），成为泰国乃至东盟首批获得 GI 认证的稻米品牌。经 GI 认证的大米价格一般比传统香米高 1 倍（肖昕等，2016）。

4. 在大米加工质量上狠下功夫

泰国把大米加工环节看成是控制大米质量的最重要环节，提高大米加工质量是泰国的成功做法（马雷，2008）。泰国的大中型大米加工厂大多数都配备了先进的碾米机、抛光机、光谱筛选机和色选机等先进设备（罗炬等，2006）。

目前，泰国正举国推行稻米产品创新，由稻米、稻米萃取物加工而成的各种新产品正大量投向市场，比如大米糠油、稻米茶、零食、护肤品等，旨在通过高科技提高稻米附加值，解决稻米销路问题。

（三）黑龙江省五常市

黑龙江省五常市被授予全国唯一的"中国优质稻米之乡"称号，"五常大米"享誉全国，品牌价值位列地标品牌大米类全国第一。五常市将稻米产业作为发展现代农业的重中之重，坚持"创新体制、完善机制、创新科技、融合发展、提升效益"的原则，从"品种、品质、品位、品相、品牌"五个方面重点发力，全面实施五常稻米产业提升工程，以实现"农民增收、财政增税、企业增效、消费增信、品牌增值"的"五增"目标，整体提升五常稻米全产业链条，推动五常稻米产业二次革命，全力打造世界最具竞争力的稻米产业[1]。

1. 规范化管理

制定《五常大米品牌建设与保护工作实施方案》《五常大米地理标志产品保护管理办法》《五常大米溯源防伪管理规定》《五常大米证明商标授权使用管理办法》[2]，成立了稻米产业管理工作领导小组办公室，组建了五常大米集团有限公司，推动五常大米公共服务中心建设，增强五常稻米产业综合竞争力。

2. 标准化引领

2018 年 5 月，五常市制定发布了涵盖种子繁育、水稻种植、投入品使用、粳稻储藏、生产加工、产品质量、环境质量、溯源防伪八个方面的《五常大米标准体系》，对五常大米从良种繁育、浸种催芽、育苗插秧、收割仓储到加工销售的 27 个流程 99 道工序，逐一细化，建立五常大米标准体系[3]。

---

[1] 倪馨，裴桐：全面实施稻米产业工程实现五常大米二次革命，2020. https：//baijiahao. baidu. com/s？id＝1681527630548572831&wfr＝spider&for＝pc.（20201025）.

[2] 中国区域公共品牌行动（一）走进五常市：五常大米的品牌转型之路. https：//www. sohu. com/a/333361617 _ 100065199.

[3] "五常大米"地方标准体系出台. https：//www. sohu. com/a/250893910 _ 349352. 20180830.

3. 高水平溯源防伪

五常市政府投入 4 000 余万元，建成五常市农业物联网服务中心、五常大米溯源防伪查询平台和五常大米网，对五常大米实行"三确一检一码"溯源防伪。"三确"指的是确地块、确种子、确投入品；"一检"是质量检测（五常大米在出厂前必须做到批批检验，企业自检、平台检验和监督抽检相结合，未经检验合格的五常大米严禁出厂销售）；"一码"是运用最新的溯源防伪技术，消费者通过终端点击或者扫描溯源防伪码，可以直接查到种植地块、加工、仓储等信息，实现全程可追溯[1]。

4. 加强原产地保护

研究制定《五常大米原产地保护提升规划》，实行"生态保护红线、环境质量底线、资源利用上线和制定环境准入负面清单"的"三线一单"管控办法，科学划定先导区、过渡区和潜力区，探索分区定价，全力筑牢顶级品质基础[2]。

（四）吉林省

"十三五"期间，吉林大米品牌建设得到快速发展，品牌知名度和市场占有率稳步提升。"吉林大米"在 2019 年、2020 年连续荣登"中国粮油影响力公共品牌"榜首，并入选新华社"民族品牌工程"，品牌影响力、公众美誉度、市场占有率显著提升[3]。"吉林大米"品牌影响力从无到有、从弱到强，为国内农产品区域公用品牌打造提供了样本，"吉林大米现象"在业内备受关注。

1. 政府高度重视，突出品牌发展，强力推动稻米产业发展

2013 年，吉林省人民政府办公厅出台了《吉林省人民政府办公厅关于推进吉林省大米品牌建设的指导意见》。2015 年 12 月，《吉林大米品牌建设发展规划》（2016—2020）出台，初步形成了较为完整的吉林大米品牌建设体系，其核心是打造吉林大米的"五个一工程"，即一个公共品牌——吉林大米；一个产业联盟——吉林大米产业联盟；一个网络平台——吉林大米网；一个质量标准体系——吉林大米系列质量标准；一个营销网络——吉林大米直营网络，推动吉林大米的品牌建设（赵瑞华，2017）。

吉林省委、省政府高度重视吉林大米品牌建设，将吉林大米品牌建设纳入全省经济发展的战略。省领导多次对吉林大米品牌建设作出批示，省财政部门与市县政府以及相关部门大力支持和配合，协同发力，为品牌建设的持续推进提供了坚强的后盾支持。省粮食和物资储备局成立了全国唯一的大米产业处，建立起专门的团队全面负责品牌建设，潜心突破品牌建设路上面临的一个个"关口"。2014 年以来，吉林省财政累计投入 1.9 亿元（王丹丹，2018）。

吉林省从培育大米地理标志品牌入手，用区域公用品牌整合企业品牌，进而形成了具有

---

① 于伟力：五常大米的品牌转型之路，2019. https：//www.sohu.com/a/332087441_99923264（2019−08−13）.

② 倪馨，裴桐：全面实施稻米产业工程实现五常大米二次革命，2020. https：//baijiahao.baidu.com/s？id=1681527630548572831&wfr=spider&for=pc.（20201025）.

③ 从"卖产品"到"卖品牌"农业品牌建设是乡村振兴的重要抓手. http：//sh.xinhuanet.com/2021-05/09/c_139933359.htm-2021.

吉林特色的大米标志品牌。以塑造吉林大米核心区域公用品牌为先导，整合业内资源，瞄准目标市场，不断拓展营销渠道，通过实施"吉林大米＋"战略，有效维护了"吉林大米"品牌的统一形象。

2. 因地制宜，优选优育，大力推广水稻新品种和种植新模式

吉林省充分发挥禀赋优势，依据区域特点进行细分，为品种选育提供基础。紧紧围绕自身白山松水黑土的独特地域特点，分别开发了东部火山岩、中部黑土地、西部弱碱土三大系列高端大米产品（张力军，2017）。这一创意，既为水稻新品种选育提供了独特的基础，又为不同区域的吉林大米提供了新的卖点，拓展了价格空间。吉林省还组建了优质粳稻国际联合研究中心，建设中国北方粳稻种子繁育基地，通过科企对接，加强品种选育和研发；通过大规模开展土地流转，建设自有基地，实行统一种植、统一生产资料供应、统一管理、统一收购、统一质量标准、统一销售的"六统一"管理模式，确保水稻优质种植。

3. 成立联盟，规范标准，实施质量追溯，全方位提升稻米品质

2016年9月，吉林大米产业联盟正式成立。联盟通过品牌标志认证服务、诚信体系建设等方式，鼓励和引导龙头企业、农民专业合作社和家庭农场等实行标准化生产，并与农户结成利益共同体。联盟搭建起互联互通、源头监管的品牌大米质量安全追溯信息平台，建立生产、加工、流通全过程大米质量安全可追溯体系，强化从源头到餐桌的全链条大米质量监管。

制定了吉林大米地方标准、吉林大米主产地的区域品牌质量标准、吉林大米产业联盟四大品类的团体标准等，构成了较为完整的标准体系。率先在国内推出对吉林大米生产基地水稻收割、晾晒、烘干、入仓、加工等环节时间点全方位掌控的《吉林大米收储5T标准》，为吉林大米品质提升提供技术保障（崔志良和安鹏，2020）。

4. 拓展渠道，整合资源，统一品牌形象

不断创新营销模式，形成了直营店（商超专柜）1.0版本、以吉林大米网（天猫旗舰店）为主要渠道的电商平台2.0版本、以浙江绿城物业幸福粮仓为代表的产区到社区直通车3.0版本、提供私人订制服务的"吉田认购"4.0版本、"公共仓＋区域品牌＋运营商"的5.0版本等的营销模式。

通过推进吉林大米产销区运营中心建设，打造主导品类，形成企业联合体，引导企业从大米"生产商"向产品"服务商"转型。目前，吉林大米以区域联盟核心企业为主体，建立了西部运营中心、福建运营中心、浙江运营中心等多个运营中心（吉林省粮食和物资储备局，2021）。

以塑造吉林大米核心区域公用品牌为先导，整合业内资源，合力推动发展。一是整合品牌资源。联盟通过制定"吉林大米"统一标识，以"区域＋品种"为主线，形成"核心品牌＋区域品牌＋企业品牌"三位一体的吉林大米品牌建设格局（吉林省粮食和物资储备局，2021）。二是多方联动协同。政府、协会、企业各自立足自身定位，发挥自身优势，围绕公用品牌建设的共同目标联动协同，有效形成了吉林大米品牌建设的合力。

（五）广东省

广东是世界稻作文明的发源地之一。广东省高度重视稻米产业发展，在国内率先举起

"稻米产业高质量发展"大旗，通过政府推动、联盟运作、标准引领、品种支撑、企业为主、社会参与、园区载体，打造一批叫得响、过得硬、有影响力的"丝苗米"品牌，同时加大丝苗米推介宣传力度，形成品牌合力，提升品牌影响力，努力把广东"丝苗米"品牌打造成"北有五常、南有丝苗"的国家级品牌。

1. 成立广东丝苗米产业联盟

2018 年 4 月 28 日，广东丝苗米产业联盟成立。联盟通过整合高等院校、科研机构、技术推广部门和企业等各方资源，推动产学研紧密结合，提高联盟成员在广东丝苗米产业领域的研发、生产及加工水平，提高产品的附加值，延长产业链；同时为联盟成员的发展提供全方位的支持，提升广东省大米产业的核心竞争力，通过打造广东丝苗米品牌提升其在国内外影响力。

2. 制定丝苗米产品和品种标准

2019 年 6 月，广东正式发布《广东丝苗米产品标准》《广东丝苗米品种标准》。广东丝苗米产业联盟出台了丝苗米产品管理办法，推出联盟大米产品，打造丝苗米网红店。广东丝苗米产业联盟每年组织对各地稻米品牌的产品进行鉴评，符合广东丝苗米产品标准的产品，方可冠名"广东丝苗米"；将广东众多的优质稻米品牌，统一到"广东丝苗米"这个省域大品牌上，进一步加大品牌的宣传力度，促进广东丝苗米的高质量发展。

3. 建设广州优质稻育种重大种业创新平台

广东按照"创建全国现代种业创新驱动试验示范区"的发展定位，全面深化种业体制改革，加快构建育繁推一体化种业技术创新体系，建设广州优质稻育种重大种业创新平台，努力育成一批具有自主知识产权的突破性新品种。

2019 年，广东审定了美香占 2 号和象牙香占等 2 个丝苗米新品种；2020 年，审定了 19 香、青香优 033、莉香占、软华优金丝、二广香占 3 号和南晶香占等 6 个丝苗米新品种。

4. 建设丝苗米省级现代农业产业园

广东在云浮、新兴等地设立了 20 个丝苗米省级现代农业产业园，对每个产业园财政支持 5 000 万元，促进丝苗米产业发展。

5. 组织开展系列论坛和推介活动

2018 年 10 月，广东省罗定市成功举办"广东（云浮罗定）稻米节"暨广东首届稻米产业大会，对首批认定广东丝苗米品种与产品以及创建稻米品牌的企业授牌，召开"稻米产业高质量发展论坛"等。2018 年 12 月，在第十七届广东种业博览会上，以"广东丝苗米·中国好味道"为主题进行全面展示，发布 2018 年广东十大丝苗米品种，建设广东丝苗米稻文化馆。2019 年 6 月，举办"论稻蕉岭·一米惊人"——2019 中国（梅州·蕉岭）特色丝苗米高端论坛。2019 年 6 月，举办水稻矮化育种 60 周年纪念暨水稻产业科技大会，推介广东丝苗米。2020 年 11 月，举办以"禅都论稻民富粮安"为主题的 2020 年广东丝苗米产业高质量发展大会暨国际高端优质稻观摩活动[①]。

---

① 推动稻米产业高质量发展 促进民富粮安. https://baijiahao.baidu.com/s? id＝1682889658527964020&wfr＝spider&for＝pc.

六、江苏省稻米产业高质量发展的基本内涵与路径选择

(一) 稻米产业高质量发展的基本内涵

2018 年中央 1 号文件提出质量兴农之路，突出农业绿色化、优质化、特色化、品牌化，全面推进农业高质量发展。2020 年中央 1 号文件提出，要持续抓好农业稳产保障和农民增收，推进农业高质量发展。2021 年中央 1 号文件进一步提出，全面推进乡村振兴，加快农业农村现代化，强调要以推动高质量发展为主题。我国农业发展进入了推进高质量发展的新阶段。

根据《国家质量兴农规划（2018—2022 年)》(农发〔2019〕1 号)，农业高质量发展具有产品质量高、产业效益高、生产效率高、经营者素质高、国际竞争力强等特征。一般认为，粮食产业高质量发展包含高质量供给、投入产出效率提升、产业结构优化、竞争力提升和绿色可持续等内容。

结合农业农村部《关于加快推进品牌强农的意见》(农市发〔2018〕3 号)、《农业生产"三品一标"提升行动实施方案》(农办规〔2021〕1 号)，项目组研究提出的江苏省稻米产业高质量发展的内涵特征主要包括 8 个方面：①产能稳定；②产品质量高；③产业效益高；④生产效率高；⑤经营主体强；⑥绿色可持续；⑦品牌影响力大；⑧创新驱动强。同时对水稻生产、大米加工、品牌建设和创新驱动等主要环节的高质量发展提出具体的内涵界定。

1. 水稻生产高质量发展的内涵特征

——丰产：大面积均衡增产。江苏省水稻大面积持续丰产稳产，是新时期水稻生产高质量发展的基本要求，也应是第一内涵、首要目标。稳定种植面积、挖掘单产潜力，实现大面积均衡增产是江苏省水稻生产高质量发展的第一要务。

——优质：满足多元化需求。大力发展优质米产业、打造知名品牌，不仅是社会经济发展的需要，也是满足人们对营养健康、高品质、多功能等美好生活的要求。

——绿色：资源高效利用。通过提高有限资源的利用效率，克服依赖追加农化物资和水土资源投入，实现高产与高效并进、生产与生态协同。

——轻简：轻松快乐稻作。水稻生产全面、全程机械化基本实现，智能化程度不断提升，社会化服务体系健全。

——高效：水稻生产者有积极性。水稻生产效益得到基本保障，基本能满足不同规模的生产主体的利益期望。

2. 稻米加工业高质量发展的内涵特征

——主体素质高：培育一批拥有知名产品和著名品牌的优质企业、合作社等经营主体，聚集资源做精品、造名品、出新品，弘扬工匠精神，鼓励追求卓越，打造著名品牌。

——技术含量高：充分运用现代生物技术、装备技术、工艺与信息技术等，实现稻米加工的数字化、智能化、自动化、可视化、绿色化、标准化、集成化、精准化。

——产品质量优：适应市场消费需求转型升级的需要，更好地满足人民多样化美好生活的需求，结构合理、品质优，既满足主流人群需要，又兼顾多样化的特色需求。

——综合效益高：保供固安全的社会效益、投资利润率高的经济效益和循环无污染的生

态效益等协调提升，实现多元主体共赢。

——生产能耗低：坚持加工减损、梯次利用、循环发展方向，减少资源能源消耗，降低污染排放，提高物料利用程度，推进绿色加工。

3. 大米品牌建设高质量的内涵特征

——品牌质量保障强：始终将品质作为品牌发展的第一要义，坚持市场导向、消费者至上，把安全、优质、绿色作为不断提升产品质量的基本要求，具有持续支撑品牌发展的生产体系、标准体系和质量溯源体系。

——品牌矩阵影响大：构建特色鲜明、互为补充的农业品牌体系，形成"大而优"的区域公用品牌、"特而美"的企业品牌和产品品牌融合发展的品牌矩阵，品牌影响力大、溢价能力强。

——品牌管理服务好：品牌运营管理规范，品牌营销推介力度大，品牌质量保证体系与诚信体系健全。

4. 稻米产业创新驱动高质量的内涵特征

——创新能力明显提升：优质新品种选育、现代稻作技术和加工储运技术等全产业链技术创新能力走在全国前列，部分关键技术创新处于国际先进水平。

——平台载体建设国内一流：拥有一批卓越的稻米产业技术创新人才，在品种选育、技术创新等方面建有国内一流的研发平台。

——贡献份额不断增大：科技创新对稻米产业发展的贡献份额稳步增长，居于国内前列。

（二）稻米产业高质量发展的路径选择

根据江苏省稻米产业发展的现实基础、存在问题、面临机遇与挑战，借鉴国内外稻米产业发展的经验，立足稻米产业发展的趋势，着眼于服务人民日益增长的美好生活的需要，江苏省稻米产业高质量发展的基本路径是聚力发展中高端优质稻米，带动江苏省稻米产业质量效益与竞争力全面提升。

本项目组刘家成和纪月清等（2021）以大米销售单价为品质判断依据，将大米分为三个档次（普通：<5 元/kg；中端：5～10 元/kg；高端：≥10 元/kg），采用计量经济模型对长三角地区未来 20 年中高端大米的市场消费潜力进行预测，结果表明，江苏省大米消费市场已趋稳定，消费结构逐渐由低档向中高档转变，经济发展水平和人口规模是推动大米消费转型升级的主要原因。长三角地区未来对中高端品牌大米需求具有持续向好的发展预期，预计到 2040 年，中高端大米市场需求将达到 1 231 万～2 463 万 t，市场价值将达到 1 085 亿～2 302亿元。长三角地区可成为江苏中高端品牌大米市场开发和拓展的重要方向[①]。

项目组认为，中高端稻米是指符合绿色食品标准或符合有机食品标准的优质性状突出的稻米，或是具有农产品地理标志的优质性状突出的品牌稻米，一般具有科技含量高、产地环境优良、安全质量高、外观好看、食味优美，并蕴含丰富文化与独特创意等特征。

---

① 刘家成，纪月清，赵小松，等：长三角地区中高端稻米市场需求潜力分析（研究报告），2021。

高端优质稻米是绿色化、优质化、特色化、品牌化兼备的精品稻米、顶级稻米，应具有以下基本特征：①绿色有机，全程可溯源；②好看好闻好吃，优质安全，外观达到国标一级，胶稠度 80mm 以上，食味评分 90 分以上；③具有鲜明特色，如有特色文化或独特创意；④具有响亮的名牌效应，塑造优质稻米产品中的精品、极品的高端形象。

从已有实践来看，发展中高端稻米需要把握以下重点：

（1）发展中高端稻米的核心基础是高质量生产出高质量原粮，而要生产出高质量原粮首先是优势产区、高标准基地、中高端优质水稻品种优化匹配。

（2）因地制宜种植的优质水稻品种，要与因地、因种的绿色优质丰产耕作栽培技术优化匹配。

（3）因地因种制宜生产出的高质量稻谷要按产区、按基地、按品种分等级进行收储加工，才能真正加工出质量一致的中高端品牌优质大米。

（4）培育不同区域特色的骨干（龙头）企业，打造中高端优质稻米品牌。

（5）突出创意创新创造，综合地、深度地开发和利用水稻生产资源，创新传统食用大米食品加工，延长产业链；加强精深加工与利用；加强开发功能性大米；加强稻壳、碎米、米糠等资源综合、深度利用。

（6）建立最严格的大米质量监控与溯源体系，使大米产品质量经得起市场与时间的考验。

七、江苏省稻米产业高质量发展的指导思想、目标与战略选择

（一）指导思想

以习近平新时代中国特色社会主义思想为指导，全面贯彻党的十九大、十九届历次全会精神和习近平总书记对江苏工作系列重要讲话指示要求，全面落实省委、省政府的决策部署，立足发展新阶段、贯彻发展新理念、服务发展新格局，大力实施粮食安全战略和乡村振兴战略，以高质量发展为主题，以深化农业供给侧结构性改革为主线，以改革创新为根本动力，以满足人民群众对美好生活需要为根本目的，坚持"五良"（良田、良种、良法、良机、良制）配套、"五优"（优粮优产、优粮优购、优粮优储、优粮优加、优粮优销）联动，着力推进稻米产业"三链协同"（延伸产业链、提升价值链、打造供应链）和"三品一标"提升（品种创优、品质提升、品牌打造和标准化生产），全面提高稻米产业发展质量效益与竞争力，在加快稻米产业高质量发展上"争当表率、争做示范、走在前列"，为全面推进乡村振兴、加快农业农村现代化提供坚实支撑。

（二）基本原则

一是绿色发展、质量兴稻。践行"绿水青山就是金山银山"理念，积极推进绿色生产、绿色存储、绿色加工、绿色消费，把绿色发展导向贯穿产业链全过程，促进资源节约、生态循环，在稳定水稻种植面积的基础上，不断提升优质绿色稻米的比重，促进稻米产业提质增效。

二是优化布局、打造品牌。立足全省不同区域的资源禀赋和市场消费需求，科学规划区

域布局、发展方向和产业规模，鼓励区域整体推进，优化产品结构、品种结构、经营结构，打造地域特色突出、产品特性鲜明的区域公用品牌，培育"大而优""小而美"的企业品牌、产品品牌。

三是创新驱动、主体带动。把科技创新作为第一动力，推进育种创新，加强投入品使用、产品生产、加工储运等全产业链技术创新和标准制修订。创新体制机制，优化产业发展的政策体系。充分发挥家庭农场、农民合作社、龙头企业等新型经营主体的示范带动作用，促进多元主体合作，形成龙头企业牵引、多方参与的"产购储加销"一体化发展格局。

四是政府有为、市场有效。优化顶层设计，完善政策体系，加大支持力度，更好地发挥政府政策的调控作用。注重发挥市场的主导作用，激活要素、激活市场、激活主体，引导资源要素向品种创优、品质提升、品牌打造集聚。

五是突出重点、融合发展。突出重点区域、重点产品、重点企业，延伸产业链条，开发潜在市场。着眼于产前、产中、产后全产业链，加强顶层设计，提升产业化经营和社会化服务水平，提高市场竞争力，促进关联产业融合发展。

（三）主要目标

"十四五"期间，全省高标准建设 213 万 hm² 水稻生产功能区，水稻种植面积稳定在 220 万 hm² 以上，水稻平均单产力争达到 9 000kg/hm² 以上，水稻总产 2 000 万 t 左右；到 2025 年，全省优良食味水稻种植面积达到 133 万 hm²，约占全省水稻种植面积的 60%；水稻生产化肥、农药利用率提高到 43% 以上，综合机械化水平稳定在 90% 以上；水稻生产适度规模经营比重达到 80%；培育若干自主创新能力强、加工水平高、处于行业领先地位的稻米加工企业，稻米及其精深加工产品的水平和档次明显提高，力争培育主营收入超 10 亿元的企业 10 家以上，其中超 50 亿元的 2 家以上；构筑"水韵苏米"公用品牌＋N 个区域公用品牌＋N 个企业品牌的大米品牌雁阵，"水韵苏米"成为国家级农产品区域公用品牌，一批大米区域公用品牌和企业品牌的影响力不断提升，水稻产业的经济、社会和生态效益全面提高，推动江苏省稻米产业高质量发展走在全国前列，将江苏省打造成为"长三角地区的绿色优质米都"。

（四）战略选择

1. 固本强基战略

坚持"藏粮于地"，建设大面积高质量的稻田生态系统。建立健全水稻生产功能区特殊保护机制，牢牢守住水稻生产功能区保护面积，充分调动各级地方政府和广大农民水稻生产的内在积极性，坚决遏制耕地"非农化"、防止稻田"非稻化"，努力稳定水稻生产面积。实施新一轮高标准农田建设规划和耕地保护与质量提升行动，突出稻田宜机化基础建设和绿色稻田建设，夯实水稻大面积丰产优质绿色高效的物质基础。

2. 创新驱动战略

坚持"藏粮于技"，大力培育一批高水平的稻米产业技术创新人才，构筑一流的稻米产业技术创新平台。实现水稻大面积绿色优质丰产高效，是世界级大难题，必须依靠持续的技术进步，不断挖掘新技术的潜力，引进良种、机械装备、耕种技术等现代生产要素，增加环境友好要素的投入，同时辅之以良好的农业社会化服务。协调推进稻米初加工、深加工，开发中高端营养米、功能米等新产品以及副产品的多元化综合化利用，迫切需要多学科协同创新的技术支撑。大米高效流通与高端品牌创建，也需要区块链技术等系列化新技术的推广应用。

3. 主体提升战略

坚持"以人为本"，积极培育壮大从事水稻生产、大米加工、流通和服务的新型经营主体。大力支持发展家庭农场和农民合作社，培育农业产业化龙头企业和产业化联合体。大力推进新型经营主体高质高效发展，充分激发内生动力，使其成为稻米产业高质量发展的骨干力量，服务和带动小农户标准化生产，实现区域性联合，推进稻米产业发展的质量变革、效率变革和动力变革。

4. 绿色发展战略

坚持绿色基调，努力走绿色低碳循环发展之路。以绿色为导引，将建设绿色水稻种植基地、培育绿色生产主体、推广应用水稻绿色品种和绿色生产技术、推进稻米绿色加工与流通、促进绿色稻米消费等有机结合，打造绿色低碳的稻米全产业链。

5. 链动融合战略

坚持全面协同，构建多元合作共享共赢的体制机制。围绕从田间到餐桌的全产业链、全供应链、全价值链等"三链协同"发展，完善政策链，强化创新链，构建服务链，优化利益链，全面统筹，融合发展。主攻各链条上的薄弱环节和关键环节，补链、延链、强链，将研发、生产、加工、储运、销售、品牌、体验、消费、服务等各个环节、各个主体连接成紧密关联、有效衔接、耦合配套、协同发展的一二三产融合的稻米产业生态经济系统。

6. 品牌引领战略

坚持品牌追求，以发展中高端大米引领"苏米"产业高质量发展。加强品牌建设、发挥品牌引领作用是推进江苏省稻米产业高质量发展的一条主线。江苏稻米产业品牌建设正处于爬坡过坎的关键时期，要瞄准稻米产业中高端市场，实施差异化策略，全面提升"水韵苏米"省域品牌，同时创建一批中高端大米区域公用品牌和企业品牌、产品品牌，实现"苏米"品牌集团作战，不断提升"苏米"品牌影响力。

八、江苏省稻米产业高质量发展的战略重点

学习借鉴国内外稻米产业发展的经验，结合江苏省稻米产业发展的现实与目标需要，江苏省稻米产业高质量发展需要大力推进"五大创新"。

（一）加强品种创新，大力选育适合江苏生态条件、契合中高端消费需求的"当红"品种，为稻米产业高质量发展提供赢在基础上的种源支撑

江苏省优良食味粳稻新品种选育已走在全国前列，但尚未出现日本新潟县的越光、黑龙江五常稻花香 2 号这样的高端品牌品种，需要育种界接续赶超，选育出米质更优、稳产性能更好、资源利用率更高的"苏米"王牌品种。

实施"水稻种业提升行动",以省内大学、科研院所和大型种业等为牵头单位,整合省内外优势科研力量及骨干企业组建若干攻关团队,开展科企联合攻关,向"常规育种＋生物技术"变革,合力推进种源"卡脖子"技术攻关。围绕优质、丰产、绿色、宜机化,加大良种联合攻关的力度,加强杂粮品种以及抗病、优质、耐储、早熟品种育种研发,重点突破优质多抗丰产高效新品种(品系、配套系)的选育。加大特色种质资源深度挖掘和地方品种筛选力度,加强基于作物设计育种的重要基因资源挖掘,加强稻种资源的抗病性、抗虫性、抗逆性评价与应用。在国家长江中下游双单季稻区、国家华北单季稻区的品种区试组的基础上,争取国家区域试验设立"适合淮河流域宜机型中稻品种组",促进江苏淮河流域水稻品种向绿色、优质、宜机化方向转变,为"苏米"产业化开发提供品种支撑。因地制宜加强彩色稻(米)、糯稻、富硒大米及高锌、高铁大米等特色功能稻米选育开发,满足不同消费群体和市场需求。切实加快口感、外观、抗性、产量等综合性状协调的优良食味水稻品种推广,优化品种区域布局,根据当地生态条件、主体播栽方式选择适宜品种,规模化集中连片种植,整体提升水稻品质和产量。

(二)加强稻作技术创新,驱动水稻生产大面积提质、丰产、增绿、安全、降本、高效

江苏省水稻连年大面积持续高产,得益于拥有世界领先的高产稻作技术。当前,迫切需要在大面积高产水平上,创新发展可持续的栽培耕作关键技术,集成应用绿色、优质、丰产、高效的全程机械化稻作技术新体系,同时加快稻作技术智能化、田间作业"无人化"工程技术研究与示范。

实施"水稻大面积绿色优质丰产高效技术集成创新行动",通过优质丰产协同技术的不断创新,达到水稻品质显著提高,并且丰产、稳产;通过清洁化绿色生产技术的不断创新,降低化肥和农药的使用量,提高稻米质量安全水平;通过生产技术轻简化、高效化的不断创新,降低水稻生产成本,提高种植效益;通过全面全程机械化并走向智能化、无人化,大幅度提高劳动生产率与规模生产效益。这是世界稻作技术创新中的"珠峰",需要凝心聚力,攻坚克难,久久为功。

深入开展"水稻绿色高质高效创建行动",在更大规模、更高层次上推动绿色高质高效。充分发挥绿色技术的支撑作用,紧紧围绕绿色、高质、高效,力争在品种、投入品、技术模式集成上取得新突破。充分发挥新型经营主体的骨干作用,使之成为水稻绿色高质高效生产的先锋和样板。通过项目实施与集聚支持,打造一批生态环境优、基础设施好、技术能力强、产业化程度高、规模集中连片的优质绿色稻米生产基地,实现优质稻米生产技术标准化、服务专业化、产销订单化,以点带面辐射带动全省水稻大面积绿色优质丰产高效生产。

(三)加强稻米加工技术创新、产品创新和产业创新,推进江苏稻米加工业提质升级

实施"稻米加工业龙头企业培育行动"。在全省不同主产区分别培育上规模的稻米骨干企业,培育大型龙头企业(集团)、农业产业化龙头企业联合体,鼓励具有一定基础的中小米企向"专、精、特、新"方向创新发展,提升稻米加工企业核心竞争力。

实施"稻米加工园区建设行动"。加快园区企业"链动"集聚,将更多产业链主体集聚到园区,加强园区智能化综合服务能力建设,推动园区数字化、网络化、智能化转型升级,

提升稻米加工产业集聚力。

实施"稻米多元开发与精深加工技术支撑行动"。强化营养、健康等多功能米及米制品技术研发应用，加强米糠等副产品生物肥料、能源、材料及药用转化应用技术研发，主攻稻谷烘干仓储加工及副产物低碳循环、全值梯次利用技术，提高以加工为主导的全产业链增值技术水平。

实施"稻米加工业品牌价值提升行动"。聚焦稻米产业优势区，持续推进"优质粮食工程"，建设地方区域公用品牌。加大"中国好粮油"省级配套、"江苏好粮油"遴选力度等，培育特色稻米标准引领企业品牌。引导企业分品种收储、单品加工，创新形成差异化、特色化产品线，打造特色产品品牌。

（四）加强品牌整合与创新，努力打造响当当的"苏米"品牌雁阵

"苏米"品牌建设具有政府日益重视、生产有比较优势、食味切合市场以及长三角地区市场潜力大等优势，在省域品牌打响与品牌战略优化方面具有扎实基础和潜能，要加大力度、深入推进"水韵苏米"省域品牌建设，实施"水韵苏米"省域品牌再提升行动，将其打造成国内外有影响，具长三角特色、江苏特质的区域大米公用品牌。针对长三角地区大米市场中高端需求日趋多元化，且已有知名品牌与多元化需求对接不紧密的实际，充分挖掘"苏米"区域特色，发挥出灵活调整和需求专精的潜能，利用"苏米"品牌众多且富有亲和力这一特性，加快实施"苏米"高特优品牌培育行动，科学整合与定位"苏米"众多品牌，充分挖掘区域与品种特色、优势，创建一批以特色、优质大米为基础的中高端区域品牌、企业品牌和产品品牌，大力培育"苏米"十大区域公用品牌，实现"苏米"区域公用、企业、产品"三级"品牌协同发展，不断提升"苏米"品牌影响力。

创新迭代米制产品，创造适应品质消费、体验式消费、功能性稻米产品消费等多元化消费需要的稻米制品品牌。创新稻米产品外观设计、产品包装与市场营销，提高市场竞争力，借助品质提升，筑牢品牌基石。

（五）加强体制机制创新，推进稻米全产业链紧密合作、互利共赢

将优质稻米产业链上的稻谷生产种植划分为产业链前端，将产后服务、稻米加工（含精深加工）划分为产业链中端，将品牌打造、市场营销划分为产业链末端。实施"稻米全产业强链行动"，实现"三品一标"协同发展。在产业链前端，主要是创新水稻优良品种推广、水稻生产面积稳定、适度规模经营、生产性服务优化、生产主体培育、水稻绿色标准化生产等政策机制，以扩大优质品种种植比例，集成推广绿色优质高效技术，强化"五良"（良田、良种、良法、良机、良制）配套，引导订单生产模式，着重解决"优粮优产"。在产业链中端，主要是创新龙头企业培育、产品多元化开发、产业链延伸、绿色储藏与加工技术创新等，着重解决"优粮优购、优粮优储、优粮优加"。在产业链末端，主要是重点打造优质稻米产业服务平台，强化品牌打造和市场营销，着重解决"优粮优销"。

开展稻米全产业链"链长"制试点，建立统筹推进、分工协作的工作机制，组织梳理稻米全产业链图谱，围绕"补短板、强弱项"，提出产业链技术路线，出台相应配套支持政策。支持稻米加工龙头企业担任"链主"，联合育种公司、生产基地、仓储设施、科研团队、加

工流通、产业协会、生产服务、电商平台、融资机构、贷款担保机构等主体，组建稻米产业化联合体，打造稻米全产业链。

健全完善订单带动、利润返还、股份合作、金融保险联动等利益联结机制，提高产业链前端、中端、后端协同水平。采取先收后补、以奖代补等方式，对发展订单生产的龙头企业予以支持。探索生产、加工、销售各个环节共享均衡利润的机制，实现各环节积极性的协同提升和多主体的互利共赢。

九、江苏省稻米产业高质量发展的政策建议

（一）提升稻米产业战略地位，汇聚高质量发展的磅礴合力

江苏省历届党委政府高度重视稻米产业发展，高瞻远瞩，继往开来，全面领航，出台了一系列好的政策举措。建议将"推进江苏省稻米产业高质量发展"作为新时期江苏省推进农业农村现代化的"一号工程"，进一步提升其在江苏社会经济发展中的战略地位。"推进江苏省稻米产业高质量发展走在全国最前列"是江苏深入践行"争当表率、争做示范、走在前列"的新使命新要求，也是为全国农业现代化"带好头、领好向"和服务国家粮食安全战略的时代担当。

进一步加强对稻米产业高质量发展的组织领导。建议成立江苏省稻米产业高质量发展工作领导小组，按照"一名省领导领衔、一个牵头单位负责、一个工作专班推进、一个专家团队指导"的思路，建立省领导挂钩联系制度，研究协调产业发展工作；成立工作专班，协调省各相关部门解决产业发展难题，有序推进补短板、强弱项、延链条各项工作。各级党委政府要切实将责任上肩，建立党委政府主要负责同志挂帅的工作专班，因地制宜制定本地稻米产业高质量发展实施工作方案，强化日常调度，将工作措施项目化、清单化、责任化，确保目标任务落实落地。组建省粮食行业协会大米分会，推进优质稻米产业联盟加快发展。

进一步优化稻米产业高质量发展的顶层设计。高水平编制突出发展中高端优质稻米的《江苏省稻米产业高质量发展中长期规划（2020—2035 年）》，部署一批以中高端优质稻品种选育、绿色丰产、加工物流、品牌市场等为主要内容的重大工程、行动计划和实施项目，组织实施优质食味稻米产业发展的重点项目，加强科技、资金、人才等资源投入与扶持，在奋力推进江苏省稻米产业高质量发展的时代洪流中，展现江苏人真抓的实劲、敢抓的狠劲、善抓的巧劲和常抓的韧劲。

进一步形成推进江苏省稻米产业高质量发展的社会共识和磅礴合力。稻米产业社会效益巨大，但增值盈利难度大，是安民心、稳天下的重大战略性产业。江苏地处长三角经济发达地区，稳定粮食生产已经是"很不简单"，率先实现稻米产业的高质量发展将是"更不简单"。为此，需要在省委省政府的坚强领导下，进行最广泛的社会动员，努力形成"发展共识"和"路径共识"，汇聚全省各方面的力量，将推进"苏米"产业高质量发展内化为新时代建设"强富美高"新江苏、满足人民美好生活需要的行动自觉，建设好"新时代鱼米之乡"。

（二）完善创新体系，培育高水平的动力引擎

提高站位，将"加强稻米产业科技创新"定位为强化国家战略科技力量的重要组成部

分。稻米产业科技创新，既服务民生期盼，也服务国家安全；既要立足当前，更要着眼长远，要有长期储备和国际视野。

精准定位，构建以粳稻为主的绿色优质丰产高效稻米产业创新发展高地，攀登世界稻米产业创新高峰。江苏已具备坚实的基础，同时也是适应内外部环境变化带来的新要求、新挑战，提高稻米产业发展质量效益的必然要求。

优化体系，将"水稻产业技术体系"提升为"稻米产业技术体系"。按照推进稻米全产业链高质量发展的要求，围绕产业链部署创新链，加大稻米仓储物流、精深加工、附属产品循环利用等重大关键技术创新与示范应用。

推进协同，努力形成稻米产业科技创新的江苏合力。聚焦稻米产业高质量发展需求，深化政产学研合作，支持组建优良新品种、关键核心技术集成攻关大平台，高水平建设"苏粮硅谷""苏米产业研究院""江苏省优质水稻工程技术研究中心""江苏省优质粳稻产业工程研究中心""江苏省优质稻米产业技术创新战略联盟"等重要创新平台，尽快在江淮之间规划建设区域性稻作技术创新平台。

深耕推广，加快完善科学、规范、高效的农技推广体系。要充分重视培育一支强大、富有活力、以公益性为主的技术推广队伍，更好发挥水稻绿色高质高效创建等活动和以稻米产业为主的产业园区、产业强镇、"味稻小镇"等载体的作用，突出集成创新与应用示范，以及创新模式、挖掘典型、推广经验、放大效应，支持多方面社会力量参与，形成多元化农技推广与应用服务体系。

（三）加强政策创设，优化稻米产业发展的政策环境

全面贯彻落实中央各项强农惠农政策。严格执行国家政策性粮食收购政策，产粮大县奖励资金重点支持集中育秧、机械栽插和烘干收储等环节。不断加大财政支农力度，有效统筹各类农业建设项目资金。探索成本补贴与市场价格联动的粮食支持保护政策体系。加大农业支持保护补贴、农机具购置补贴等惠农补贴力度，从良田、良种、良法、良农等方面全方位支持水稻生产。依托农业大数据共享平台，提高补贴的精准度。完善稻谷定价机制，出台优质食味水稻政府指导价，给予从事优质水稻生产的农户政策激励和价格支持，推进优质优价。

创设优质稻米全产业链发展政策。针对优质稻米全产业链发展短板，出台支持产业发展政策。省财政每年继续安排粮食科技创新和成果转化应用奖补资金，完善创新资金使用和管理方法，在社会化服务、产后服务体系、加工转化、产业化联合体、农业产业园、优势特色产业集群与品牌培育等方面予以积极支持。

创设金融、保险等支持政策。充分发挥财政资金引导功能，积极引导金融资本、社会资本加大对稻米产业的投入和支持，鼓励县域金融机构充分发挥融资担保体系作用，强化担保融资增信功能，积极推动水稻全成本保险、农业小微贷款贴息等支持政策全覆盖。推进贷款贴息创新，精准支持新型经营主体发展水稻生产，促进新型主体创业兴业。

创新和完善水稻生产绿色发展政策。牢固树立绿水青山就是金山银山的理念，科学制定务实、可监控的水稻生产绿色发展目标，鼓励绿色优质品种研究与培育，引导绿色低碳高效稻作模式的集成与推广，构建生态保护补贴制度体系，统筹推进全省水稻生产走绿色高效可

持续发展道路，实现高产与高效并进、生产与生态协同。

（四）强化主体培育，完善稻米产业经营体系和服务体系

继续加强家庭农场、专业大户、农民合作社、龙头企业等新型经营主体培育，探索构建有利于稻米产业高质量发展的乡村治理体系，引导土地、资本等生产要素向新型经营主体集聚，鼓励新型经营主体采取租赁、转包、托管、入股等多种形式发展适度规模经营，支持新型经营主体参与投资土地整治、农业设施建设、高标准农田建设等项目。加快培育农业产业化龙头企业，扶持一批农业产业化龙头企业牵头、家庭农场和农民合作社跟进、广大小农户参与的农业产业化联合体，带动大规模标准化生产①。同时，要积极培育生产中高档品牌大米的"工匠"。

继续大力培育专业服务公司、供销合作社、农村集体经济组织、服务型农民合作社和家庭农场等服务主体，为小农户提供专业化社会化服务②。积极发展服务联合体、服务联盟等新型服务组织，构建集机耕机收、育秧栽插、植保管理、收割烘干、加工销售、质量追溯等环节为一体的全产业链服务模式，打造一体化的服务组织体系。瞄准育插秧、施肥、植保等关键薄弱环节，创新专业化服务模式，满足水稻生产服务的多元化需求。

不断提高服务水平，制定稻米生产各类作业服务的标准和规范，为服务质量和效果提供公平公正的评价依据。引导服务组织合理确定各环节作业服务的价格，指导服务主体和农户规范签订服务合同，减少双方的争议和纠纷。建立服务组织名录库，对各类服务主体进行动态监测。完善服务主体信用评价机制，开展信用打分和分级，促进服务主体优胜劣汰，实现生产性服务业的良性发展③。

（五）强化质量管理，确保稻米质量经得起市场与时间的考验

大力推进标准化生产。加快产地环境、投入品管控、农药残留、产品加工、储运保鲜、品牌打造、分等分级关键环节标准的制（修）订，完善相关技术规范和操作规程，推动建立稻米全产业链标准体系。开展稻米全产业链标准化试点，建设全产业链标准集成应用基地。以标准化控制生产、流通、存储等各个环节，实现全过程质量可控，力争农产品区域公用品牌、国家地理标志产品质量标准全覆盖。加强对农业产业化龙头企业、农民合作社等规模化生产经营主体的技术指导和服务，充分发挥其开展标准化生产的示范引领作用。

大力提升全程化质量控制。鼓励稻米加工企业等经营主体开展先进的质量管理、食品安全控制等体系认证，对质量管理岗位实行岗前技能培训和持证上岗制度，定期开展质量改进、质量攻关等活动，提高质量管理水平。引导标杆企业将质量管理前延后伸到原料生产、

---

① 农业农村部办公厅关于印发《农业生产"三品一标"提升行动实施方案》的通知.http：//www.gov.cn/zhengce/zhengceku/2021-03/18/content_5593709.htm-2021.

② 关于全面推进乡村振兴加快农业农村现代化建设的实施意见.http：//wm.jschina.com.cn/wmwyw/202103/t20210303_6997102.shtml.

③ 《新型农业经营主体和服务主体高质量发展规划（2020—2022年）》解读四：以主体多元发展和服务方式创新为重点，推进社会化服务高质量发展.http：//www.moa.gov.cn/xw/zwdt/202003/t20200323_6339648.htm-2020.

物流销售等环节，逐步建立全员、全过程、全方位的质量管理制度，实现全程质量管理和控制[①]。

建立完善严格的质量监控与溯源体系。建设高水平的绿色食品、有机产品和地理标志农产品认证的中高端稻米优势生产基地，水稻种植全过程严格实施绿色食品或有机产品生产标准，根据稻谷和大米品牌的质量标准，从种植、收获、烘干、仓储到加工、销售等全产业链，利用互联网平台、区块链和大数据技术等，建立便捷可信的溯源体系和平台，形成标准统一，涵盖从种到收、从加工到销售的各环节链条完整的质量跟踪服务体系，确保江苏稻米质量经得起市场与时间的考验。

（六）充分保护、传承、挖掘和弘扬稻米及稻作文化，助推稻米产业发展

稻米及稻作文化是我国众多农业文化遗产中最为璀璨的明珠之一（张正炜等，2021）。江苏省是历史悠久的鱼米之乡，农耕文化、漕运、运河文化、米市等源远流长，要加强顶层设计，加大稻米产品地理标志保护工作，使其成为保护和传承传统稻作文化的鲜活载体；大力搜集、保护、传承、挖掘及弘扬优秀稻作文化，形成独具地方特色文化的中高端产品。通过寻找品牌传统文化与现代文化的结合点，实现稻米产品与消费者之间的情感沟通[②]，培育"苏米"品牌的知名度和美誉度。

加快构建乡村旅游、住宿、特色餐饮、文化创意等综合服务和交易平台，完善供应链体系，促进稻米生产与二三产业融合发展。利用休闲农业与旅游精品景点和线路，打造"农家乐趣游""田园风光游"等，大力宣传与推介当地稻米品牌，推广稻米美食文化，促进农文旅融合发展。

以科技为支撑，以文化为灵魂，发展以稻米为主题的创意农业，从田间到餐桌，每一个环节都可以做文章，如稻田画、稻田写生、稻田摄影大赛、插秧节、开割节、稻田民宿、稻田餐饮、水稻主题公园、稻米文化艺术节、稻田音乐节等，通过文化创意与农业融合发展的稻作艺术，促进地方休闲农业与乡村旅游发展，协同推进稻米营销创新。

（张洪程　陆建飞　金涛　徐金海　徐志刚　陈品　魏海燕）

参 考 文 献

崔志良，安鹏，2020. 吉林省大米品牌发展情况调查 [J]. 合作经济与科技（6）：92-93.

吉林省粮食和物资储备局，2021. 突出品牌导向，叫响吉林大米 [J]. 中国粮食经济（2）：44-45.

黄志才，李召华，周昆，等，2018. 泰国水稻生产概况与杂交水稻发展现状 [J]. 杂交水稻，33（5）：68-71.

李英，张越杰，聂英，等，2017. 日本大米可追溯系统建立对中国的启示 [J]. 世界农业（11）：40-46.

刘红萍，王天浩，朱彬海，2017. 日本、泰国大米政策的发展与比较研究 [J]. 世界农业（1）：109-

[①] 农业部关于开展农产品加工业质量品牌提升行动的通知 . http://www.moa.gov.cn/nybgb/2016/diwuqi/201711/t20171127_5920789.htm-2017.

[②] 国外先进的农业品牌建设经验启示 . http://www.zqcn.com.cn/qiye/201709/19/c501035.html-2017.

113，210.

罗炬，潘晓芳，焦桂爱，2006. 泰国的水稻发展状况及战略 [J]. 世界农业 (10)：36-39.

马雷，张洪程，2004. 日本稻米标准的沿革与发展趋势 [J]. 中国粮油学报，19 (4)：80-84.

马雷，2008. 解析泰国大米成功之道 [J]. 农村实用技术 (2)：5-7.

王丹丹，2018. 吉林大米：擦亮吉林品牌 做强现代农业 [N]. 吉林日报，9-19 (5).

王亚梁，朱德峰，张玉屏，等，2016. 日本水稻生产发展变化及对我国的启示 [J]. 中国稻米，22 (4)：
    1-7.

肖昕，刘迪林，江奕君，等，2016. 泰国水稻产业的现状与启示 [J]. 中国稻米，23 (6)：80-83.

徐继东，2021. 江苏绿色优质农产品高质高效发展实践与思考 [J]. 江苏农村经济 (6)：17-20.

杨秀玉，王银方，王翔，等，2020. 日本稻米价格竞争力分析与中日比较的启示 [J]. 中国农业资源与区
    划，41 (11)：28-37.

张力军，2017. 五张好牌闯天下 [N]. 吉林日报，8-31 (1).

张永强，蒲晨曦，2018. 日本大米政策的演变及启示 [J]. 现代日本经济 (3)：71-84.

张正炜，张玉，李刚，等，2021. 我国稻米的农产品地理标志登记保护现状 [J]. 作物研究，35 (5)：
    464-468.

张志东，2020. 日本大米品牌化营销策略及对黑龙江稻米产业的启示——以新潟、山形县为例 [J]. 对外
    经贸 (7)：69-71.

赵瑞华，2017. 打造核心品牌，助推粮食供给侧改革 [N]. 粮油市场报，2-4 (B02).

朱凤，程金金，张国，等，2021. 江苏水稻生产全程简约化绿色防控策略研究与应用 [J]. 中国植保导刊
    (1)：94-101.

江苏和日本稻米产业发展的比较与启示

[摘要] 日本稻米产业化程度、机械化程度高，政府对大米实施特别保护政策，并能稳定出口部分高端优质大米。本研究针对江苏和日本水稻生产、市场和政策进行了系统比较分析，归纳了日本稻米产业发展的主要经验，包括农业战略眼光长远、农业政策针对性强、科技创新能力强和产业化组织程度高等；借鉴日本稻米产业发展经验，提出了江苏稻米产业绿色高质量发展的路径，即加快推动成立"长三角粮食安全保障共同体"，发展环境友好型水稻生产，加快推动产加销一体化发展，促进水稻生产多功能发展，加快推进农地规模经营。

世界水稻生产绝大部分集中在亚洲的东亚、东南亚、南亚的季风区以及东南亚的热带雨林区。2019 年，亚洲水稻种植面积和总产分别占世界水稻种植面积和总产的 87％ 和 90％。大米在亚洲尤其是东亚、东南亚地区对于粮食安全具有重要意义。水稻是日本最主要的粮食作物，其产值占日本农业产值的 18％ 左右。日本是世界主要的稻米生产国和消费国，稻米产业化程度、机械化程度高。日本水稻生产特点是高成本、高价格，国家对大米实施特别保护政策，国内稻米自给率达到 95％ 以上，并能常年稳定出口部分优质大米，创造外汇收入（刘红萍等，2017）。日本在其农业发展过程中，不断根据国内粮食供给及国际市场变化对粮食政策进行调整，其稻米产业发展经验值得借鉴。

一、江苏和日本稻米产业发展比较分析

（一）生产比较

1. 日本不断根据国际国内形势优化调整水稻生产，种植面积由增到减再到逐步稳定，目前国内供需基本平衡略有盈余；江苏水稻生产历来以高产为导向，持续处于高速增产通道，在保障省内需求的同时每年还能向周边省份输出稻谷 600 多万 t

日本水稻生产主要经历了短缺、过剩到平衡有余三个阶段。第二次世界大战结束后，日本稻谷出现极度短缺，粮食供不应求。1945 年起，日本政府投入大量资金开垦荒地、改善灌溉条件，开展农业研究与技术推广，先后出台了基础设施、耕地建设和机械设备补贴等政策，促进水稻生产快速恢复（薛思蒙，2017）。1961 年水稻面积达到 331.2 万 hm²，创历史最高，此后长期稳定在 260 万 hm² 以上；面积扩大、单产提高，推动稻谷产量快速增至 1967 年的 1 878.2 万 t。在稻谷持续增产的同时，日本国民饮食多元化和人口老龄化带来大米消费量减少（李东坡等，2018a），粮食生产出现结构性矛盾，水稻生产过剩，其他谷物则严重不足，政府采取耕地生产转型的补贴政策，主动限制水稻面积，同时受工业化、城镇化

快速发展影响，日本耕地抛荒现象十分突出，是导致水稻面积下滑的主要原因之一。2019年，日本水稻面积减至 154.2 万 hm^2，比 1961 年减少了 177.0 万 hm^2，减幅 53.4%；总产 1 052.7 万 t，比 1961 年减少 563.3 万 t，减幅 34.9%（表 1）。目前，日本国内稻米供需基本平衡，每年还有部分优质稻米用于出口创汇。

自 20 世纪 60 年代以来，江苏水稻生产受国家和本省粮食扶持政策导向以及工业化、城镇化快速推进影响，也经历了面积扩大、减少、稳定三个主要阶段，但由于我国人多地少的基本国情，为保障国家粮食安全，水稻生产总体以增产为目标导向，水稻单产快速提高，总产保持快速增长。2019 年，江苏水稻种植面积 220.3 万 hm^2，比 1961 年增加 34.5 万 hm^2，增幅 18.6%；总产 1 965.7 万 t，增产 1 579.8 万 t，增长了 4.1 倍。2019 年，江苏水稻面积比日本多 66.1 万 hm^2，单产每公顷高出 2 097.0kg，总产多 913.0 万 t（表 1）。

表 1　1961—2019 年江苏、日本水稻生产比较

年份	面积（万 hm^2）		单产（kg/hm^2）		总产（万 t）	
	江苏	日本	江苏	日本	江苏	日本
1961	185.8	331.2	2 077.5	4 879.5	385.9	1 616.0
1971	297.1	269.8	3 876.0	5 244.0	1 151.5	1 414.8
1981	259.8	227.8	5 029.5	5 629.5	1 306.5	1 282.4
1991	235.1	204.9	6 943.5	5 859.0	1 632.8	1 200.5
2001	201.0	170.6	8 422.5	6 636.0	1 693.2	1 132.0
2011	222.8	157.6	8 290.5	6 663.0	1 846.8	1 050.0
2018	221.5	147.0	8 841.0	6 618.0	1 958.0	972.8
2019	220.3	154.2	8 923.5	6 826.5	1 965.7	1 052.7

资料来源：联合国粮农组织（FAO）、国家统计局。

2. 日本水稻生产主导品种长期保持稳定，品牌品质十分突出，越光品种大米长期占据榜首；江苏水稻生产推广品种数量多、单位种植面积小，大米品牌多，但真正叫得响的品牌少，缺乏全国知名品牌

日本均为粳稻种植，水稻生产不追求高产，而是以食用品质作为评价标准，其蛋白质含有率、直链淀粉含有率相对偏低，食味水平较高。据联合国粮农组织（FAO）数据，自 20世纪 90 年代起，日本水稻单产长期稳定在 6 500～6 800kg/hm^2 水平，2019 年日本水稻单产 6 826.5kg/hm^2，比同期我国单季稻平均单产低 792.0kg/hm^2，比江苏水稻单产低 2 097.0 kg/hm^2。日本水稻种植主导品种长期稳定，品种鉴定均以越光为标准，一般由大米企业等组织举办评比会，按得分高低确定推广品种。因此，越光、一见钟情等食味品质占优的品种多年来一直是日本水稻推广品种的主体。越光是日本 20 世纪 50 年代选育、60 年代推广的优质品种，至今已有近 60 年的种植历史。目前，越光系列品种面积和产量均占日本水稻种植面积 1/3 以上，加上一见钟情、日之光和秋田小町，这 4 个品种长期居日本水稻面积前 4位，合计种植面积占 60% 以上。近年来，日本政府鼓励发展饲料用、米粉用、生物能源用等多用途的"新型需要稻"，同时持续开发出日本清酒、大米面膜等深加工产品，延长产业链，减少食用稻种植比例，进一步优化种植结构，稳定水稻生产。在生产技术方面，适应降

低水稻生产成本需要，日本积极推广以机械化生产为主的轻简栽培技术，且种植环节主要以机插秧为主，水稻直播面积仅占 1% 左右，目前水稻生产已经基本实现全程机械化。

与日本相比，江苏水稻生产自 20 世纪 90 年代推广全省"粳稻化"工程后，目前 80% 以上种植品种均为粳稻，但生产上推广应用品种较多，大面积主推品种较少。据全国农业技术推广服务中心统计，2019 年江苏省水稻推广面积超过 0.67 万 hm² 以上的品种有 49 个，但 6.67 万 hm² 以上的品种仅有 5 个。主导品种不够突出，而且经常发生变化，影响稻米品牌和品质稳定。如 2013 年江苏省推广面积最大的 5 个品种分别为宁粳 4 号、连粳 7 号、淮稻 5 号、武运粳 24、武运粳 23，2019 年推广面积最大的 5 个品种更替为南粳 9108、淮稻 5 号、南粳 5055、华粳 5 号、宁粳 7 号，前五大品种仅有淮稻 5 号保留（表 2）。近年来江苏优质稻种植面积虽然持续增长，但普通优质稻品种种植比例依然较高，特别是还没有像日本越光、黑龙江五常稻花香一样的全国性知名品牌，品质结构难以有效匹配市场，不能满足消费升级需求，总量平衡有余，但品种和结构性矛盾突出。与此同时，尽管江苏水稻生产全程机械化水平国内领先，但在机械化种植环节仍然存在短板，近年来直播稻呈现快速发展势头，也影响稻米产量和品质的稳定性。

表 2 2013 年和 2019 年江苏水稻推广面积前五的品种及面积

2013 年		2019 年	
品种名称	推广面积（万 hm²）	品种名称	推广面积（万 hm²）
宁粳 4 号	33.9	南粳 9108	33.2
连粳 7 号	27.2	淮稻 5 号	21.6
淮稻 5 号	21.6	南粳 5055	15.3
武运粳 24	21.5	华粳 5 号	11.2
武运粳 23	15.4	宁粳 7 号	7.0

资料来源：全国农业技术推广服务中心。

3. 日本水稻生产经营规模较小，种植成本较高，但严格控制化肥农药投入量，发展"环境保全型"农业；江苏水稻生产经营规模逐步扩大，化肥农药投入量过高

日本也是一个人多地少的国家，20 世纪 60 年代以来日本政府提出诸多扩大农地经营规模的政策措施，试图改变土地零碎化的经营格局，一定程度推动了农地规模化经营，提高了农业生产效率与农产品的国际竞争力。但受耕地资源少、山地丘陵偏多等自然条件约束，日本水稻生产规模仍普遍较小。据日本农林水产省统计，2019 年日本水稻商业化种植户 76.1 万户，其中耕地面积小于 1hm² 的种植户 50.4 万户，占种植总户数的 66.2%，大于 5hm² 的仅 4.0 万户，占 5.3%（表 3）。从生产成本看，尽管近年来日本政府高度重视降低生产成本，增强大米国际竞争力，但水稻生产成本仍居高不下。按照当年平均汇率换算，2019 年日本糙米生产成本每公顷折合人民币高达 83 185.5 元，每千克成本高达 12.2 元。其中，物质与服务费用为每公顷 48 894.0 元，占生产总成本的 58.8%；劳动力成本 22 078.5 元，占总成本的 26.5%；土地成本 9 004.5 元，占总成本的 10.8%（表 4）。20 世纪 80 年代开始，日本水稻种植就开始重视生产、生态和社会的多重综合效益，大幅增加有机肥使用量、减少氮肥用量，注重发挥水稻生产的多功能性。

表 3　2019 年日本不同规模水稻商业种植户分布

	总计	<1hm²	1～2hm²	2～3hm²	3～5hm²	5～10hm²	≥10hm²
数量（万户）	76.1	50.4	13.8	4.5	3.5	2.5	1.5
比例（%）	100	66.2	18.1	5.8	4.6	3.3	2.0

资料来源：日本农林水产省。

表 4　2000—2019 年日本糙米生产成本

单位：元/hm²

	总成本	物质与服务费	劳动力成本	土地成本	其他费用
2000	126 265.5	60 811.5	40 818.0	17 844.0	6 793.5
2005	110 403.0	57 001.5	32 557.5	14 869.5	5 973.0
2010	111 058.5	64 342.5	28 366.5	12 966.0	5 382.0
2015	70 225.5	41 200.5	18 244.5	7 881	2 899.5
2016	82 443.0	48 571.5	21 270.0	9 249.0	3 351.0
2017	79 380.0	46 464.0	20 799.0	8 937.0	3 181.5
2018	79 552.5	46 831.5	20 979.0	8 518.5	3 225.0
2019	83 185.5	48 894.0	22 078.5	9 004.5	3 207.0

资料来源：日本农林水产省。

近年来，在国家政策引导下，江苏水稻生产适度规模经营稳步推进。据江苏省农业农村厅调查统计，在承包面积 3.3hm² 以上的种粮大户中，面积在 3.3～6.7hm² 的有 11 550 户，占 55.3%；面积 6.7～20.0hm² 的有 7 194 户，占 34.5%；种植面积大于 20.0hm² 的有 2 127 户，占 12.2%。从江苏粳稻生产成本看，2019 年江苏粳稻生产每公顷总成本 20 036.1 元，其中物质与服务费用为每公顷 9 846.5 元，占生产总成本的 49.1%；劳动力成本 5 957.1 元，占总成本的 29.7%；土地成本 4 232.6 元，占总成本的 21.1%（国家发展和改革委员会，2020）。与日本相比，尽管江苏水稻生产总成本明显低于日本，但土地成本占比偏高；每公顷粳稻化肥用量高达 542.0kg，比全国粳稻化肥平均用量高出 44.8%，比黑龙江粳稻化肥用量高出 92.4%，总体化肥特别是氮肥用量偏高，不利于稻米品质提升。

（二）市场比较

1. 日本国内稻米市场价格较高，人均大米口粮消费量持续减少；江苏稻谷市场收购价格以"政策市"为主，近年来市场价格持续低迷，仅对少量优质稻品种加价收购，而且年度间稳定性较差

随着 2013 年日本政府逐步降低对水稻种植的补贴，日本国内大米价格出现了持续上涨的局面。据 2016 年中国工程院日本粳稻生产考察代表团在日本市场的调查，日本成品大米产品包装为非真空塑料袋包装，规格 5kg 的居多，其次是 10kg 的和 2kg 的；普通大米价格每千克 14.7～70.1 元，比我国大部分粳米价格每千克 4.0～8.0 元高 3 倍以上（表 5）。在人口减少和老龄化、饮食多样化、大米市场售价过高等背景下，日本国内大米年消费量不断减少，目前人均大米年消费量已由 1961 年的 119.6kg 降至 2018 年的 53.5kg，减少了 66.1kg，年均减少 1.2kg，更加注重大米的食味优质和营养功能。

表5　日本大米市场情况

中文名称	产地	单价（日元/kg）	单价（元/kg）
秋田小町	秋田县	370	24.0
越光	高知县	289	18.7
越光	石川县	338	21.9
越光	三重县	369	23.9
越光	富山县	388	25.2
越光	新潟县鱼沼	626	40.6
越光	新潟县鱼沼	1 080	70.1
梦光	北海道	496	32.2
七星	北海道	339	22.0
白幸姬	九州	226	14.7
光姬	北陆	300	19.5

资料来源：日本京都超市和综合市场调查。

　　江苏大米普通品种主要以当年公布的粳稻谷最低收购价格为风向标，少量优质稻品种加价收购。近年来稻谷收购价格、大米批发价格持续低迷。2013年以来，受稻谷连年丰产、低价大米大量进口、稻谷最低收购价格全面下调等影响，国内稻米市场持续低迷，2019年我国粳稻市场收购价格、粳米市场批发价格分别为每吨2 701.8元（略高于最低收购价2 600元/t）和4 140.5元，分别比2012年下跌6.8%和1.7%。近年来，江苏只针对南粳46、南粳9108等少量优质稻品种进行订单加价收购，但其可持续性需要跟踪观察，如2019年江苏部分地区由于南粳系列品种扩种猛烈，市场收购价格跌幅较大。与日本大米消费趋势保持一致，随着我国居民生活水平逐步提高，肉蛋奶消费量增加，人均口粮消费也呈下降趋势，但降幅较小。据《中国统计年鉴》，近15年我国城镇居民、农村居民人均原粮消费量分别减少7%和33%。但与日本相比，2019年我国人均大米消费量仍然高达105.0kg，比日本高出51.5kg，继续下降空间较大（国家统计局，2020）。

　　2. 日本大米出口贸易以高端产品为主，近年来逐步"由守转攻"，积极扩大越光品牌等高端大米出口；江苏输出大米以中低端产品、散装大米为主，市场竞争力亟须提高

　　尽管谷物自给率不足30%，但日本政府始终高度重视保护大米，在《乌拉圭协定》之前，日本政府一直严格限制大米进口。1999年，日本开始对大米实行关税配额管理，配额量为68.2万t，配额内进口关税为0，配额外进口以重量为基准征收每千克341日元的从量税，高关税导致配额外进口基本不可能。与此同时，日本农林水产省独享关税配额内大米进口特权，使进口大米游离于日本大米市场之外，进口大米几乎全部放入政府存储并限制其流向。1999年以来，日本大米进口量基本在70万t左右（进口配额68.2万t上下），2019年日本进口大米67.8万t；出口量除1999年出口13.2万t、2001年出口51.1万t，其余年份大多低于5万t，2019年日本出口大米5.4万t（表6）。近两年，针对国内大米消费过剩以及出口创汇需要，日本政府已经明确提出要改守为攻，主动扩大大米等农产品出口，特别是大米出口基本是高端产品，市场售价较高，"越光"牌大米在我国市场每千克价格超过 80 元，仍然供不应求。

表 6 1999—2019 年日本大米进出口贸易情况

单位：万 t

年份	进口量	出口量	年份	进口量	出口量
1999	63.8	13.2	2010	66.4	3.8
2000	64.5	4.1	2011	74.2	2.5
2001	63.3	51.1	2012	62.7	5.0
2002	65.0	2.4	2013	69.0	1.9
2003	70.4	2.3	2014	66.7	2.7
2004	66.2	4.8	2015	68.8	5.2
2005	78.6	1.2	2016	68.6	2.7
2006	60.6	2.3	2017	67.8	3.4
2007	64.3	1.9	2018	68.5	6.5
2008	59.6	4.0	2019	67.8	5.4
2009	67.0	1.7			

资料来源：联合国粮农组织（FAO）。

江苏大米以输出邻近的上海、浙江为主，是长三角地区大米消费的重要来源，但目前浙江大中城市的超市销售渠道被东北尤其是黑龙江稻花香、北大荒、金龙鱼等各种品牌大米占据主导地位。近年来省内市场也面临东北品牌大米的抢滩竞争，特别是苏北大米品牌产品区别度不够、市场售价较低、产业竞争力不强。调研表明，江苏大米在浙江尤其是浙北批发市场占有较大市场份额，仅次于黑龙江，但由于价格较低，多以散装米形式进入餐饮、学校和企业工厂食堂等用于群体性消费（表 7）。由此可见，与东北特别是黑龙江大米相比，江苏大米产业市场竞争力有待提升。

表 7 浙江批发市场批发商大米采购首要来源地情况调研

地区	本地	黑龙江	吉林	辽宁	江苏	安徽	江西
全 省	16	37	14	7	37	8	3
杭州、嘉兴、湖州	12	15	1	2	10	0	0
宁波、绍兴	1	9	6	0	10	3	1
金华、衢州	2	4	7	0	3	1	0
温州、台明、丽水	1	9	0	5	13	4	2

资料来源：根据对浙江省各地批发市场 129 个大米批发商的调查统计。

（三）政策比较

日本不断根据国内粮食供给以及国际市场变化对粮食政策进行调整，但由于大米是日本居民主要口粮，前期日本政府对大米生产和市场以保护为主，目前农业贸易政策正逐步由国内被动防御战略向积极的贸易政策转变，水稻生产政策正由限产保护转向大力提高产量和效率、积极开拓国际市场。江苏水稻生产政策基本与国家农业政策一致，多以保护农户种粮积极性、稳面增产为主，近年来逐步向优质高效转型，但还需进一步精准发力。20世纪50年代前，日本政府将集中在地主手中的稻田无偿划分给农户耕种，并实施严格的政府大米管制制度，极大地推动了农户种植积极性。60年代日本放松大米管制，1961年颁布了《生产成本与收入补偿法》，鼓励兼业农户从事水稻种植，限定大米进口数量，以支持价格的形式购买本国大米，大米产量开始急剧增长，国内大米严重过剩；70年代日本政府颁布了《水稻播种面积转换计划》，鼓励水稻种植农户可以将稻田改种其他作物，并给予补贴；90年代迫于"乌拉圭回合谈判"压力，日本政府开始实施一定程度市场化的大米流通机制和价格支持体系，1999年正式废除大米限制进口政策，实施关税制度。

进入21世纪，日本农产品进口不断增加，农户数量急剧减少，荒地弃耕现象大量出现，粮食自给率不断下降，长期实施的大米保护政策凸显出诸多弊端，日本政府开始计划对大米生产和流通政策实施重大改革及调整，并逐步开始实施稻作安定经营对策，对农民因价格下跌而带来收入损失进行补偿，补贴资金来自由政府和农户共同出资建立的稻作安定经营基金（农户按大米基准价的2％出资，政府则按6％出资）（肖海峰和李鹏，2004），并将政府大米储量维持在每年150万～200万t，其他大米则完全交由市场，但由于流通成本较高，仍然没有从根本上解决大米过剩问题（刘红萍等，2017）；2005年，日本将政府储备大米以外的大米实施生产者负责制，同时建立农协生产结构调整机制，具体大米生产指标由基层农协向农户分配，政府不再干预农户种植过程；2012年，日本提出构建"日本型直接补贴政策"，主要是综合现有补贴内容，扩大补贴范围，加大对国内农业生产和农民收入提升的力度，并将对以稻米种植户为对象的收入直接补贴，扩展到对保持水土、保护农业文化遗产和拓展农业多功能性的更大范围（徐雪、夏海龙，2015）；2013年，日本政府发布《日本复兴战略》，提出到2020年农林水产品和食品的出口额由4 500亿日元增加到1万亿日元；2018年，日本正式废除坚持了近半个世纪的限制水稻种植面积和对主食用大米生产的直接补贴政策（李东坡等，2018b）。

江苏水稻生产支持政策与国家政策保持同步，自2004年起一直以种粮直补等"四补贴"政策、稻谷最低收购价格政策为主导，近年来逐步向培育规模经营主体、促进水稻产业绿色高质量发展转型，并试点实施环节性补贴和收入保险政策等。近年来，江苏高度重视优质稻米品牌打造，连续召开了江苏优质稻米暨品牌杂粮博览会暨江苏好大米品鉴会，遴选出107个"味稻小镇"，制定了千亿元级优质稻米发展规划。但是，对标日本农业政策强大的应变能力和针对性，江苏发展绿色稻米产业、打造优质大米品牌、扩大对外贸易，还需进一步强化政策扶持，优化政策导向。

二、日本稻米产业发展的主要经验

（一）农业战略眼光长远

粮食安全保障一直是日本参与东亚区域合作的重点领域之一。20世纪70年代世界粮食危机之后，有日本学者曾提出建立"亚洲大米贸易基金"等区域合作构想；90年代末再次提出应由日本主导建立某类大米储备机构，或签署某种"大米集团安全保障条约"；2002 年日本政府委托当时日本最大的开发咨询公司太平洋咨询公司开展关于"东亚粮食安全保障及大米储备系统的计划调查"，直接推动 2003 年东亚大米紧急储备试验项目启动，并于 2009 年变为一个永久性机制，即"东盟与中日韩大米紧急储备"机制，在提供粮食安全这一区域公共产品的过程中，为本国储备增加了外部支撑，提高了本国粮食安全保障的可行性和多元化。日本通过区域粮食安全合作间接保护本国农业，最终借助粮食安全合作推动大国外交，战略意义长远。与此同时，日本对本国水稻生产有很强的计划性和前瞻性，做到有的放矢。1971 年 3 月，日本政府发布《稻米生产调整与稻作转换实施要领》，正式开始实施压缩水稻栽培面积、鼓励改种其他作物的生产调整政策，并延续至今，核心内容是政府每年 11 月确定下一年水稻生产目标，然后通过都道府县和各级农协分配到农户，并发放奖励金引导其改种麦、豆、牧草等作物。

（二）农业政策针对性强

日本政府在不同时期、不同形势下，通过制定出台一系列针对性的农业法律法规，保障国内稻米产业稳定发展。在保障国内大米需求方面，20 世纪 40 年代，日本政府先后出台《粮食管制法》《土地改革法》，60 年代又先后出台《生产成本与收入补偿法》和大米进口限定政策；在国内大米出现过剩后，又颁布了《水稻播种面积转换计划》。在保护国内生态环境方面，日本先后颁布《持续农业法》和《有机农业促进法》，并实施"生态农民"计划，对符合标准的"生态农民"实行硬件补贴、无息贷款支持和税收减免等优惠政策。在差异化补贴政策方面，2000 年日本政府出台了针对山区、半山区地区的直接支付制度，弥补这类地区与平原地区生产成本的差异。在促进农业规模经营方面，2012 年日本政府出台《农田中间管理机构法》，通过设立农地中间管理机构，推动扩大农业经营规模，并起到了明显的效果。

（三）科技创新能力强

日本非常重视农业科技研发，通过科技创新提升农业生产效率，并瞄准短板及时调整农业科技进步方向。

1. 优异种质资源引领水稻生产

日本历来重视对农作物种质资源的引进、保存和利用研究，早在 1966 年就建成第一个国家资源保藏库，其中水稻种质资源超过 3 万份。日本开发了种质资源数据管理软件，对水稻的分子资源进行有效管理（陈志德等，2010）。基于丰富的水稻种质资源，日本科学家先后培育出越光、一见钟情、日之光、秋田小町等优质食味稻品种，同时正在大力开发适合饮食调理用、饲料用、米粉用、生物能源用、观赏用的"新型需要稻"，满足消费者多样化和特殊加工需求。

2. 标准化水稻生产体系

日本根据不同地区差异、不同气候条件、不同生产需求，建立了完备的稻作机械化体系；在化肥减量技术方面，日本主要推广机插侧深施肥、育苗箱全量施肥、肥效调节型肥料应用等技术，其中近年来我国正逐步推广应用的机插侧深施肥技术，日本早在 20 世纪 80 年代已开始应用推广。

3. 先进的糙米储藏技术

日本的稻米烘干储藏加工流通体系与其他大米生产国家的稻谷常温储藏流通体系不同，最大特点是采用糙米低温储藏流通方式，主要是将收割的稻谷烘干后砻谷，再装到纸袋或集装袋里保管。与常温储藏流通方式相比，糙米的容积和运输效率高；低温仓库容易保持稻米品质，而且糙米比较容易进行品质评价（佐佐木泰弘、河野元信，2012）。

4. 大米全程质量控制技术

日本通过制定并严格执行质量安全标准、建立产品质量可追溯体系、打造优质特色品牌等，以质量安全赢得消费者信任。日本拥有世界上最规范和科学的大米质量管理与检验程序，种植者通过稻叶测氮仪来控制稻谷蛋白质含量；利用生育诊断系统，根据稻田需求分别追肥；利用 DNA 品种鉴定仪筛选优质品种；收获时使用残留农药测定仪来确保稻谷品质安全；在烘干、储藏、碾米等加工环节，通过颗粒评定仪、食味计、水分仪、精白度计、硬度黏度仪等仪器分析检测样品，以保证米饭食味（徐贤、李爽，2012）。

（四）产业组织化程度高

1. 发挥农协的主导地位

农协是日本特有的一种合作经济组织，通过其遍及全国的业务网络与农户建立联系，引导农户围绕共同市场集中进行生产，提供产前相关信息帮助农户制订生产计划；产中供应生产资料，向农户出售肥料及提供农机具等并进行技术指导；产后进行初级产品加工，统一销售农户生产的农作物。农协的一体化服务减少了稻米流通中间环节，提高了水稻生产全过程运营效率（魏晓莎，2015）。

2. 培育专业农户

日本政府为了推动土地规模经营，逐步将农业资源尽量集中到具有经营积极性和经营能力的少数农民手中（魏晓莎，2015）。2013 年，日本政府提出了 10 年内使全国 80％耕地向农业经营骨干集中、水稻生产成本降低 40％的目标；同年国会批准各都道府县成立"农地中间管理机构"，推动农地向核心农业经营者集中。2014 年日本各都道府县均成立了"农地中间管理机构"，负责土地租赁、管理与流通等事务，推动农地的连片经营。

3. 规范稻农种植行为

在日本新潟县鱼沼市，大米种植协会颁布了面向所有农户的《鱼沼米宪章》，对水稻收割时间、面积产量甚至是水稻的颗粒大小都有高标准规定。该宪章并不具备法律效应，但执行率非常高，主要是生产者能够严格按照越光稻的生长方式生产、管理，确保大米营养和口感，主动保护品牌信誉。

4. 推动六次产业化发展

2010 年，日本出台了《六次产业化·地产地销法》，推动和发展地产地消（在地区内生产并在地区内消费），支持有效利用区域资源发展创新型农业产业化。日本的"六次产业化"涉及农户、合作社、农协、企业，各个主体之间通过合作、入股等方式真正形成利益共享、风险共担的共同体，突出生产者对二三产业的参与和利益分享的积极性（王乐君、赵海，2016）。

三、日本稻米产业发展对江苏的启示

日本水稻生产发展之路及其调控政策，对江苏稻米产业绿色高质量发展，包括发展战略、扶持政策、科技创新等方面均具有较高参考价值。

（一）加快推动成立"长三角粮食安全保障共同体"

借鉴日本推动签署"东盟与中日韩大米紧急储备"协议，将本国粮食安全上升为区域公共产品的经验，在国家长江三角洲区域一体化战略发展背景下，建议江苏加快启动"长三角粮食安全保障共同体"建设战略，并在其中发挥主导作用。重点是推动江苏、安徽两个粮食主产区与上海、浙江两个主销区之间建立区域粮食流通和物资储备发展战略协同，促进长三角地区粮食生产消费互联互通、仓储物流共建共享，推动大米上升为长三角区域的公共产品，确保江苏生产的中高端大米产品能够就近定向销售给上海、浙江的消费群体，既能稳定解决本省稻米市场销路问题，又能提升长三角区域粮食安全保障水平。

（二）发展环境友好型水稻生产

借鉴日本"环境保全型"农业发展经验，加快建立生态保护性的补贴制度和生产方式，促进水稻生产与环境保护协调发展。

1. 推动江苏全域水稻生态补贴政策实施

建议在深入调研苏州、南京等地水稻生态补贴实施经验基础上，加快推动江苏水稻生态补贴政策全覆盖，补贴资金可以直接补贴种粮农民，或用于基本农田建设，或用于减肥减药等绿色生产技术示范推广等，提升全社会生态安全意识（葛磊等，2020）。

2. 加快认定培育生态农民

借鉴日本经验，在全省范围内开展"生态农民"的资格认定，规定只有取得该资格的农户，才能享受惠农补贴、试验示范、订单收购、低息贷款等各类优惠政策（程式华，2018），有利于在消费者群体中建立较好的声誉。这部分农民具备较高的生产者素质，标准化生产水平高，能够较好地执行优质大米生产任务。

3. 加快选育绿色优质食味稻品种

借鉴日本优质大米品种选育推广经验，建议江苏粳稻生产一定要不断提高品质，特别是食味品质，粳稻育种一定要优先突出品质指标，兼顾产量、抗性等指标，同时要加快在长三角地区培养一批忠实的"苏米"消费群体。

4. 加快绿色技术创新与推广

明确绿色技术评价标准，加快绿色环保、节本高效的重大关键共性技术，如有机肥替代化肥、机械侧深施肥、水肥一体化等技术，以及生物药剂、天敌防治等绿色防控技术的示范推广；推广和完善农药废弃包装物回收和集中处置制度；因地制宜推广稻渔综合种养技术，提升稻米和鱼类产品品质（魏晓莎，2015）。

（三）加快推动产加销一体化发展

借鉴日本六次产业化发展经验，促进一二三产业融合发展，推动具备一定基础和能力的新型经营主体发展产加销一体化经营，有助于延长稻米产业链，推动优质稻发展，提升全产业链收益。

1. 扶持农户发展小型精品大米加工

在部分传统优质大米产地扶持种粮大户等购置日产能 10～15t 的小型精品大米加工设备，促进实现"卖稻谷"向"卖大米"转型，实行自产自销和服务周边小农户、农村批发市场，提高产业链增值增收，提高市场流通效率。

2. 加强主体认证

根据各地不同稻米生产和市场消费能力，把带动小农户数量和成效作为重要依据，重点培育认定一批规模种粮主体（原则上要求水稻种植面积在 33.3hm² 以上），明确规定只有取得该资格的主体，才能享受用地、用电、项目、贷款等各类优惠政策，支持其开展产后服务中心建设和购置大米加工设备。

3. 加大用地保障力度

建议各市县在年度土地利用计划中安排一定比例，专项用于发展产加销一体化经营；鼓励各地积极利用部分存量建设用地发展大米加工，建议对一定面积内的大米加工用地，在不占用永久基本农田的前提下，纳入设施农用地管理，促进用地合法化（秦叶波等，2021）。

4. 加大补贴支持力度

建议出台稻米产业提升政策，对经认定的种粮主体建设厂房、购置加工设备等给予不低于总投入 50％ 的补贴，增强投资信心；加大对组合碾米机、色选机、恒温仓储等设施设备补贴力度，提高品质大米加工水平，促进高质量发展。

5. 加大市场帮扶力度

建议各地工商、质量监督检验检疫等部门适度放宽对种粮大户申请质量安全认证的资产和产值规模等要求；鼓励各地支持符合条件的种粮大户参与政府竞标采购、进驻超市等；鼓励银行提高规模经营户信用贷款额度和贴息额度，延长还款期限（秦叶波等，2021）。

（四）促进水稻多功能发展

借鉴日本发展多功能水稻品种、稳定大米价格和水稻生产的经验，随着长三角居民更加注重品质消费、体验式消费、功能性稻米产品消费等消费习惯的改变，建议江苏水稻生产在稳定发展优质食味稻品种、满足居民口粮消费需求的基础上，进一步优化品种结构和区域布局，充分发挥水稻生产的多功能性，拓展稻米产品类型及功能，延长水稻全产业链，创新适应现代化的多元化消费的稻米产品。

1. 细分市场需求

选育并推广适合糖尿病人饮食、肾脏病人饮食、婴幼儿补锌等功能稻品种，满足特定消费群体健康需要；结合生活节奏加快需要，重点强化以免淘米为基础的大米深加工技术，开发大米延伸产品，推广无菌包装米饭、杀菌盒装米饭等便捷型产品。

2. 细分功能需求

结合稻田综合种养快速发展需要，培育筛选生育期匹配、茎秆结实抗倒伏、耐肥抗逆的水稻品种；结合乡村振兴和农业旅游发展需要，选育高产、多色的彩色稻，发展创意农业；结合盐碱地改良等生产生态需要，培育耐盐碱水稻品种等。

3. 细分加工需求

选育并推广适宜酿制黄酒的糯稻品种，定向供给苏南和浙江市场；适宜加工米粉及米制品零食等的高直链淀粉含量品种，定向供给食品加工企业；适宜畜禽养殖需要的全株生物产量较高的饲料稻品种，定向供给饲料企业。

（五）加快推进农地规模经营

1. 加大投入力度

以农地整合为抓手，加大农业基础设施建设和维护的投入，尤其要加大对土地集中连片整理、农地互换的支持力度，为机械化作业和规模化经营创造条件。同时要加大对家庭农场、种粮大户、专业合作社等规模种植户的扶持力度（叶兴庆，2017）。

2. 增设"农地管理中间机构"

深化农地"三权分置"改革，建议试点实施以村集体为单位，政府给予适当补贴，将区域内土地集中流转后再以二次分包的方式转出，进一步规范土地流转市场，促进农地流转，防止地租过快上涨。如日本人地矛盾突出，但农地租金一般仅折合每公顷 3 000～6 000 元人民币。

3. 拓宽新型经营主体和新型服务主体培养渠道

引导有能力、有意愿的农民工返乡和有知识、爱农业的城市各类人员下乡发展现代农业，提升农业生产经营者整体素质和能力，提升农业服务主体的服务能力和意识（叶兴庆，2017）。

（徐春春　纪龙　陆建飞　张洪程）

参 考 文 献

程式华，2018. 加强政策支持和科技创新推进水稻产业绿色发展 [J]. 农村工作通讯（6）：24-26.

陈志德，王才林，赵凌，2010. 日本水稻育种的现状与借鉴 [J]. 江苏农业科学（6）：5-7.

葛磊，陆建飞，徐春春，2020. 关于推进江苏水稻产业绿色高质量发展的思考 [J]. 中国稻米，26（6）：71-75.

国家发展和改革委员会价格司，2020.2020 全国农产品成本收益资料汇编 [M]. 北京：中国统计出版社.

国家统计局，2020. 中国统计年鉴 [M]. 北京：中国统计出版社.

贺平，2016. 东亚的粮食安全与大米储备——日本的实践与启示 [J]. 农业经济问题（4）：103-112.

李东坡，南石晃明，长命洋佑，2018a. 日本水稻生产成本的变动趋势及持续降低的调整方向：规模扩大与技术创新 [J]. 世界农业（2）：85-94.

李东坡，南石晃明，长命洋佑，2018b. 日本稻米价格与收入补贴政策的演进过程及战略创新 [J]. 中国农业大学学报（社会科学版），35（1）：89-99.

刘红萍，王天浩，朱彬海，2017. 日本、泰国大米政策的发展与比较研究［J］. 世界农业（1）：109-120.

秦叶波，王琦，邵美红，等，2021. 水稻规模化经营主体产加销一体化发展现状分析及对策建议——以浙
　　江省建德市为例［J］. 中国稻米，27（3）：57-60.

王乐君，赵海，2016. 日本韩国发展六次产业的启示与借鉴［J］. 农村经营管理（7）：9-14.

魏晓莎，2015. 日本农地适度规模经营的做法及借鉴［J］. 经济纵横（5）：124-128.

肖海峰，李鹏，2004. 美国、欧盟和日本粮食生产能力保护体系及其对我国的启示［J］. 调研世界（11）：
　　18-20，41.

徐贤，李爽，2012. 浅谈日本稻米及其米制品市场情况［J］. 粮食流通技术（2）：39-43.

徐雪，夏海龙，2015. 发达国家农业补贴政策调整及其经验借鉴——基于欧盟、美国、日本的考察［J］.
　　湖南农业大学学报，16（3）：70-74.

薛思蒙，2017. 环境成本约束下的中日水稻生产效率比较研究［D］. 北京：中国农业科学院.

叶兴庆，2017. 日本提高农业竞争力的做法及启示［J］. 世界农业（9）：4-10.

佐佐木泰弘，河野元信，2012. 日本稻米烘干·储藏·加工·流通·消费中的品质管理及信息追溯［J］.
　　北方水稻，42（4）：1-6.

我国稻米产业发展分析及其对江苏的启示

[摘要] 从水稻生产、消费、市场、科技、贸易以及优质稻产业发展等方面，全面分析了我国稻米产业发展现状。结果表明：我国水稻生产保持稳定，种植面积连续三年减少，单产持续提高；稻谷消费平稳略增，大米进口先增后减，国内库存充裕；品种审定数量增加，选育品种类型不断丰富，品种选育技术实现更新换代；栽培技术不断革新，一批绿色轻简高效生产技术得到示范推广；优质稻米产业较快发展，品种品质不断提高，优质优价得到市场认可。同时，我国稻米产业发展存在主产省水稻面积加速下滑、种稻成本较快增长、优质稻区域发展不平衡、大米进口压力较大、稻田综合种养不规范发展等问题，需要进一步稳固稻谷产能、推动优质优价、降低生产成本和经营风险；江苏稻米产业发展需要进一步加大支持力度稳定水稻生产，进一步加大优质食味稻和功能稻品种的选育推广，进一步研发和集成推广节本增效技术和模式，进一步促进稻田综合种养有序发展。

稻谷是我国城乡居民口粮消费的主体，占口粮消费量的60%以上。"十二五"以来，我国水稻产量连续10年稳定在2亿t以上，对保障国家口粮绝对安全发挥了重要作用（梁健等，2021）。在全国人口刚性增长、消费水平逐步提高的情况下，未来稻米消费数量需求和品质改善需求仍将持续增长，保障供给的压力将长期存在，区域性、结构性供需矛盾将更加突出（徐春春等，2018）。因此，必须进一步厘清发展思路、加强政策扶持、细化目标任务、优化区域布局，将稻谷作为必保品种加快发展。

一、我国稻米产业发展现状

（一）生产发展现状

1997—2003年因结构调整等因素导致我国水稻生产大幅下滑，但2004年以来全国水稻稳定发展，总产已连续10年稳定在2亿t以上。具体可以分为恢复发展（2004—2010年）、快速发展（2011—2017年）和结构调整（2018—2020年）3个阶段。2020年，全国水稻面积3 007.6万hm²，比2003年增加356.8万hm²，增幅13.5%；单产7 044.0kg/hm²，提高了983.4kg，增幅16.2%；总产21 186.0万t，增产5 120.5万t，增幅31.9%，对于保障国内稻米口粮有效供给、确保国家粮食安全发挥了重要作用。

分析2004年以来我国水稻生产的区域、季节和品种结构变化情况，主要呈现以下几个明显的发展态势：

1. 华南水稻持续下滑，东北水稻快速增长

我国水稻生产可以分为华北、东北、西北、长江中下游、西南和华南等六大稻区，其中，长江中下游稻区（上海、江苏、浙江、安徽、江西、湖北、湖南）水稻面积和总产均占全国 50% 左右。2003 年以来，我国水稻生产逐步呈现"南（华南）减北（东北）增"的发展态势。其中，华南稻区（福建、广东、广西、海南）水稻面积、总产分别从 2003 年的 579.3 万 hm² 、3 040.0 万 t 减至 2019 年的 433.5 万 hm² 、2 581.8 万 t，减幅分别为 25.2% 和 15.1%，下滑趋势明显；与此同时，东北稻区（内蒙古、辽宁、吉林、黑龙江）水稻面积、总产分别从 2003 年的 239.9 万 hm² 、1 557.4 万 t 快速增至 2019 年的 532.1 万 hm² 、3 891.6 万 t，增幅高达 121.7% 和 149.9%，对全国水稻增产贡献巨大。

2. 双季稻生产波动较大，单季稻生产稳定发展

1976 年，我国双季稻面积最大，达到 2 582.6 万 hm²，占全国水稻面积的 71.3%。受结构调整、种植效益等影响，20 世纪 80 年代起主产区陆续"双改单"，2003 年双季稻面积降至 1 162.7 万 hm²，比 1976 年减少 55.0%。随后几年，尽管全国双季稻呈现恢复发展，但生产十分不稳定。2010 年起再次下滑，2013 年起早稻面积连续 7 年减少，2019 年双季稻面积降至 942.4 万 hm²，比 2003 年还减少 220.3 万 hm²，减幅 18.9%，仅占全国水稻面积的 31.3%，比 1976 年下降了 40 个百分点。其中，江苏、四川、上海等传统产区完全退出双季稻生产，浙江、湖北、安徽和福建等也已形成一季稻为主、双季稻为辅的局面。与此同时，单季稻生产持续稳定发展。2019 年，全国单季稻面积 2 026.9 万 hm² 、总产 15 326.1 万 t，分别比 2003 年增加了 538.8 万 hm² 和 5 399.3 万 t，增幅分别为 36.2% 和 54.4%。

3. 南方粳稻快速发展，生产潜力较大

2019 年，全国粳稻面积达到 1 010.6 万 hm² 、总产 7 753.8 万 t，分别占全国水稻面积和总产的 34.0% 和 37.0% 左右，比 2003 年分别提高了 11.6 个和 11.7 个百分点。在南方粳米消费需求快速增长、发展粳稻增产增效等因素的有力推动下，江苏、安徽大部、湖北中部、浙江北部、河南南部等地，先后开始推进"籼改粳"。2003—2019 年，江苏、浙江、安徽、湖北、云南五省粳稻面积扩大了 87 万多 hm²。其中，江苏推进实施全省"粳稻化"工程，粳稻面积已经稳定在 200 万 hm² 以上；河南南部积极推进"籼改粳"，推广面积超过 20 万 hm²；湖南、江西等传统双季稻区也先后开始试验示范"一季中粳＋冬季作物"或"早籼＋双季晚粳"的种植模式，已经取得显著成效。

（二）消费发展现状

我国稻谷的消费构成主要包括口粮消费、饲料粮消费、工业消费、种子消费和储运损耗。一般来说，在我国稻谷消费构成中，口粮占 85% 左右，饲料用粮在 6%～8%，工业、种子和储运损耗在 7%～9%。其中，早籼稻消费用途最多，可以用作口粮、饲料用粮、工业用粮和种子用粮等；中晚籼稻和粳稻主要用作口粮，其他用途较少。近年来我国稻谷消费趋势主要呈现以下几个显著特点：

1. 消费总量高位稳定

根据国家粮油信息中心数据，2019 年国内稻谷消费总量达到 19 410 万 t，比 1980 年的 13 000 万 t 增加了 6 410 万 t，增幅高达近 50%。近年来稻谷消费总量逐渐趋于稳定，年际间变化较小。预计随着城乡居民收入不断增长，肉禽蛋奶鱼等动物性食品以及其他食品消费量的增加，我国人均大米口粮消费量的下降空间仍然较大，但人口刚性增长也将增加部分消费，大米消费量将保持在 1.90 亿～1.95 亿 t，且大米消费将会朝着绿色、优质和专用化方向发展，市场进一步细分，层次和结构将更加鲜明，充分满足不同收入、不同层次消费者的需求。

2. 口粮消费粳稻化趋势明显

20 世纪 80 年代我国水稻种植基本上是籼稻。随着居民生活水平的提高，人们对粳米的消费偏好增加，特别是进入 20 世纪 90 年代后，随着北方居民"面改米"和南方居民"籼改粳"消费习惯的改变，粳米消费需求快速增长。据测算，近 20 年人均年粳米消费量已经从 17.5kg 增加到 35kg 以上，人均消费量每年增长 0.5kg 以上。

3. 饲料用粮和工业用粮略有增加

饲料粮消费主要是指早籼稻，占全部稻谷饲料用量的 60% 左右。从发展趋势看，早籼稻口粮需求逐年减少，饲料用粮和工业用粮逐年增加。与小麦、玉米和大豆相比，工业生产中用大米作为初级原料的非常少，但近年来也呈逐年增加趋势，尤其是早籼稻。稻谷工业用粮中 90% 以上是早籼稻，主要用作生产米粉、啤酒和糖浆等。

4. 种子用粮和储运损耗逐年减少

随着农业科技的进步和优良品种的更新换代，单位用种量呈逐年减少的趋势。储运损耗也会随着储藏、运输技术的进步而逐年减少，一般估算为总量的 3%～5%。

（三）贸易发展现状

1. 市场发展现状

自 2003 年起，我国稻米市场总体呈稳定发展趋势，价格持续上涨。但 2012 年以来，受世界稻谷持续增产以及我国水稻连年丰收、国内稻谷库存充裕等因素影响，国内外大米差价逐渐拉大，低价大米进口数量快速增加，国内稻米市场持续低迷。具体可以分为 2003—2012 年的快速上涨和 2013—2020 年的持续低迷两个阶段。

（1）2003—2012 年快速上涨　自 2003 年起，在成本刚性增长、最低收购价格持续走高等一系列主客观因素推动下，国内稻米购销市场价格快速上涨。2012 年 12 月，早籼稻、晚籼稻和粳稻收购价格分别达到每吨 2 630.6 元、2 743.6 元和 2 906.3 元，分别比 2003 年 1 月上涨了 1 656.8 元、1 709.6 元和 1 761.0 元，涨幅高达 170.1%、165.3% 和 153.7%，月均涨幅高达 1.59%、1.55% 和 1.44%。

（2）2013—2020 年持续低迷　2013 年以来，受宏观经济增速放缓、国内稻谷连年丰收、国外低价大米大量进口等诸多因素影响，国内稻米市场走势异常低迷，甚至出现短期价格持续下滑的反常现象。2016 年起我国加速推进稻谷市场化改革，稻米市场持续低迷。截至 2020 年 12 月，早籼稻、晚籼稻和粳稻收购价格为每吨 2 501.7 元、2 740.3 元和 2 802.5 元，早籼稻、粳稻价格分别比 2013 年 1 月下跌 119.2 元和 100.9 元，跌幅分别为 4.5% 和 3.5%，晚籼稻价格上涨 19.6 元，涨幅 0.7%。

尽管普通稻市场延续低迷走势，但优质稻市场走势看好。2020 年新季水稻上市以来，主产省陆续对本地优质食味稻品种加价收购，广东对美香占 2 号加价 0.3～0.4 元/kg 收购，江西市场黄华占品种市场价格高出一般品种 0.2～0.4 元/kg。预计未来一段时期，优质稻和普通稻市场价格分化将成为常态，利于有效引导农民种植适销对路的品种，调优我国水稻生产品种和品质结构。

2. 贸易发展现状

我国大米贸易主要以出口为主，进口量较少。出口国家主要为非洲和不发达国家，更多属于援助性质。与泰国、越南、巴基斯坦等世界上主要稻米出口国家相比，我国稻米出口优势较小。进口大米品种一直以泰国香米为主，主要是作为品种调剂，对国内市场整体供求影响不大。但 2012 年以来，随着国内大米价格水平显著高于国际大米价格，尤其是与越南、巴基斯坦等国的低端大米价格相比差距更大，我国开始大量进口越南、巴基斯坦的低价籼米，对国内市场造成较大冲击。

（1）2003—2011 年大米贸易稳定发展　2003—2011 年，我国累计出口大米 968 万 t。大米出口量持续减少，从 2003 年的 262 万 t 减至 2011 年的 49 万 t，减少了 213 万 t，减幅 81.3%；与出口量相比，我国大米进口量一直很少。2003—2011 年，我国累计进口大米 440.9 万 t，最高的 2004 年进口 76 万 t。

（2）2012—2017 年大米进口快速增长　2012—2017 年，我国累计出口大米 303.2 万 t，年度大米出口量基本保持稳定；与出口量相比，随着 2012 年以来国内外大米差价持续拉大，我国大米价格成为国际高地，进口量快速增加，2017 年首次突破 400 万 t，达到 402.6 万 t。从进口区域看，过去进口品种一直以泰国香米为主，占一半以上，满足高端消费需求；2012 年以来，越南、巴基斯坦等国的低价籼米成为主要进口对象，占 80% 左右。2012 年以来我国大米进口量快速增加的主要原因是进口大米具备明显的价格优势，并不是国内稻米产不足需。

（3）2018—2020 年进口量有所减少　随着国内外大米差价缩小，2018 年大米进口势头明显放缓，进口量降至 307.7 万 t，2019 年进一步降至 254.6 万 t，2020 年进口量回增至 294.3 万 t。从出口情况看，2018 年我国大米出口量增至 208.9 万 t，2019 年达到 274.8 万 t，创近 20 年出口量新高，2020 年出口量略降至 230.5 万 t（徐春春等，2021）。

（四）科技发展现状

1. 品种选育

（1）审定品种数量不断增加　2000 年，《中华人民共和国种子法》颁布实施，种子市场得到激活，水稻审定品种数量快速增加。在已有国家和省级统一品种试验基础上，2014 年育繁推一体化企业启动了绿色通道品种试验，2016 年科研单位和普通企业启动了联合体品种试验，2018—2019 年启动了抗旱、耐盐碱等特种类型品种试验，形成了国家统一品种试验、绿色通道品种试验、联合体品种试验等并行发展的局面，品种试验渠道更加多元化，审定品种数量大幅增加。据统计，2006—2016 年，国家审定品种数量相对较少，2016 年通过国家审定品种 66 个，比 2006 年的 84 个还少 18 个，最少的 2011 年仅 29 个。从 2017 年开始大幅增加，2017 年国审品种增至 178 个，增长 1.7 倍，其中绿色通道品种 97 个、占 54%；2019 年国审品种增至 373 个，其中绿色通道品种 206 个、占 55%，联合体品种 127 个、占 34%；2020 年国审水稻品种 574 个，其中绿色通道、联合体试验审定品种分别为

261 个和 245 个，可见绿色通道和联合体试验促进了国审品种数量大幅增加。

（2）选育品种类型不断丰富 20 世纪 50 年代我国水稻经历矮秆革命后，20 世纪 70 年代初期经历了三系杂交育种，90 年代初期经历了两系杂交育种，近年来籼粳亚种间杂交育种技术创新也不断取得突破，水稻品种选育类型不断丰富、层次更加分明。从国家审定水稻品种类型分析，粳稻审定品种数量所占比重明显下降，从 2006 年的 22 个品种、占 26.2%，降至 2020 年的 76 个品种、占 13.2%（不包含籼粳交杂交稻）；常规稻审定品种数量占比下降，从 2006 年的 16 个品种、占 19.0%，降至 2020 年的 81 个品种、占 14.1%；两系杂交稻审定数量占比快速提高，从 2006 年仅靠两系法选育 5 个品种、占审定杂交稻品种数量的 7.4%，提高到 2020 年两系法选育 271 个品种、占 47.2%。两系法杂交水稻技术通过利用光温敏不育系水稻受温度和光照的影响可以发生育性变化的特征，突破了三系法需要寻找特定恢复系的局限，得到快速应用并逐步占据主导地位，大大提高了水稻新品种选育速度，推动我国杂交水稻品种选育方式实现重大变革，确保了我国杂交水稻研究与应用保持世界领先地位。

（3）新品种保护数量大幅增加 水稻是第一批被列入植物新品种保护名录的植物种属之一。1999 年共有 9 个杂交稻（不育系、恢复系）申请植物新品种保护，2000 年首次获得授权的有 6 个常规稻（不育系）。2018—2020 年申请量爆发式增长，2020 年水稻新品种保护申请量、授权量分别为 1 267 件、824 件，分别是 2005 年的 4.2 倍和 14.7 倍（2005 年申请量、授权量分别为 303 件和 56 件）。从申请者类型看，2019 年企业、科研单位授权量分别为 212 件和 192 件，占总申请量的比重分别为 49.9% 和 45.2%，而 2005 年则分别为 34.7% 和 52.1%，企业申请量增加了 15.2 个百分点，科研单位减少了 6.9 个百分点。

（4）品种选育技术实现更新换代 2006 年以来，基础研究与现代育种技术取得突破性进展，已经通过建立功能基因组学、蛋白组学、代谢组学等研究平台，成功解析水稻产量、品质和抗性等重要性状形成的分子基础，传统的品种选育正逐步向定向、高效的"精确育种"转化。以中国科学院遗传与发育研究所、中国水稻研究所等单位为代表的研究团队对传统育种技术进行大胆颠覆，在模块育种理论和技术创新特别是水稻分子设计育种领域取得一系列重大突破，建立了"分子模块"到"设计型品种"的现代生物技术育种创新体系；以宁波市农业科学研究院、中国水稻研究所等单位为代表的育种家们在创建了籼粳杂交水稻有利性状集聚技术的基础上，创造性地运用远缘杂交和三系法杂交育种技术，集聚了水稻不同亚种的有利基因，育成了综合性状优良的强优势籼粳杂交水稻组合，实现了杂交水稻产量的新的突破；以湖南杂交水稻研究中心等为代表的研究团队，将普通核不育系水稻通过基因工程育成的遗传工程雄性不育系，兼有三系不育系育性稳定和两系不育系配组自由的优点，建立了成熟的第三代杂交水稻育种技术体系，培育出系列苗头强优组合。此外，各地顺应农业供给侧结构性改革需要，大力加强种质资源、育种技术创新，育成了一批高档优质稻品种和优质杂交稻，如北方稻区的龙稻、吉粳系列，南方稻区的野香优、华浙优系列等。自 2008 年我国实施转基因生物新品种培育重大专项以来，水稻等主要农作物转基因研究成果纷纷呈现，拥有自主知识产权的转 Bt 抗虫水稻、转人血清白蛋白基因水稻等应用潜力巨大。

2. 栽培技术

近年来，我国水稻栽培领域的科研工作者围绕推进水稻产业供给侧结构性改革，在水稻高产栽培理论创新、技术研发与推广等方面做了大量工作，取得了丰硕成果，一些代表性科研成果已转化为生产力，推动我国水稻产业不断向前发展。在水稻高产栽培理论研究方面，科研工作者们在稻田生态与环境调控机制、水稻产量与效率层次差异形成机制、水稻弱势粒充实机制等方面取得了一定成绩，丰富和发展了水稻高产高效栽培的技术理论体系；在水稻机械化生产技术方面，一些稻作新技术也在国内逐步推广，如水稻精量穴直播技术、杂交稻单本密植机插高产高效栽培技术、水稻叠盘出苗育秧技术等。此外，针对生产中存在的过量施用氮肥、水肥利用效率低、气象灾害预防与补救等问题，科研工作者们在深施肥、肥料运筹、新型肥料选用、干湿交替灌溉、防灾减灾等方面也开展了相关研究工作。通过上述研究，不断提升国内水稻栽培理论研究与技术创新水平。

截至 2019 年，辽宁省盘锦市、吉林省四平市、江苏省苏州市、安徽省亳州市和山东省青岛市等已整建制率先基本实现主要农作物生产全程机械化。2019 年 10 月，农业农村部印发《主要农作物全程机械化生产模式》，水稻方面包括北方单季粳稻旱育稀植全程机械化生产模式、南方双季稻区早稻全程机械化生产模式、基于钵毯苗机插的南方双季稻区晚稻全程机械化生产模式和西南单季稻区水稻生产全程机械化模式等 4 个模式。2019 年全国农作物耕种收综合机械化率超过 70%，提前一年实现"十三五"目标，小麦、水稻、玉米三大粮食作物耕种收综合机械化率均已超过 80%，基本实现机械化。2020 年全国水稻机插（播）率超过 50%，比 2018 年提高 2 个百分点，机械化收获水平超过 90%。

近年来，我国水稻病虫防控技术研究在病虫害发生规律与预测预报技术、化学防治替代技术、化学防治技术、水稻与病虫害互作关系、水稻重要病虫害的抗药性及机理、水稻病虫害分子生物学等方面均取得显著进展。在抗性品种方面，一批抗（耐）稻瘟病、稻曲病、白叶枯病、条纹叶枯病、稻飞虱的水稻新品种在生产上得到应用；在绿色防控技术方面，以金龟子绿僵菌、芽孢杆菌等为主要代表的绿色生物农药，以"激健"为代表的农药多功能增效助剂，以结合香根草、螟虫性诱技术、赤眼蜂和低毒化学农药，以及以植保无人机为代表的高效施药技术等综合措施在水稻病虫害防控方面得到了广泛应用。2020 年，农业农村部继续实施植物保护工程，完善重大病虫疫情田间监测网点，全面推行重大病虫疫情智能化、自动化、标准化监测预警；加强水稻"两迁"害虫、稻瘟病等迁飞性、流行性病虫害统防统治、联防联控和应急防治，确保总体危害损失率控制在 5% 以内。

（五）我国优质稻米产业发展现状

1. 发展阶段

历史上我国优质稻发展主要经历了 4 个阶段：

第一阶段：1984 年，我国粮食总产达到 4.07 亿 t，多地出现"卖粮难"、劣质米积压严重的现象，优质稻开始得到重视。1985 年中央 1 号文件指出，"农业生产不能适应市场消费需求，产品数量增加而质量不高、品种不全，商品流通遇到阻碍。"随即，中央宣布以合同定购取代统、派购；农业部在湖南长沙召开优质稻米座谈会，指出发展优质稻米的重要性，研究发展优质稻米对策。同年，农业部举行首届优质稻米评选，《优质食用稻米》（NY 20—

1986）农业行业标准颁布（廖西元等，2002）。

第二阶段：1990 年城乡集市贸易大米成交价格从年初的每千克 1.49 元下跌到年底的 1.20 元，1991 年再次出现以南方早籼稻为主的"卖粮难"现象。1992 年，国务院发布《关于发展高产优质高效农业的决定》，明确提出要把扩大优质产品的生产放在突出地位，并作为结构调整的重点抓紧抓好。同年在广东召开全国发展高产优质高效农业经验交流会，提出农业要走高产、优质、高效的路子。农业部于 1992 年举办了首届中国农业博览会，展示和推广农业科研新成果、新技术以及名特优新产品。优质稻米的研究与生产进入了第二个发展阶段（冯明亮，2016a、2016b）。

第三阶段：1996 年以后，稻米价格开始持续下跌，大米批发市场价格从每 50kg131.7 元降到 1997 年的 100.5 元，劣质稻米积压、滞销和优质稻米俏销、供不应求现象并存，发展优质稻米生产在全社会已形成共识。1997 年，国务院出台《粮食收购条例》，实行三项政策一项改革。各地大力加强优质品种的选育、评选和推广，并实行优质优价政策。1998 年以后，随着农业结构调整和粮食产销一体化进程加快，优质稻获得了较快发展（牛兆国，2021）。

第四阶段：2017 年，在我国稻谷产量连续 6 年稳定在 2 亿 t 以上，供需结构性矛盾突出的情况下，中央 1 号文件再次提出要稳定稻谷生产，重点发展优质稻米，掀起了优质稻新一轮发展。近两年，国家连续调整稻谷最低收购价格政策，主要目的也是推动市场化导向，鼓励市场形成优质优价。

2. 发展现状

（1）品种品质不断改善　近年来通过深入推进农业供给侧结构性改革，我国水稻育种水平进入了新阶段，水稻品种由产量向品质产量并重转变，品种结构从单一高产型向高产、优质、专用型转变，绿色优质水稻品种推广步伐明显加快，水稻品种结构进一步优化（纪龙和徐春春，2021）。2006 年以来，国家审定水稻品种的优质化率不断提升，总体优质化率已经超过 50%。2019 年，农业农村部稻米及制品监督检验测试中心共检测品质全项的水稻品种样品 9 412 份，来自全国 27 个省（直辖市、自治区），总体达标率为 51.8%，其中粳稻达标率为 45.4%，籼稻为 53.5%，与 2010 年相比，总体达标率提高了 22.8 个百分点，粳稻和籼稻达标率分别提高了 10.2 个和 26.2 个百分点。此外，随着农业农村部《主要农作物品种审定标准（国家级）》的修订以及水稻绿色品种指标体系的发布，将会进一步促进绿色高效水稻品种的选育与推广应用。

（2）优质稻育种赢得青睐　2016 年，农业部市场司牵头举办了首届中国大米品牌大会，授予五常大米、响水大米、庆安大米、盘锦大米、宁夏大米、宣汉桃花米、遮放贡米、射阳大米、兴化大米、罗定稻米"2016 中国十大大米区域公用品牌"称号，授予区域公用品牌下的 16 家大米企业"2016 中国大米区域公用品牌核心企业"称号。同时，现场评选出"中国十大好吃米饭"，分别是葵花阳光牌五常大米、兴唐牌宁夏大米、茅贡牌茅贡米、金佛山牌南川米、庆禾香牌庆安大米、福临门牌五常大米、塞外香牌宁夏大米、响水牌响水大米、金福乔府大院牌五常大米、遮放贡牌遮放贡米。

2018 年 5 月，农业农村部在广州召开 2018 年国家优质稻品种攻关推进暨鉴评推介会，经过专家组对全国 75 个优质稻品种现场鉴评，通系 933、龙稻 18、金稻 2 号、天隆优 619、五优稻 4 号、松粳 28、吉粳 816、松粳 22、水晶 3 号、沪软 1212 等 10 个粳稻品种，以及美香占 2 号、象牙香占、桃优香占、玉针香、嘉丰优 2 号、锡利贡米、增科新选丝苗 1 号、野香优莉丝、神农优 228、玉晶 91 等 10 个籼稻品种获得"首届全国优质稻品种食味品质鉴评金奖"（农业农村部，2018）。

2019 年 4 月，农业农村部在海南三亚召开第二届全国优质稻品种食味品质鉴评活动暨国家水稻良种重大科研联合攻关推进会。经过专家组对全国 103 个优质稻品种现场鉴评，南粳 46、吉农大 667、隆 6 优 19、通系 945、松香粳 1018、吉粳 528、吉粳 816、津稻 9618、吉粳 515、通育 269、润稻 118、皖垦粳 11036、锦稻 109、南粳 9108 和滇禾优 615 等 15 个粳稻品种获得"第二届全国优质稻品种食味品质鉴评粳稻金奖"；桂育 11、玉针香、锡贡 6 号、鄂中 5 号、美香占 2 号、云恢 290、明轮臻占、农香 32、隆晶优 2 号、宜优嘉 7 号、旱优 73、兆优 5455、泰优 553、泰丰优 208、万象优 982 等 15 个籼稻品种获得"第二届全国优质稻品种食味品质鉴评籼稻金奖"（农业农村部，2019）。优质稻金奖品种的隆重推介，标志着我国水稻种业优质化发展进入了快速增长期，有利于加快我国水稻品种由产量向产量品质并重转型，有利于提升我国稻米国际竞争力。

（3）优质优价广受认可　一是好品种卖出高价格。2015 年，广西金卡农业科技有限公司以 1 050 万元一次性付清买下广西农业科学院水稻研究所的杂交水稻不育系"丰田 1A"广西区域独占开发经营权。经过一年多的经营与推广，发现丰田优系列品种表现十分理想，优势明显。2016 年 12 月，公司决定再追加 500 万元，共计以 1 550 万元签约买下"丰田 1A"及"桂恢 553"全球独占开发经营权。育成的软米型优质杂交稻组合"丰田优 553"，2016 年通过农业部超级稻品种认定，是目前唯一的软米型超级稻感光品种。二是优质稻田间拍卖价格高。2017 年 10 月，全国首次优质稻田间拍卖活动在湖南汨罗举行。参与竞拍的 32 家粮食加工企业对汨罗市罗江镇金塘村 176.7hm^2 桃优香占稻谷、长乐镇长乐村 37.7hm^2 兆优 5455 稻谷和大荆镇东文村的 45.7hm^2 泰优 390 稻谷开展竞标拍卖。三轮拍卖过后，桃优香占稻谷以每千克 3.10 元的价格拍卖给中粮米业（岳阳），兆优 5455 稻谷以每千克 3.12 元的价格拍卖给汨罗市三湘米业有限公司，泰优 390 稻谷以每千克 3.64 元的价格拍卖给盈田米业，拍卖成交价分别比普通晚稻谷市场价高出 13.97%、14.71%、33.82%。

二、我国稻米产业发展存在问题

"十二五"以来，我国稻谷产量已经连续 9 年稳定在 2 亿 t 以上，为确保口粮绝对安全发挥了重要作用。当前我国水稻生产总体稳定，但"稳中有忧"，需要高度重视。今后一段时期，制约我国稻米产业绿色高质量发展的问题越来越集聚、越来越复杂，应谨防主产省水稻种植面积快速下滑、产销平衡区调入量增加、种粮效益持续下滑、优质稻产业化发展滞后、稻田综合种养过速发展等突出问题给稻米供需平衡和国家粮食安全埋下隐患。

（一）主产省面积加速下滑，产销平衡区调入量增加

受种植业结构调整、种植效益下降等因素综合影响，近年来我国水稻面积前三位的湖南、黑龙江和江西三省水稻面积加速下滑。2019 年，湖南、黑龙江和江西三省水稻面积分

别为 385.5 万 hm²、381.3 万 hm² 和 334.6 万 hm²，分别比 2015 年减少了 43.3 万 hm²、10.6 万 hm² 和 19.5 万 hm²，总产分别减少 145.3 万 t、57.4 万 t 和 108.9 万 t。四川、云南等传统意义上的产销平衡区已经成为粮食净调入区，且调入量逐年增加，农村居民能够自给自足，但城镇居民基本靠吃外地粮。

（二）优质稻区域发展不平衡，产业化发展滞后

近年来各地优质稻种植比例持续提高，2019 年江苏省优良食味水稻种植面积 90.1 万 hm²，比 2018 年增加 20 万 hm²；江西省中晚稻优质品种占比达到 49.6%，提高 5 个百分点。各地调研表明，优质品种多乱杂、产量偏低、抗灾能力差，以及优质不优价、产业化发展滞后等现象突出。

1. 缺乏规范权威的全国性优质稻米评选

近年来各地优质稻米评选活动接连不断，"十大优质品种""十大金奖""好米榜"等层出不穷，但真正具有全国性、区域性广泛影响力的品种较少，缺乏权威规范的优质稻米评选，导致市场上号称"优质稻"的品种太多、太乱，影响判断。

2. 区域性优质不优价现象突出

总体看，北方好于南方。2019 年，黑龙江农垦优质稻价格 3.04～3.14 元/kg，比 2018 年上涨 0.04～0.10 元/kg。吉林省农户订单优质稻企业收购价格达到 2.80～3.40 元/kg，圆粒香米品种吉粳 816 米业公司平均收购价达到了 3.36 元/kg。但是，江西省优质稻谷收购价格在 2.88 元/kg 左右，同比下降 0.08～0.54 元/kg，主要是供应增加导致价格下跌。广西优质早稻价格大部分在 2.6～2.8 元/kg，同比减少 0.4 元/kg 左右；优质晚稻平均价格为 2.8 元/kg，同比减少 0.46 元/kg。

3. 优质稻米产业化发展滞后

福建省优质稻产量比高产杂交稻略低，但价格仅高 0.10～0.20 元/kg，优势不明显，而且部分地区加工厂对长粒型优质稻存在出米率低的担忧，不太愿意收购。安徽省、浙江省有机大米、绿色大米等优质品牌因生产规模小而杂，知名度和带动力有限，很多中大型企业不愿意参与小规模优质稻米产业开发。云南省尽管香软米品种市场收购价格高，经济效益较好，但目前优质稻种植无法形成规模，产业化发展滞后。

4. 优质稻米品牌建设滞后

当前，国内大米企业产品品牌小、杂、乱，缺乏能深入人心的、具有领军意义的品牌。全国注册大米品牌上万个，如黑龙江省的一个县市就有几十个大米品牌。大米品牌过杂不但让消费者无所适从，大米加工企业也深受其累，各企业拼设备、拼包装、拼价格，恶性竞争。消费者对产地区域品牌的认知程度普遍高于产品品牌（中国粮食经济期刊编辑部，2013）。

（三）种稻成本较快增长，市场价格持续下跌

据统计，近 10 年来我国稻谷每公顷种植成本已经从 11 775 元增长到 18 000 元以上，约为 1.53 倍，特别是土地、人工成本分别增长 2.2 倍和 2.9 倍。2018 年稻谷最低收购价格全

面下调、2019 年保持不变，进一步降低了农民增收预期；2020 年和 2021 年最低收购价格小幅提升。与 2018 年相比，2019 年辽宁、吉林、江西、福建水稻生产总成本分别上涨 1.1％、2.6％、4.3％和 2.0％。同时，受最低收购价下调以及稻谷去库存速度加快等多种因素影响，国内稻米市场波动加剧日益常态化。2019 年南方主产区水稻增产明显，但普遍增产不增收。稻农增收日益困难，主产区种粮大户"毁约退地"、小户抛荒现象增多，不利于我国水稻可持续发展。

（四）品种抗灾能力不足，适宜轻简化生产品种仍然不足

我国水稻生产中主推品种的抗病虫害、抗自然灾害的应对能力还是不足，生产上仍然缺乏适宜直播等轻简化生产的品种。2019 年黑龙江省因低温多雨寡照，导致大部分水稻品种稻瘟病大面积发生，同时多数品种抗倒伏能力较差，大面积倒伏给生产造成严重损失。河南省近年来水稻生育期间高温天气日益呈现常态化态势，但现有品种耐高温能力较差，导致部分水稻穗分化受阻及授粉不良，造成结实率降低，最终影响产量和品质。近年来，直播稻在长江中下游地区发展迅速，但是适宜直播的优质稻品种匮乏，标准化技术应用不足，生产风险较大。

（五）大米进口压力仍然较大，影响国内稻米市场走势

2020 年我国进口大米 294.3 万 t，同比增加 15.6％；出口大米 230.5 万 t，同比减少 16.1％。但长期看，由于我国稻谷种植成本不断增长，国际大米仍将具有价格优势，2017 年我国首次允许进口美国大米，2018 年海关总署解除对日本新潟大米的进口限制，2019 年又与缅甸签署 40 万 t 大米进口备忘录。据调查，广东省越南普通大米到当地价格为 3.2 元/kg、越南香米为 5.8～6.0 元/kg，均要低于广东自产普通稻米 3.6～4.0 元/kg 的成本、丝苗米 6.6～7.0 元/kg 的成本。云南通过边贸进口的大米市场售价为 3.5～3.8 元/kg，普通贸易进口的大米市场售价为 4.0～4.2 元/kg，总体比国内大米价格低。

（六）稻田综合种养过速发展，影响稻田可持续发展能力

近年来，国家和地方政府加大对稻田综合种养的政策支持力度，各地也陆续制定了较高的发展目标，推动稻田综合种养快速发展。目前，湖北省稻渔综合种养面积已经超过 45 万 hm²，湖南省超过 33 万 hm²，四川省超过 27 万 hm²，安徽省超过 20 万 hm²，江苏省超过 13 万 hm²。但同时，国家和各省对稻田综合种养产业发展布局的整体规划还跟不上产业快速发展需求，难以有效保障产业持续健康发展。部分地区和从业者片面追求经济利益，导致种养比例不规范、模式混乱、养殖占比过大成为普遍现象，稻田改造环沟面积远超 10％的标准，个别养殖面积甚至超过 40％，水稻生产由主变辅，导致种稻面积明显缩减，稻米产能明显弱化。近两年部分地区养殖效益已经出现大幅波动，一旦养殖效益大幅下滑，发生大规模承包经营者跑路现象，稻田要想恢复原样基本没有可能或者需要巨大投资。

三、我国稻米产业发展的对策建议

（一）稳固稻谷产能

保障粮食安全特别是口粮绝对安全始终是保障经济社会平稳发展的头等大事，针对部分地方放松粮食生产的倾向，要加大监测预警力度，毫不放松确保稻谷产能稳固。

1. 密切关注面积调减对水稻产业发展的影响

各地应加强监测预警，把握好面积调减的方向和尺度，准确研判国内稻米市场供给形势，增强口粮安全的预见性。密切关注最低收购价下调、库存消化提速等政策转型带来的国内稻谷生产能力波动。

2. 严格管控稻田综合种养无序和过度发展

稻田综合种养是促进水稻产业提质增效的重要模式，但应坚持以水稻为主体有序发展。部分地方出现的稻田综合种养过度改造稻田、盲目跟风发展、弱化水稻生产功能等现象，将对水稻综合产能和生态环境造成不利影响。

3. 因地制宜发展再生稻、池塘稻

在适宜地区有序推进再生稻发展，实施专项补贴，尽快解决再生稻大面积生产的技术瓶颈问题，加大产业开发力度，稳步扩大再生稻面积。利用南方养殖池塘发展池塘种稻，增加综合产能。

（二）推动优质优价

优质优价是解决市场冗余和"卖粮难"问题、促进产业增效和农民增收的关键，重点是注重优质稻产业发展的顶层设计。

1. 加快规范提升优质稻米品种评选鉴评活动

建议由农业农村部种植业管理司牵头，制定规范权威的优质稻品种鉴评标准，建立健全水稻品质参数体系，在全国范围内开展大面积优质稻米品种品质鉴评活动，真正为市场和农民挑选出好品种，促进水稻生产提质增效。

2. 加快绿色优质品种选育推广和绿色高效技术模式集成推广

加快培育推广一批食用优质、加工优质、功能优质等水稻品种，促进订单收购，提升品种附加值；加大对有机肥、缓控释肥、生物农药等产品，以及生态治虫、油菜绿肥种植等绿色生产技术和模式的补贴力度；因地制宜推广稻油轮作、菜稻轮作、菌稻轮作、稻鱼共生、池塘种稻等绿色生态种养模式。

3. 加快推进一二三产业融合发展

重点在各地培育认定一批规模种粮主体，解决农业设施用地、用电结算等问题，支持其开展优质稻米产加销一体化经营，促进实现"卖稻谷"向"卖大米"转型，实行自产自销和服务周边，增加产业链增值收益。

（三）降低生产成本

重点是降低土地流转成本、农资投入成本、劳动用工成本，加大贷款贴息、农用柴油、

农业用电补贴力度。

1. 加快建立完善农村土地流转平台

进一步完善村、镇级土地流转交易平台，统一定价、统一流转、统一拍卖，推动建立规范的土地流转交易市场；严格控制土地流转"漫天要价"的无序现象，逐步推动土地价格与稻米年度市场价格接轨，同时应加强对流转土地用途的监控。

2. 严格管控农资市场价格过快上涨

构建完善农资市场价格调控机制，依法对农资出厂价格和零售价格实行干预和调控；针对近年来农资价格过快上涨的态势，可以适时出台限价令，维护农资市场价格基本稳定，减少种粮成本。

3. 加大农用燃油和农业用电补贴力度

建议新增农用燃油专项补贴，按照核定的机械存量、功率、作业面积等直接补贴给从事农业机械作业的农户和经营组织；建议电力部门尽快落实对粮食烘干机械用电按农业生产用电价格从低执行的政策，降低成本，提升效率。

（四）降低经营风险

重点是降低种粮大户等新型经营主体面临的自然与市场的双重风险。

1. 试点实施国家政策"三年一调"

水稻作为最主要的口粮品种，现阶段应稳定最低收购价格政策，建议将最低收购价"一年一调"改为"三年一调"，稳定较长时间的市场价格预期和种粮效益预期；以前3年价格作为基数，结合土地租金、劳动力价格、农资价格等波动情况确定最低收购价，避免农户承担市场价格下跌风险。

2. 试点实施收入性农业保险

试点实施收入保险政策，将产量、价格、重金属超标等均纳入收入保险，当因产量损失、市场价格波动、重金属超标等原因导致实际单位面积平均收入低于保单约定单位面积平均收入时，则由保险人补足差额部分，分散农户优质稻种植风险，稳定农户收入预期。

3. 试点实施分级分类收购政策

积极推动稻谷分级分类收购政策，探索不同大类下根据加工优质、外观优质、食味优质、功能优质等特性设置小类，在小类下再设置不同级别，制定简单易行的分级标准，然后再设置不同级别的最低保护价。对于重金属超标稻谷，应鼓励各级政府应收尽收、分开储放，保障农民利益。

四、我国稻米产业发展对江苏的启示

江苏是我国南方地区最大的粳稻主产区，江苏水稻生产不仅满足了全省8 000多万常住人口的口粮需求，每年还能输出稻谷600多万t，是长三角区域大米消费的重要来源。我国稻米产业发展的现状、趋势及存在问题对江苏具有以下重要启示。

（一）水稻生产大省种植面积不稳定的现实情况启示江苏稳固稻谷生产需要进一步加大支持力度

受种植效益下降、结构调整等因素影响，近年来我国黑龙江、湖南、江西等水稻生产大省种植面积难以稳定，主要依靠单产提高稳定总产。但随着优质稻种植面积扩大，单产继续提高遭遇瓶颈。对于江苏来说，水稻单产已经达到了一个很高的水平，要想在大力发展优质食味稻的情况下继续稳固稻谷产能，则需要进一步加大对水稻生产的投入支持力度，稳定面积基础。

（二）优质优价得到市场认可的现实情况启示江苏要更加注重优质食味稻和功能稻品种的选育推广

近年来，国内稻米市场普通稻持续低迷，但优质稻如江西、湖南市场的黄华占、吉林的吉粳816等均出现企业加价收购现象，优质优价逐步得到市场认可。对于江苏来说，下一步稻米产业发展也应聚焦优质稻米和营养功能性稻米的品种选育和示范推广，提高优质稻、功能稻等在江苏稻米产品中的比重，提高稻米市场价格，促进农民增收。

（三）水稻种植成本快速增长的现实情况启示江苏水稻生产要更加注重节本增效

近年来我国水稻种植成本快速增长，特别是土地成本和劳动力成本占水稻成本的大头，加上稻谷市场价格持续低迷，严重影响农民种稻积极性。对于江苏来说，下一步要继续加大全程机械化、智能化育插秧、智慧施肥植保等轻简型节本高效稻作技术的研发与推广，形成对劳动力的有效替代，减轻稻作劳动强度；同时要加快构建完善的农村土地流转平台，试点推动土地价格与稻米年度市场价格接轨，加强对流转土地用途的监控。

（四）稻渔综合种养快速发展的现实情况启示江苏水稻生产要关注省内稻田综合种养不合理发展情况

近年来我国稻渔综合种养快速发展，在稳定水田面积、提高综合效益和促进绿色种养方面发挥了积极作用。但同时也涌现出产业发展缺乏规划、规模组织化程度低、配套技术研究不足等一系列突出问题，如果无法及时有效解决，将会破坏稻渔综合种养发展的大好局面，甚至影响国家粮食安全，需要引起高度重视。对于江苏来说，目前稻渔综合种养面积已超过13万 hm²，下一步关键是要尽快制订发展规划，加强监测预警，强化技术支撑，加大宣传引导，促进稻渔综合种养持续健康稳定发展。

（徐春春　纪龙　陈中督　陆建飞　张洪程）

参 考 文 献

冯明亮，2016a. 我国农业结构调整的经验与启示（上）[N]. 中国经济时报，7-25.

冯明亮，2016b. 我国农业结构调整的经验与启示（下）[N]. 中国经济时报，7-26.

纪龙，徐春春，2021. 坚持水稻生产高水平发展从源头保障粮食安全［J］. 国际人才交流（5）：20-22.

梁健，万克江，贺娟，等，2021. 我国早稻生产现状及建议［J］. 中国农技推广，37（3）：12-14.

廖西元，陈庆根，庞乾林，2002. 我国优质水稻生产现状与发展对策［J］. 农业技术经济（5）：32-34.

牛兆国，2010. 我国优质水稻生产现状及发展对策［J］. 现代农业科技（23）：343-347.

农业农村部，2018. 加快水稻优良新品种选育［N］. 中国农业新闻网，5-8.

农业农村部，2019. 第二届全国优质稻品种食味品质鉴评金奖品种出炉［N］. 中国农业新闻网，4-23.

徐春春，纪龙，陈中督，等，2018. 中国水稻生产发展的绿色趋势［J］. 生命科学，30（10）：1146-1154.

徐春春，纪龙，陈中督，等，2021. 中国水稻生产、市场与进出口贸易的回顾与展望［J］. 中国稻米，27（4）：17-21.

中国粮食经济期刊编辑部，2013. 大米产业：铸品牌方能立潮头——访中国粮食行业协会副会长、大米分会理事长郄建伟［J］. 中国粮食经济（1）：58-59.

黑龙江省稻米产业发展的实践及其对江苏的启示

[摘要] 本文从生产、加工、营销等方面，总结了近 10 年来黑龙江稻米产业发展取得的成效；从农田建设、科技创新、品牌经营、营销创新、产业整合升级等方面，剖析了黑龙江省稻米产业发展的主要做法，总结了黑龙江省政府高度重视、合理产业选择、品种和技术创优、产业生态圈构建和品牌营销创新等主要经验及其对江苏省稻米产业高质量发展的启示。

黑龙江省作为全国水稻生产第一大省在我国粮食安全中具有"压舱石"的地位（陈子刚等，2020）。近年来，黑龙江省坚持科技兴农、质量兴农、绿色兴农、品牌强农，大力发展绿色优质水稻生产，做大做强稻米产业经济，成为全国稻米产业发展的排头兵。2020 年，黑龙江省 90% 的市县和国有农场种植水稻（李净仪，2021），水稻种植面积约 387.2 万 hm²，年产水稻 2 896.2 万 t，分别占全国的 19% 和 14%，培育了北大荒、葵花阳光、柴火大院、响水米业、十月稻田、五常大米等一系列企业品牌或农产品区域公用品牌，品牌价值持续创高。

江苏省是我国南方粳稻生产第一大省，目前正努力将优质稻米产业打造成为千亿级产业。本文以 2011 年黑龙江省水稻生产步入稳步发展阶段为起点，研究近 10 年来黑龙江省稻米产业发展取得的成效和实践经验，为新时期江苏省稻米产业高质量发展提供借鉴。

一、主要成效

（一）生产

1. 水稻播种面积持续增加

2011—2020 年，黑龙江省水稻播种面积不断增加，由 294.6 万 hm² 增加至 387.2 万 hm²，年平均增长率为 5.6%（图 1）。2020 年，黑龙江省水稻种植面积占全国水稻播种面积 19%，比江苏省多 167.1 万 hm²。

2. 水稻单产与总产持续增加

2011 年，黑龙江水稻总产超越江苏省，成为全国水稻生产第一大省。2020 年，黑龙江水稻总产 2 896.2 万 t，占全国水稻总产的 14%，比江苏多 861.14 万 t。2011—2020 年，黑龙江省水稻总产与单产近乎同步呈波动上升，单产由 2011 年 7t/hm² 波动增长至 2020 年 7.48t/hm²，2017 年单产最高为 8.42t/hm²。总产与单产增长量和年平均增长率分别为 834.1 万 t、0.479t/hm² 和 4%、10%（图 2）。

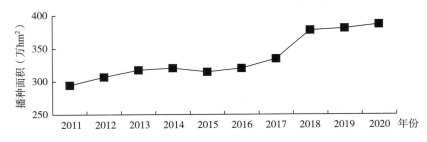

图 1　2011—2020 年黑龙江省水稻播种面积

（资料来源：2011—2019 年为国家统计局数据，2020 年为黑龙江省统计局 2021 年统计公报数据）

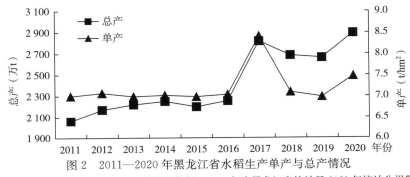

图 2　2011—2020 年黑龙江省水稻生产单产与总产情况

（资料来源：2011—2019 年为国家统计局数据，2020 年为黑龙江省统计局 2021 年统计公报数据）

（二）加工

黑龙江省稻米加工业发展迅速，稻米加工龙头企业数量迅速增加、产能不断增强。2013 年，黑龙江稻米加工企业 1 376 家，年加工能力 5 255 万 t，年产大米 1 063 万 t，其中全年产能 10 万 t 以上和 5 万～10 万 t 的大中企业分别有 63 家和 310 家；2018 年，全年产能 30 万 t 以上的大米加工企业 77 家；2019 年公布的黑龙江省农业产业化龙头企业 100 强名单中稻米加工企业有 28 家，其中哈尔滨市数量最多有 9 家，平均收益 211 794 万元（表 1）。2020 年，黑龙江省水稻加工企业有 1 421 家，其中中等规模以上加工企业 507 家，年加工能力 30 万 t 以上的龙头企业 51 家，水稻总加工能力为 4 565 万 t，产能不断加强（黑龙江粮食局，2018）。黑龙江北大荒集团米业有限公司等 8 家大米加工龙头企业入选"2019 年全国大米加工企业 50 强"名单（表 2）[①]。黑龙江积极引导精深加工产能向水稻主产区、优势区和物流节点集聚，支持企业开展兼并、联合和重组，培育在全国稻米行业具有较强竞争力和影响力的大型领军企业，同时推动农民合作社、中小企业、龙头企业按照产业链上下游分工合作，形成集群发展效应[②]。

---

①　2019 年度粮油加工企业"50 强""10 强"名单公示．http：//www.cnfia.cn/archives/14429，2020-12-15/2021-05-20．

②　"天下粮仓"黑龙江"龙稻"香飘第二届国际大米节．http：//m.people.cm/n4/2018/1214/c1435-12046694.html．

表 1　2019 年黑龙江省农业产业化龙头企业 100 强中稻米加工企业情况

市　地	企业数量（个）	主营项目	平均收益（万元）
哈尔滨	9	粮食加工、大米、品牌包装米	211 794
绥　化	8	粮食加工、大米	78 271
佳木斯	2	水稻加工、大米	123 509
鹤　岗	2	大米	45 827
双鸭山	1	大米	32 983
鸡　西	2	大米	46 068
齐齐哈尔	1	大米	69 284
大　庆	2	碱地大米、大米	41 090
农　垦	1	大米	152 905

资料来源：黑龙江省农业产业化龙头企业 100 强名单公示 . http：//www. hljagri. org. cn/wstz/202012/t20201229 _ 811482. htm.

表 2　2019 年全国大米加工龙头企业 50 强中黑龙江省稻米加工企业情况

序号	企业名称	排名（位）
1	黑龙江省北大荒米业集团有限公司	21
2	黑龙江省和粮农业有限公司	28
3	庆安东禾金谷粮食储备有限公司	33
4	庆安鑫利达米业有限公司	35
5	黑龙江秋然米业有限公司	38
6	方正县宝兴新龙米业有限公司	39
7	黑龙江和美泰富食品有限公司	41
8	五常市乔府大院农业股份有限公司	50

资料来源：2019 年度中国食用油加工企业"50 强""10 强"获奖名单发布 . www. cnfia. cn/archives/14429，2020-12-15/2021-05-20.

（三）品牌

黑龙江省积极开展大米知名品牌建设工作，推动大米全产业链的标准体系建设，打造出一批知名的区域特色品牌和企业品牌，有效促进了稻米营销创新，推动了稻米产业发展。如表 3 所示，黑龙江稻米影响力较高的区域公用品牌有五常大米（品牌价值 698.6 亿）、响水大米（品牌价值 81.36 亿）、佳木斯大米（品牌价值 202.16 亿）等，荣获中国地理标志保护产品、中国名牌产品、中国驰名商标、入选中国农业品牌目录等一系列荣誉；影响力较高的企业品牌有北大荒大米（品牌价值 1 028.36 亿）、金福乔府大院（品牌价值 13.36 亿）、柴火大院（品牌价值 4.50 亿）等，荣获十大好吃米饭、最具影响力大米品牌等一系列荣誉。

表3　2020年黑龙江知名大米品牌基本情况

品牌类型	知名品牌	荣　誉	品牌价值（亿元）
区域公用品牌	五常大米	中国地理标志保护产品、中国名牌产品、中国驰名商标	698.60
	响水大米	中国名牌产品、中国农业博览会金奖、2019年入选中国农业品牌目录等	81.36
	佳木斯大米	国家地理标志保护产品、中欧地理标志第二批保护产品	202.16
企业品牌	北大荒大米	入选2020十大好吃米饭等	1 028.36
	乔府大院	2019黑龙江最具影响力大米品牌等	13.36
	柴火大院	2017年入围首批"CCTV中国品牌榜"	4.50

资料来源：根据中国农业品牌研究中心公布数据、中国农业品牌目录、全国农产品地理标志查询系统数据分析整理。

二、主要做法

（一）加大农田水利基本建设

黑龙江省水资源较丰富，有利于水稻生产。但灌溉设施不足，是水稻生产发展的重大制约。自2008年黑龙江省编制实施《千亿斤粮食生产能力建设规划》以来，农田水利等建设不断加强。2013年，黑龙江省出台《黑龙江省高标准基本农田建设规划（2011—2015年）》《高标准基本农田标准（试行）》《高标准农田建设标准（试行）》。2015年，开始实施《黑龙江省亿亩生态高产标准农田建设规划（2013—2020年）》。2019年，黑龙江省完成高标准农田建设投资91.7亿元，落实配套资金12.6亿元，完成高标准农田建设任务53.49万 hm^2；2020年黑龙江省下达高标准农田建设任务56.23万 hm^2，将高标准农田建设纳入全省"百大项目"，列入省政府重点工作和重要督办事项，举全省之力督导推进[1]。2011—2019年，黑龙江省有效灌溉面积与水稻播种面积增长较快，2019年有效灌溉面积达到617.76万 hm^2。黑龙江省水稻播种面积、有效灌溉面积变化趋于同步，水稻播种面积占有效灌溉面积的60%左右（图3）。

（二）加强生产科技创新

1. 创优水稻新品种

黑龙江省选育和推广新品种对更新生产用种、提高单产和总产作用重大。依托省农科院、东北农业大学、省农垦科学院等科研机构，并与相关龙头企业开展合作，先后选育推广了龙粳31、绥粳18、垦稻12、五优稻4号等具有代表性的优质品种（刘宝海，2014；张成亮等，2020）。黑龙江省农业科学院水稻研究所选育的"寒地早粳稻优质高产多抗龙粳系列

---

[1]　黑龙江高标准农田建设获激励［N］. 农民日报，2020-05-14.

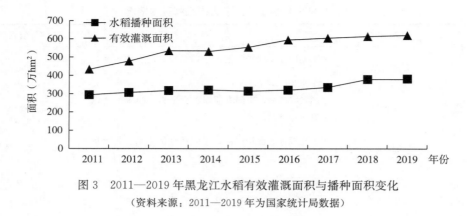

图 3　2011—2019 年黑龙江水稻有效灌溉面积与播种面积变化

（资料来源：2011—2019 年为国家统计局数据）

新品种"荣膺国家"十三五"十大农业科技标志性成果，该系列中的龙粳 31、龙粳 25、龙粳 21 和龙粳 39，解决了寒地早粳稻品种难创高产和稳产的问题，2010 年起陆续成为农业部主导品种和黑龙江省主栽品种（日本粳稻品种空育 131 推广面积从 2002 年到 2010 年一直保持在 66.67 万 hm² 左右，是黑龙江省水稻种植的主导品种）。2014 年选育的黑龙江省第一个优质米品种龙稻 18 成为黑龙江首个达国家标准的一级米粳稻品种。2011—2020 年，黑龙江省农作物品种审定委员会审定水稻新品种数量总体呈上升趋势，2019 年和 2020 年审定水稻品种数量显著增加，其中 2019 年审定水稻新品种 65 个，2020 年审定了普育 1616、龙稻 113、松粳 33 等水稻新品种 140 个（图 4）。

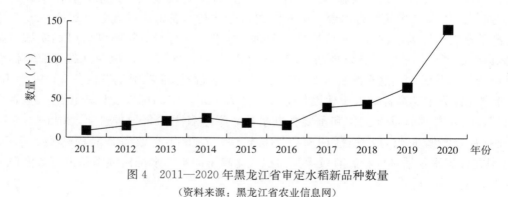

图 4　2011—2020 年黑龙江省审定水稻新品种数量

（资料来源：黑龙江省农业信息网）

2. 优化水稻品种种植布局

黑龙江省农业委员会自 2005 年开始根据各地生态条件和生产实际，按照面向市场、优化结构、提高品质、增加效益原则，因地制宜地制定品种区划布局，对水稻品种布局进行指导。2021 年初，黑龙江省在 2020 年审定的 140 个水稻新品种基础上，以积温带和水稻生长周期为依据进行了 2021 年水稻种植区划布局（表 4）。与此同时，黑龙江省充分发挥农业科技示范园区、品种区域实验站作用，通过观摩、专家讲座等方式引导种植户选用新型优质水稻品种。

表 4 2021 年黑龙江省优质高效水稻品种种植区划布局

积温带	水稻品种	适宜区域
第一积温带	五优稻 4 号、松粳 28、龙稻 18、松粳 29、龙洋 16、龙稻 203、吉源香 1 号、中科发 5 号	哈尔滨市区、五常等生育期 142d 以上的区域
第二积温带	齐粳 10、绥粳 28、绥粳 22、三江 6 号、绥育 117463、绥粳 18、龙粳 62、盛誉 1 号	呼兰、方正、绥化等生育期 134d 以上的区域
第三积温带	绥粳 27、龙庆稻 8 号、龙粳 31、龙粳 65、莲育 711、龙庆稻 31、珍宝香 7、龙粳稻 57	延寿、尚志、通河等生育期 127d 以上的区域
第四积温带	龙粳 69、龙粳 47、绥粳 25、龙粳 2401、龙庆稻 5 号	鸡西北部、饶河等生育期 123d 以上的区域

资料来源：黑龙江省 2021 年农作物优质高效品种种植区划布局．https：//www.chinaseed114.com/news/23/news_111524.html.

3. 大力推广优质绿色生产技术

黑龙江省自 2005 年起，每年年初发布水稻生产主推技术。2021 年初，黑龙江发布了 2021 年主推水稻种植技术（表 5），涉及耕地改良、机械化生产、减灾防灾和种植模式等。近年来，黑龙江省以开展水稻绿色高质高效创建为载体，集成推广"抗逆品种＋智能浸种催芽＋大棚旱育稀植＋侧深施肥＋钵育摆栽＋全程机械化"的技术模式，全面推广新基质旱育苗示范以及"三减"技术示范、测土配方施肥、秸秆还田、病虫草害综合防治等技术[1]。黑龙江省与东北农业大学、八一农垦大学等单位主持完成的"水稻整株全量翻埋还田关键技术及装备""水稻植质钵盘制备方法及其工厂化育秧机理研究"等成果分别荣获黑龙江省科学技术一、二等奖。2020 年，黑龙江省在双鸭山启动与中国水稻研究所共建北方水稻研究中心，借力中国水稻科技创新的国家队，进一步加大科技创新[2]。

表 5 黑龙江省 2021 年主推水稻种植技术

作 用	技术名称
耕地改良	旱区黑土地保护性耕作技术
	东北黑土区旱地肥沃耕层构建技术
机械化生产	水稻秸秆还田人造基质钵育机械有序抛秧技术
	水稻钵育摆栽机械化技术
减灾防灾	寒地水稻低温冷害减灾保护关键技术
	寒地稻田简化高效侧深施肥新技术
种植模式	寒地稻渔综合种养技术

资料来源：黑龙江省 2021 年主推农业技术目录。

（三）创新加工技术

黑龙江省围绕粮食加工产业持续健康发展研究开发水稻适应性新产品，不断开发新产品

---

[1] 黑龙江：当好引领稻米产业发展排头兵．http：//m.people.cn/n4/2018/1214/c1435-12046694.html.
[2] 中国水稻研究所北方水稻研究中心开建．https：//www.hlj.gov.cn/n2020/2020/0619/c599-11004318.html.

的同时开展稻米适度加工产业示范。为进一步加强副产物循环技术研开，黑龙江省开展节能米制品加工设备投入。与黑龙江八一农垦大学、黑龙江省农业科学院食品加工研究所、哈尔滨工程大学、黑龙江农业科学院农产品质量安全研究所等科研单位开展质量检测、加工技术等方面的合作，2019年1月成立东北稻米深加工产业技术创新战略联盟，助力稻米深加工行业发展①。

黑龙江省以大型稻谷加工企业为主体，建设了20个加工副产品工业园区以推动米糠、稻壳的循环利用，同时向米糠油、米糠蛋白、方便米饭等方面进行延伸，减少污染的同时增加稻谷经济收益。至2018年，全省建有米糠加工生产企业近20家，引进方便面生产线超过60条（高世伟等，2020）。此外，黑龙江省为严格把控产品加工利用和质量安全，基于国家杂粮工程技术中心等创新团队和科研平台优势，较好地解决了优质稻米加工基础研究、关键技术等难题，形成了优质稻米加工产业"技术＋安全＋平台"的协同创新体系。

2019年，黑龙江省聚焦经济的高质量发展和产业振兴，以培育百亿级企业、支持千亿级产业、服务万亿级产业集群为重点，组织产学研科技力量，针对产业发展关键核心技术，突出需求导向、问题导向、目标导向，实施科技重大专项，将"水稻加工科技创新"作为重大专项之一。围绕解决稻米特色营养米创制关键技术薄弱、水稻加工副产物高值化利用核心技术缺失、加工产业链短等产业发展的瓶颈问题，开展高品质鲜食优质米防伪溯源技术保障体系研究、高品质稻米食品创制及产业化示范研究、特色营养米加工关键技术及装备集成研究和水稻加工副产物高值化利用技术研究②。

黑龙江省五常金禾米业有限责任公司承担了黑龙江省"百千万"工程科技重大专项"高值化全谷物粳米系列食品创制关键技术及产业化示范"项目。该项目计划科研投入1 261万元，项目实施以来，以提升产品营养价值和副产品高值化利用为主，加大研发投入力度，制定了更精细、更严苛、高于国家标准的"育出来、种出来、储出来、加出来、煮出来"的5U品质管理体系，开启了主食营养健康升级路径。2020年公司出品的大米在第三届中国大米节评选中获得金奖第一名。③

（四）聚力品牌培育

黑龙江省稻米产业发展成果显著很大程度上取决于稻米品牌培育方面的成功探索。黑龙江采取"龙江产品＋区域公用品牌＋企业知名品牌"方式，加快绿色生态品牌培育，采取产权股权重组、企业合约使用、特许经营许可方式，开展品牌整合，提升品牌知名度和市场占有率④。

---

① 东北稻米精深加工产业技术创新战略联盟在五常市揭牌成立，中米集团董事长卢新宪当选理事长. https：//www. 3490. cn/jigou/xinwen/4679. html.
② "百千万"工程科技重大专项支撑行动计划. https：//wenku. baidu. com/view/14bbabd611661ed9ad51f01dc281e53a59025124. html.
③ 黑龙江省"百千万"工程科技重大专项两年立项51项，2020年带动企业营业总收入达620.4亿元. https：//baijiahao. baidu. com/s？ id＝1693171574893466963&wfr＝spider&for＝pc.
④ 黑龙江：当好引领稻米产业发展排头兵. http：//m. people. cn/n4/2018/1214/c1435-12046694. html.

1. 品牌创建

黑龙江省农业委员会把大米品牌建设工作定位为实施质量兴农、绿色兴农的有力抓手，坚持品牌引领生产，打造出一批叫得响、信得过、价值高的大米品牌。五常市等地方政府为推动稻米品牌发展制定了《稻米产业发展及品牌整合实施方案》，大力整合本地稻米资源及品牌（李秀明，2019）。北大荒等粮食企业不断通过优化品质等方式提高稻米质量，并通过合作等方式实现"十专"工程（包括专品种繁育、专品种种植、专品种管理、专品种收获、专品种运输、专品种收储、专品种加工、专品种包装、专品种存放、专品种销售等）[①]，构建了龙头企业＋基地＋农户的全产业链可溯源体系，不断增强稻米品牌核心竞争力。黑龙江省粮食协会、大米协会等组织，在稻米品牌创建过程中不断从品牌策划、规范管理、品牌监督、市场引导和政府沟通等方面发挥作用，为品牌发展出谋划策。如今，"五常大米""响水大米""庆安大米""方正大米"等品牌享誉全国，已成为黑龙江现代农业的一张名片和金字招牌。

黑龙江省深知农业品牌对提高产品的知名度和赢得消费者信任的重要性（吴素春等，2020），选择知名度高、影响力已然形成的第一区域品牌、企业品牌带着一批稻米品牌组团进军全国的品牌带动模式，发挥了作用和产生了效应。如五常大米作为中国地理标志保护产品，被定位为中国最优质的高端大米，在国内拥有较高的知名度；北大荒作为企业品牌在国内知名度突出，黑龙江省充分利用"五常大米""北大荒"等大米品牌的知名度，培育出一大批如"乔府大院""柴火大院""福临门"等子品牌或同类品牌，并以组团方式进军全国市场。

2. 品牌维护

黑龙江省积极开展稻米品牌打假维权工作。黑龙江省严厉打击使用域外水稻冒充行为；打击无照、无证生产加工行为；打击未经"五常大米"商标授权许可的企业在销售过程中冒用黑龙江稻米标识的违法违规行为。例如，为推进五常大米品牌建设与保护工作，积极开展了各项打假维权和专项整治行动；推行日剂量包装、可视化消费、定制式销售、会员制服务并设立"一码锁定"溯源标识等区块链技术；组建大米品牌共同体，形成品牌合力，保护黑龙江大米品质及口碑，捍卫黑龙江大米品牌已有的金字招牌。

3. 品牌宣传

黑龙江省各级政府通过举办国际大米论坛等方式推介黑龙江大米，以及请专家院士等为黑龙江大米"代言"。如2019年9月6日，在庆祝新中国成立70周年省（自治区、直辖市）系列主题新闻发布会上，黑龙江省委书记张庆伟、时任省长王文涛联手为龙江大米站台，主推黑龙江大米，强调黑龙江大米独特的食味可以跟日本越光大米相媲美。[②] 为把黑龙江大米推向全国市场，黑龙江省一系列营销组合拳的连环出击打响了黑龙江大米品牌。其中，征集并选定"黑龙江大米"标识，成功申请注册"黑龙江大米地理标志证明商标"；通过制定并发布多项《黑龙江好粮油系列团体标准》，明确黑龙江大米更高更好的检测标准和评价体系；

---

① 北大荒米业中高端大米行业引领者. http://hlj.ifeng.com/a/20181005/6926230_0.shtml.

② 今天，黑龙江上了"头条"——国新办庆祝新中国成立70周年黑龙江专场新闻发布会侧记. https://www.heilongjiang.dbw.cn/system/2019/09/06/058257881.shtml.

建立黑龙江大米网，通过"互联网＋"模式搭建线上营销渠道；打造黑龙江大米直销通道，解决大米企业在销售环节存在的短板；开展"黑龙江好粮油中国行"和"十城万店"集中攻坚营销行动等营销活动，不断扩大黑龙江大米品牌知名度和市场占有率。

（五）探索营销渠道创新

黑龙江省基于产销合作基础，形成了"产销分离"的产业分工的合作模式和"产销一体"的全产业链一体化合作模式（王德章等，2011）。此外，黑龙江省基于淘宝、京东等知名电商开展合作和举办大米节等推介会实现了线上、线下多渠道销售。如表6所示，黑龙江省大米销售在线下和线上依托不同经营主体，形成了各类大小加工企业与销售企业及销售平台分工合作的组团模式。黑龙江省在大米营销模式上实现了"主体合作模式"创新和"营销渠道"创新。

表 6　黑龙江稻米营销渠道

渠　道	线下销售	线上销售
	销售企业或批发市场销售	企业＋批量集中采购商＋中央厨房＋餐饮门店
形式	加工企业直销	加工企业＋物流企业＋经销商
	农户或大小加工企业＋销售企业（直销、委托）	农户或加工企业＋（直销/委托）网络平台

资料来源：送好米上餐桌：黑龙江大米"十城万店"集中攻坚营销行动在北京启动 . https：//www. sohu. com/a/216805115_99970871. 黑龙江大米为啥卖得这么火！来自全国的十个线上线下经销商为龙江大米站台 . http：//hlj. sina. com. cn/news/ljyw/2019-10-11/detail-iicezuev1493250. shtml.

1. 线下销售

黑龙江省自 2018 年开始举办一年一度的"国际稻米节"，大力宣传推介黑龙江大米，通过推介会、产品展等方式宣传优势并开展跨省签单合作[①]。2020 年 10 月 15 日，由五常市政府官方授权的五常大米官方体验店（中央大街店）正式开业，11 家米企、30 余个品类的五常大米亮相体验店内，让消费者零距离感受地道纯正的五常大米[②]。

2. 线上销售

线上合作方面，除了与淘宝、京东等知名电商开展合作外，于 2016 年 4 月成立水稻全产业链综合服务平台"黑龙江大米网"，不仅在网上组织了点对点、线上撮合交易模式，而且建设了网上拍卖交易市场，关注度和点击量迅速提高。黑龙江省为进一步提高线上销售效率，在各地建立了大米网子公司，以"黑龙江大米网运营公司＋各地子公司"的总体组织构架开展农产品上线营销。

黑龙江省还依托东北黑土地稀缺资源与阿里巴巴-阿里云、京东、淘宝等电商企业达成了基地信息化合作和销售合作，消费者随时掌握稻米生产、加工、流通所有情况。订单销售方面，通过银行金融开展预售模式，如 2019 年乔府大院五常大米 1.33 万 hm² 核心产区种

---

①　2018 中国首届国际大米节：让稻米飘香世界 . https：//www. sohu. com/a/253168845_100169561.
②　全国首家五常大米官方体验店（中央大街店）开业 . http：//baijihao. baidu. com/s? id=1680622235871590972&wfr=spider&for=pc.

植基地作为中国民生银行远程银行客户的专属定制基地，可视化溯源体系让五常大米从播种到餐桌全程可溯源[①]。

（六）推进产业整合升级

黑龙江省通过划定水稻生产功能区与保护区、打造产业集群、构建产储销一体化模式（生产基地建设、加工企业整合重组）等推进产业整合与升级。黑龙江省在省农垦总局、哈尔滨市、齐齐哈尔市、鸡西市、佳木斯市等15个地区划定水稻生产功能区311.3万 hm^2，并划定耕地保护区380.0万 hm^2，进一步加强"两区"建设，强化管理工作。

为鼓励和引导水稻加工企业间以市场化合作方式进行产能优化整合重组，延伸水稻加工产业链、提高稻米加工副产品综合利用水平，形成水稻加工大企业、大品牌，加快水稻加工业集约化、规模化、品牌化、效益化发展步伐，2016年黑龙江省粮食局出台了《关于推动水稻加工业产能优化整合重组工作的指导意见》[②]。计划利用2年左右时间，主要通过水稻加工企业间的产权（股权）、品牌整合等途径，实现水稻加工业产能优化整合重组，全省在现有基础上形成70家左右年加工能力30万 t及以上的水稻加工大企业集群，延伸加工产业链，打造优势产品品牌，增强全省水稻加工产业整体发展实力，提高水稻资源综合利用效益。

为进一步推进融合发展，黑龙江省实施"十百千"培育计划，打造万亿级深加工产业集群，加快工业园区、农业示范园区等建设，每个县市培育1~2个立县主导产业，促进生产、加工、流通、服务深度融合，力争2025年稻米产业率先破千亿元[③]。黑龙江省积极建设优质水稻生产基地，开展"专品种种植、专品种收购、专品种收储、专品种加工"的四专模式，构建产购储销一体化经营模式[④]。北大荒米业在"四专"基础上完成了推进稻米全产业链建设的"十专"工程，积极引导加工企业往水稻优势产区聚焦，实施水稻加工大企业、大品牌整合，淘汰落后产能的同时进一步培育水稻深加工龙头企业。

三、主要经验及对江苏的启示

黑龙江省各级政府和各地粮食产业经营主体及社会力量成功把握新时期人们对绿色、安全、优质大米的需求与黑龙江独特的自然地理条件、良好的生态环境相一致的契机，在稻米产业发展中对科技创新、品牌创建、品牌带动、营销渠道创新、产业整合升级等方面进行了积极实践。据上所述，归纳出黑龙江省稻米产业发展实践模式图（图5）。

---

① 黑龙江五常大米跨界创新合作推动水稻产业经济高质量发展．https：//www.360kuai.com/pc/99dbfcb3a4ca914b8? cota＝3&kuai_so＝1&sign＝360_57c3bbd1&refer_scene＝so_1，2019-09-26/2021-05-13.

② 关于印发推动水稻加工业产能优化整合重组工作的指导意见的通知．http：//lsj.hlj.gov.cn/wap.php/zhengwu/show/7853.

③ 总书记关心的黑土地上，吉林人这样耕耘．https：//www.thepaper.cn/newsDetail_forward_4194179.

④ 黑龙江省粮食局黑龙江省财政厅关于印发黑龙江省"优质粮食工程"实施方案的通知．http：//lsj.hlj.gov.cn/zt/jnews_show/contented/105，2018-08-30/2021-05-13.

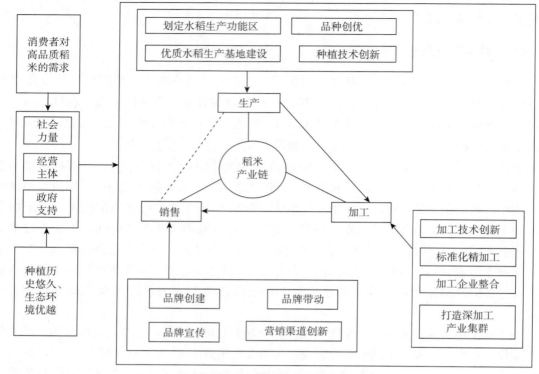

图 5　黑龙江稻米产业发展模式图

（一）主要经验

上述实践分析结果表明，黑龙江省稻米产业发展取得成功是黑龙江政府高度重视、产业选择适当（产业发展与自然生态高度切合）、品种与技术不断创优、品牌创建和营销渠道创新等因素协同并举的结果。黑龙江省立足国家维护粮食安全及发展绿色、优质大粮仓的需要和新时代人民对高端优质稻米的需要，充分发挥生态等资源禀赋优势，在品种、技术方面谋创新，同时高举品牌发展大旗，做到生产、加工、销售的协调，实现了"天时、地利、人和"。

黑龙江省把做大做强水稻产业经济作为争当农业现代化建设排头兵的一项重点工作任务来抓，积极将自身黑土地、生态环境的资源优势转化为发展稻米品质的有效竞争力，建设绿色、优质大粮仓，同时在品种培育、布局、推广等方面不断创优，在种植和加工技术上不断创新，通过产业链不断延伸和优化、产业集群的打造、生产和加工基地的建设，构建稻米产业生态圈，致力于将好产品变成消费者心中的品牌，不断扩大提升黑龙江大米的品牌知名度和市场占有率。

黑龙江省稻米产业发展成功做到了"天时"（国家水稻种植中心北移、国家重视黑龙江大粮仓建设、稻米市场升级的机遇）、"地利"（优质土壤、清洁水源、不利于病虫害发生的冬季极端低温）、"人和"（黑龙江各级政府、各科研团队、新型经营主体等对发展绿色稻米产业形成了共识并付诸于自觉行动）的协同，成功做到了将创新发展、高质量发展等新发展理念融入地方特色、把握市场消费需求、推进农业供给侧结构性改革，实现了稻米产业大规模、大企业、大品牌发展。这是黑龙江省稻米产业成功实践的重要原因。

（二）对江苏的启示

江苏省是我国著名的"鱼米之乡"，水稻"产区与销区交错"，优质水稻品种培育成果丰硕，南粳系列、武育粳系列层出不穷，技术创新国内领先。2018 年，江苏省提出要着力打造千亿级优质稻米产业，着力打造"苏韵大米"品牌，建设"新时代鱼米之乡"。

江苏省稻米产业发展在借鉴黑龙江省经验的同时，要充分尊重和彰显自身特色，因地制宜谋划发展路径；抓住全党高度重视稳定粮食产能的契机，把稳定面积、稳定产能和提质增效、品牌创建相结合；将一方水土保护好、培育好，为稻米生产提供优质环境；推进品种与标准化种植协同、优质与绿色协同、品质与品牌协同、一二三产融合发展，不断创新，擦亮有"江苏特色、江苏故事、江苏赛道、江苏技术"的"苏韵大米"名片，将稻米产业发展成为"为生产者谋利益、适应消费者需求、与地方资源禀赋深度融合、担当国家粮食安全使命"的高质量产业。在与黑龙江省稻米产业发展的"比、学、赶、超"中，共同推进我国稻米产业不断迈上新台阶，为实现中华民族的伟大复兴做出新的更大贡献。

（丁郭明　张磊　陆建飞　苗珊珊）

参 考 文 献

陈子刚，代滢芸，2020.2019 年黑龙江水稻市场分析报告［J］.黑龙江粮食（5）：23-27.

高世伟，聂守军，刘晴，等，2020. 黑龙江省水稻产业现状分析及未来发展思路［J］.中国稻米，26（2）：104-106.

黑龙江省粮食局调研组，2018. 关于黑龙江优质粳稻口粮保障基地建设的调研报告［J］.黑龙江粮食（7）：30-33.

李净仪，2021. 黑龙江省水稻生产机械化现状及发展趋势分析［J］.农机使用与维修（2）：16-18.

李秀明，2019."五常大米"品牌建设探讨［J］.现代农村科技（6）：15.

刘宝海，2014. 近 20 年黑龙江水稻育种对水稻产业发展的影响分析［J］.农业科技通讯（10）：10-12，229.

王德章，王锦良，贾俊杰，2011. 中国农产品产加销发展模式对农户增收的影响——以黑龙江省五常市稻米产业为例［J］.理论探讨（4）：113-117.

吴素春，李鹏，2020. 我国粮食网络零售特征及促进策略研究［J］.黑龙江农业科学（3）：81-86.

张成亮，周世伟，赵跃坤，等，2018. 黑龙江省 2006—2017 年选育审定水稻品种分析与探讨［J］.中国种业（10）：49-51.

赵璞，王金楠，时兴，等，2017. 浅析黑龙江省大米的营销策略［J］.北方水稻，47（6）：51-53，58.

江苏省水稻生产时空变化分析与政策启示

[摘要] 基于统计数据，从省域、区域和市域等三个维度，研究了 1988—2018 年江苏水稻生产的时空变化。结果表明：①近 30 年来水稻种植面积总体呈 "W" 形波动下降，占全国比重整体呈下降趋势，降低 0.11 个百分点，2003 年水稻种植面积降至近 30 年内最低值；总产以双向 "单峰" 形呈上升趋势，30 年间江苏省水稻总产占全国比重整体下降了 0.58 个百分点，1998 年占比达到 30 年间最高值 10.51%。②1998—2018 年，江苏省水稻总产由 2 100.8 万 t 下降到 1 958.0 万 t，降幅为 6.28%；浙江省由 1 207.8 万 t 下降到 477.4 万 t，降幅为 60.47%；广东省由 1 614.1 万 t 下降到 1 032.1 万 t，降幅为 36.06%。③30 年间，苏南地区水稻种植面积整体累计减少 555.44khm^2，降幅达到 62.67%；苏中地区水稻种植面积基本稳定略有缩减，少了 23.38khm^2，降幅为 4.05%；苏北地区水稻种植面积增长 409.51khm^2，增幅为 44.50%。④1988 年，盐城、苏州、淮安等 3 市水稻总产位居前三，合计占全省总产 1/3 以上；1998 年，盐城、淮安、苏州等 3 市水稻总产位居前三，合计占全省总产近 1/3；2008 年，盐城、淮安、泰州等 3 市水稻总产位居前三，合计占全省水稻总产近 2/5；2018 年，盐城、淮安、宿迁等 3 市水稻总产位居前三，合计占全省水稻总产 2/5 以上。基于上述研究结果，建议 "十四五" 期间江苏水稻种植面积应向稳中有升方向努力，但需要注重三大区域内部协调；建议未来苏南地区在城镇化和工业化快速发展的同时，遏制水稻种植面积下滑趋势并努力适度增加水稻种植面积，发挥稻田的生态效应，保障区域经济和稻田生态协调发展；建议未来苏北地区在保持水稻种植面积增加的同时，打通稻米全产业链，提升稻米产业链的 "含金量"，提升区域经济发展水平，实现粮食生产与区域经济的协调发展。

衣食足，仓廪实，天下安，这是永恒的社会发展规律（李建军、刘渝阳，2020；王越，2016）。粮食是广大人民群众最基本的必需品，也是关系国民经济稳定发展和人民生活的重要战略物资。目前，人口快速增长导致人民群众对粮食的需求量也随之增加，确保粮食生产得到安全保障也成为社会普遍关注的热点问题（杜延军、朱思齐，2018；Chen C. F. et al.，2011）。水稻是全球近 1/2 人口的主食作物，也是我国最重要的粮食作物（Dong J. and Xiao X.，2015；Dong J. et al.，2016）。目前由于人口增长和气候的变化对作物生产产生了较大影响，使粮食面临短缺危险。近年来我国水稻产量总体呈现增长趋势，其产量已经达到较高水平（韩天富等，2019）。但随着经济发展转型，我国南方水稻生产将面临农村劳动力短缺、种粮效益偏低、很多稻区双季改单季甚至抛荒的现象，更有大量的耕地流入高利润产业，致使水稻种植面积下降（杜永林等，2014）。据有关资料统计，到 2030 年中国将需要增加约 20% 的水稻产量方可满足国内需求（Dong H. et al.，2017）。

江苏省是我国南方重要的水稻产地之一，苏中及苏北水稻的快速发展保证了江苏省水稻总产未出现下降趋势（国家统计局，2010；俱军等，2012）。但随着经济的快速发展，农业劳动力向城镇转移，江苏省面对"谁来种稻、如何种稻"的问题尤为迫切。为解决上述问题，在国家粮食安全及乡村振兴大背景下，对 1988—2018 年江苏水稻生产的时空变化进行系统分析[①]，以期为江苏省水稻生产的持续发展提供决策参考。

一、省域尺度水稻生产时序变化特征

（一）面积变化特征

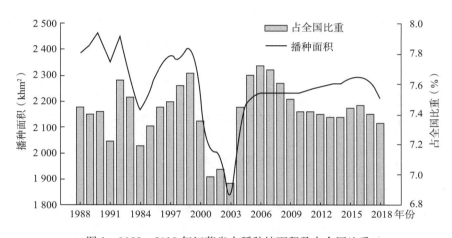

图 1　1988—2018 年江苏省水稻种植面积及占全国比重

由图 1 可知，1988—2018 年江苏水稻种植面积总体呈"W"形波动下降，由 1988 年 2 384.33km² 下降到 2018 年 2 214.72km²，降幅为 7.11%；其中 2003 年种植面积最少，仅为 1 840.93km²，与 1988 年相比，降幅达到 22.79%。江苏省水稻种植面积占全国比重 30 年内整体呈下降趋势，降低了 0.11 个百分点，最大占比 2006 年与最小占比 2003 年相差 0.78 个百分点。根据江苏省水稻种植面积变化，可划分为 1988—1993 年的波动下降期、1994—1997 年的波动上升期、1998—2004 年的快速下降期和 2005—2018 年的恢复增长期 4 个阶段。

由图 2 可知，1998—2018 年，江苏省水稻种植面积从 2 369.7km² 下降到 2 214.7 km²，降幅为 6.5%；浙江省从 2 007.9km² 下降到 651.1km²，降幅为 67.6%；广东省从 2 686.0km² 下降到 1 787.4km²，降幅为 33.5%；全国水稻种植面积从 1998 年到 2018 年下降了 3.3%，江苏省水稻面积降幅略高于全国水平。江苏省水稻种植面积 1998—2005 年低于广东省，2006—2018 年高于广东省。

---

① 本文采用的数据除特殊说明外，均来自《中国农村统计年鉴》和《江苏省农村统计年鉴》。

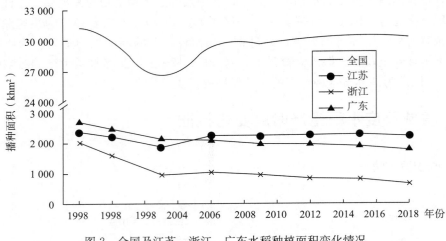

图 2 全国及江苏、浙江、广东水稻种植面积变化情况

由图 3 可知，江苏省水稻种植面积在 1998—2018 年间占全国比重除 2003 年外，其余年份占比虽有下降趋势，但基本保持在 7.5％上下波动，而浙江省、广东省水稻种植面积占全国比重一直呈下降趋势，浙江省从 6.4％下降到 2.2％，广东省从 8.6％下降到 5.9％。

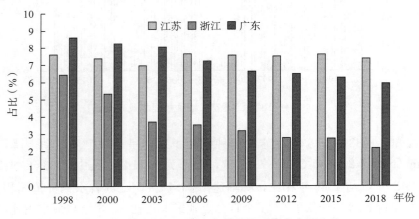

图 3 江苏、浙江、广东水稻种植面积占全国比重

（二）总产变化特征

1988 年以来，江苏省水稻总产以双向"单峰"形呈增加趋势。由图 4 可知，虽然江苏省水稻总产量在 1991 年相比 1988 年，总产下降了 0.59％，但由于 1989 年、1992 年、1995 年和 1996 年等 4 年水稻总产相对上一年均有所增加，因此仅用 8 年时间江苏省水稻总产突破 1 800 万 t；1996 年后，水稻总产呈持续上升趋势，1998 年创 30 年间历史新高，达到 2 089.2 万 t，同年占全国水稻种植面积比重达到 10.51％。1998 年以后，因粮食库存剩余，农民积极性受影响，导致对种植投入力度减小，使得总产处于下滑趋势，于 2003 年创 30 年历史最低，1 404.6 万 t，与 1998 年相比下降了 684.6 万 t。2004 年后，在党和政

府系列鼓励种粮的积极政策引导下，提升了农民种粮的积极性，水稻总产呈现逐年小幅度恢复趋势。

近30年，江苏省水稻总产占全国比重整体下降了0.58个百分点，除1998年、2003年外，江苏省水稻总产占全国比重30年间在9.39%上下波动。1998年占比达到30年间最高值10.51%，1988—1998年10年占比增加了0.7个百分点，2003年占比为30年间最低值8.74%。

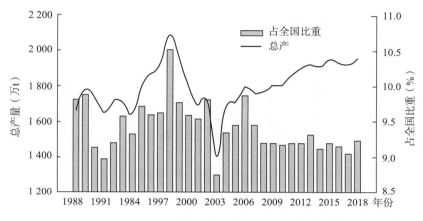

图4　1988—2018年江苏省水稻总产及占全国比重变化情况

由图5可知，1998—2018年，江苏省水稻总产由2 089.2万t下降到1 958.0万t，降幅为6.28%；浙江省由1 207.8万t下降到477.4万t，降幅为60.47%；广东省由1 614.1万t下降到1 032.1万t，降幅为36.06%；同期全国水稻总产增幅为6.75%。1998—2003年，江苏省水稻种植面积虽低于广东省，但水稻总产却高于广东省。

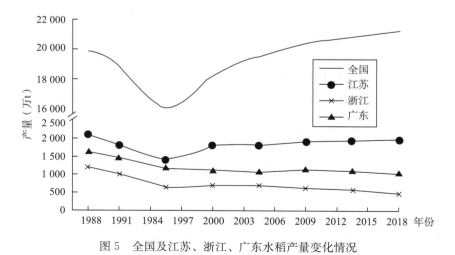

图5　全国及江苏、浙江、广东水稻产量变化情况

由图6可知，江苏省水稻总产在1998—2018年间占全国比重除2003年外，其余年份占比虽呈略下降趋势，但其保持在9.6%上下波动，2003年拉低了平均占全国比重0.1个百分

点，而浙江省、广东省除个别年份占全国比重略有回升之外，其余年份均呈下降趋势，浙江省下降约 4 个百分点，广东省下降 3.5 个百分点。20 年间，浙江省、广东省占全国比重最高值（1998 年）低于江苏省占全国比重最低值（2003 年）0.6 个百分点。

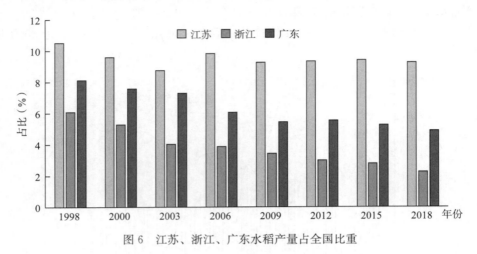

图 6　江苏、浙江、广东水稻产量占全国比重

二、区域尺度水稻生产时序变化特征

（一）苏南、苏中和苏北三个地区种植面积变化特征

由图 7 可知：

（1）近 30 年，苏南种植面积呈现下降趋势，这种趋势又可分为 3 个阶段，第一阶段（1988—1998）：缓慢下降阶段。除 1993 年相比 1992 年下降了 46.52km² 和 1991 年相比 1990 年下降了 33.18km² 外，其余年份均未超过 30km²。第二阶段（1999—2003）：快速下降阶段。5 年累计减少水稻种植面积 310.04km²。第三阶段（2004 年至今）：受国家粮食生产鼓励政策影响，苏南地区种植面积自 2004 年开始有所回升，但 2009 年后又持续下滑。30 年间，苏南地区水稻种植面积整体累计减少 555.44km²，降幅达到 62.67%。

（2）近 30 年，苏中地区水稻种植面积处于稳步缩减趋势，整体变幅不大，2018 年相比 1988 年种植面积仅减少 23.38km²，降幅为 4.05%。

（3）近 30 年，苏北地区种植面积则以"W"形呈现持续增加态势，大致可以划分为两个阶段。第一阶段（1988—2003），苏北地区水稻种植面积总体呈下滑趋势，由 1988 年的 920.19km² 下滑到 2003 年的 816.66km²，下降了 103.53km²，降幅达到 12.68%；第二个阶段（2004 年至今），受国家对粮食种植的鼓励政策影响，水稻种植面积开始上升，在 2018 年达到 30 年间最大值 1 329.70km²，相比 2003 年增加了 513.04km²，增幅为 62.82%。总体上，2018 年苏北地区水稻种植面积较 1988 年增加了 409.51km²，增幅为 44.50%。

分析 3 个地区水稻种植面积占全省比重（图 8）可知，苏南地区总体呈持续下降趋势，30 年下降了 22.24 个百分点；苏中地区占比总体基本稳定、略有下降，下降了 0.8 个百分

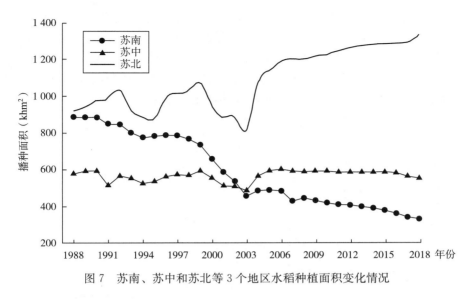

图 7　苏南、苏中和苏北等 3 个地区水稻种植面积变化情况

点；苏北地区总体呈持续上升趋势，30 年上升了 21.44 个百分点。1988 年苏北地区水稻种植面积占全省比重仅高于苏南地区 1.42 个百分点，但 2018 年苏北地区占比高于苏南地区 45.10 个百分点。2003 年前，苏南地区占比一直高于苏中地区；2003 年后，苏中地区占比超过苏南地区，1988 年苏中地区占比低于苏南地区 12.94 个百分点，2018 年苏中地区占比超过苏南地区 10.10 个百分点。

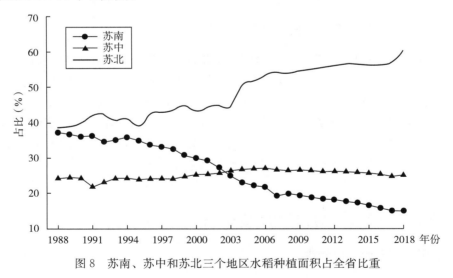

图 8　苏南、苏中和苏北三个地区水稻种植面积占全省比重

（二）苏南、苏中和苏北三个地区水稻总产变化

由图 9 可知，1988 年以来，苏南地区总产变化情况与种植面积保持同步，总体处于波动下滑趋势，前 10 年处于波动上升阶段，到 1998 年增加了 64.2 万 t，1999 年后除个别年份有小幅度增加外其余年份均处于小幅度下降阶段，30 年时间下降了 395.6 万 t。苏中地区

总产在 2003 年以前一直低于苏南及苏北地区，2003 年超过苏南地区，整体呈增长趋势，从 1988 年 398.6 万 t 增长到 2018 年 513.4 万 t。苏北地区总产一直领先于苏南及苏中地区，1988—1999 年一直处于波动上升趋势，1999 年比 1988 年增加了 266.2 万 t；自 2000 年开始，由于农民种粮积极性下降，水稻总产呈下降趋势，2003 年达到低谷；自 2004 年党和政府出台了鼓励粮食生产的政策，农民种粮积极性恢复，水稻总产快速回升，2018 年总产达到 1 188.1 万 t，较 2003 年增加了 636.0 万 t。

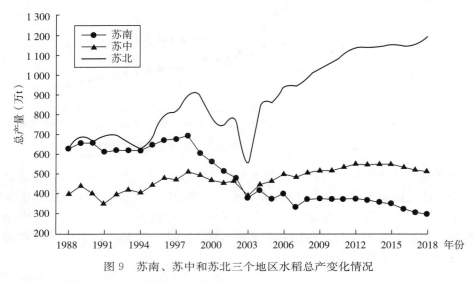

图 9　苏南、苏中和苏北三个地区水稻总产变化情况

（三）三个地区水稻总产占全省比重变化

由图 10 可知，苏南地区水稻总产占全省比重整体呈下降趋势，由 1988 年的 37.98％下降到 2018 年的 14.92％，下降了 23.06 个百分点；苏中地区水稻总产占比相对稳定，由 1988 年的 24.03％增长到 2018 年的 25.67％，增长了 1.64 个百分点；苏北地区水稻总产占比总体呈上升态势，由 1988 年的 37.99％增长到 2018 年的 59.41％，增长了 21.42 个百分点。1988 年苏北占比与苏南相近，但 2018 年苏北占比高出苏南 44.49 个百分点；2003 年前苏南占比高于苏中地区，2003 年后苏中占比一直高于苏南，在 26％上下波动；2004 年后，苏北占比一直高于 50％。

三、市域尺度水稻总产时序变化分析

（一）各市水稻总产变化分析

选取 1988 年、1998 年、2008 年、2018 年 4 个时间点 13 个市水稻总产量及其占全省水稻总产比重来初步分析江苏省市域尺度水稻总产变化情况[①]（表 1、表 2）。

---

①　为减少水稻总产在年度之间波动的影响，各代表年份水稻产量均为当年及前一年、后一年 3 年的平均数。

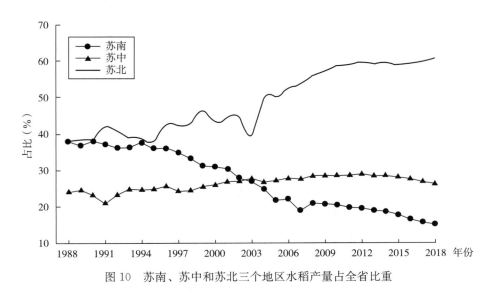

图 10 苏南、苏中和苏北三个地区水稻产量占全省比重

表 1 不同代表年份各市水稻总产及其占全省比重

行政区	1988 年		1998 年		2008 年		2018 年	
	总产（万 t）	比重（%）	总产（万 t）	比重（%）	总产（万 t）	比重（%）	总产（万 t）	比重（%）
南京	125.30	7.38	131.12	6.49	77.95	4.20	72.81	3.66
苏州	194.93	11.49	192.20	9.51	74.32	4.01	63.08	3.17
无锡	113.85	6.71	115.33	5.71	54.82	2.96	36.27	1.82
常州	121.53	7.16	126.10	6.24	78.64	4.24	54.06	2.71
镇江	85.09	5.01	94.25	4.66	75.39	4.07	69.74	3.50
扬州	168.48	9.93	159.79	7.91	161.96	8.73	179.95	9.04
泰州	137.08	8.08	170.23	8.43	179.13	9.66	173.91	8.73
南通	104.25	6.14	161.45	7.99	159.76	8.61	160.47	8.06
徐州	93.56	5.51	159.45	7.89	145.91	7.87	154.00	7.73
连云港	82.32	4.85	116.40	5.76	165.77	8.94	189.28	9.50
宿迁	90.31	5.32	160.96	7.97	157.71	8.50	190.92	9.59
淮安	180.03	10.61	203.98	10.10	228.41	12.32	275.21	13.82
盐城	200.15	11.80	229.16	11.34	294.77	15.89	371.85	18.67

表 2 江苏省主要年份各市水稻总量排序情况

年份	排序												
	1	2	3	4	5	6	7	8	9	10	11	12	13
1988	盐城	苏州	淮安	扬州	泰州	南京	常州	无锡	南通	徐州	宿迁	镇江	连云港
1998	盐城	淮安	苏州	泰州	南通	宿迁	扬州	徐州	南京	常州	连云港	无锡	镇江
2008	盐城	淮安	泰州	连云港	扬州	南通	宿迁	徐州	常州	南京	镇江	苏州	无锡
2018	盐城	淮安	连云港	宿迁	扬州	泰州	南通	徐州	南京	镇江	苏州	常州	无锡

1. 1988 年各市水稻总产排序

1988 年，盐城、苏州、淮安等 3 市水稻总产位居前三，合计占全省水稻总产 1/3 以上；宿迁、镇江、连云港等 3 市位居后三，合计占全省水稻总产 15.18%。

2. 1998 年各市水稻总产排序

1998 年，盐城、淮安、苏州等 3 市水稻总产占比位居前三，合计占全省水稻总产近 1/3，连云港、无锡、镇江等 3 市位居后三，合计占全省水稻总产 16.13%。

3. 2008 年各市水稻总产排序

2008 年，盐城、淮安、泰州等 3 市水稻总产位居前三，合计占全省水稻总产近 2/5，镇江、苏州、无锡等 3 市位居后三，合计占全省水稻总产 11.04%。

4. 2018 年各市水稻总产排序

2018 年，盐城、淮安、宿迁等 3 市水稻总产位居前三，合计占比超过 2/5，而苏南 5 市占比均低于 4%，苏州、常州、无锡等 3 市位居后三，合计占全省水稻总产 7.70%。

（二）各市水稻总产变化类型划分及分时段变化分析

依据 2018 年与 1988 年各市水稻总产变化的幅度，将全省各市水稻总产占全省比重的变化划分为以下 5 种类型。

（1）大幅减少区　包括无锡、苏州、常州、南京等 4 市，降幅分别为 68.14%、67.63%、55.51%、41.89%，4 市合计占全省水稻总产比重由 1988 年的 32.74% 下降到 2018 年的 11.36%。

（2）中幅减少区　包括镇江市，下降 18.40%。

（3）基本稳定区　包括扬州市，增长 6.81%。

（4）中幅增加区　包括泰州、淮安、南通等 3 市，增幅分别为 26.86%、52.87%、53.93%，3 市合计占全省水稻总产比重由 1988 年的 24.83% 增加到 2018 年的 30.61%。

（5）大幅增加区　包括徐州、盐城、宿迁、连云港等 4 市，增幅分别为 64.60%、85.79%、111.41%、129.93%，4 市合计占全省水稻总产比重由 1988 年的 27.48% 增加到 2018 年的 45.49%。

按照 10 年一个时段进一步分析各市水稻总产占全省比重发现：

（1）1998 年与 1988 年相比，扬州市、苏州市分别下降 5.16%、1.4%；宿迁、徐州、南通、连云港等 4 市增幅明显，分别为 78.23%、70.43%、54.87%、41.40%；泰州、盐城、淮安、镇江、南京、常州、无锡等 7 市中小幅增加，依次为 24.18%、14.49%、13.30%、10.77%、4.65%、3.76%、1.30%。

（2）2008 年与 1998 年相比，连云港、盐城、淮安、泰州、扬州等 5 市呈增长趋势，增幅依次为 42.41%、28.63%、11.98%、5.23%、1.36%，其余 8 市呈下降趋势，其中苏州、无锡、南京、常州、镇江等 5 市降幅明显，依次为 61.33%、52.46%、40.55%、37.64%、20.01%。

（3）2018 年与 2008 年相比，无锡、常州、苏州等 3 市降幅明显，依次为 33.84%、31.26%、15.12%；盐城、宿迁、淮安等 3 市增幅明显，依次为 26.15%、21.06%、

20.49%；连云港市、扬州市小幅增加，增幅分别为 14.18%、11.11%。

四、结论与政策启示

（1）近 30 年，江苏水稻生产相比较东南沿海发达地区的浙江、广东而言基本稳住了种植面积和总产，对全国粮食安全做出了重大贡献；"十四五"期间江苏水稻生产面积需要向稳中有升的方向努力，压力较大。江苏省水稻种植面积占全国比重除 2003 年外，其余年份占比虽有下降趋势，但基本保持在 7.5% 上下波动，而浙江省、广东省水稻种植面积占全国比重一直呈下降趋势，分别从 6.4%、8.6% 下降到 2.2%、5.9%。在东南沿海发达地区水稻生产面积持续下滑的态势下，江苏省稳住了水稻种植面积很不简单，主要是由于苏北 5 市的贡献，未来进一步稳住压力也很大。

（2）苏南地区地处江苏经济发达板块，近 30 年来苏南地区水稻种植面积总体呈下降趋势，但与划定的水稻生产功能区面积尚有差距，有提升空间。建议苏南地区在"十四五"期间遏制水稻种植面积的下滑趋势并努力适度增加水稻种植面积，一方面促进经济快速发展与稻田生态保障协调，另一方面减轻苏中、苏北地区的水稻种植面积稳定甚至提升的压力。苏南地区水稻生产功能区划种植面积为 342.35km²，占全省的 16%，但 2019 年实际种植面积为 310.02km²，少种了 9.44%。比较 2019 年苏南 5 市实际水稻种植面积与水稻生产功能区面积，苏州市水稻种植面积略超功能区面积，其余 4 市均未达到功能区面积，其中常州市水稻种植面积低于功能区面积约 22%（表 3）。

表 3　江苏省各区域、各市水稻生产功能区面积与 2019 年种植面积比较

区域	水稻生产功能区面积（khm²）	2019 年实际种植面积（khm²）	变化幅度（%）	行政区	水稻生产功能区面积（khm²）	2019 年实际种植面积（khm²）	相差幅度（%）
苏南	342.35	310.02	−9.44	南　京	86.67	79.80	−7.93
				镇　江	81.34	70.66	−13.13
				苏　州	68.34	68.97	0.93
				无　锡	39.00	38.46	−1.39
				常　州	67.00	552.13	−22.20
苏中	564.69	605.92	7.30	扬　州	200.01	192.85	−3.58
				泰　州	197.34	177.27	−10.17
				南　通	167.34	174.54	4.30
苏北	1 226.39	1 763.08	43.76	徐　州	174.68	178.56	2.22
				宿　迁	202.01	223.28	10.53
				连云港	188.01	209.41	11.38
				盐　城	379.02	406.18	7.17
				淮　安	282.68	312.23	10.45

资料来源：数据来源于江苏省粮食生产功能区划定的文件及《江苏省农村统计年鉴》（2020）。

（3）苏北地区作为江苏重要的粮食主产区和商品粮基地，近 30 年来其水稻种植面积呈现上升趋势。"十四五"期间，建议苏北地区在努力保持水稻种植面积增加的同时，加快区域经济发展，实现粮食生产与经济发展的良性协调。《省政府关于建立粮食生产功能区和重要农产品生产保护区的实施意见》（苏政发〔2017〕161 号）明确划定水稻生产功能区面积为 2 133.3km^2，2019 年江苏省水稻种植面积虽达到功能区划面积，但主要依靠苏北地区的贡献。苏北地区水稻生产功能区划种植面积为 1 226.39km^2，占全省的 57.5%，2019 年实际种植面积为 1 763.08km^2。2019 年苏北地区水稻种植面积对全省贡献率达到 80.7%，高出苏南地区 66 个百分点，但其 GDP 的贡献率仅为 23.05%，低于苏南地区贡献率 33.8 个百分点。因此，建议在"十四五"期间，苏北地区在努力提高水稻种植面积的同时，打通稻米全产业链，提升稻米产业链的"含金量"，同时注重发展现代高效农业，提高乡村产业发展水平，进一步缩小江苏南北经济发展的地域差距，并实现苏北地区粮食保障与经济协调发展。

（张赟　张荣天）

参 考 文 献

杜延军，朱思齐，2018. 我国水稻播种面积影响因素的实证研究 ［J］. 粮食科技与经济，43（1）：29-32.

杜永林，张巫军，吴晓然，等，2014. 江苏省水稻产量时空变化特征 ［J］. 南京农业大学学报，37（5）：7-12.

佴军，张洪程，陆建飞，2012. 江苏省水稻生产 30 年地域格局变化及影响因素分析 ［J］. 中国农业科学，45（16）：3446-3452.

国家统计局，2010. 中国统计年鉴 ［M］. 北京：中国统计出版社.

韩天富，马常宝，黄晶，等，2019. 基于 Meta 分析中国水稻产量对施肥的响应特征 ［J］. 中国农业科学，52（11）：1918-1929.

李建军，刘渝阳，2020. 孟加拉国粮食安全：现状、挑战及应对 ［J］. 南亚研究季刊（3）：49-55.

王越，2016. 我国稻谷生产安全的挑战与应对 ［D］. 贵阳：贵州大学.

Chen C F，Son N T，Chang L Y，et al，2011. Classification of rice cropping systems by empirical mode decomposition and linear mixture model for time-series MODIS 250 m NDVI data in the Mekong Delta, Vietnam ［J］. International Journal of Remote Sensing，32（18）：5115-5134.

Dong H，Chen Q，Wang W，et al，2017. The growth and yield of a wet-seeded rice-ratoon rice system in central China ［J］. Field Crops Research（208）：55-59.

Dong J W，Xiao X M，Kou W，et al，2015. Tracking the dynamics of paddy rice planting area in 1986-2010 through time series Landsat images and phenology-based algorithms ［J］. Remote Sensing of Environment，160：99-113.

Dong J W，Xiao X M，Menarguez M A，et al，2016. Mapping paddy rice planting area in northeastern Asia with Landsat 8 images，phenology-based algorithm and Google Earth Engine ［J］. Remote Sensing of Environment，185：142-154.

江苏省粳稻生产竞争力分析

——基于与东北三省和长三角两省的比较

[摘要] 江苏省是全国第二大粳稻主产区，粳稻种植面积约占全国粳稻的 30%。本文从生产效率、成本与收益、农化投入水平和效率、品质等方面，对江苏省与东北三省（黑龙江、吉林、辽宁）、长三角两省（浙江、安徽）粳稻生产竞争力进行比较，结果表明：按照由高到低排序，江苏省粳稻生产的土地生产率（单产）、物质投入生产率、劳动生产率分别在 6 个省中排名第一、第五、第三；江苏省粳稻生产单位面积成本、单位产量成本、价格、产值、利润、利润率分别在 6 个省中排名第四、第六、第五、第二、第一、第一，江苏省粳稻生产具有一定成本优势，但物质与服务费用投入较高，削弱了成本优势；江苏省粳稻生产单位面积（产量）农药投入、化肥用量较高，分别在 6 个省中居第二位和第一位；江苏省近年来在优质粳稻品种培育上取得了重要进展，优质食味稻的比重不断增加，粳米品质有了较大提升，但总体上与东北大米还存在一定差距。

江苏省在 20 世纪 50 年代提出"中籼改中粳"的政策，1996 年开始实施"粳稻化"工程，粳稻种植面积不断扩大（王楼楼，2013）。2019 年粳稻种植面积和产量分别占江苏全省水稻生产的 84.91% 和 85.61%。江苏是长江中下游单季粳稻优势区和我国南方最大的粳稻主产区，面积约占全国粳稻的 30%。2004 年以来，东北地区吉林、黑龙江 2 省粳稻生产发展迅速，近年来长三角地区安徽粳稻发展较快，在增加全国粳稻生产产能的同时，各地粳稻生产已经显现出不同程度的竞争。

本文基于《全国农产品成本收益资料汇编》（2005—2020 年）的相关数据，通过对江苏与东北地区辽宁、吉林、黑龙江及长三角地区浙江、安徽等 5 省粳稻生产竞争力的比较研究，明确江苏与其他 5 省粳稻生产竞争力差异，为提高江苏粳稻生产竞争力、促进江苏稻米产业高质量发展提供参考。

一、生产效率比较

（一）土地生产率

土地生产率是反映土地生产能力的指标，一般可以选用单产来表示。由图 1 可知，2004—2019 年，江苏省粳稻土地生产率呈波动上升趋势，由 2004 年的 8 155.50kg/hm² 增长到 2019 年的 9 695.70kg/hm²，增加了 18.89%。与辽宁、吉林、黑龙江等 3 省相比，江苏粳稻生产土地生产率总体居最高位。2004—2009 年，江苏粳稻生产土地生产率在第一、第二位之间变化；2010—2013 年，江苏稳定在首位；2014—2017 年，江苏下降 1 个位次；2018—2019 年，江苏再次升为第一位。与浙江、安徽 2 省相比，江苏粳稻生产土地生产率始终处于最高位。综合分析，按照由高到低排序，江苏省粳稻生产土地生产率在 6 个省中居首位。

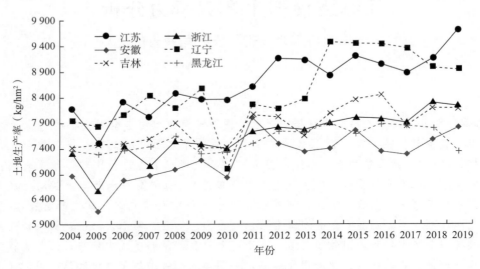

图 1　江苏粳稻生产土地生产率与其他 5 省的比较

（二）物质投入生产率

粳稻生产物质投入生产率反映物质投入的产量回报情况。物质投入生产率＝单位面积粳稻产量/单位面积物质与服务费用。由图 2 可知，2004—2019 年，江苏省粳稻生产物质投入生产率呈下降趋势，由 2004 年的 1.59kg/元下降到 2018 年的 0.98kg/元，下降了

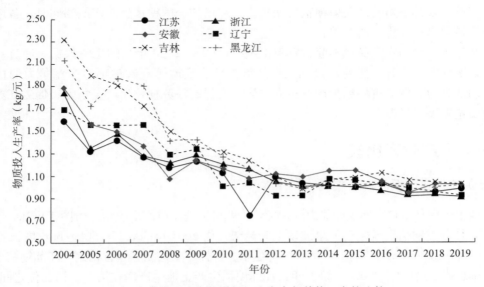

图 2　江苏粳稻生产物质投入生产率与其他 5 省的比较

38.36%。与辽宁、吉林、黑龙江等3省相比，江苏省粳稻生产物质投入生产率总体居最低位，2004—2009年，江苏省粳稻生产物质投入生产率始终处于最低位，2010—2019年，江苏省在末两位间变化。与浙江、安徽2省相比，江苏省粳稻生产物质投入生产率总体居中位，2004—2007年，江苏省粳稻生产物质投入生产率居末位，2008—2019年，江苏升为中位并始终保持。综合分析，按照由高到低排序，江苏省粳稻生产物质投入生产率在6个省中居第五位。

（三）劳动生产率

粳稻生产劳动生产率反映劳动者实际粳稻生产能力。劳动生产率＝单位面积粳稻产量/单位面积用工数量。由图3可知，2004—2019年，江苏省粳稻生产劳动生产率呈稳定上升的态势，增幅明显，由2004年的61.02kg/d增长到2019年的140.82kg/d，增加了130.78%。与辽宁、吉林、黑龙江等3省相比，江苏省粳稻生产劳动生产率总体由高到低居第二位，低于黑龙江省。2004—2006年，吉林省劳动生产率增长较快，2005年超过江苏省位居第二位；2007—2019年，江苏省恢复第二位，除个别年份略有波动外，其余年份位次基本保持不变。与浙江、安徽2省相比，江苏省粳稻生产劳动生产率总体居于中位。2004—2016年，江苏粳稻生产劳动生产率始终低于浙江，居中位；2017—2019年，安徽省超过江苏省，江苏省降为末位。综合分析，按照由高到低排序，江苏省粳稻生产劳动生产率在6个省中居第三位。与其他5省相比，2004—2019年，江苏省粳稻生产用工数量总体由高到低在第二、第三位间变化（图4），劳动生产率优势不明显主要是由于粳稻生产用工数量相对较高。

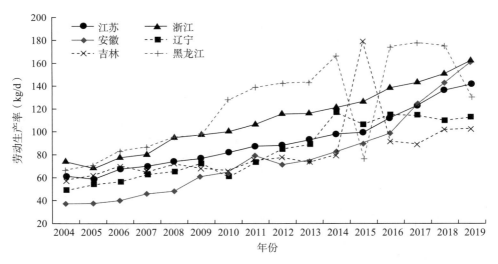

图3　江苏粳稻生产劳动生产率与其他5省的比较

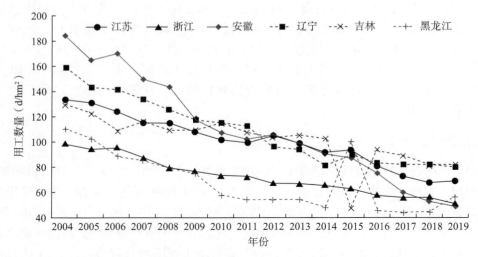

图 4　江苏粳稻生产单位面积用工数量与其他 5 省的比较

二、成本与收益比较

（一）成本

1. 单位面积成本

　　由图 5 可知，2004—2019 年，江苏省粳稻生产单位面积成本呈上升趋势，由 2004 年的 7 880.25 元/hm² 增长到 2019 年的 20 036.10 元/hm²，增长了 154.26%。与辽宁、吉林、黑龙江等 3 省相比，江苏省粳稻生产单位面积成本总体处于最低位。2004—2006 年，江苏省粳稻生产单位面积成本低于辽宁省，高于吉林省和黑龙江省；2007 年吉林省超过江苏省，

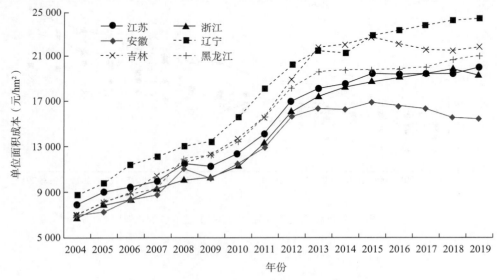

图 5　江苏粳稻生产单位面积成本与其他 5 省的比较

江苏省按照由高到低排序降为第三位；2008 年黑龙江省超过江苏省，江苏省降为最低位；2009—2019 年，江苏省始终保持最低位。与浙江、安徽 2 省相比，江苏省粳稻生产单位面积成本基本处于最高位。2004—2016 年，江苏省粳稻生产单位面积成本始终处于最高位；2017—2018 年，浙江省超过江苏省，江苏省降为中位；2019 年江苏省恢复最高位。综合分析，按照由高到低排序，江苏省粳稻生产单位面积成本在 6 个省中居第四位。

粳稻生产总成本主要由物质与服务费用、人工成本和土地成本三大部分构成。由图 6 可知，2004—2019 年，江苏省粳稻生产单位面积物质与服务费用呈稳步上升趋势，由 2004 年的 5 145.30 元/hm² 增长到 2019 年的 9 846.45 元/hm²，增加了 91.37%。与辽宁、吉林、黑龙江等 3 省相比，江苏省粳稻生产单位面积物质与服务费用总体处于最高位。2004—2011 年，江苏省粳稻生产单位面积物质与服务费用始终居最高位；2012—2017 年，辽宁省超过江苏省，江苏省下降 1 个位次；2018—2019 年，江苏省恢复最高位。与浙江、安徽 2 省相比，江苏省粳稻单位面积物质与服务费用总体处于最高位，除 2011 年安徽省超过江苏省外，其余年份江苏省始终处于最高位。综合分析，按照由高到低排序，江苏省粳稻生产单位面积物质与服务费用在 6 个省中居首位。

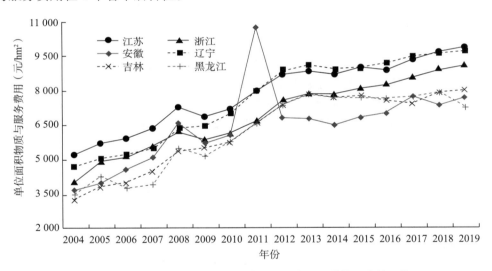

图 6 江苏粳稻生产单位面积物质与服务费用和其他 5 省的比较

由图 7 可知，2004—2019 年，江苏省粳稻生产单位面积人工成本呈波动上升的趋势，由 2004 年的 1 942.35 元/hm² 增长到 2019 年的 5 957.10 元/hm²，增加了 206.70%。与辽宁、吉林、黑龙江等 3 省相比，江苏省粳稻生产单位面积人工成本总体由高到低居第三位。2004—2014 年，江苏省粳稻生产单位面积人工成本按照由高到低排序在 2～4 位之间变化；2015—2019 年，江苏省按照由高到低排序基本居第三位。与浙江、安徽 2 省相比，江苏省粳稻生产单位面积人工成本基本处于中位。2004—2014 年，江苏省粳稻生产单位面积人工成本始终处于中位；2015—2019 年，江苏省超过安徽省升为最高位，并始终保持。综合分析，按照由高到低排序，江苏省粳稻生产单位面积人工成本在 6 个省中居第四位。

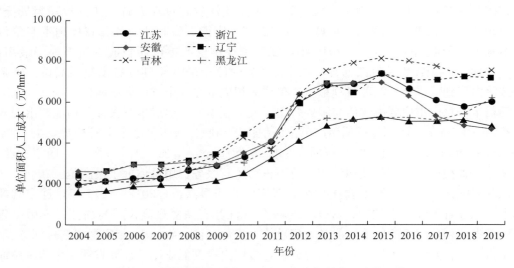

图 7　江苏粳稻生产单位面积人工成本与其他 5 省的比较

由图 8 可知，2004—2019 年，江苏省粳稻生产单位面积土地成本表现为大幅上升的态势，由 2004 年的 792.60 元/hm² 增长到 2019 年的 4 232.55 元/hm²，增加了 434.01%。与辽宁、吉林、黑龙江等 3 省相比，江苏省粳稻生产单位面积土地成本始终处于最低位。与浙江、安徽 2 省相比，江苏省粳稻生产单位面积土地成本基本处于中位。2004—2009 年，江苏省粳稻生产单位面积土地成本始终处于中位；2010—2013 年，江苏省降为最低位；2014—2019 年，江苏省恢复至中位。综合分析，按照由高到低排序，江苏省粳稻生产单位面积土地成本在 6 个省中居第五位。

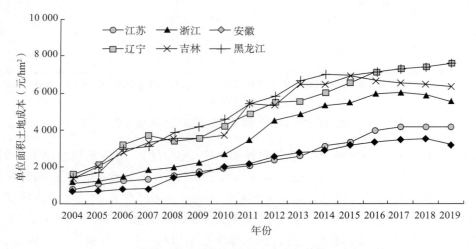

图 8　江苏粳稻生产单位面积土地成本与其他 5 省的比较

综上所述，与其他 5 省相比，江苏省粳稻生产单位面积成本虽然较低，但仍存在较大的下降空间，单位面积物质与服务费用较高是影响单位面积成本下降的主要原因，而张磊等（2020）研究表明，农化的高投入造成物质与服务费用较高。因此，要进一步提升成本优势，降低物质与服务费用，推进"减肥减药"将成为有效途径。

2. 单位产量成本

由图 9 可知，2004—2019 年，江苏省粳稻生产单位产量成本呈大幅上升趋势，由 2004 年的 0.97 元/kg 增长到 2019 年的 2.07 元/kg，增加了 113.40%。与辽宁、吉林、黑龙江等 3 省相比，江苏省粳稻生产单位产量成本总体处于最低位。2004—2005 年，江苏省粳稻生产单位产量成本高于吉林省和黑龙江省，低于辽宁省；2006—2019 年，江苏省粳稻生产单位产量成本始终处于最低位。与浙江、安徽 2 省相比，江苏省粳稻生产单位产量成本总体处于低位，2004—2006 年江苏省粳稻生产单位产量成本按照由高到低排序在第一、第二位之间波动，2007—2019 年基本处于最低位。综合分析，按照由高到低排序，江苏省粳稻生产单位产量成本在 6 个省中居末位。

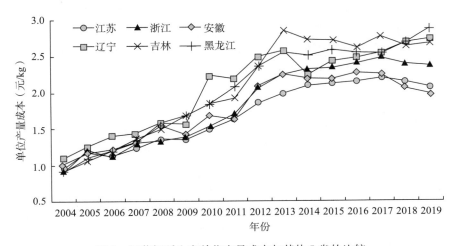

图 9　江苏粳稻生产单位产量成本与其他 5 省的比较

由图 10 可知，2004—2019 年，江苏省粳稻生产单位产量物质与服务费用呈上升趋势，由 2004 年的 0.63 元/kg 增长到 2019 年的 1.02 元/kg，增加了 61.90%。与辽宁、吉林、黑

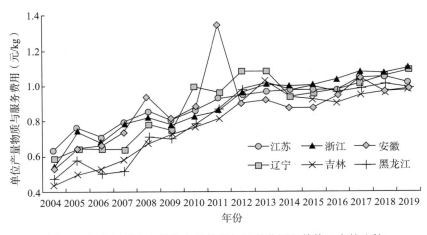

图 10　江苏粳稻生产单位产量物质与服务费用和其他 5 省的比较

龙江等 3 省相比，江苏省粳稻生产单位产量物质与服务费用总体处于最高位。2004—2009 年，江苏省粳稻生产单位产量物质与服务费用处于最高位；2010—2013 年，辽宁省超过江苏省并成为最高位；2014—2019 年，江苏省粳稻生产单位产量物质与服务费用按照由高到低排序在第一、第二位之间变化。与浙江、安徽 2 省相比，江苏省粳稻生产单位产量物质与服务费用总体处于中位，2004—2007 年江苏省粳稻生产单位产量物质与服务费用处于最高位，2008—2019 年江苏省基本处于中位。综合分析，按照由高到低排序，江苏省粳稻生产单位产量物质与服务费用在 6 个省中居第二位。

由图 11 可知，2004—2019 年，江苏省粳稻生产单位产量人工成本呈大幅上升趋势，由 2004 年的 0.24 元/kg 增长到 2019 年的 0.61 元/kg，增加了 154.17%。与辽宁、吉林、黑龙江等 3 省相比，江苏省粳稻生产单位产量人工成本总体处于最低位。2004—2010 年，江苏省粳稻生产单位产量人工成本处于最低位；2011—2017 年，江苏省粳稻生产单位产量人工成本按照由高到低排序在第二、第三位之间变化；2018—2019 年，降为最低位。与浙江、安徽 2 省相比，安徽省始终处于最高位，江苏省处于中位。综合分析，按照由高到低排序，江苏省粳稻生产单位产量人工成本在 6 个省中居第五位。

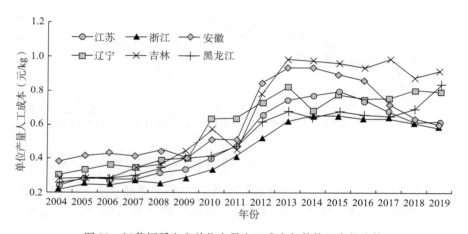

图 11　江苏粳稻生产单位产量人工成本与其他 5 省的比较

由图 12 可知，2004—2019 年，江苏省粳稻生产单位产量土地成本呈大幅上升的趋势，由 2004 年的 0.10 元/kg 增长到 2019 年的 0.44 元/kg，增加了 340%。与辽宁、吉林、黑龙江等 3 省相比，江苏省粳稻生产单位产量土地成本始终处于最低位。与浙江、安徽 2 省相比，江苏省粳稻生产单位产量土地成本总体处于最低位。2004—2007 年，江苏省粳稻生产单位产量土地成本高于安徽省，低于浙江省，处于中位；2008—2019 年，江苏省基本处于最低位。综合分析，按照由高到低排序，江苏省粳稻生产单位产量土地成本在 6 个省中居末位。

综上所述，与其他 5 省相比，江苏省粳稻生产单位产量物质与服务费用投入较高，单位产量人工成本和单位产量土地成本投入较低。因此，单位产量人工成本和单位产量土地成本较低是江苏省粳稻生产成本优势形成的主要原因。

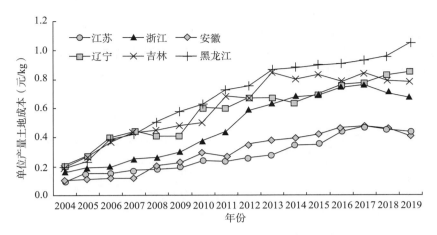

图 12　江苏粳稻生产单位产量土地成本与其他 5 省的比较

（二）价格

由图 13 可知，2004—2019 年，江苏省粳稻价格呈波动上升的趋势，由 2004 年的 1.75 元/kg 增长到 2019 年的 2.38 元/kg，增加了 36％。与辽宁、吉林、黑龙江等 3 省相比，江苏省粳稻价格总体处于最低位，2004—2008 年江苏省价格位次波动变化明显，2009—2019 年江苏省价格处于最低位，且与辽宁省的差距拉大。与浙江、安徽 2 省相比，江苏省粳稻价格总体处于中位。2004—2014 年，江苏省高于安徽省、低于浙江省；2015—2016 年，江苏省短暂下降，低于浙江省和安徽省；2017—2018 年，重新恢复到中位，2019 年降为最低位。综合分析，按照由高到低排序，江苏省粳稻价格在 6 个省中居第五位。

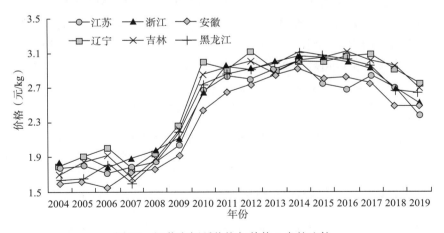

图 13　江苏省粳稻价格与其他 5 省的比较

（三）产值

由图 14 可知，2004—2019 年，江苏省粳稻生产产值总体表现为上升的态势，由 2004

年的 14 649.45 元/hm^2 增长到 2019 年的 23 456.70 元/hm^2，增加了 60.12%。与辽宁、吉林、黑龙江等 3 省相比，江苏省粳稻生产产值总体低于辽宁省，高于吉林省和黑龙江省，2014 年开始，江苏省与辽宁省的差距扩大。与浙江、安徽 2 省相比，江苏省粳稻生产产值始终处于最高位，产值优势明显。综合分析，按照由高到低排序，江苏省粳稻生产产值在 6 个省中居第二位。

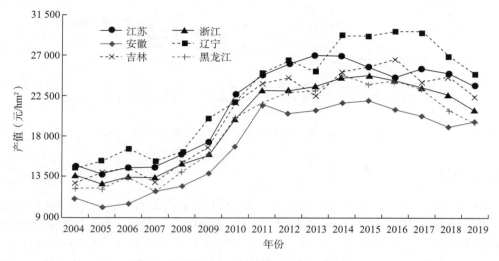

图 14　江苏粳稻生产产值与其他 5 省的比较

由表 1 可知，2004—2019 年，江苏省粳稻生产产值变化多数年份以价格主导为主，浙江省以单产与价格协同为主，安徽省以单产主导、单产与价格协同为主，辽宁省以价格主导为主，吉林省以单产与价格协同为主，黑龙江省以单产与价格协同为主。综上所述，江苏省、辽宁省均以价格主导为主，价格对产值的带动作用高于单产；浙江省、吉林省和黑龙江省均以单产与价格协同为主，单产和价格均对产值产生明显带动作用；安徽省以单产主导、单产与价格协同为主，单产对产值起到主要带动作用，价格也起到一定推动作用。

表 1　江苏省与其他 5 省粳稻单产和价格对产值的影响

时间	江苏	浙江	安徽	辽宁	吉林	黑龙江
2004—2006	单产主导	单产主导	单产主导	单产与价格协同	单产与价格协同	单产与价格协同
2007—2010	价格主导	价格主导	单产与价格协同	价格主导	价格主导	价格主导、单产与价格协同
2011—2014	单产主导	单产与价格协同	单产与价格协同	价格主导	单产与价格协同	单产与价格协同
2015—2019	价格主导	单产与价格协同	单产主导	单产主导、单产与价格协同	单产与价格协同	单产与价格协同

（四）利润

由图 15 可知，2004—2019 年，江苏省粳稻生产利润呈倒"V"形先升后降，由 2004 年的 6 769.20 元/hm² 下降到 2019 年的 3 420.60 元/hm²，下降了 49.47%。与辽宁、吉林、黑龙江等 3 省相比，江苏省粳稻生产利润总体处于最高位。2004—2009 年，江苏省按照由高到低排序在 1～3 位间变化；2010—2014 年，江苏省处于最高位；2015—2016 年，辽宁省利润短暂超过江苏省；2017—2019 年，江苏省重新恢复最高位。与浙江、安徽 2 省相比，江苏省粳稻生产利润总体处于最高位。2004—2005 年，江苏省处于中位；2006—2018 年，江苏省超过浙江省，利润持续最高，2019 年江苏省下降 1 个位次。综合分析，按照由高到低排序，江苏省粳稻生产利润在 6 个省中居首位。

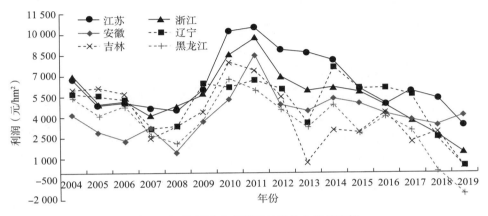

图 15　江苏粳稻生产利润与其他 5 省的比较

由表 2 可知，2004—2019 年，江苏省粳稻生产利润变化多数年份受到产值影响，浙江省受到产值影响，安徽省受到产值影响，辽宁省受到产值与成本共同影响，吉林省受到产值影响，黑龙江省受到产值影响。综上所述，江苏省、浙江省、安徽省、吉林省和黑龙江省均受到产值影响，产值对利润变化起到主要作用；辽宁省受到产值与成本共同影响，产值与成本变化均会对利润产生明显影响。

表 2　江苏省与其他 5 省粳稻生产产值和成本对利润的影响

时间	江苏	浙江	安徽	辽宁	吉林	黑龙江
2004—2010	产值影响	产值影响	产值影响	成本影响、产值影响	产值影响	产值影响
2011—2015	成本影响、产值与成本共同影响	成本影响	成本影响、产值与成本共同影响	产值与成本共同影响	成本影响	成本影响
2016—2018	产值影响、产值与成本共同影响	产值与成本共同影响	产值影响	产值与成本共同影响	产值与成本共同影响	产值与成本共同影响

（五）成本利润率

由图 16 可知，2004—2019 年，江苏省粳稻生产成本利润率呈波动下降的趋势，由 2004 年的 85.90% 下降到 2019 年的 17.07%，下降了 68.83 个百分点。与辽宁、吉林、黑龙江等 3 省相比，江苏省粳稻生产成本利润率总体处于最高位。2004—2006 年，江苏省位次波动变化；2007—2019 年，江苏省粳稻生产成本利润率始终处于最高。与浙江、安徽 2 省相比，江苏省粳稻生产成本利润率总体处于最高位。2004—2009 年，江苏省粳稻生产成本利润率整体低于浙江，位居中位；2010—2018 年，江苏省超过浙江省，整体粳稻生产成本利润率最高，并始终保持，2019 年江苏省下降 1 个位次。综合分析，按照由高到低排序，江苏省粳稻生产成本利润率在 6 个省中居首位。

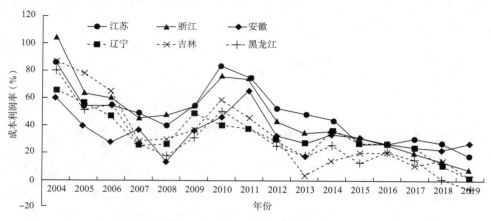

图 16　江苏粳稻生产成本利润率与其他 5 省的比较

三、农化投入水平和效率比较

单位面积农药投入、化肥用量反映了耕地的农化投入品负载量。由图 17 可知，2004—2019 年，江苏省粳稻生产单位面积农药投入表现为上升的趋势，由 2004 年的 891.60 元/hm² 增长到 2019 年的 1 513.05 元/hm²，增加了 69.70%。与辽宁、吉林、黑龙江等 3 省相比，江苏省粳稻生产单位面积农药投入始终处于最高位，吉林省单位面积农药投入最低，江苏省单位面积农药投入是吉林省的 3～6 倍。与浙江、安徽 2 省相比，江苏省粳稻生产单位面积农药投入总体处于中位，2004 年江苏省粳稻生产单位面积农药投入最高，2005 年起，浙江省持续保持最高位，江苏省处于中位。综合分析，按照由高到低排序，江苏省粳稻生产单位面积农药投入在 6 个省中居第二位。

由图 18 可知，2004—2019 年，江苏省粳稻生产单位面积化肥用量呈波动上升趋势，由 2004 年的 454.80kg/hm² 增长到 2019 年的 541.95kg/hm²，增加了 19.16%。与辽宁、吉林、黑龙江等 3 省相比，江苏省粳稻生产单位面积化肥用量总体处于最高位。与浙江、安徽 2 省相比，江苏省粳稻生产单位面积化肥用量始终处于最高位。综合分析，按照由高到低排序，江苏省粳稻生产单位面积化肥用量在 6 个省中居首位。

单位产量农药投入、化肥用量反映了每千克粳稻生产所需投入的农化水平。由图 19 可知，2004—2019 年，江苏省粳稻生产单位产量农药投入表现为上升态势，由 2004 年的 0.11 元/kg 增长到 2019 年的 0.16 元/kg，增加了 45.45%。与辽宁、吉林、黑龙江等 3 省相比，江苏省粳稻生产单位产量农药投入始终处于最高位，分别是辽宁省的 2～5 倍、

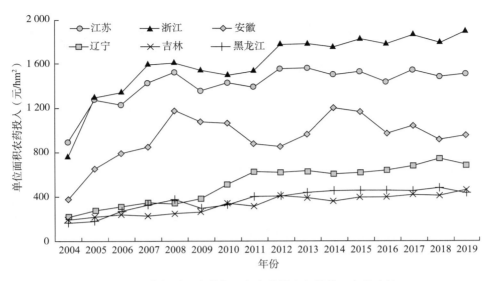

图 17　江苏粳稻生产单位面积农药投入与其他 5 省的比较

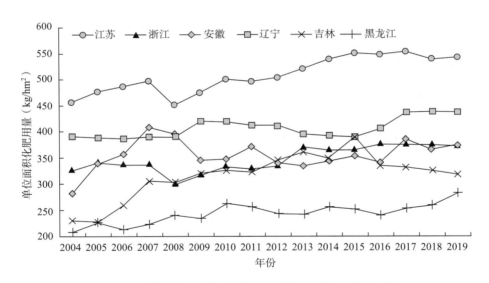

图 18　江苏粳稻生产单位面积化肥用量与其他 5 省的比较

吉林省的 3～6 倍、黑龙江省的 3～7 倍。与浙江、安徽 2 省相比，江苏省粳稻生产单位产量农药投入基本处于中位，除 2004 年江苏省处于最高位，2005 年江苏省降为中位并始终保持。综合分析，按照由高到低排序，江苏省粳稻生产单位产量农药投入在 6 个省中居第二位。

　　由图 20 可知，2004—2019 年，江苏省粳稻生产单位产量化肥用量呈波动变化趋势，但变化幅度较小，2004 年单位产量化肥用量为 0.056kg/kg，2019 年仍为 0.056kg/kg。与辽宁、吉林、黑龙江等 3 省相比，江苏省粳稻生产单位产量化肥用量总体处于最高位。与浙

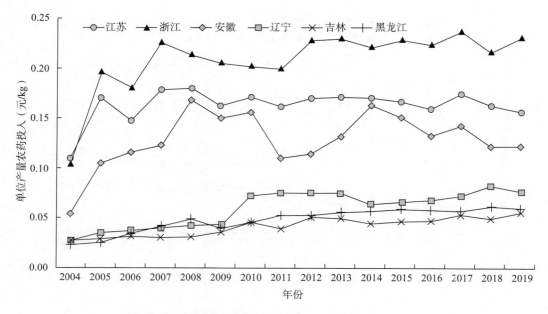

图 19　江苏粳稻生产单位产量农药投入与其他 5 省的比较

江、安徽 2 省相比，江苏省粳稻生产单位产量化肥用量总体处于最高位，除 2008 年安徽省超过江苏省外，其余年份均为江苏省处于最高位。综合分析，按照由高到低排序，江苏省粳稻生产单位产量化肥用量在 6 个省中居首位。

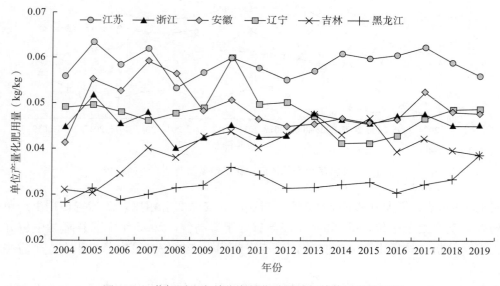

图 20　江苏粳稻生产单位产量化肥用量与其他 5 省的比较

四、品质比较

一般认为东北地区灌浆期气温低、昼夜温差大、有机质含量高、施氮量低等有利的自然条件，促进了优质粳稻的生产。王才林等（2019）研究表明，江苏粳稻由于灌浆期间温度高、施氮量多，其外观品质和食味品质往往较差。李彬青（2017）研究表明，垩白率和垩白度是影响外观品质的重要指标，两者与外观品质呈负相关。马会珍等（2021）、马畅等（2015）及王术等（2009）研究表明，虽然东北地区粳稻垩白率和垩白度变异系数较大，影响了外观品质，但江苏粳稻垩白率和垩白度明显高于北方地区。主要原因：一方面是与东北地区相比，江苏水稻生育期气温过高，会导致灌浆速度加快，籽粒充实度差，垩白面积增大，垩白度增高；另一方面可能是江苏优质粳稻品种直链淀粉含量低于 15%，淀粉粒间空隙较大，从而导致垩白率提高。

食味品质一直是消费者关注的重点，直链淀粉含量和蛋白质含量是影响粳稻食味品质的主要指标。李霞辉（2006）研究表明，通常直链淀粉含量高的品种，米饭口感粗糙，没有黏性，冷却后变硬，口感差；直链淀粉含量低的品种，米饭软黏，口感较好。赵春芳等（2020）和李珍富等（2020）研究表明，根据优质稻谷质量标准（GB/T 17891—2017）规定，优质粳稻的直链淀粉含量应该在 14%～20%，目前江苏的粳稻品种，尤其是南粳系列，直链淀粉含量较低，影响了粳稻的食味品质。大部分研究结果认为，稻米蛋白质含量与食味品质呈显著负相关关系。孟庆虹等（2018）研究表明，蛋白质含量直接影响大米的吸水性，蛋白质含量越高，米粒结构越紧密，淀粉粒间的孔隙小，吸水速度慢，吸水量少，米饭质地硬，食味品质差。马会珍等（2021）和宋冬明等（2016）研究表明，与东北地区相比，江苏粳稻蛋白质含量较高，制约其食味品质的提高。综上所述，江苏粳稻外观品质和食味品质总体上逊色于东北地区。

安徽省粳稻种植品种以外引品种为主，占全省粳稻种植面积的 77.6%。习敏等（2018）和邹禹等（2019）研究表明，外引品种主要来自江苏省和浙江省，其中以引自浙江省的嘉花 1 号种植面积最大，占粳稻种植面积的 21.6%；引自江苏省的镇稻系列品种、武运粳系列品种和宁粳系列品种也占有较大比重，分别占粳稻种植面积的 30.4%、7.4% 和 6.3%。总体上，还是以常规品种为主，但其品质与江苏省主推南粳系列品种存在一定差距。浙江省主要种植嘉 58、浙粳 88、秀水 134 等优质稻米品种，就理化品质而言达到品质一等和二等的品种不多，以品质三等的品种居多。陶国才等（2019）研究表明，现阶段浙江省内主推的粳稻品种中秀水 12、秀水 14、浙粳 99 理化品质均为三等。与江苏省相比，浙江省主推粳稻品种品质普遍一般，在市场中竞争力不强。综上所述，江苏省粳稻品质要优于安徽省、浙江省。

由表 3 可知，2018 年、2019 年全国优质粳稻品种食味品质鉴评金奖获奖名单中，第一届优质粳稻获奖品种共 10 个，其中 6 个来自东北 3 省，江苏省未有品种获奖；第二届优质粳稻获奖品种共 15 个，其中 2 个来自江苏省，8 个来自东北 3 省，虽然江苏省粳稻品种得到了一定程度上的认可，但与东北 3 省相比，品种优势仍不明显。

表 3　2018 年、2019 年全国优质粳稻品种食味品质鉴评金奖名单

第一届（2018）		第二届（2019）	
通系 933（吉林）	水晶 3 号（河南）	南粳 46（江苏）	吉粳 515（吉林）
龙稻 18（黑龙江）	沪软 1212（上海）	吉农大 667（吉林）	通育 269（吉林）
金稻 2 号（新疆）		隆 6 优 19（天津）	润稻 118（黑龙江）
天隆优 619（天津）		通系 945（吉林）	皖垦粳 11036（安徽）
五优稻 4 号（黑龙江）		松香粳 1018（上海）	锦稻 109（辽宁）
松粳 28（黑龙江）		吉粳 528（吉林）	南粳 9108（江苏）
吉粳 816（吉林）		吉林 816（吉林）	滇禾优 615（云南）
松粳 22（黑龙江）		津稻 9618（天津）	

五、结论

根据上述研究结果，将江苏省粳稻生产各项竞争力指标在 6 个省的排名归纳为表 4。

表 4　江苏省粳稻生产竞争力评价指标体系

目标层	准则层	指标层	指标排名	指标含义
江苏省粳稻生产竞争力	生产效率	土地生产率（单产）	1	反映土地要素的投入产出效益
		物质投入生产率	5	反映物质要素的投入产出效益
		劳动生产率	3	反映劳动力要素的投入产出效益
	成本与收益	单位面积成本	4	反映单位面积生产的成本投入水平
		单位面积物质与服务费用	1	反映单位面积生产的物质与服务费用投入水平
		单位面积人工成本	4	反映单位面积生产的人工成本投入水平
		单位面积土地成本	5	反映单位面积生产的土地成本投入水平
		单位产量成本	6	反映每千克产量的成本投入水平
		单位产量物质与服务费用	2	反映每千克产量的物质与服务费用投入水平
		单位产量人工成本	5	反映每千克产量的人工成本投入水平
		单位产量土地成本	6	反映每千克产量的土地成本投入水平
		价格	5	反映市场供求关系
		产值	2	反映收益水平
		利润	1	反映净收益水平
		成本利润率	1	反映净回报率水平
	农化投入水平和效率	单位面积农药投入	2	反映化学化水平
		单位面积化肥用量	1	反映化学化水平
		单位产量农药投入	2	反映化学化水平
		单位产量化肥用量	1	反映化学化水平
	品质	品质	—	反映农产品质量水平

（1）与其他 5 省相比，按照由高到低排序，江苏省粳稻生产土地生产率（单产）、物质投入生产率、劳动生产率分别在 6 个省中居第一位、第五位、第三位。土地生产率通常被理解为单产，由于江苏省耕地质量并非最优，病虫害时有发生，农化的高投入能带动单产提高，土地生产率优势显著；江苏省单位产量在 6 个省中处于最高位，由于农化的高投入，物质与服务费用也处于 6 个省最高位，高投入高产出带来低效率，物质投入的产量回报率较低，利用效率不足，物质投入生产率优势不显著；江苏省水稻生产机械化高位推进，但粳稻生产机械化水平尚不能与黑龙江等农机强省相比，用工数量仍相对较高，劳动生产率优势不明显。

（2）与其他 5 省相比，按照由高到低排序，江苏省单位面积成本和单位产量成本分别在 6 个省中居第四位和第六位，具有一定成本优势。成本优势的形成主要由于人工成本和土地成本投入较低，但物质与服务费用投入较高，削弱了粳稻生产的成本优势。虽然江苏省粳稻生产单位面积成本在 6 个省中居第四位，成本优势并不突出，但单位产量生产成本在 6 个省中最低，成本优势明显。可见，尽管江苏省粳稻生产单位面积投入成本不低，但高投入带来高产出，成本的投入回报率相对较高，单位产量粳稻的生产成本实则不高。在成本构成中，单位面积和单位产量物质与服务费用均较高，主要由于农化投入较高。

（3）与其他 5 省相比，按照由高到低排序，江苏省粳稻收购价格在 6 个省中居第五位，排名较低，价格优势不明显。与之相反，粳稻单产在 6 个省中居于首位，产值较高主要受单产带动，单产推动型特征明显。单产较高受到高农化投入的影响，进一步分析，虽然农化投入增加了生产成本，但也带动了产值的提高。江苏省年度间产值的变化主要受价格主导，单产对产值的年际变化影响较小；江苏省粳稻生产产值较高，成本较低，粳稻生产利润变化主要受产值变化影响。

（4）与其他 5 省相比，按照由高到低排序，江苏省粳稻生产单位面积（产量）农药投入、化肥用量分别居 6 个省第二位和第一位。江苏省粳稻生产单位面积农化投入较高，高投入带来高产出，单产水平也因此较高，但单位产量农化投入并未降低，反而在 6 个省中保持较高水平。

（5）江苏省粳稻垩白率和垩白度较高，直链淀粉含量较低，蛋白质含量较高，外观品质和食味品质总体上不如东北大米。江苏省优质粳稻品种培育发展迅速，南粳 46 和南粳 9108 在 2019 年获得全国优质粳稻品种食味品质鉴评会金奖，与东北 3 省品种差距逐渐缩小。

（张磊　陆建飞　苗珊珊）

参 考 文 献

程方民，胡东维，丁元树，2000. 人工控温条件下稻米垩白形成变化及胚乳扫描结构观察 [J]. 中国水稻科学，14（2）：20-24.

李彬青，2017. 水稻垩白对稻米品质的影响及其改良研究 [J]. 安徽农学通报，23（6）：56-58.

李霞辉，2006. 东北地区优质食味粳米开发的思考 [J]. 粮油加工（5）：24-28.

李珍富，金彦刚，杨永乐，等，2020. 江苏淮北地区 17 个优质粳稻品种适应性筛选试验 [J]. 大麦与谷类科学，37（2）：18-22.

马会珍，陈心怡，王志杰，等，2021. 中国部分优质粳稻外观及蒸煮食味品质特征比较 [J]. 中国农业科学，54（7）：1338-1353.

马畅，王术，贾宝艳，等，2015. 东北粳稻品质比较与相关分析 [J]. 江苏农业科学，43（9）：99-101.

孟庆虹，张守文，王丽群，等，2018. 基于因子分析和聚类分析的粳稻品质指标研究 [J]. 中国食品学报，18（4）：270-276.

宋冬明，孟昭河，2016. 黑龙江省水稻品质现状评价 [J]. 黑龙江农业科学（3）：1-4.

陶国才，叶胜海，叶靖，等，2019. 浙江省常规粳稻品质育种现状及对策 [J]. 浙江农业科学，60（6）：857-861.

王楼楼，2013. 江苏省籼稻改粳稻的发展研究 [D]. 扬州：扬州大学.

王才林，张亚东，赵春芳，等，2019. 江苏半糯粳稻与东北粳稻食味品质特性比较 [C]. 江苏省遗传学会2019年学术研讨会论文集：87.

王术，王薇，王伯伦，等，2009. 东北主要粳稻品种品质的若干性状 [J]. 华中农业大学学报，28（2）：130-135.

习敏，吴文革，陈刚，等，2018. 安徽省粳稻生产现状及籼改粳发展潜力分析 [J]. 中国稻米，24（2）：70-75.

杨洁，2019. 浅谈影响粳稻品质综合因素 [J]. 北方水稻，49（1）：1-6.

张磊，苗珊珊，陆建飞，2020. 江苏省粳稻生产成本收益时序变化与省际比较 [J]. 扬州大学学报（农业与生命科学版），41（4）：21-28.

赵春芳，岳红亮，田铮，等，2020. 江苏和东北粳稻稻米理化特性及 Wx 和 OsSSIIa 基因序列分析 [J]. 作物学报，46（6）：878-888.

邹禹，占新春，程从新，等，2019. 安徽省粳稻生产与育种现状及发展对策 [J]. 安徽农业科学，47（9）：26-28，32.

江苏省 30 多年来水稻生产政策的演变及未来取向

[摘要] 从耕地保育、农业科技、农业机械、农业经营体系及水稻生产补贴等 5 个方面，分析了江苏省 30 多年来水稻生产政策的演变及其主要经验，探讨推进江苏省水稻生产高质量发展的政策取向。

水稻作为江苏省第一大粮食作物，常年单产水平在 8 250kg/hm² 以上，长期居全国水稻主产省第一[①]。全省 200 多万 hm² 水稻种植面积既解决了全省 8 000 多万人吃饭问题，也为国家"口粮绝对安全"作出了重要贡献，创造了人口密度最大省份口粮绝对自给、总量平衡有余的辉煌成绩[②]。习近平总书记称赞说："这对一个东部沿海省份来说很不简单"。

粮食生产的发展离不开耕地、劳动力、资本和技术等要素的投入，政策在其中也发挥着不可替代的作用，国内学者对此进行了广泛的研究，主要可以分为两类：一是从政策分析角度，对国家粮食生产中耕地、机械化、科技创新等政策内容进行梳理和总结（陈颖等，2021）；二是从政策实施效果的角度，对具体粮食政策工具的实施效果进行实证分析（申志铭等，2020）。已有研究多侧重于国家层面粮食政策的演进分析和政策效果的实证分析，鲜有对某一地区内某一粮食作物相关政策演变进行系统分析、归纳总结相关政策经验。

本文拟从政策分析的视角，从耕地保护、农业科技、农业机械、农业经营体系及水稻生产补贴等 5 个方面，分析 20 世纪 90 年代以来江苏省水稻生产政策的演变及其主要经验，探讨江苏省水稻生产政策的未来取向。

一、江苏省水稻生产政策演变

（一）耕地数量与质量保护政策

土地作为水稻生产不可替代的生产资料，保障耕地数量、提高耕地质量是确保水稻高产、优质、高效的关键。江苏省委、省政府历来高度重视稻田耕地数量保障和质量提升工作，始终坚持最严格的耕地保护制度和最严格的节约用地制度，像保护大熊猫一样保护耕地，重视加强耕地数量、质量、生态"三位一体"保护与建设，紧跟国家"藏粮于地、藏粮于技"战略，保障粮食安全。

---

① 江苏水稻产业发展现状 . https：//baijiahao. baidu. com/s? id=1687558474535604565.
② 新闻办就江苏省"开启基本实现现代化新征程的江苏实践"有关情况举行发布会 . http：//www. gov. cn/xin-wen/2019-08/23/content＿5423753. htm.

　　1993 年，江苏省在全国范围内率先出台了《江苏省基本农田保护条例》和《江苏省村镇规划建设管理条例》，科学划定了基本农田保护区和建设发展规划区，并在 1996 年底完成相关划定工作，从根本上缓解"吃饭"与"建设"在用地上的矛盾，为省内"吨粮田"建设提供了耕地数量保障，在国内水稻生产领域具有开拓性意义。

　　2000 年，《关于全省耕地占补平衡的实施意见》中明确强化了责任主体的责任，制定了严格占补平衡制度，严守耕地红线，严控耕地"非农化"，确保省内耕地后备资源。2013 年，江苏省在淮北地区实施旱改水工程，使土地成为耕地，耕地成为稻田，充分挖掘水稻种植潜力，促进全省水稻产量持续稳定增长[①]。

　　2016 年，江苏省开始开展永久基本农田划定工作，共划定永久基本农田 392.01 万 hm^2，实现了永久基本农田的定量、定质、定位、定责保护[②]。2017 年，以基本农田为基础，江苏省划定了水稻生产功能区面积 213.33 万 hm^2 和重要农产品生产保护区，形成布局合理、数量充足、设施完善、产能提升、管护到位、生产现代化的水稻生产功能区[③]。

　　江苏省严格按照国家《土地管理法》要求，切实提升耕地质量，促进社会经济的可持续发展。1995 年，江苏省政府出台政策在全省范围内开展以保护耕地、提高耕地地力为主要内容的"提高耕地质量年"活动。此后，江苏省通过中低产田改造、沿海滩涂开发、淮北地区旱地改造以及万顷良田等一系列工程，以及采取对各类型中低产田增施有机肥、平整土地、完善灌排系统改造渍涝地和潜育化稻田措施，改善农业生态环境，提高耕地生产能力。

　　2004 年，省政府办公厅出台了将部分土地出让金用于农业土地开发的政策，并自 2005 年起每年将土地出让金省级集中部分的 30％ 用于耕地质量建设，纳入财政预算管理，同时明确耕地质量建设资金的投资主要用于测土配方、商品有机肥推广应用补贴、绿肥种植以奖代补和耕地质量监测等[④]，这为水稻生产过程中土壤、肥力、水利设施建设提供了一定的资金支持。

　　2008 年，江苏省政府率先出台政策开展高标准农田建设，按照"灌排设施配套、土地平整肥沃、田间道路通畅、农田林网健全、生产方式先进、产出效益较高"标准开展农田建设。

　　2009 年，《关于进一步加强粮食高产增效创建工作的意见》提出"要进一步加大投入力度，整合各类基础设施建设资金，加强万亩*示范片农田基础设施建设，高标准建好农田内外沟系，提高农机装备水平，确保旱能灌、涝能排。同时推进多种形式的秸秆还田，逐步提高土壤有机质含量和耕地质量。"

　　2012 年《江苏省耕地质量管理条例》进一步明确了耕地质量管理体制，规范了耕地质量护养、监测评价和奖惩制度，建立了耕地质量建设与保护长效投入机制，为耕地质量规范

---

　　① 关于我省淮北地区旱改水工程实施方案. http：//www. js. gov. cn/art/2013/4/2/art_46144_2545105. html.

　　② 江苏创新"双加"机制守牢耕地红线划定永久基本农田 5880 余万亩. http：//news. jschina. com. cn/focus/201711/t20171113_1185837. shtml.

　　③ 省政府关于建立粮食生产功能区和重要农产品生产保护区的实施意见. http：//www. jiangsu. gov. cn/art/2018/1/4/art_46143_7241219. html.

　　④ 江苏新农村建设规划方案. http：//www. creditsailing. com/HuiMinZhengCe/539209. html.

　　* 亩为非法定计量单位，15 亩＝1 公顷（hm^2）。

化管理提供了法律保障[1]。

江苏省自 2014 年开始，在全省范围内开展耕地质量保护与提升行动，建设高标准农田 1.6 万 hm²，6 669 个基层配肥网点，全省实施测土配方施肥 446.7 万公顷次，强化了耕地质量建设与管理。2019 年江苏省委 1 号文件进一步突出实施耕地质量保护与提升行动的重要性，强调构建耕地质量调查监测与评价体系，稳步提升耕地质量等级[2]。

2021 年，根据新形势下建设高标准农田的需要，江苏省重新制定了高标准农田建设的标准，开展耕地质量等级评价工作，探索合理耕作制度，实行用地养地相结合，示范推广耕地地力提升绿色技术，促进耕地资源永续利用。

上述系列法规政策的制定与完善，使全省耕地数量得到保障的同时质量也明显提升，确保了江苏省耕地数量质量双到位，为保障水稻高产稳产奠定了坚实基础。

（二）农业科技创新与推广政策

江苏省高度重视水稻生产科技创新，水稻生产技术长期处于全国领先地位。创新构建的水稻精确定量栽培技术体系，成为全国水稻高产主推核心技术；创建的中国特色水稻机械化高产栽培技术，引领水稻生产现代化发展；集成的水稻清洁化生产技术，促进了大面积稻米质量安全；通过依靠科技创新，持续提高水稻综合生产能力，为保障国家粮食安全、增加农民收入和保护生态环境提供有效科技支撑。

20 世纪 80 年代，江苏省出台政策开展"吨粮田"建设。自 1986 年开始，全省开展"丰收杯高产竞赛活动"以及"稻麦吨粮系列化栽培"研究工作，有领导、有计划、有组织地在提高水稻生产科技创新水平的过程中把先进科技成果转化为生产力，形成了一批稻麦两熟亩产吨粮的高产典型。

"九五"期间，江苏省在"粮棉油单产增一成规划"中以提高科技含量为中心，实施水稻粳稻化工程、水稻轻型栽培工程和稻麦群体质量栽培工程。推广良种和适用新技术，强调水稻生产要走良种栽培夺高产、省工节本求效益轻型栽培之路，努力实现水稻单产增一成，即公顷产量 8 250kg 的目标。

1999 年《关于加快实施农业品种、技术和知识更新工程全面推进科教兴农工作的意见》，针对水稻生产技术更新工程提出要坚持高产技术与优质技术并重，产中技术与产前产后技术并重，先进适用技术与高新技术并重，并提出当前要以优质技术、产后技术、先进适用技术为主，大力普及推广优质、高产、高效、低耗种植技术。

2006 年，江苏省政府在开展实施"粮食丰产科技工程"的过程中，积极与省内农业高校、科研院所对接合作，成功申报粳稻丰产高效技术集成研究与示范相关的课题，取得了多项重大标志性成果与多方面显著成效。创造了攻关田亩产 937.2kg、百亩连片亩产 898.9kg 的稻麦两熟制水稻高产全国新纪录。课题实施 5 年间累计增产稻谷 575 万 t，因增产减药省肥节水等增效达 119.0 亿元。

---

① 江苏省耕地质量管理条例 . http：// www. jsrd. gov. cn/zyfb/hygb/1125/201202/t20120220 _ 64992. shtml.

② 2019 年江苏省委 1 号文件：推动农业农村优先发展做好"三农"工作 . http：// www. zgjssw. gov. cn/fabuting/ shengweiwenjian/201903/t20190318 _ 6123339. shtml.

2007 年,《江苏省政府关于加强农业科技创新工作的意见》首次针对水稻耕作过程中播种、施肥、灌溉、喷药、收获、烘干等技术提出要重点研制出性能高、适用性强的数字化智能设施农业生产技术与装备及人工环境控制系统技术,建立不同地区的示范基地[①]。

2009 年,江苏省政府确定并推介一批高产增效创建主导品种的同时强调因地制宜形成创新高产增效栽培技术体系,大力推广应用精确定量栽培、机插稻、免耕机条播、精量半精量播种等优质高产高效生产技术。自 2009 年起,江苏关于水稻主推品种和技术多次发布工作意见且一次比一次具体,充分保障良种和良法的匹配,从而切实提高全省水稻综合生产能力。

2016 年中央 1 号文件提出"在资源环境约束趋紧背景下,如何加快转变农业发展方式,确保粮食有效供给,实现绿色发展和资源永续利用,是必须破解的现实难题。"为此,江苏省制定了《粮食绿色高产高效创建工作方案》,以优质、高效、绿色等为主题,围绕水稻生产精准化、标准化、机械化、信息化等发展方向,引领农业生产方式转变,集成水稻清洁化生产技术,促进大面积稻米质量安全,提升农业质量、效益和综合竞争力。

自 2017 年起,江苏省启动现代农业产业技术体系建设,力争形成一批"苏"字头农业科技自主创新成果。水稻被纳入首批 22 个体系之中并加强建设,目前,已经建成了由 1 个集成创新中心和良种繁育、绿色增效、轮作栽培、优质栽培、机插栽培、绿色防控、耕地质量、农机装备、智能生产、贮藏加工、产业经济 11 个创新团队及 8 个推广示范基地和 29 个科技综合示范基地组成的水稻产业技术体系,为江苏水稻产业发展提供了很好的技术支撑。

2020 年,为适应中高端优质稻米产业发展的需要,江苏省成立了由农业科研教学单位以及相关企业、新型经营主体、农业社会化服务机构等参与的江苏省优质水稻创新联盟[②],重点通过协同推广模式的探索与创新,推动重大技术落地应用,探索可复制、可推广的稻米产业发展新模式。

(三)农业机械化政策

20 世纪 90 年代初,江苏省提出要加快农业机械化发展,并从农业机械装备水平、作业水平和服务体系建设三方面构建了农业机械化县(市)建设评价指标体系。21 世纪初,江苏省明确提升水稻生产机械化基本思路的同时将生产机械化列为"十五"期间全省农业机械化工作重点,并开始在省内部分地区推广机插秧技术,切实提高水稻种植和收获机械化水平。

2006 年,江苏省进一步提出"十一五"期间一方面要重点推广水稻机插秧技术,继续巩固和发展水稻收获机械化,积极推广低温烘干及精米加工成套设备,推进水稻生产向全程机械化、标准化、产业化方向发展[③];另一方面要提高农业机械化人才队伍素质,加强农机

---

① 江苏省人民政府关于深化改革加强基层农业技术推广体系建设的实施意见 . http://www.moa.gov.cn/ztzl/njtg-bb/200705/t2007051.

② 水稻生产高产低质,看江苏将如何破解这个难题? https://finance.sina.com.cn/money/future/agri/2020-10-12/doc-iivhvpwz1579873. shtml.

③ 省政府关于进一步促进农业机械化发展的意见. http://www.js.gov.cn/art/2007/10/23/art _ 47029 _ 2682054. html.

化人才培养基地建设，如依托高校、职业技术学院等机构建立农机管理人才、科技人才及高技能人才的培养基地，不断提高农机从业人员的整体素质，为突破农业机械化发展技术瓶颈提供智力支撑①。

2012 年，江苏省农机局在《关于实施农业机械化推进行动意见》中针对水稻秸秆问题，提出健全农机与农艺相结合的工作机制，推广秸秆机械化还田与水稻机插秧集成技术、秸秆机械化还田与机械播种技术机械深松整地集成技术。通过增加财政对农作物秸秆机械化还田作业奖补投入，建立秸秆机械化还田长效发展机制。

2013 年，江苏省政府在"农业现代化工程十项行动计划"中，围绕加大农机化发展政策扶持、推进农机科技创新推广、加强新型农机服务体系建设、全力推进秸秆机械化还田、提升农机质量和安全水平等方面对提高水稻种植机械化水平做出了新要求②。

2014 年底，习近平总书记在视察江苏时要求江苏省加快建设现代农业，力争在全国率先实现农业现代化，并突出强调要推进农业机械化，加快提高物质装备和技术水平。2015年底，农业部将江苏省确定为全国粮食生产全程机械化整体推进示范省。为深入贯彻习近平总书记重要讲话精神，落实好粮食生产全程机械化整省推进试点要求，江苏省在这一新阶段实施了一系列政策措施，全面提升农业机械化水平，推动现代农业建设迈上新台阶。

2016 年实施的《江苏省政府办公厅关于加快推进粮食生产全程机械化的意见》，按照"藏粮于地、藏粮于技"的战略要求，以水稻为主要对象提出以耕整地、种植、植保、收获、烘干、秸秆处理为重点环节，促进农机与农艺相融合、经营与管理相协调。并在水稻农机科技创新的基础上通过示范创建，探索总结全程机械化的技术路径、技术模式、机具配套、操作规程及服务方式，形成可复制推广的典型，辐射带动周边地区不断提高水稻生产全程机械化水平③。

在水稻生产全程机械化的基础上，2018 年江苏出台了《关于加快推进农业机械化和农机装备产业转型升级的实施意见》，提出要加快推进农机"两融两适"，促进农业机械化向全程全面高质高效转型升级发展。2020 年《关于加快推进农机"两融两适"促进农业机械化转型升级发展的指导意见》中进一步明确农机"两融两适"发展的目标任务，深入推进农机"两融两适"，为实现水稻生产现代化提供有力装备与技术支撑。同年，江苏省政府在《关于切实加强高标准农田等农业基础设施建设，巩固提升粮食安全保障能力的实施意见》中以农机作业便利化、农田建设"宜机化"为目标，推动水稻生产全程机械化，整体推进示范省建设转型升级，加快推广农机化新技术新设备，探索农机社会化服务新模式，进一步提升水稻生产全程机械化水平。2021 年，江苏省提出将机械化推广至粮食烘干领域④。

① 省政府办公厅关于进一步加强粮食高产增效创建工作的意见 . http：//www. jiangsu. gov. cn/art/2009/5/12/art_46144_2544633. html.

② 省政府办公厅转发省农机局关于实施农业机械化推进行动意见的通知 . http：//www. jiangsu. gov. cn/art/2012/2/6/art_46760_2680173. html.

③ 江苏省政府办公厅关于加快推进粮食生产全程机械化的意见 . http：//www. jiangsu. gov. cn/art/2016/4/12/art_46637_2556059. html.

④ 省政府办公厅关于切实加强高标准农田等农业基础设施建设，巩固提升粮食安全保障能力的实施意见 . http：//www. nantong. gov. cn/ntsnwx/gaobzntjs/content/bfc33b0e-b92f-4091-ab18-8c8b2403f216. html.

（四）农业适度规模经营与新型经营主体培育政策

在水稻生产适度规模经营体系建设领域，面临农村劳动力转移后水稻现代化生产问题，江苏省在土地规模经营、新型经营主体和社会化服务体系方面率先探索了自己发展之路。

江苏省在土地规模经营探索方面开始得比较早，规模化经营比重远远高于全国水平。20世纪80年代初期，江苏省在农业现代化试验区建设中在苏南无锡率先开展土地规模经营试点。2009年，在全省开展的"万顷良田"建设工程中，将土地流转作为土地规模经营的前置条件和重要内容进行了试点。此后，江苏各地通过土地流转，适度规模化经营逐步开展起来，并且取得了不少成功先例。2020年，江苏省再次强调依法有序推进土地承包经营权流转，推动土地规模化经营，从而促进水稻适度规模经营（袁慧，2021）。

江苏省一直致力于培育种粮大户、家庭农场为主的水稻生产新型主体。2009年，《关于进一步加强粮食高产增效创建工作的意见》提出鼓励土地向种粮大户、种田能手集中，推进土地适度规模经营。2013年，江苏省农业现代化工程建设进一步提出以种植规模 6.7～20.0hm² 的大户为重点，开展针对性服务，提升水稻种植大户生产水平[①]。2015年《关于加快培育新型职业农民的意见》在前期新型生产经营主体培育的基础上，突出强调从中选出一批长期从事农业生产、有一定产业规模的专业大户、家庭农场主等，从而建设一支有文化、懂技术、会经营的新型农民队伍，为江苏省优质水稻生产提供人力资源保障。2020年，江苏省进一步提出培育壮大种粮大户、家庭农场、农民合作社、农业产业化龙头企业等粮食生产新型经营主体，促进粮食适度规模经营。

江苏省不断强化公益性农业服务体系以及放活经营性农业服务体系建设。2016年，江苏省提出积极培育农机大户、农机合作社和家庭农场等新型经营服务主体，推进订单式、托管式、联耕联种等农机社会化服务，开展全程机械化作业，促进生产性服务业发展（胡雅杰等，2019）。2017年，《江苏省政府办公厅关于推进农村一二三产业融合发展的实施意见》进一步提出健全农业生产社会化服务机制，建设区域性农业服务综合体，大力发展种子种苗、集中育秧、统防统治、肥水管理等专业化服务，提高粮食生产组织化程度。在同年出台的《粮食绿色高产高效创建工作方案》中重点鼓励水稻生产经营主体开展优质品种、绿色生产、储藏加工、品牌销售等，打造一批优质稻米产业化基地。2020年，全省组织实施农业社会化服务扶持政策，开展社会服务组织代耕代种、代育代插、联耕联种、订单种植、质量可追溯等水稻生产社会化服务，提升水稻生产管理水平和一二三产业融合发展水平。

（五）江苏省水稻生产补贴支持政策

为提高水稻种植效益，江苏省在水稻生产环节一直以来都注重完善相关的政策支持。从早期的税收减免到水稻种植补贴实施，再到水稻保险（陈祥云等，2020）、生态补偿政策的探索，使省内水稻种植户收入大幅增加，调动了农民种稻积极性（付强，2007）。

2001年，江苏省率先全面推进农村税费改革，不仅减轻了种粮农民的负担，而且在法

---

① 省政府办公厅关于印发全省实施农业现代化工程十项行动计划工作任务分工方案的通知 . http：//www. js. gov. cn/art/2013/3/14/art_46144_2545093. html.

律上维护和保障了农民的合法经济利益。2004 年,《江苏省人民政府关于促进农民增加收入若干政策的意见》针对水稻生产安排粮食风险基金 40％用于对种粮农民的直接补贴,并设立专项资金实行水稻良种补贴,稳定和提高水稻综合生产能力。《江苏省"十一五"农业和农村经济发展规划》中更是提出,以促进农民增收为中心任务,大力发展"订单农业",探索建立风险基金制度,与基地农户建立风险共担、利益共享的利益共同体(李含琳等,2020)。2007 年,在江苏省农业结构调整指导性意见中进一步强调以生产发展为中心,以农民增收为核心,强化政策扶持(钟甫宁等,2008),实施"一免三补"和农资综合补贴政策,并总结推广淮安、苏州等地农业保险试点经验,扩大试点范围。2020 年,江苏省在强化水稻最低收购价、农机补贴、耕地补贴政策的同时,进一步提升稻谷补贴精准性,对种植水稻 3.3hm² 以上的主体,按照补贴标准不低于 1 500 元/hm² 给予扶持[①]。同时在水稻保险方面,强调完善农业保险制度,开展水稻完全成本保险和收入保险试点,尤其针对年产 5 亿 kg 以上产粮大县全面实行水稻收入保险政策[②]。

江苏省率先探索实施稻田生态补偿政策。2008 年,苏州市开始尝试建立健全生态补偿机制。2010 年,苏州市出台《关于建立生态补偿机制的意见》,对连片 66.7～666.7hm²、667.7hm² 以上的稻田分别按 3 000 元/hm²、6 000 元/hm² 的标准予以生态补偿[③]。自此,无锡、常州等省内多个地区开始进行生态补偿试点。2020 年,江苏省在进一步落实粮食安全责任制、确保粮食稳产增效工作中,开始鼓励省内更多地区尝试实施生态补偿政策,以间接增加种稻农民收入。

二、江苏省水稻生产政策演变的主要经验

(一)在经济高速发展中稳住水稻稳产高产的耕地基本盘

稻田是水稻生产的命脉要素。江苏省前瞻性地认识到"建设"与"吃饭"的矛盾,通过划定基本农田保护区、实施耕地占补平衡、高标准农田建设、耕地质量建设与保护及划定水稻生产功能区等一系列行之有效的农田建设与保护政策,从耕地数量和质量两方面统筹协调了全省在工业化和城市化进程中"吃饭"和"建设"问题,守好了"鱼米之乡"的耕地数量,提升了耕地的质量。同时,通过中低产田改造、沿海滩涂开发、淮北地区旱地改造以及万顷良田建设等政策,持续加大投入,开发新的稻田。稻田保护与开发相结合,为水稻生产稳定发展提供了必要的耕地资源保障。

(二)在耕地资源有限背景下持续支持稻作科技创新

江苏省耕地资源有限,在此背景下,通过稻作科技创新与推广结合,典型创建与示范推

---

① 省政府办公厅关于进一步落实粮食安全责任制确保粮食稳产增效的通知. http：//lsj. jiangsu. gov. cn/art/2020/4/1/art _ 74830 _ 9029772. html.

② 省政府办公厅关于进一步落实粮食安全责任制确保粮食稳产增效的通知. http：//lsj. jiangsu. gov. cn/art/2020/4/16/art _ 74729 _ 9043216. html.

③ 让生态保护功臣不吃亏生态补偿机制在苏州实现全覆盖. http：//www. jsrd. gov. cn/rmyql/2013/1306/12/201306/t20130614 _ 73967. html.

广结合，走出一条由"丰收杯"竞赛到"吨粮田""吨粮县"建设，到"粮食丰产科技工程"，再到"高产高效创建""绿色高质创建"的稻作科技创新之路。江苏在稻作科技推广中，始终坚持以点带面、点面结合，通过小面积的突破带动大面积的增产，在水稻生产大面积发展中取得了举世瞩目的单产水平，引领全国水稻生产技术的提升。

（三）在农村劳动力紧缺趋势下不断推进稻作生产机械化

为解决水稻生产发展中人力资源不足问题，江苏围绕高产、优质、省工等目标持续出台政策，鼓励开展稻作技术攻关和创新，并在农村劳动力大规模转移前就敏锐地抓住水稻劳作艰辛的痛点和未来水稻生产发展中省工、省时和"机器换人"的需求趋势，前瞻性地出台政策创新并大力推广水稻生产机械化技术，从单项机械和技术的攻关突破，带动全程机械化，最终实现了水稻生产机械化水平整体提升。在注重技术攻关突破的同时，出台了农机购置补贴、农机作业补助和农机社会化服务以及农田宜机化改造等一系列支持政策，构建了农机服务与推广体系，充分发挥"全程机械化＋综合农事"模式的作用，探索了人口高度密集地区小规模稻作机械化发展方向，率先在全国范围内走出了一条技术、机具和服务协调的循序渐进之路。

（四）积极探索具有江苏特色的现代稻作经营体系

江苏省为解决水稻生产小农户多、种植规模小等问题，在政策层面上，早期通过土地流转等政策注重引导规模经营，提出土地流转、统一服务型等规模经营模式，到后期注重将规模经营与新型经营主体培育和社会化服务体系建设相结合，强调引导、服务小农户。通过支持土地流转、规模经营和新型职业农民培育、水稻生产社会化服务建设等政策，逐步形成了以家庭承包经营为基础，专业大户、家庭农场、农民合作社、龙头企业为骨干，其他组织形式为补充的新型稻作经营体系，不断完善代耕代种、代育代插、联耕联种、订单种植、质量可追溯等水稻生产社会化服务，构建了具有江苏特色的现代稻作经营体系。

三、江苏省水稻生产政策未来取向

回顾上述政策，自 20 世纪 90 年代以来，江苏省一直注重通过政策创新解决水稻生产中瓶颈问题和发展难点，有力保障了全省水稻生产综合能力。新时期，面对国家粮食安全的重大需要和稻米产业高质量发展的新要求，江苏仍需要进一步加强政策创设，形成有助于水稻生产高质量发展的政策体系。

（一）努力稳定并提升水稻生产收益

稳定和提升水稻生产收益是当前及今后稳定水稻生产必须解决的重大问题，政策的创新仍有较大空间。稻田生态补偿政策是一个积极的实践，如何在江苏水稻生产规模较大的苏中、苏北地区推广，尚需要探索。经济发达、农民收入高的苏南地区水稻生产比重小，而承担水稻生产主要任务的苏中、苏北地区面临着加快发展区域经济和增加农民收入的压力，江苏能否在水稻生产上创新区域分工与合作政策，也值得探索。推进水稻生产优质优价，是从水稻生产内部增加稻农收入的一个路径，相关的政策创设还缺少。以农民增收为目标，持续完善现有的农业保险制度以及农业保险的服务形式，适度扩大水稻生产保险保费补贴，也是有待进一步完善的政策方向之一。

（二）创新和完善水稻生产绿色发展政策

江苏水稻生产化学投入品水平高，耕地复种率高、利用强度大，这导致农业资源与生态环境约束日趋加剧，生产、生态与稻农生计矛盾日趋严峻，推进水稻生产绿色发展任务艰巨。未来的政策取向要牢固树立绿水青山就是金山银山的发展理念，科学制定务实、可监控的水稻生产绿色发展目标，鼓励绿色优质品种研究与培育，引导绿色低碳高效稻作模式的集成与推广，构建生态保护补贴制度体系，统筹推进全省水稻生产走绿色高效可持续发展道路，实现高产与高效并进、生产与生态协同。

（三）完善水稻生产科技创新推广与机械化发展政策

要继续坚持创新驱动，在巩固完善现有水稻产业技术体系的基础上，未来政策创设需加强创新队伍、平台及推广体系建设，支持水稻高产优质新品种选育及其绿色优质丰产稻作技术创新研究、稻田土壤质量建设与保护技术等，重点围绕水稻机械种植、高效植保、机械烘干、秸秆处理等"卡脖子"环节推进全程机械化，加快打造江苏水稻生产机械化升级版，完善农机政策法规体系，形成水稻生产机械化发展长效投入机制，促进农机装备升级换代，促进水稻生产全面全程高质高效发展。

（四）加快水稻生产经营体系和服务主体培育

要继续加强家庭农场、专业大户、农民合作社、龙头企业等新型经营主体培育，探索构建有利于水稻生产持续发展的乡村治理体系，引导土地、资本等生产要素向新型经营主体集聚，鼓励新型经营主体采取租赁、转包、托管、入股等多种形式发展适度规模经营，支持新型经营主体参与投资土地整治、农业设施建设、高标准农田建设等项目。不断完善水稻生产新型社会化服务组织培育，进一步扶持代耕代种、代收代储、统防统治、肥料统配等社会化服务组织，充分调动农民和地方政府水稻生产积极性（葛磊等，2020），提高水稻生产绿色化、标准化水平。

（瞿康洁　王奕韬　陆建飞）

参 考 文 献

陈祥云，李荣耀，赵劲松，2020.我国粮食安全政策：演进轨迹、内在逻辑与战略取向［J］.经济学家（10）：117-128.

陈颖，李继志，2021.我国粮食生产支持政策的历史演变、现实迷失及政策优化［J］.农业经济（5）：3-5.

付强，2007.粮食直补政策下粮农行为选择与收益、风险分析——以辽宁省海城市为例［D］.北京：中国农业大学．

葛磊，陆建飞，徐春春，2020．关于推进江苏水稻产业绿色高质量发展的思考［J］．中国稻米，26（6）：71-75．

胡雅杰，张洪程，2019．长江经济带水稻生产机械化绿色发展战略研究［J］．扬州大学学报（农业与生命科学版），40（5）：1-8．

李含琳，李楠，2020．"十四五"时期我国农村农业政策体系的十个创新点［J］．甘肃农业（10）：66-68，72．

申志铭，冉庆国，周家雨，等，2020．黑龙江省农机购置补贴政策实施效果分析［J］．天津农业科学，26（2）：66-71．

袁慧，2021．我国粮食政策的演变历程、内在逻辑及优化建议——基于粮食增产与粮农增收双重目标的视角［J］．江苏大学学报（社会科学版），23（2）：104-111．

钟甫宁，顾和军，纪月清，2008．农民角色分化与农业补贴政策的收入分配效应——江苏省农业税减免、粮食直补收入分配效应的实证研究［J］．管理世界（5）：65-70，76．

对江苏省稻米产业高质量发展的若干探讨^①

[摘要] 在分析江苏稻米产业发展的坚实基础和创新升级的空间基础上，探讨了江苏稻米产业高质量发展的科学路径，提出了相应的战略措施建议。

一、江苏稻米产业发展具有坚实的基础

(一) 江苏水稻产能高

江苏是长江中下游单季粳稻优势区和我国南方最大的粳稻主产区，占全国粳稻种植面积20%；也是我国中籼稻生产北缘地带优势区。

水稻是江苏省第一大粮食作物，全省水稻常年种植面积220万 hm^2 左右，稻谷总产190亿 kg 左右，居全国第四。近年来，水稻单产稳定在 8 400kg/ hm^2 以上，2019 年接近9 000 kg/ hm^2，居全国水稻主产省第一。200 多万 hm^2 水稻大面积持续高产稳产，世界领先，是国家"口粮绝对安全"的重要支撑。

江苏的稻米不仅满足了全省人民主粮的需求，而且每年输出稻谷60 亿 kg 以上，是长三角地区大米消费的重要来源，是上海、浙江及本省人民名副其实的"米袋子"。

(二) 江苏稻米产业主要环节特色化发展

1. 农田建设与生产经营向规模化发展

近年来，随着土地流转政策和适度规模经营的生产方式推进，江苏省农田建设越来越标准化，生产经营规模化，除原有的江苏农垦集团有限公司、江苏方源集团有限公司等大型国有粮食生产企业外，家庭农场、农民专业合作社、农民合作组织及农业企业快速发展，农业适度规模经营率不断提高。

2. 水稻高产增效栽培技术科学化水平提高

经过几十年的研究与实践，创立了诸多具有重大影响的水稻高产栽培理论与技术体系，集成应用了适合苏北、苏中、苏南不同生态稻区水稻丰产高效栽培技术。如 20 世纪 80 年代的"小、壮、高"高产栽培技术、"叶龄模式"栽培，90 年代的"群体质量"栽培技术、水稻肥床旱育高产栽培技术、水稻抛秧高产栽培技术，21 世纪的作物籽粒品质调优技术、机械化栽培技术、清洁化标准化技术、精确定量栽培技术等。近年来，水稻优质丰产栽培技术

---

① 本文根据张洪程院士 2020 年 1 月 9 日在首届长三角优质稻米产业发展创新成果交流会上作的主旨报告整理而成。

也有一定的进展。

3. 水稻生产全过程机械化，机艺融合发展快

江苏省粮食生产全程机械化水平 80％ 以上，水稻生产主要环节（旋整、播种、插秧、施肥、植保、收获等）都应用了适宜农机，机艺技术融合发展，促进了水稻生产的全程机械化。

旋整方面：如连云港市成立了江苏旋耕机械科技创新中心，研究建立了粮食作物秸秆机械还田技术体系，研究水平处于国内领先水平。

种植方面：如苏州、无锡、常州三市建立形成了以种植机械、收获机械为主的产业集群，可生产多种型号的插秧机、播种机和收割机，插秧机设计生产及高产栽培技术研究应用处于全国领先水平，机械收割技术总体处于国内先进水平。

植保方面：如南通市建立形成了以植保机械为主的产业集群，大田背负式、担架式、悬挂式和自走式施药机械总体处于国内先进水平，静电喷雾、风送式喷雾、变量对靶高效施药和机械式自动除草方面的研究处于国内领先水平。

机艺融合方面：创建了与现代种植制度相配套的栽培方式和基本技术模式，例如稻麦两熟条件下水稻钵苗机插、毯苗机插、简化旱条播的绿色优质高产高效的全程机械化栽培模式。

4. 优质水稻品种布局与生产有了良好进展

近年来，以优质、绿色、丰产、高效、安全为导向，育成了多类型优质、高产、抗病水稻品种并在生产上大面积推广种植，实现了水稻品种种植结构的逐步调整，从南到北初步实现了晚粳和中粳、中籼和粳稻的优质水稻合理搭配与布局。

目前，适合于江苏各地种植的优良食味品种有南粳 46、南粳 5055、南粳 3908、南粳晶谷、苏香粳 100、宁粳 8 号、南粳 9108、丰粳 1606、徐稻 9 号、苏香粳 3 号、南粳 505、南粳 2728、南粳 5718、南粳 58、扬农产 28、早香粳 1 号等。

5. 稻米储藏与流通能力增强

江苏省现有粮食流通企业信用等级评价 A 级企业 2 203 个，仓库网点 1 500 多个，完好仓容 1 200 万 t，基本满足了托市收购和各级储备需要。建立形成了以中国储备粮管理总公司南京分公司、江苏省粮食集团及各市、县粮食集团和国家储备库为主体的粮食储备和流通系统。

创新应用储藏技术。利用自然低温的控温、气调、替代甲基溴等新技术，以及以粮情电子检测、机械通风、环流熏蒸和谷物冷却低温储粮为主要内容的储粮"四合一"技术与装备，自主设计建设了一批仓储设施，研究开发了与之配套的散粮装卸输送设备。

6. 稻米加工行业快速发展

据有关统计，2018 年江苏商品稻谷 110 多亿 kg，稻米加工产值 462.68 亿元，入统大米加工企业 715 家。江苏农垦米业集团等一批大型企业的初加工技术和规模全国领先。

稻米加工技术上，如稻米产后初加工、精深加工及传统食品工业化、资源综合利用上都有创新研究与应用。

7. 稻米品牌多样化

打造了苏垦大米、射阳大米、兴化大米等国家级名牌产品；有蟹园、射阳、苏垦、苏牌、

麦华牌、淮安大米等省级名牌大米品牌 25 个。据不完全统计，2018 年全国大米品牌有 600 多个。

8. 政策支持有力度，助推稻米产业发展

江苏省委 2019 年 1 号文件提出，要坚持质量兴农，着力推进现代农业建设迈上新台阶。江苏省将优质稻米产业列为"全省现代农业提质增效工程"八大千亿级农业特色产业之首，提出到 2022 年全省优质稻米产业总值达到千亿元，努力打造新时代江苏"鱼米之乡"。

二、江苏稻米产业发展仍有很大的创新升级空间

（一）稻米生产要进一步通过创新，实现提质丰产、增绿、降本，迫切需要通过优质丰产协同技术的不断创新，达到水稻品质显著提高，并且丰产、稳产

近几年全省优质稻种植面积虽然持续增长，但普通优质品种种植比例依然较高，稻米质量结构仍然较不适应市场，不能满足消费升级的需求，也就是稻米总量增加与适应市场的优质稻米供给短缺的矛盾突出。

1. 迫切需要通过清洁化生产技术的不断创新，提高稻米质量的安全性

目前，江苏稻田使用的农药和化肥仍然偏高，给稻田生态系统带来较大的环境压力。稻米绿色清洁化生产技术水平仍然还不够高，稻米质量安全的管理有待进一步加强。

2. 迫切需要通过生产技术轻简化、高效化的不断创新，降低水稻生产成本，提高种植效益

近年来受成本刚性上升（土地流转成本、投入品、劳动力等价格持续上涨）和粮价下行的影响，水稻种植效益呈下降态势，影响了稻农生产积极性。

同时，随着土地流转的推进，种植规模化扩大，一次性投入成本攀升，短期大量资金存在供给问题。再加上偶发性气象灾害的影响，农民往往损失严重而无保险措施。因此，急需探索降低生产成本、有利规避生产风险的水稻优质丰产的节本栽培技术。

（二）促进稻米的升值盈利迫切需要创新优质稻米加工技术，拓宽稻米的用途，提升稻米附加值

目前，稻米初级加工产品多，而高附加值的精深加工产品较少，稻米品牌多而散，缺少影响力强、增值盈利多的引领性品牌。

稻米现代流通体系正在逐步完善，但仍存在稻米流通各环节信息不能及时传递和共享，金融服务较为落后，物流运输服务和成本偏高的问题，迫切需要创新稻米的现代流通体系，促进产业链的高效运转。

（三）稻米品牌间竞争日趋激烈，需要打造叫得响的市场竞争力强的品牌

江苏还没有像日本越光、黑龙江五常稻花香一样的品牌，因此，要通过建立高水平的稻米现代产业链，打造有竞争力的区域品牌和企业品牌，形成有江苏特色的大品牌。

1. 创新创造适应现代化的多元化消费的稻米品牌

人们生活习惯、消费方式在不断地快速发生变化，消费者对稻米的需求也发生多元化转变，如注重品质消费、体验式消费、功能性稻米产品消费等，因此要创新创造适应现代多元

化消费的稻米品牌。

2. 进一步通过体制机制创新，优化稻米全产业链建设

如何优化建立市场主导、政府引导、企业主体的稻米产业高质量发展的运作体制机制还存在许多问题。

3. 创新创造稻米一二三产业深度融合的体制机制

目前，稻米产业中种植、加工、储运、营销、服务等环节还存在着相对脱节问题，产业链环节之间融合度低，往往稻农生产的稻谷不能满足加工需求，加工产品不能满足不同层次的消费需求等，致使各环节的收益回报率低，增值能力弱。

4. 稻米产业链环节之间要增强紧密的契约精神和互利共赢机制

目前，稻米产业链环节之间往往因不对等收益，违约频发，链条断裂，难以高质量发展。因此，稻米产业链条的上、中、下游均要诚信合作，合理利润分配，以实现各环节生产积极性的协同提升，互利共赢。

三、江苏稻米产业高质量发展的路径探讨

（一）稻米产业高质量发展核心基础是生产出高质量原粮，要生产出高质量原粮首先是优势产区、高标准基地、中高端优质稻米品种优化匹配

打造"苏米"品牌，必须在全省不同优势产区建设高标准生产基地（集中连片、设施配套、生态良好、抗灾能力强，与现代生产经营方式相适应的高标准农田），筛选应用该产区最适宜的中高端优质稻米品种。因为好的稻米品种必须种在符合该品种生育要求的最适生态区，才能生产出好米，也就是人们常讲的"一方水土栽一方稻种"。

虽然，全省各主产稻区已有了部分优质稻米品种，但是这些稻米的品质还没达到培育高端品牌的要求，还不适应市场竞争。例如苏南、苏中、苏北产区还没有像黑龙江五常这样的基地和匹配的稻花香 2 号、日本新潟县这样的基地和匹配的月光这样的品牌品种。因此，仍需要育种界创新培育出米质更优、稳产性能更好、资源利用率更高的新品种。

在淮北地区，选择土壤肥沃、水质洁净、农田基础设施配套的高标准基地，种植匹配的优质食味粳稻品种和优质籼稻，如南粳 2728、徐稻 9 号、南粳 505 等。

在里下河地区，选择土壤肥沃、水质洁净、农田基础设施配套的高标准基地，种植匹配的优质食味品种，如南粳 9108、南粳 5718 等。

在太湖地区，选择土壤肥沃、水质洁净、农田基础设施配套的高标准基地，种植匹配的优质食味品种，如南粳 46、苏香粳 100、沪软 1212 等。

（二）因地制宜种植的优质稻米品种，要与因地、因种的绿色优质丰产耕作栽培技术优化匹配

打造"苏米"品牌要用因地因种的稻作技术，充分挖掘稻米品种的生产潜力，才能生产出高质量的稻谷原粮。因此要根据本地适宜的中高端优质水稻品种特性，配套绿色健康栽培的种植制度、适宜的机械化种植方式、适宜的播栽期、适宜的种植密度、适宜的施肥方法、

适宜的灌溉方法、病虫草害绿色防控等技术。

1. 以定位试验和生产实践调查相结合的研究结果为依据，建立有利于水稻优质绿色健康栽培的种植制度

在改进优化稻—麦、稻—油等主体种植制度同时，因地制宜地创新与推行"绿肥＋水稻"的种植制度，前茬作物（紫云英、紫花苕子、蚕豆、黄花菜、绿肥油菜等）轮作培肥，提高土壤肥力，后茬水稻少施或不施化肥，减施农药和除草剂，种出优质稻米。

2. 综合研究评价水稻主要机械化种植方式

选用当地最适宜的机械化种植方式，提高优质品种生产力。在一定地区，种植方式明显影响稻米品质的好坏。根据研究，在江苏稻麦两熟条件下选择钵苗机插栽培，稻米品质明显好于毯苗机插，而毯苗机插栽培稻米品质又好于机直播。

3. 要深入系统地揭示稻米品质形成的温光生态特征，精准采用适宜播栽期

确保优质品种在当地最佳季节抽穗灌浆。优质稻米品质形成的关键时期是从孕穗后期至扬花、灌浆、成熟，尤其是灌浆时段最为重要，直接影响品质优劣。

水稻抽穗开花期最适宜的日平均温度为 24～29℃，籽粒灌浆结实在抽穗后 30d 内最适宜的日平均温度为 21～26℃，其中籼稻 22～26℃，粳稻 21～24℃。

根据研究与实践，苏北地区粳稻在 8 月下旬抽穗，苏中地区在 8 月底 9 月初抽穗（南通地区在 9 月初），苏南地区在 9 月上旬抽穗，有利于优质稻米形成。因此，各地应按照最佳抽穗期合理确定种植品种的适宜播栽期。

4. 要研究不同区域不同水稻品种主要栽培方式下的密度效应，指导因地因种合理种植密度确定，促进优质水稻个体群体协调生长

若种植过密，既不利于群体的中期调控，也会导致整精米率下降，垩白粒率增加，透明度变差，直链淀粉含量升高，稻米品质变劣。若种植过稀，单株营养面积增大，分蘖期延长，分蘖成穗与籽粒充实度的整齐度降低，垩白增多，米质呈下降趋势。只有适宜的密度，才利于对水稻群体生长进行合理调控，才能达到既优质又高产。

5. 要进一步研究阐明稻米优质协同形成的供吸肥规律，创新简化的高效施肥技术，既满足优质丰产形成的养分需求，又节肥、节工

通过合理施肥改善稻米品质，不但要注意有机与无机相结合，还要注意氮、磷、钾等多种元素的合理比例。在协调比例基础上，适当提高磷肥和钾肥的施用，同时重视硅肥及与米质有关的锌、镁、硒等微量元素肥料的合理施用。特别要注意合理施氮，提高稻米食味品质。

氮肥用量适当减少，增加有机肥用量，后期尽量不施氮肥。后期多施氮肥导致贪青迟熟，成熟度下降，稻谷蛋白质含量增加，食味品质变差。

6. 要研究水稻优质高产协同的水分高效利用规律，革新灌溉方法，做到既满足优质丰产协同形成的生理生态需水，而且又节水

7. 要创新与应用病虫草绿色防控技术，保障优质水稻健康安全

农药、除草剂用量过大或施用不合理，会显著影响水稻的健康生长，同时会影响产量和品质，稻米收获后残留超标，安全卫生品质得不到保障。因此在水稻生产中，要坚持以健康栽培为主线贯穿全生育期，着重通过培育健康抗逆的水稻群体，以最大限度地减少化学农药与除草剂的使用。

在病虫草的绿色防控上，必须坚持预防为主，运用生态的、物理的、生物的防治手段和精准施药相结合的综合防控方法；以培育水稻健康优势群落控制草害；以无毒或低毒、无残留的高效无公害农药取代高毒、高残留的化学农药，以新型生物性（植物源、微生物、抗生素等）农药取代传统的杀虫、杀菌剂，降低土壤残留。

（三）因地因种制宜生产出的高质量稻谷要按产区、按基地、按品种分等级进行收储加工，才能真正加工出质量一致的中高端优质大米

在不同优势产区（苏南、苏中、苏北），针对不同标准化基地（绿色、有机），按照不同的具体品种（例如优质食味品种南粳 46），制定稻谷的不同等级标准，按等级分别收购加工。通过稻谷收储等级标准来确保稻米原粮的质量，进而分别加工出不同质量的中高端稻米。

（四）培育不同区域特色的骨干（龙头）企业，打造中高端优质稻米品牌

根据江苏各生态区实情，打造一批苏南、苏中与苏北具有区域特色稻米骨干（龙头）企业，推出企业品牌。

制定江苏各区域品牌和企业品牌大米的标准，并加以实施，打造区域和企业中高端优质米品牌，提高江苏品牌大米知名度和美誉度。射阳大米、海安大米、兴化大米、泗洪大米、建湖大米、苏州大米等还要进一步提升质量和知名度。

（五）突出创意创新创造，综合地、深度地开发和利用水稻生产资源

1. 要创新传统食用稻米食品加工，延长产业链

开发高留胚率米制品、保鲜米线（米粉）、高品质全谷物食品等新型食品，如发芽糙米、留胚米、方便米粥、米酒、米醋等，满足消费市场的需求。

2. 要加强精深加工与利用

利用新型碾米磨粉技术、新型全谷物食品加工技术、高品质淀粉-蛋白联产技术等，开发蒸谷米、免淘米、营养强化米等产品。

3. 要加强开发功能性稻米

开发功能性大米及相关产品，比如高钙米、富硒米、高锌米、益糖米、糖浆米、低谷蛋白米、巨胚米、发芽糙米、糙米浆等，满足不同消费群体的需求。

4. 要加强稻米其他资源综合、深度利用

例如稻谷皮渣等的综合利用。每年约有 3 000 万 t 稻壳、2 000 万 t 碎米、1 000 万 t 米糠等资源，可用于开发稻壳饲料、稻壳板材、稻壳能源、米糠酸蛋白、米糠营养素、米糠蛋白、低聚木糖等产品。

再如稻草秸秆的深度开发和高值化利用。

（六）建立最严格的质量监控与溯源体系，使产品质量经得起市场与时间的考验

建设经过绿色食品和有机食品认证的稻米优势生产基地，水稻种植全过程严格实施绿色食品和有机食品生产标准，并根据稻谷和大米品牌的质量标准，从种植、收获、烘干、仓储、加工到销售等全产业链建立稻米第三方溯源体系和平台。

四、推进稻米产业高质量发展的战略措施建议

（一）要真心实意地高度重视江苏稻米产业的高质量发展

江苏稻米产业基础和总体发展势头是好的，有望形成推动我国稻米高质量发展的区域增长极。如前所述，江苏大面积水稻丰产，单产领冠于各主产省；优质稻米尤其是优质食味稻米发展很快；"苏米"大区域品牌也正从多方面发力加强打造；千亿级稻米产业建设已呈现良好开端。可以说，江苏稻米产业在"强富美高"新江苏建设的新时期，也迎来了具有诸多新时代内涵的重要战略机遇期。

在新机遇期，江苏稻米产业要赢得主动、赢得优势、赢得未来，实现自我超越，快步奔向卓越，关键要敏锐发现机遇、及时抓住机遇、充分利用机遇，奋力闯出江苏特色的稻米产业高质量发展新路子。

要坚持市场化、中高端化、融合化、集约化导向，聚焦创新研发、骨干企业培育、园区载体、资源集聚高质量产业链打造，促使"苏米"成为一个巨大的金字招牌。这在当今稻米价格有所趋低的形势下，需要江苏人真正有敢于担当与实干的精神，对稻米产业高质量发展要真正给予高度重视（因为稻米是江苏粮食安全的根本，是江苏人的高质量饭碗），对稻米产业的发展有敢抓的狠劲、真抓的实劲、善抓的巧劲、常抓的韧劲。

（二）政府要加强领导与顶层设计，强化有效扶持与投入

稻米是社会效益巨大，而增值盈利难度大的产业，它是一个安民心、稳天下的重大产业。因此，政府要高度重视，要加强领导，要组织编制突出发展中高端优质稻米的产业中长期实施规划，部署一批重大工程、行动计划、实事项目，组织实施优质食味稻米产业发展的重点项目，加强科技、资金、人才等资源投入与扶持。

（三）江苏不同主产区要分别培育有规模的稻米骨干企业，构建优质稻米全产业链开发模式，系统化打造高水平产业化示范区，打造有强大生命力的企业品牌与名牌

大力发展以企业为核心的稻米全产业链模式，从生产、储藏、加工、物流、营销到服务均由企业组建队伍开发运营，在各大主产区形成有规模、有市场竞争力的骨干稻米企业，有叫得响的企业品牌。

发展"种粮大户（家庭农场、农民合作社）＋基地＋加工（加工企业）＋品牌销售""稻米加工企业＋订单生产＋品牌销售"等多种形式的产业化模式。

系统化打造高水平优质稻米产业化示范区，建设质量高、质量可靠的绿色可持续生产基地。下大气力持久性建设高档米生产的土、气、水洁净的"风水宝地"，同时培育生产中高

档稻米的工匠。

（四）发挥新消费引领作用，推动稻米产业转型升级

以绿色消费、体验式消费、时尚消费三大新消费领域为抓手，为稻米产业发展提供新动力。

一是以绿色消费理念为引领，大力培育以品质优良、质量安全为稻米品牌的企业核心竞争力，创建中高端稻米产业绿色发展环境。

二是借力休闲农业、观光农业、乡村旅游等新兴产业的壮大，进一步拓展稻米的潜在价值，带动优质稻米消费需求升级。

三是加速释放个性化、多样化稻米消费潜力，让消费者享受绿色产品，为优质优价买单，助力中高端稻米供给持续增长。

（五）发掘稻作历史资源，创新稻作科技、稻作艺术、稻作教育、稻作旅游观光等稻作文化建设，助推稻米产业

一是挖掘稻米的历史、地理、传统、风俗等文化资源，形成独具各地特色文化的中高端产品。通过寻找品牌传统文化与现代文化的结合点，实现稻米产品与消费者之间的情感沟通，培育稻米品牌的知名度和美誉度。

二是加快构建乡村旅游、住宿、特色餐饮、文化创意等供应链综合服务和交易平台，完善供应链体系，促进稻米产业与二三产业融合发展。

三是利用休闲农业与旅游精品景点和线路，依托休闲农业打造"农家乐趣游""田园风光游""休闲生态游"等，大力宣传与推介当地稻米品牌。

四是组织稻米博览会、展销会、品鉴会，举办优质稻米评比活动，通过网络平台不断创新优质稻米营销手段，提高优质稻米产品知名度和影响力，加强"味稻小镇"稻米文化宣传。

总之，追求卓越的高质量发展是江苏稻米产业现代化建设的基本方向，也是稻区产业兴旺、乡村振兴的重要内容，期待相关政府部门人员、广大科技工作者、稻米企业家与稻农们，不断加强创新创造，共同推进江苏省稻米产业高质量发展。

（张洪程）

第二篇 江苏省水稻生产大面积绿色优质丰产高效发展战略研究

32

江苏省水稻生产大面积绿色优质丰产高效发展战略研究综合报告

[摘要] 种出好稻是优质稻米产业发展的基础。在经历主产区持续北移、粳稻化格局变迁进程中，江苏省水稻生产实现了两熟制下的大面积高产稳产，正处于向大面积绿色优质高效发展的战略转型期。在这一形势下，围绕良田、良种、良法和科技服务等重点领域，总结江苏水稻生产发展所取得的成就，辨识当前江苏水稻生产发展所面临的问题与挑战，基于国家粮食安全和高质量发展的双重战略要求，立足江苏省情和农情，研判江苏水稻生产高质量发展的目标方向，提出丰产、绿色、优质、高效的发展要求，基于创新驱动发展的策略，谋局未来推进江苏水稻生产高质量发展的重点任务，为水稻生产环节助力江苏稻米产业高质量发展提供参考思路。

江苏是传统的水稻优势生产区，我国南方粳稻生产第一大省。水稻产业是江苏从业人数最多、基础性最强的一大产业（陆志强，2007）。2019 年江苏省委省政府明确提出努力打造江苏新时代"鱼米之乡"，要将优质稻米产业打造为江苏八大"千亿级"农业特色产业之一，使之成为江苏乡村振兴的首位产业。作为全国 13 个粮食主产省之一，江苏水稻已实现大面积高产稳产，在稳定 372.5 亿 kg 粮食产能的基础上，全省水稻品种布局正加快向优质稻和优良食味稻更新升级，依托高标准农田建设，耕种管收烘全程机械化快速推进，规模化组织、标准化生产水平持续提升。

当前江苏水稻生产正处于向大面积绿色优质高效发展的转型变革期，稻作发展正进入数量增长与质量效益并重、物质要素投入与科技创新并进、生产发展与生态环境协调的新阶段，如何用新的理念引领江苏水稻生产高质量发展，本报告重点聚焦生产环节，分析全省水稻生产发展基本特征，回顾水稻科技创新发展的基础成效，研判江苏水稻生产高质量发展面临的问题与挑战，探讨高质量发展的方向与目标，提出现阶段推进水稻生产高质量发展的重点任务，为江苏优质稻米产业发展提供参考思路。

一、江苏水稻生产发展基本特征

（一）大面积高产稳产

江苏省地处江淮沂沭泗流域下游和南北气候过渡带，兼有南北之利，雨量充沛，光照充足，稻作条件优越，自古以来就是鱼米之乡。作为传统的水稻生产优势区，稳定以水稻生产为主的粮食生产，不断提升耕地粮食产能，始终是江苏省耕地利用和农业发展的基本任务。在人增地减的压力下，为担起服务国家粮食安全战略的使命，全省农业集约化高产管理主要有两条主攻路径（图1）：一是从突破收获差（harvest gap）入手，强化耕地复种水平。江苏耕地复种指数位居同纬度带省级行政区最高，常年保持全国最高的稻麦周年单产水平。二是稻麦两季生产从突破产量差（yield gap）入手，依靠全国领先的超级稻育种和水稻栽培技术，通过投入资源要素的高效运筹，江苏水稻单产水平常年位居全国水稻主产省首位。

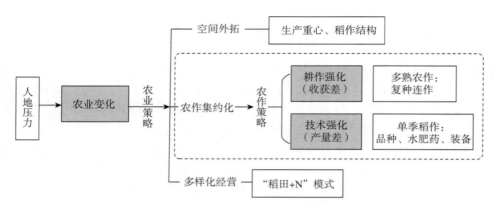

图1　江苏农业集约化高产突破的主要路径

改革开放以来，工业化和城镇化进程快速推进，受耕地非农化和粮田非粮化的影响，江苏水稻种植面积在波动中下降，依靠水稻单产的大幅提升，全省水稻总产量在波动中趋于稳定（图2）。近40年来，江苏水稻实现大面积均衡增产，尤其是稻麦两熟制下大面积高产稳产世界领先，可以说创造了中国乃至世界粮食生产史上的奇迹。

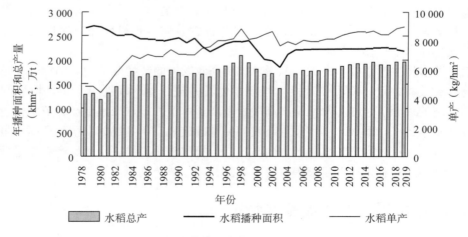

图2　江苏水稻产能（1978—2019）

（资料来源：《中国统计年鉴》，1979—2020）

（二）粳稻化布局明显

江苏处于暖温带和亚热带过渡区，水热资源充足，兼植籼、粳稻且早、中、晚熟配套。

江苏植稻历史相沿以粳稻为主，由于籼稻比粳稻所需条件低，在肥水条件差的地方易获稳产，受地势地貌的影响及水肥的限制，宋代开始籼稻逐步扩大（江苏省农学会，1990）。中华人民共和国成立以来，江苏经历了多次籼改粳的探索与尝试。从 20 世纪 50 年代开始推广粳稻，20 世纪 60 年代粳稻迅速发展，70 年代粳稻又改回籼稻，80 年代调双扩优，90 年代调籼扩粳（王楼楼，2013）。进入 21 世纪，江苏粳稻稳步推进，全省粳稻种植比重从 1996 年的 55.6%，提升至 2016 年的历史最高位 88.7%，随后全省籼稻面积开始稍有扩增，但粳稻仍完全主导江苏水稻生产（图 3）。

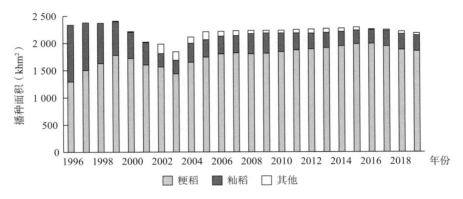

图 3　江苏水稻种植面积的籼/粳结构演变态势

（资料来源：《江苏省农村统计年鉴》，1997—2020）

从地方籼粳稻种资源类型分布（图 4b）和 20 世纪 80 年代籼粳种植区分布类型（图 4a）大致可看出，江苏长期为籼粳并举地区。随着籼改粳的不断推进，目前除宁镇丘陵、淮北西部水源少且土壤肥力低下地区籼稻分布集中，其他地区基本为粳稻主导的种植区（图 4c）。

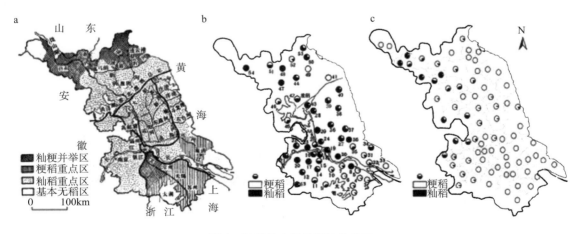

图 4　江苏省水稻籼粳结构变迁

a. 江苏 20 世纪 80 年代水稻籼粳区示意　b. 江苏地方稻种资源类型分布（江苏省农学会，1990）

c. 江苏 2018 年籼粳面积结构分布（资料来源：《江苏省农村统计年鉴》，2019）

（三）主产区向北转移

处于东部沿海经济发达区，江苏能够稳定地保持全国水稻主产省的地位，没有出现类似浙江、福建、广东等省的水稻总产下滑现象，除了水稻单产水平的不断突破，还得益于水稻主产区的持续北向拓展。江苏省南北跨度大，按经济区位一般分苏南（苏锡常宁镇 5 市）、苏中（通泰扬 3 市）、苏北（徐淮盐连宿 5 市）三大地带。改革开放 40 年来，水稻北扩南减的地域分化趋势明显，苏南地区水稻种植面积从 1978 年占全省水稻面积的六成，持续缩减至近期的 1/7 以下，已从全国商品粮基地完全转为稻米主销区，而同时期苏北地区水稻种植面积则从不到全省的 1/4，持续上升到近期的六成，成为全省水稻生产的主体区域，苏中地区则介于两者之间，水稻种植面积比重相对稳定在 1/4 左右（图 5）。

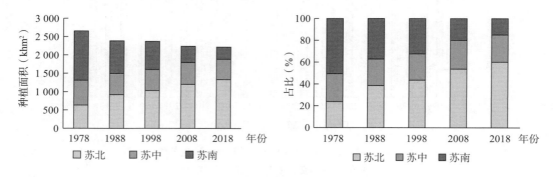

图 5　江苏 40 年稻作地域结构的变化
（资料来源：《江苏省农村统计年鉴》，1979—2020）

南稻北麦历来是我国粮食种植基本格局，秦岭—淮河一线被认为是水稻小麦大面积生产的地理分界线，在淮河流域治水改土等农田水利建设的支持下，借助早熟品种选育及配套栽培等技术的突破，江苏稻麦两熟制集约高产体系大面积推至淮河一线以北。

二、水稻科技创新的基础与成效

（一）品种创新与应用

1. 品种创新的基础雄厚

江苏向来重视水稻育种科技发展，鉴于人才资源和种质资源对育种科技长远竞争力的奠基性作用，全省着力建成一支科技实力雄厚、多元化投入、市场化育种的科研队伍，主要由五部分组成：省农科院及地区农科所、农业院校系统、基层农科所系统、省农垦系统、种子企业系统。同时，强化水稻种质资源基因库的建设，省农科院已建成国内一流的省级农业种质资源保护与利用平台，农业院校等科研单位亦已完善配套水稻基因库检测、筛选等研究硬件设施。江苏还建成省优质水稻工程技术研究中心、长江中下游水稻科技创新中心等水稻育种技术创新与品种选育发展平台（国家水稻产业技术体系，2017）。

2. 育种水平全国领先

一是高产育种，超级稻尤其是超级常规粳稻育种技术走在全国前列。江苏超级稻育种起步早，1999 年育成全国第一个两系超级稻组合两优培九，被誉为超级杂交稻的先锋组合，累计推广面积超过 667 万 hm^2（国家水稻产业技术体系，2017）。目前江苏省是全国唯一超级粳稻籼稻皆有培育的省份，超级常规粳稻选育数量遥遥领先。

二是品质育种能力不断增强，优良食味粳稻新品种选育水平全国领先。国家水稻中心数据（ricedata.cn）显示，2001—2020 年，通过"苏审"水稻品种（包括糯稻）360 个，其中达到优质稻谷标准的有 226 个（62.78%）。近年来，优良食味稻一定程度代替优质品种成为江苏水稻育种目标，先后选育出南粳系列、宁粳系列、苏香粳系列、武粳系列、淮香粳系列等优良食味品种，以软米为代表的优良食味品种已成为江苏优质粳米的一个重要品类，并引领长三角地区食味品质改良的方向，沪浙皖粳稻育种单位也都在培育更多的软米品种。相对于东北粳米产区，江苏气候条件不具优势，粳稻灌浆期间温度高、温差小，江苏软米是克服这一气候不利条件，且能确保高产而好吃创出的一条新路。这是江苏水稻育种的创新性成果，目前兼顾软米半糯性质的优质稻米地方标准也将颁布和实施[①]。

三是抗性育种有所突破，筛选了一批抗条纹叶枯病品种，从根本上解决了品种的条纹叶枯病抗性问题。抗稻瘟病、抗纹枯病、抗白叶枯病等育种工作也取得了较好进展。

3. 应用推广成效明显

一是品种更新速度加快。据江苏省水稻品种推广应用报告，近 3 年前 30 位的推广品种中，60% 左右为近 5 年审定品种，平均每年有 2~3 个品种退出前 10 位，每年有 3~5 个品种退出前 20 位，品种更新速度平均 5 年左右。更新品种的良种补贴和推广，促进种植品种不断向高产、优质方向发展。

二是优质品种尤其优良食味粳稻推广面积持续扩大。以软米为代表的优良食味稻品种提升了"苏米"品牌影响力，在农业农村部举办的三届优质米食味品鉴会上，第二、第三届获得粳稻金奖大米第一名的都是江苏的软米品种。优良食味粳稻品种适宜种植区已覆盖江苏所有粳稻生态区，年推广面积已达 100 万 hm^2，占比达四成。其中，南粳 9108 种植面积最大，成为继武育粳 3 号后江苏省推广面积最大的优良食味品种。

（二）稻作技术创新与应用

1. 关键技术集成创新成果丰硕

江苏水稻栽培历史悠久，从传统精耕细作的栽培技术，新中国成立初期研究总结陈永康等劳模为代表的"三黄三黑"高产栽培经验，到凌启鸿等的"水稻叶龄模式""群体质量栽培"，再到精确定量栽培技术，信息化时代无人化农场的新探索，江苏水稻栽培理论与技术研究一直全国领先，水稻叶龄模式、群体质量调控、节水高效栽培、精确定量栽培、机械化栽培和抛秧技术等都享誉全国。

近年来，围绕优质、绿色和防灾抗逆等生产发展需求，探索水稻良种、良田、良机、良技融合配套，因地制宜形成一整套丰产高效规范化栽培技术体系。其一，为适应优质化稻米产业发展需求，研发出如优质稻米全程机械化生产、优质水稻绿色安全生产、优质水稻丰产

---

① 江苏省市场监督管理局立项制订的软米品种地方标准《优良食味半糯粳稻品质》和《优良食味半糯粳稻生产技术规程》，已通过专家审定。

精确定量栽培等一系列技术，形成了一套比较完善的优质水稻生产技术体系。其二，围绕发展"水稻＋N"（麦/油菜/绿肥/瓜果蔬菜/特种水产等）多元化种植模式，以精确定量栽培为核心，形成毯苗（钵苗）机插、秸秆机械还田、肥料农药减量替代等关键技术。其三，针对水稻生育期间多发重发的重大病虫害、高温热害、低温冷害、涝灾等灾害，加强相关抗性品种的筛选，开展适宜播期、栽培方式、肥水运筹以及生物试剂调控等配套技术研究，集成防灾减灾技术体系，减轻因灾损失。

2. 一批先进实用技术大面积推广

在栽培与肥水管理方面，以"高产、优质、高效、生态、安全"为目标的精确定量栽培技术不断普及。如探索合理的品种搭配与茬口衔接，集成示范水稻毯（钵）苗机插、因地因苗施肥、精准诊断用药等技术；针对氮肥施用量大、施肥次数多、施肥方式落后等问题，研究与应用测土配方施肥、控氮平衡施肥、机插缓混一次施肥、控缓释新型肥料施用等技术；在全国率先集成推广激光精整、智能化集中育秧、机械化播种、精准高效施肥、机械化植保等生产技术。近年来全省精确定量栽培技术年推广面积超过 1 133.3km^2。

在土肥管理方面，针对稻麦两熟制的季节矛盾大、耕地负荷重的问题，苏南地区率先整体推进耕地绿肥轮作，优化种植结构，推广应用增施有机肥、秸秆腐熟还田、绿肥种植、障碍土壤改良以及水肥一体化、应用土壤调理剂、深耕深施等保护性耕作措施，推进耕地用养结合。秸秆还田是增加土壤有机质、改良土壤结构、培肥地力的一项重要增产措施，2009年江苏出台首部省级"秸秆法规"，重点突破机械化全量还田。随后，通过大力宣传和实施秸秆还田补贴政策，强势推广稻麦秸秆机械化全量还田技术，取得突出成效，2020年江苏夏季秸秆机械化还田率超 80%。全省秸秆机械化还田率达 64%。

在绿色防控方面，针对江苏水稻生产病虫草害多发的问题，采取推广抗病虫品种、培育健康种苗、避害栽培、采用防虫网和无纺布、改善肥水管理、间作套种等农业措施，以及研制和推广种子处理技术、信息素技术、穗期精准选药技术、病虫害智能化监测预警技术，构建前期种子处理预防病虫、中期生态调控抑制病害控制虫害、后期绿色用药保品质保安全的规范化防控技术体系，示范和推广"种苗处理＋生态调控＋科学用药"简约化绿色防控技术模式，以压制病虫源头，减少农药用量和防治次数，保障稻米品质和质量安全。

（三）机械化和信息化技术

1. 全程机械化难点突破

自 2004 年我国出台《农业机械化促进法》以来，粮食作物全程机械化进入飞跃发展期。在水稻生产的耕、种、管、收、烘各作业环节，种植是全程机械化的瓶颈环节，为此，江苏先后研究制定了机插水稻育秧技术规范等 7 部地方标准，建立了较为完善的水稻机插秧生产技术体系。各地还创新发展了多项育插秧技术，普及应用了无纺布全程覆盖育秧、基质育秧、硬地硬盘微喷灌育秧、秸秆基质盘育秧等技术，将秸秆机械化还田与机插秧相结合，形成了秸秆还田机插秧集成技术规程。目前，水稻毯（钵）苗机插与机械直播已成为江苏省水稻机械化种植的主体模式。

2. 农机农艺融合快速发展

至"十三五"末，江苏省全面完成粮食生产全程机械化整体推进示范省建设任务，主要粮食作物耕种收机械化率达93%，水稻种植机械化水平达88.8%，水稻生产主要环节（播种、育秧、旋整、插秧、施肥、植保、收获等）都研制应用了适宜机具，如高地隙植保机、无人机为代表的先进施药机械。通过农机农艺技术融合发展，创建了与现代种植制度相配套的栽培技术模式，如稻麦两熟条件下水稻钵苗机插、毯苗机插、简化旱条播的全程机械化栽培模式，并探寻适合不同生态区的作物全程机械化模式。

3. 农机化信息化融合创新探索

近年来，围绕水稻生产绿色高质高效发展需求与关键技术瓶颈，探索开展水稻苗情智能监测、智能化一体化生产、"互联网＋"等前瞻性新兴稻作生产技术研究，提高标准化、信息化、智能化生产水平。从耕种管收生产环节探索了农机化信息化的融合创新，如自动码垛机器人、自动育秧播种摆盘机、无人驾驶插秧机等水稻种植环节的智能农机装备逐步推广应用，以及江苏部分地区"智慧农机""无人农机示范农场"等先行探索，展示了广阔的发展前景。

（四）科技推广与服务

1. 水稻产业技术体系强力支撑

为促进农业科技成果与农业产业、科技专家与新型农业经营主体对接，推进科教企协同创新，跨学科、跨部门、跨领域集聚科技资源，江苏省已创建22个现代农业产业技术体系。近年来，江苏水稻产业技术体系以优质丰产高效为目标，以创新集成推广水稻全程机械化实用技术为导向，着力筛选综合性状突出的水稻新品种、集中育秧技术、麦秸高质量还田整地机，推广水稻机插秧侧深施肥技术和无人机飞防绿色植保技术；创建"体系集成创新中心＋基地＋企业＋新型经营主体""岗位专家＋农技推广机构＋基地＋企业＋新型经营主体＋农户"等模式，以核心示范基地和推广示范基地为样板，辐射周边农户，推广应用优质稻品种和水稻生产先进实用技术。同时，围绕稻米品牌打造，依托体系生产基地，对接本地稻米加工企业，显著改善了苏米品质结构，初步建成"苏米"系列品牌，如兴化大米、射阳大米、海安大米、姜堰大米、苏北粮油、宿迁籼米、苏垦大米等。

2. 科技示范推广模式加快创新

为有效发挥品种的高产高效潜力，依托水稻绿色高产创建示范县（市、区）建设、优质稻示范推广等科技推广项目，建立规模化水稻新品种新技术示范样板，做到县有万亩示范片、乡有千亩示范方、村有百亩示范户，充分发挥示范带动作用。近年来，从高产示范方到绿色高质高效示范方，逐期分片推进"味稻小镇"建设，构建具有江苏特色的科技推广新模式。由江苏省农业技术推广协会、江苏省作物学会、江苏省水稻产业体系发起，从产业化基地建设、"五新"技术试验示范、稻米加工水平提升、品牌培育与营销、稻米文化建设等方面，通过综合评定和推介一批"味稻小镇"，推进高水平优质稻米产业化示范基地建设，强化水稻种植"五统一"（统一优良品种、统一生产操作规程、统一投入品管理、统一田间管理、统一收获）管理模式，开展水稻规模化集中育秧、密苗机插及侧深同步施肥、测土配方施肥（缓释肥）、优质水稻全程机械化生产等技术的示范工作，由此探索构建具有江苏特色的优良食味稻米产业化链式开发模式，培育建设一批优良食味稻米产业强镇。

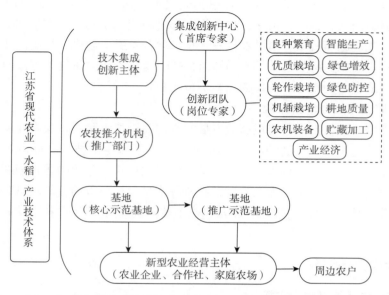

图 6 江苏水稻产业技术体系：跨学科、跨领域、跨部门协作平台

3. 现代科技推广手段不断应用

市县通过省部级高素质农民培训、科技入户等项目的实施，开展各种形式的技术培训班、现场演示会、专家咨询活动，印发技术明白纸，同时充分利用各类新媒体平台，做好水稻大面积生产技术服务指导，如打造农业科技服务云平台"农技耘"APP，利用"江苏农技"微信公众号、"江苏农技推广网"等平台，为 20.5 万用户提供"全天候、保姆式"在线农技服务，将全省水稻关键生育时期的天气信息、苗情信息、生产技术意见、最新水稻产业信息等，第一时间传递至种植大户、家庭农场、专业合作社等新型经营主体，提高因时、因地、因苗技术指导到位率，打通农技推广"最后一米"。

三、水稻生产高质量发展面临的问题与挑战

（一）粮田去粮化仍在持续，稻米产能提升承压

分阶段看改革开放以来的江苏水稻生产变化，增产阶段的水稻增产量均来自单产提升的贡献，水稻面积始终是减产因素（表 1）。近几年受市场价格和种植成本等影响，种粮大户等新型经营主体水稻效益总体低而不稳，盈利总体微薄。据实地调查，稻农因种稻效益不高，积极性难以提振。其结果可能是耕地弃耕、稻田去稻化趋势有增无减，进而累及水稻产能。近十多年来，江苏水稻减产地区已从苏南扩展到苏中，苏南、苏中的水稻减产均因稻作面积下调，苏北除徐州外，水稻面积不减反增，水稻生产南北地域分化明显。其中，因粮田去稻化（稻作比）导致水稻减面减产效应较为显著的地区为：苏南的无锡、常州，苏中的泰州、扬州，苏北的徐州；因耕地复种下调，即耕地利用程度下降累及产量的地区主要分布在苏南 5 市及苏中的南通市（表 2）。

表 1　江苏水稻产量阶段变化及其构成因素分解

阶段	总产变化（万 t）	面积贡献（万 t）	单产贡献（万 t）
1978—1988 年	417.6	−180.1	597.7
1988—1998 年	297.7	−14.7	312.4
1998—2008 年	−207.3	−130.3	−76.9
2008—2018 年	158.1	−8.5	166.6
1978—2018 年	666.1	−323.2	989.3

注：考虑到水稻单产的年际波动，取 3 年平均值。

表 2　江苏水稻产量变化（2008—2018 年）及其构成因素分解[①]

地区	总产变化（万 t）	单产贡献（万 t）	面积贡献（万 t）	水稻面积贡献（万 t）的构成		
				耕地面积	耕地复种	稻作比
苏州	−11.7	5.9	−17.6	−8.2*	−4.8	−4.6
南京	−3.6	6.1	−9.7	−2.1	−16.6*	9.0
无锡	−18.1	3.6	−21.7	−3.9	−4.1	−13.6*
常州	−22.1	2.8	−24.9	−5.0	−7.3	−12.7*
镇江	−3.1	9.3*	−12.4	−2.4	−5.7	−4.3
南通	−1.2	9.3*	−10.5	−1.7	−8.8*	0.0
泰州	−2.2	10.2	−12.4	−4.7	4.4	−12.2*
扬州	18.5	25.4	−6.9	−2.3	0.2	−4.9
淮安	43.4	32.1	11.3	4.7	11.4*	−4.8
宿迁	30.8	19.0	11.8	0.1	11.3*	0.3
连云港	22.8	10.5	12.3	1.6	14.6	−3.9
盐城	72.6	49.4*	23.2	1.1	−10.9	33.1*
徐州	12.4	14.1	−1.7	1.8	19.8	−23.3*

＊总产变化的首位影响因子。

（二）农田宜机化建设不足，秸秆还田有隐忧

水稻生产以机插秧为核心的全程机械化要求田块平整、浅水栽插、薄水勤灌，即对田块大小、平整度和水利设施、适于机械行走的机耕路等要求较高。江苏人口稠密、城镇密集，导致耕地细碎化，尤其苏南、苏中地块分散，"插花地"多，很少有成规模的田块，影响机械作业效率。随着高标准农田的建设，机耕路等基础设施建设有了长足进步，但耕地质量及农田生态环境建设仍需加强与维护，有待建成更大规模适合机械化高效作业、标准化生产、规模化经营的高标准稻田。

由于连续多年的土壤表层旋耕作业，耕层浅化和板结是目前耕地质量的主要问题。据农业农村部耕地质量监测保护中心资料，江苏省耕地土壤耕层厚度平均仅 17.4cm，小于 20cm

① 水稻总产量是水稻播种面积和水稻单产共同变化的结果，其中，水稻播种面积又可以分解成耕地面积、耕地复种指数、稻作比三个因素。水稻总产量＝水稻单产×水稻播种面积。其中，水稻播种面积＝耕地面积×耕地复种指数×稻作比。运用因素完全分解法（LMDI 分解模型）测得。

的占 77.04%，14～18cm 的占 47.4%，而适宜作物生长的耕层厚度在 20cm 以上，欧美等国家一般耕层厚度在 35cm 以上。目前江苏耕地土壤有机质含量平均为 2.14%，低于 2.0% 的占 36.1%，2%～3% 的占 57.9%，土壤有机质含量需要进一步提升[①]。江苏连续多年稻麦秸秆还田以来，由于稻麦周年高产带来的秸秆量大，土壤对秸秆腐解能力和速率跟不上，影响到稻田高质量整地，给水稻生产甚至水环境质量带来隐患。

（三）综合性状优良的主导品种不足，品种供给结构性失衡

"放管服"改革及"绿色通道"开放以来，审定品种数量越来越多，目前适宜江苏区域内合法应用的省审、国审以及引种水稻品种近 1 000 个，而实际应用品种也有 230 个左右，品种多、杂、乱，造成品种应用分散，主导品种不突出，农民选种难，种业市场乱。江苏审定品种中，优质稻占比较高，但达到国标一级的品种屈指可数，稻瘟病达到中抗及以上的品种数很少，高产、优质兼顾抗病的高质品种更是凤毛麟角。抗性绿色品种供给不足，导致用于病虫害防治的农药量大，不利于水稻的绿色生产和效益稳定，更不利于打造"苏米"品牌以及获得市场认可。

从品种类型上，农业农村部认定的超级稻品种以一季耐肥型超级稻居多，而适合中低产田的广适性超高产品种少（国家水稻产业技术体系，2017）。杂籼、杂粳育种难有突破，品种选育优势弱化明显，省内籼稻品种难以应对日益变化的生产需求，导致省内种植的籼稻品种有相当数量来自省外，籼稻跨区引种可能导致种质安全性问题，可能对江苏水稻生产安全造成隐患。此外，针对不同消费层次、年龄阶段以及如糖尿病等特殊人群为目标群体的功能性特色品种的选育和应用，目前仍处于起步阶段。

江苏水稻生产重心已从太湖稻区转移到里下河地区与淮北地区，但由于缺少食味突出、适应性广、综合抗性突出的中熟中粳品种，一定程度上造成了淮北地区品种推广"小而散"，统一生产管理难的问题，这与淮北地区逐渐成为江苏水稻产业中心的趋势相悖。据江苏水稻品种应用报告，从近 3 年的品种布局看，淮北地区品种利用分散，如淮北水稻种植面积 93.3 万 hm²，推广品种 130 个左右，推广面积达 6.67 万 hm²（100 万亩）以上的品种只有 1 个，低于 0.67 万 hm²（10 万亩）的品种有 90 个。而苏中地区较为集中，该区域水稻种植面积近 80 万 hm²，推广品种 60 个左右。区域性主导品种优势不足，难以担当优质稻米产业发展大任。

（四）农机农艺深度融合不足，全面全程机械化难点突出

与精准化的先进农艺要求相比，江苏水稻机械化总体仍处于"机器换人"的初级阶段，机械配套总体粗放，秸秆还田、整地、播种、育秧、栽插、肥水药管理、收获及烘干等环节，缺乏契合水稻优质丰产高效协同的全程机械化配套模式，包括机具配套优化选型与标准化农艺，迫切需要向适合适度规模经营的精准、高效、实用的智慧型机械化迈进。水稻生产机械方面，大中型拖拉机及配套农机具的发展仍跟不上现代农业发展的需要。秸秆全量还田条件下，现有机型秸秆粉碎、耕整、机插机播质量不高；机械植保、机械施肥仍是水稻全程机械化的短腿，缺少合适的高效自走式喷洒机械，大面积推广应用中的植保无人机，现实作

---

① "关于高质量高起点以科技创新深入推进秸秆深耕翻还田工作的建议"江苏省政协（jszx. gov. cn）。

业存在精准性差、农药利用率低、水稻药害等问题；施肥作业机械化在江苏仍处于优化阶段。总之，由于农机与农艺融合不紧密，施肥、植保和秸秆综合利用等环节，成为了江苏全面推进水稻全程机械化"卡脖子"的环节。

从"耕、种、管、收"整个栽培过程看，水稻生产全程机械化的难点集中于种植机械化，播栽环节是短板。水稻机插秧高产稳产优势明显，但因配套设施不够完善、育插秧技术不够到位，以及育插秧服务费较高，农机科学调度乏力，进一步推广应用遭遇瓶颈。而直播稻由于省去了育秧、移栽等多道工序，农艺相对简化、劳动力投入较少、农耗时间较短、省工节本，近年来种植规模不断扩大，包括在水热资源相对不足、生长季节紧张的淮北地区，也有增长趋势。生产上报统计数据和实地调研数据均显示，机插秧是江苏目前主要栽种方式，其次是直播。在江苏省要求控压直播面积的政策下，据实地调研报告（刘航航、周宏，2018；宁运旺等，2018），近年来江苏直播面积比重可能在四成上下，这个趋势不可忽视。

（五）先进科技推广受限，实现绿色增产增效任重道远

因新的推广体系尚未建立，基层农业技术推广体系体制不顺、机制不活、队伍不稳、保障不足等问题尚未根本解决，机构改革后，乡村农技推广站合并到农业农村局或农村工作局，精力主要用于抓农村工作，技术推广工作往往被落下。加上种稻效益低、轻简高效农机供给不足等影响，水稻高产主流技术不能实施到位，如育秧和机插机播的质量差、播期不适、播量不配、肥水不当（过多过少、过早过晚）、病虫草防治不及时等，新品种、新技术的增产潜力难以充分发挥。2011—2020 年江苏平均水稻单产和区试（不包括不育系品种）对照平均单产比较显示，水稻平均单产均未达到同年区试对照平均单产，两者差距显著（923~2 207kg/hm²，图 7），说明改善农田基础设施条件，推广普及良田良种良法配套技术，缩小地区间和农户间的技术差异，在现有技术条件下，实现全面均衡增产潜力巨大。

图 7 江苏省审水稻品种区试平均产量和大田生产平均产量的比较
（资料来源：国家水稻数据中心，《江苏省农村统计年鉴》）

近年来，测土配方施肥、病虫害统防统治、机插秧、秸秆还田等主推技术在生产示范中展示了良好的增产增效性，但因为技术本身轻简化不足，或社会化服务组织力弱，或一些规

模农场和合作社等技术水平和机械装备跟不上等，导致生产管理措施落实不统一、不到位，用种及耕种管收烘和储藏等诸多环节贯标比例不高，影响优质稻米品牌打造。尤其是淮北地区，优质强势品种不突出，稻作类型复杂，种植户不熟悉品种特性，种植方式粗放，肥、水、药投入盲目。

生产上的科学管理不到位，上升到省域尺度，江苏粳稻高投入高产出的集约化高产特征明显。以全国平均水平及粳稻生产第一大省黑龙江作对照，江苏粳稻单产水平较高（图8），投入项中，用工量近期与全国平均水平大体持平，排灌费和机械作业费低于全国平均水平（图9），但江苏稻田的种子、化肥、农药投入处在高位运行态势，远高于全国平均水平（图9）。随着化肥、农药双减行动的开展，水稻化肥、农药施用强度近期有所下降，但江苏地处温湿气候带，病虫草害多发，水稻生产过程对农用化学品高度依赖，迫切需要科技与推广服务的创新来攻克这一难关。

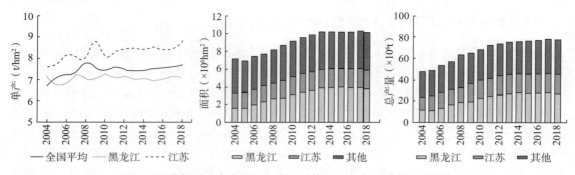

图 8 江苏粳稻生产变化：与全国及第一生产大省黑龙江的比较

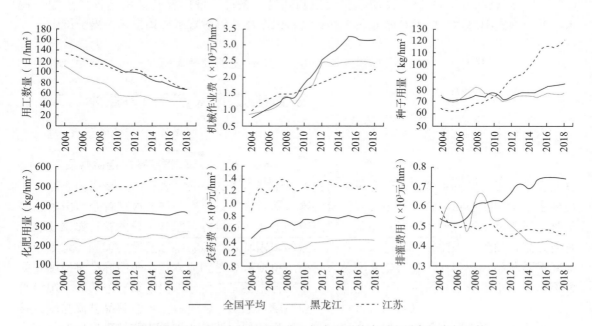

图 9 江苏粳稻主要生产投入项变化：与全国平均水平和黑龙江省相比较

[资料来源：国家发展和改革委员会价格司；《全国农产品成本收益资料汇编》（2005—2019）]

四、水稻生产高质量发展战略目标

（一）战略定位

以打造"泛长三角地区的绿色米都"为目标方向，江苏未来要成为华东地区现代稻米产业的领航者，全面增强粮食安全掌控力，培育具备国际化经营能力的新型粮商，带领长三角区域参与全球农业竞争。未来江苏省稻米产业要率先向标准化、绿色化、智慧化的生产方式和全链掌控、产业集群的方向发展。

江苏农业现代化程度高、综合能力强，是全国首个整省实现粮食生产全程机械化的示范省，2019 年，江苏农业综合机械化水平 88%，高标准农田比重 65%，稳居全国前列。江苏有条件也有能力率先实现水稻生产全面全程机械化，向精准化、智能化发展。

（二）战略方向

中国正构建以国内大循环为主体、国内国际双循环相互促进的新发展格局，在国内国际双循环框架内保障国家粮食安全、建设粮食产业强国。基于这一发展新形势，立足于江苏省情和农情，新时代江苏水稻生产的高质量发展，要求高产与高效并进、生产与生态协同，即水稻生产要实现大面积丰产、优质、绿色、高效的协调发展。展望远景，聚焦丰产、绿色、优质、高效的内涵要求，在综合协调发展的基础上，江苏不同地区、不同发展阶段可各有发展侧重；在全省层面，围绕高质量发展这一总体方向，以丰产、绿色、优质、高效为生产目标引领，助力水稻产业综合竞争力提升。

1. 丰产：大面积均衡增产

数量保障是质量型农业的前提。江苏水稻大面积持续丰产稳产，是新时期水稻生产高质量发展的基本要求，也应是第一内涵、首要目标。稻米是我国消费量最大的口粮，也是国家限制进口、确保较高自给率的最主要品种。我国进口稻米主要来自越南、泰国、巴基斯坦和缅甸等，从这些国家进口大米多为低端籼米。江苏发展水稻生产的自然资源优越，有能力也必须为保障国家口粮绝对安全承担更大责任。为此，稳定粳稻种植面积、挖掘单产潜力，实现大面积均衡增产，是江苏水稻生产高质量发展的第一要务。

2. 优质：满足多元化需求

长三角是我国经济最发达的地区，城乡居民生活水平普遍较高，且都以稻米为主食，对优质稻米的需求量巨大，而江苏产稻米的食味、适口性与长江下游居民生活习惯较为一致。因此，江苏既是中国粳稻生产大省和消费大省，也是很多企业采购优质稻谷的重要基地。把发展优质粳米产业置于国际化大背景下，通过政策倾斜、政府推动，优化种植结构，推进规模化种植、标准化生产和产业化经营，提升有限稻田资源的高品质稻米产出率，大力发展优质米产业，打造国际知名品牌，不仅是社会经济发展的需要，也是满足人们对营养健康、高品质、多功能等美好生活的要求。

3. 绿色：节能减排降碳

随着资源环境约束的不断趋紧，迫切需要将水稻生产和生态环保协调起来，在促进水稻发展、增加稻农收入的同时保护环境、保证稻米品质安全。建立以资源高效利用和生态环境保护为基础的可持续农业生产体系，通过发挥绿色水稻品种的增产增效作用，并配套相应的绿色增产增效技术，实现水稻生产全程少用农药、少施化肥、节水抗旱、节能减排、节本增效的绿色发展目标。

4. 高效：轻松快乐稻作

高质量发展的本质要求是能够很好满足人民日益增长的"美好生活需要"，而稻作发展关系到众多水稻种植者、消费者的美好生活需求。水稻生产要致力于提供全程解决方案，以支持种植者通过可持续的生产方式，使水稻生长更健康、稻米品质更高、农民种植更为轻松、消费者更放心，并且确保农民有更好的收成和更高的收入，过上更美好的生活。伴随农村劳动力的非农化转移，近40年来，以减少劳力投入、改善作业舒适度、提升劳动生产率为导向的技术模式始终为江苏水稻技术进步的主体演进方向。随着高素质的新型职业农民对传统农民的替代，水稻轻简化、机械化和智能化生产势在必行。

（三）总体策略

1. 稳增长策略

江苏人多地少，土地后备资源不足，人增地减的趋势在相当长的时间内难以改变，不可能依靠耕地数量的扩张来满足人们对农产品日益增长的需求。未来全省水稻高产稳产，主要依靠稳面积和提单产。通过政策推动、投入优化、农田改造、品种改良、技术配套、绿色高产创建等综合施策，实现水稻大面积均衡增产和效益提升。

2. 创新驱动增长策略

资源是有限的，水稻增产不能过分依赖于物化要素投入的增加，重点要转向全要素生产率的提高。提升全要素生产率，只有依靠技术进步（生态化、智能化技术）和挖掘技术潜力，才能节约成本、增加产出，如引进现代生产要素（如良种、机械装备、耕种技术等），增加环境友好要素的投入，强化农业社会化服务，深化农业专业化分工，优化种植结构，以保障增长（产）的可持续性。

五、推进水稻生产高质量发展的重点任务

（一）战略规划引领

统一品种、划区种植是现代稻作发展的基本要求，鉴于江苏水稻生产正处于向大面积绿色优质高效发展的战略变革期，前瞻谋划稻米品种的战略定位，优化稻米品质区划与优质栽培技术配套的顶层设计至关重要。建议成立江苏稻米品质发展战略研究协作组，各生态区成立地域性品种战略研究小组，协作研究的重点领域：

一是稻米产销格局研究：包括需求侧的苏米销区消费群体、规模、偏好走势；供给侧的稻米种质资源、审定品种及应用趋势；基于以销定产原则的产销区对接方案论证等。

二是稻作品种结构与布局研究：包括品种类型配置、优良食味稻生产布局及规模；稻田综合种养布局及规模等；基于资源生态分布特征，以及优质品种的适配资源属性需求，通过

品种适宜性评价，优化江苏水稻品质区划。

三是适宜不同稻作生态区的绿色优质高效栽培集成技术研究：按作物全程解决方案的要求，基于自然地理条件、种植制度、农田配套设施和社会经济基础，研究面向智慧农机的优质高效栽培集成技术体系。根据区域性优质品种生育特性和品质形成规律，组装集成区域化绿色优质增效的生产技术体系，制定区域内优质稻统一生产标准。

四是面向水稻生产全程解决方案的科技推广与服务供给政策规划研究：包括新型经营主体（种粮大户、家庭农场、专业合作社与涉粮企业）的技术与政策需求；江苏科技推广经验模式的成效及适用性；技术推广与生产性服务体系建设的分区分类政策指引。

（二）绿色稻田培育

1. 加强宜机化稻田基础建设

按照标准化、规模化、集约化、机械化、信息化"五化"要求，加强农田基础设施建设，在高标准农田建设中明确"宜机化"内容，特别是稻田在机耕道宽度、涵桥农机通过性等方面明确具体适宜标准，确保耕种管收等高效作业。在农田地块平整度，田块短变长、弯变直的互联互通，农田排灌设施建设和内外"三沟"畅通等方面也要体现"宜机化"要求，满足水稻机插秧控水农艺要求。在高标准农田建设中，要把田间灌排工程建设和耕地质量建设摆在优先位置，实现土地平整肥沃、水利设施配套、田间道路畅通、林网建设适宜、农艺农机技术先进适用，使稻田基础设施条件与现代农业生产经营体系相适应。

2. 提高秸秆全量还田整地质量

加快制定稻麦周年高质量整地标准，明确秸秆还田碎草长度、埋草深度、草土混匀度等指标。实施农机深松整地作业，加强稻麦周年秸秆全量还田高质量整地机具创制及其配套农艺融合创新，加大科研创新投入，研制出符合现代稻作农艺要求的秸秆全量还田高质量整地机具。生态型犁耕深翻还田是将秸秆利用和土壤改良相结合的有效途径，在全省适宜区域加快推进生态型犁耕深翻秸秆还田，以提高秸秆机械化还田深度和均匀度，减少耕作层土壤秸秆比例，恢复提升耕地地力，促进后茬作物壮苗早发和高产稳产。

（三）高质品种研制

1. 加强重要基因资源挖掘和品种培育

一是开展水稻种质资源全面系统调查与收集，完善省级农业种质资源综合基因库，加大特色种质资源深度挖掘和地方品种筛选测评力度。二是实施种质资源精准鉴定评价和深度开发利用，尤其强化稻种资源的抗病性、抗虫性、抗逆性评价与应用，将资源优势转化为产业优势。三是加强转基因品种和种质资源监控。四是建立完善主体多元、广泛参与、资源共享的种业科研创新体系，集聚国内外种业基础研究和前沿技术资源，探索应用全基因组育种、基因编辑育种等技术，推动"常规育种"与"精细育种"相结合，加强基于作物设计育种的重要基因资源挖掘和品种培育，大幅提升育种效率和品种科技水平，推进现代育种技术落地应用。

2. 加快选育广适性优质高产品种

改革目前以理化分析指标决定大米等级高低的现有做法，放宽个别指标，突出食味品尝，尽快育出更多适宜不同地区种植的综合抗性好、食味突出的高产优质品种，特别是适合苏中、苏北地区综合性状优、口感好的品种，满足不同生态区优质稻米生产需求。围绕优质、高产、绿色、宜机化开展品种选育攻关，重点突破水稻优良食味和抗性优良的绿色品种选育，加强杂籼、杂粳品种以及抗稻瘟病、优质耐储藏早熟品种选育攻关，争创一批优质特色多抗高效新品种（品系、配套系）。加强适合苏北优质籼稻生态区种植的优质籼稻品种选育，同时，针对不同消费群体和市场需求，加强彩色大米、硒米、宜糖大米、含锌大米、富铁大米，以及适于酿酒、制醋、制粉等特色功能稻米选育开发，全面提升优质品种普及率和应用比例，满足稻米产业开发需求。

3. 优化品种审定机制

扩大区域试验点范围，改善试验条件，拓展试验、测试鉴定内容，引导品种选育向绿色、优质、宜机化、功能性专用方向转变。建议区域试验设立宜机型品种组。建立审定品种跟踪评价机制，完善品种退出和淘汰机制，防范推广风险。严格新品种选育审定过程的转基因监管，落实国家种业安全审查制度，依法开展种子产地检疫，加快实施种子生产政策性保险，提高救灾备荒和良种风险保障水平。

（四）栽培技术创新与集成应用

1. 加强水稻绿色优质丰产高效协同规律与全程智能化关键技术创新与应用研究

以高产著称的江苏，经过长期的研发，已形成了水稻大面积稳产高产理论与技术体系。但随着供给侧结构改革的深入，稻米质量安全与优质高效的需要更为迫切，因此，必须大力加强水稻优质绿色丰产高效协同形成的研究，创新优质绿色高产高效协同的关键栽培技术，并分区域加以集成创新与规模化示范。水稻精确定量栽培是基于水稻生物学及其农艺措施的量化栽培技术，是对传统的基于经验式栽培技术进行的质的创新，但与发达国家基于信息技术和现代农业装备技术的精准农业相比，仍存在较大差距（国家水稻产业技术体系，2017）。随着物联网、大数据、AI、北斗导航等信息技术的兴起，水稻生产规模化经营和社会化服务的发展，迫切需要稻作技术转型升级，推进栽培、育种、植保、土肥、农机、信息多学科融合，以信息化、智能化提升水稻生产全程全面机械化的质量和水平。为此，建议江苏进行"稻麦两熟制下水稻生产全程智能化关键技术创新与平台建设"的研究，推进农机装备的智能化和农机管理服务的信息化，包括加大水稻生产全程"无人化"研究攻关，开展水稻关键生产环节"无人驾驶"攻关试验，建设"互联网＋农机作业"信息化服务平台。

2. 加强直播稻优质丰产高效栽培技术研究与集成应用

大面积水稻直播对实现水稻轻型化、专业化、规模化生产有着一定的实践意义。江苏未来水稻机械化种植技术自然是多种模式协调发展，机械化直播技术将作为机械化插秧技术的有效补充。现阶段江苏直播面积不断增加，而直播稻瓶颈问题尚未攻克，亟须选育适合水稻机械化直播技术的抗倒伏早熟优质高产水稻品种，研究和应用直播除草剂，研究适应不同种植区域和种植茬口的水稻精量直播方式、播种密度、播种量以及田间管理技术规程。根据不同区域的机直播技术要求，研究"品种—栽培—机具"一体化配套农艺技术，实现农艺农机相融合（国家水稻产业技术体系，2017）。

3. 加强水稻绿色防控机制与应用研究

随着水稻生产向规模化、集约化方向转变，专业化统防统治有利于集成绿色防控技术，提高防治效率，但也对植保技术在规模化、标准化方面提出新的要求，包括：①抗病虫草害品种的选育和布局，如通过广泛鉴定育种品系中的抗性基因，掌握地域性病虫害优势致害型及其变化，有针对性选用和培育相应抗性基因型品种。②病虫草害的监测和预警，如加强各地病原菌群体的致病性变异规律研究，建立不同病原菌致病型时空分布与变异的快速高效检测技术（国家水稻产业技术体系，2017）。③高效低毒农药研发与安全使用，如利用基因组研究成果，针对病虫害特异、必需基因及其蛋白开展低毒低残留农药设计和研发，研究高效精准的农药施用技术，加快研究抗药性产生和变异机理。④持久性抗病虫资源的挖掘和利用，如抗病虫的数量抗性基因（QTL），特别是主效基因 QTL 的鉴定及其分子标记的开发，将其应用于多基因聚合育种，这将有助于实现病虫害的安全持续控制，同时，挖掘具有生物防治作用的微生物和天敌资源，不断改良生防制剂剂型和提高天敌昆虫的利用水平，提高田间生物防治的效果（国家水稻产业技术体系，2017）。⑤加强水稻全程绿色防控技术模式集成与示范推广模式的研究。

（五）科技推广与生产服务方式创新

1. 健全科技推广与服务体系建设

以现代农业产业示范园、绿色高质高效创建基地、"味稻小镇"等为载体，加快新品种、新技术、新模式、新装备、新物料的集成装配、推广和应用，提高劳动生产率。推进基层农技推广体系改革与建设，强化体制机制创新，加强试验示范基地建设；充分发挥江苏水稻产业技术体系集成创新中心、创新团队和示范基地的作用，积极培育科技示范户，做好高素质农民培训；引导和鼓励涉农企业、农民合作社开展技术培训和推广活动，积极为农民提供科技服务；加强病虫害防治设施建设，建立健全水稻有害生物预警与监控体系，完善公共植保体系，提升精准植保能力；健全农业气象灾害预警监测服务体系，提高农业气象灾害预警监测服务水平。

2. 创新生产性社会化服务方式

按照主体多元、形式多样、服务专业、竞争充分的原则，大力培育专业服务公司、供销合作社、农村集体经济组织、服务型农民合作社和家庭农场等服务主体，为小农户提供专业化社会化服务。积极发展服务联合体、服务联盟等新型服务组织，构建集机耕机收、育秧栽插、植保管理、收割烘干、加工销售、质量追溯等环节为一体的全产业链服务模式，打造一体化的服务组织体系。瞄准育苗插秧、施肥、植保等关键薄弱环节，创新专业化服务模式，如作物全程营养套餐解决方案服务供应商，满足水稻生产服务的多元化需求。健全服务标准体系，制定水稻生产各类作业服务的标准和规范，为服务质量和效果提供公平公正的评价依据。引导服务组织合理确定各环节作业服务的价格，指导服务主体和农户规范签订服务合同，减少双方的争议和纠纷。建立社会化服务组织名录库，对各类服务主体进行动态监测。完善服务主体信用评价机制，开展信用打分和分级，促进服务主体的优胜劣汰，实现生产性服务业的良性发展。

（金涛　张洪程）

参 考 文 献

国家水稻产业技术体系，2017. 中国现代农业产业可持续发展战略研究·水稻分册 ［M］. 北京：中国农业出版社.

江苏省农学会，1990. 江苏稻作科学 ［M］. 南京：江苏科学技术出版社.

刘航航，周宏，2018. 农户机插秧选择行为及其影响因素分析——基于环节成本视角和江苏水稻主产区调研数据 ［J］. 湖南农业大学学报：社会科学版，19（1）：32-37，45.

陆志强，2007. 江苏省水稻育种与优质稻米产业发展策略分析 ［D］. 南京：南京农业大学.

宁运旺，张辉，张永春，2018. 江苏省水稻种植行为的南北差异及其对化肥投入的影响——以苏州、盐城为例 ［J］. 江苏农业学报，34（3）：58-64.

王楼楼，2013. 江苏省籼稻改粳稻的发展研究 ［D］. 扬州：扬州大学.

许明，2020. 江苏省优质水稻品种应用现状、存在问题及发展对策 ［J］. 中国稻米（4）：61-64.

江苏省水稻种业高质量发展战略研究

[摘要] 农以种为先。江苏稻作历史悠久，稻种资源丰富。近30年来，伴随水稻籼改粳的品种格局变迁，江苏已成为南方最大的常规粳稻生产区，形成了淮北中熟中粳、苏中和宁镇扬丘陵地区迟熟中粳、苏南和沿江地区早熟晚粳稻和沿运河丘陵杂交籼稻五大优势区域布局。水稻育种方面，江苏省超级常规粳稻、优良食味品种选育水平国内领先，优质品种尤其是优良食味稻的大面积推广应用，有力推动江苏稻米产业转型升级。由于种业科技创新受限等因素，目前仍存在优质品种结构性矛盾突出、品种应用和布局发展不均衡、良种良法配套不及时等问题。未来要在着力化解水稻种业科技创新障碍的基础上，加快绿色优良食味品种育种攻关，做好优质水稻品种的区域化布局，引导优质稻标准化生产和品质全程可追溯管理，以进一步提高江苏稻米产业的竞争力。

当前我国正处于农业供给侧结构性改革的深化阶段，农业农村部提出了优质、绿色的发展战略，2019年江苏省委、省政府也提出了打造优质稻米和现代种业两个千亿级产业的发展要求。农以种为先，推进江苏稻米产业转型升级、促高质量发展，强大水稻种业是基础。

江苏是传统的水稻优势生产区，南方最大的常规粳稻生产区和我国北缘优质籼稻种植区，全省水稻种植面积长年稳定在220.0万 hm^2 以上，是水稻生产大省和用种大省。本专题以水稻种业为报告对象，运用实地调研、文献研究和行业专家咨询等方法，总结江苏水稻种业发展的基础和成效，分析当前水稻种业发展存在的问题和面临的障碍，探讨江苏水稻种业高质量发展的思路及对策建议，为江苏稻米产业高质量发展政策制定提供参考。

一、水稻种业发展的基础与成效

（一）稻作历史悠久，稻种资源类型分区明显

江苏属暖温带与亚热带的过渡地区，暖湿季风气候，适于喜热、喜光、需水的水稻生长，全省南北皆宜植稻（江苏省农学会，1990）。因优越的自然条件，江苏稻作历史悠久，在相当长的年代中遗存下来的水稻品种颇多。据考古发掘，江苏省境内从苏南到苏北，业已发现的5 000年以前的稻作遗址已达20多处，泗洪县韩井遗址的人工稻田遗迹证明江苏稻作文化起源于距今8 000年前，比浙江省河姆渡遗址还早1 000年，吴中区草鞋山遗址出土了6 000年前我国最早有灌溉系统的古水稻田（乡村振兴中优秀农耕文化传承研究课题组，2020），太湖流域水稻栽培有7 000余年的历史，并以高产、优质粳稻著名。自南宋（13世纪）以来，江苏的稻作即很发达，据十二部宋代地方志记录，水稻品种有200余种；清乾隆《授时通考》卷二十二《谷种篇》转录的《直省志书》统计，江苏21府、县水稻品种统计为

525 种（江苏省农学会，1990）。

　　早在民国时期就开始了江苏水稻品种资源的系统调研。前中央大学农学院 1928 年首先在苏南、苏北搜集水稻地方品种标本种子和数以万计的单穗，用这批材料开始系统选种，并将筛选出的品种在省内外大面积推广。抗战期间，前中央大学农学院昆山稻作试验场将当时江苏搜集的全部材料 2 万余份安全转至成都保存，这期间前中央农业实验所成都工作站接受保存全国南方沦陷区稻种资源 5 万余份（包括育种材料）。战后又运回南京，除分发各单位，这批材料成为江苏稻种资源库的基础（江苏省农学会，1990）。

　　江苏农业生态条件兼南北之利，经人工和自然长期选择下形成的水稻品种类型丰富多样，籼、粳、糯齐全，稻作类型区域差异明显，尤其江苏的中籼稻和太湖晚粳稻有其独特的区域性。从保存的地方稻种资源的类型分布看，太湖地区地方品种以粳稻为主，宁镇扬丘陵地区以籼稻为主，里下河及沿江地区籼粳各半，沿海及徐淮地区水稻极少，以粳为主。江苏糯稻地方品种大多为粳型，分布从南到北皆有，在水源缺乏的徐淮、沿江地区，尚有少量旱稻（江苏省农学会，1990）。

（二）籼改粳品种调整基本到位，优势区域布局初步形成

　　江苏水稻品种经历了从籼粳并存格局到粳稻为主体的结构变迁。与籼稻相比，粳稻生育期长、产量高、结实期耐低温，有利于充分合理利用温光等自然资源。中华人民共和国成立初期，江苏以一季中稻为主，长江以北地区以一季中籼稻为主，长江以南地区以一季中、晚粳稻为主。20 世纪 60 年代初期江苏倡导中籼改粳稻，至 60 年代中期，全省形成一季中稻为主的种植布局。1971—1978 年一度推行水稻单季改双季，20 世纪 70 年代末至 80 年代，双季改回单季，逐步回复到一季稻为主的种植格局。1990 年，江苏实行"扩粳缩籼"，1996 年开始实施"粳稻化"工程，在政策、市场及技术等多重因素的影响下，全省单季粳稻种植面积持续扩大，成为仅次于黑龙江的全国粳稻生产第二大省（国家水稻产业技术体系，2017）。21 世纪前 10 年，江苏省籼改粳进程基本完成，2016 年粳稻面积达历史高位，接近 199.1 万 hm²，约占全省水稻种植面积的 88.3%，近期微降至近 85%。目前江苏水稻种植以常规粳稻为主，淮北部分地区及丘陵山区和高岗地区种植杂交籼稻，均为一季种植。

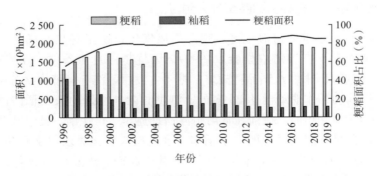

图 1　江苏籼稻和粳稻种植面积变化（1996—2019）

（资料来源：《江苏省农村统计年鉴》，1997—2020）

江苏南北地跨 3 个生物气候带，全省以稻麦两熟制为主体，稻—油菜、稻—瓜果、稻—蔬菜、稻—特种水产等种植类型多样，并配套有毯苗（钵苗）机插、稻田综合种养、肥料农药减量替代等多元化栽培方法（许明，2020），种植茬口主要以单季中粳稻和单季晚粳稻为主。目前水稻品种布局上，已形成淮北地区中熟中粳，苏中和宁镇扬丘陵地区迟熟中粳，苏南和沿江地区早熟晚粳稻和沿运河丘陵杂交籼稻五大优势区域布局（许明，2020）。

（三）超级常规粳稻选育水平高，优良食味品质育种实力强

一是超级稻品种，尤其超级常规粳稻品种的选育研究居国内领先水平。这为江苏省成为南方最大的常规粳稻生产区、水稻单产水平一直处于我国前列提供了坚实的品种保障基础。自 1999 年江苏率先育成第一个两系超级杂交稻"两优培九"（国家水稻产业技术体系，2017）以来，有 16 个水稻品种列入部超级稻名录，江苏省超级常规粳稻品种选育数量全国第一（表 1）。

表 1　农业农村部确认可冠名超级稻品种选育数量（截至 2020 年）

类型 省份	常规粳稻	杂交粳稻	常规籼稻	两系杂交籼稻	三系杂交籼稻	粳籼稻	总计
江苏	13	0	0	3	0	0	16
安徽	0	0	0	4	0	0	4
福建	0	0	0	1	4	0	5
广东	0	0	5	3	9	0	17
广西	0	0	0	5	4	0	9
黑龙江	5	0	0	0	0	0	5
湖北	0	0	0	5	1	0	6
湖南	0	0	0	19	3	0	22
吉林	3	0	0	0	0	0	3
江西	0	0	0	2	9	0	11
辽宁	2	1	0	0	0	0	3
四川	0	0	0	0	10	0	10
云南	2	0	0	0	0	0	2
浙江	0	0	4	0	7	8	19
重庆	0	0	0	0	1	0	1

资料来源：国家水稻数据中心（ricedata. cn.）。

二是优良食味粳稻育种水平全国领先。20 世纪末，江苏种植业开始战略性结构调整，优质成为江苏水稻育种的首要目标，尤其是在食味品质的育种方面取得突破性进展，探明了影响长江中下游地区高产粳稻优良食味的关键因子。以软米为代表的优良食味品种，如南粳系列品种，已成为江苏优质粳米的一个重要代表。目前，优良食味粳稻品种适宜种植区已覆盖江苏所有粳稻生态区，这为打造江苏千亿级优质稻米产业提供了品种基础。

三是抗性育种有所突破。筛选了一批抗条纹叶枯病品种，从根本上解决了品种的条纹叶

枯病抗性，收集了一批抗稻瘟病种质资源，育成稻瘟病中抗以上品种（品系）12 个（许明，2020）。

（四）品种更新稳定推进，优良食味品种面积迅速扩大

一是品种更新稳步推进。根据江苏省水稻品种推广应用报告，品种更新速度平均 5 年更新 1 次，近 5 年前 30 位的应用品种中，80.0%以上为近 5 年审定品种，2015 年以来平均每年有 2~3 个品种退出前 10 位，每年有 3~5 个品种退出前 20 名。

二是优良食味品种面积迅速扩大。近年来，江苏省优良食味稻米推广面积持续增加，从 2016 年的 34.7 万 hm² 开始，2019 年全省优良食味粳稻品种种植面积已超过 66.7 万 hm²，占水稻总面积 36.0%。南粳 9108、南粳 5055 等优良食味粳稻品种已成为各地特色高品质大米基地的种植首选，其中，南粳 9108 种植面积突破 33.3 万 hm²，成为继武育粳 3 号后江苏省推广面积最大的优良食味品种。

（五）多元化投入与发展，种子产业综合竞争力不断增强

一是水稻育种科研机构和人才队伍实力雄厚。全省从事农作物新品种创新育种的单位 60 多家，形成了以江苏省农科院、南京农业大学、扬州大学为龙头，10 个地市级农科所、大型骨干种业企业（包括农垦集团）为主体，以及武进、常熟、盐都等县级农科所和其他优势科技型企业为补充的水稻新品种创新体系。

二是种质资源基因库和材料创新平台不断完善。稻种资源是培育优良品种的重要物质基础，提高作物产量和质量的成就来自众多基因的综合。基于此，江苏省不断加大水稻种质资源基因库建设力度，省农科院已建成国内一流的江苏省农业种质资源保护与利用平台，扬州大学、南京农业大学、武进水稻研究所等单位不断完善配套基因库的检测、筛选等研究硬件设施，不断引进高产、优质、多抗及其他抗逆基因资源，为种质资源的引进、扩繁、创制，以及进一步鉴别种质性状、全面应用最新生物技术提供了技术和物质保障（国家水稻产业技术体系，2017）。

三是种业集中度明显提高，种子企业发展质量和综合竞争力显著提升。种业部门调查数据显示，2019 年，江苏省持证农作物种子企业 126 家，注册资本总额 31.12 亿元，种子企业总资产 67.35 亿；种子销售总量约 11 亿 kg，销售额近 47 亿元。3 家种子企业被认定为农业产业化国家重点龙头企业，销售额亿元以上农作物种子企业达 10 家，拥有国家级农作物育繁推一体化企业 6 家。2019 年有 7 家企业入围中国种业 50 强，创历史新高。2014 年以来，有 5 家企业在"新三板"挂牌，1 家企业母公司主板上市。

二、水稻种业发展的问题与障碍

（一）优质品种的结构性矛盾突出

一是优质品种类型比较单一。通过江苏审定和引种认定的水稻品种中，常规粳稻优质品种多，其他类型优质水稻品种少，杂籼、杂粳的产量和品质与外省相比还有很大的差距，尤其是省内籼稻品种的选育，难以满足日益变化的生产需求，导致省内种植的籼稻品种有相当

数量来自省外，籼稻跨区引种可能导致种质安全性问题，将成为江苏省籼稻生产安全的隐患。优质常规粳稻品种中，除了软米品种目前推广面积较大，具有较强竞争优势，其他优质常规稻米品种品质表现不突出。特殊类型水稻品种如优质糯稻品种也相当缺乏，降糖水稻、彩色水稻等功能性特色水稻品种的选育和推广还处于起步阶段（许明，2020）。

二是综合性状协调的品种较少。目前江苏审定的优质品种不少，品质达到国标一级的品种屈指可数，外观品质和食味品质兼顾的品种相当缺乏。优质品种的抗性问题依然严峻，高产、优质兼顾抗病的高质品种凤毛麟角。稻瘟病是水稻最为严重的病害之一，当前江苏生产中真正意义上达到中抗水平的水稻品种少之又少。这将导致大量的农药用于病虫害防治，不利于水稻的绿色生产和效益提高；加上水稻品种品质稳定性不强，同一品种年度间和地区间品质差异均比较大，这些均不利于打造"苏米"品牌以及获得市场认可。

三是水稻品种品质明显有南盛北弱现象。从江苏省近几年审定品种的情况来看，苏南早熟晚粳品质好于苏中迟熟中粳品种，苏中迟熟中粳品质好于淮北地区中熟中粳品种（许明，2020）。淮北优质中熟中粳品种选育能力不足，难以形成综合性状优良、个性较为突出的优势品种，这与淮北逐渐成为江苏水稻生产中心的趋势相悖，一定程度上造成了淮北地区品种推广"小而散"，无法统一品种、统一生产管理，进而难以形成具有高知名度的稻米品牌。

（二）品种应用和布局发展不均衡

一是审定品种多，实际应用品种少。目前适宜江苏区域内合法应用的省审、国审以及引种水稻品种近 1 000 个，而实际应用品种只有 230 个左右，很多品种审定以后在生产上就没有应用，造成品种区试审定资源的浪费。

二是推广品种多，主导品种少。目前江苏省推广种植品种 230 多个，面积超过 0.67 万 hm² 的品种 55 个，超过 6.67 万 hm² 的品种只有 5 个，75.0% 以上的品种应用面积低于 0.67 万 hm²（许明，2020）。

三是品种数量分布南北差异较大。据江苏省水稻品种推广应用年度报告，目前江苏推广水稻品种呈现小而散的状况，品种集聚度不高，主导品种推广区域间差异较大，苏中、苏南地区较为集中，淮北较为分散，究其原因，主要是缺少综合性状优良、个性较为突出的领军型品种。

（三）良种推广存在一定的盲目性

一是存在不合法引种、越区种植现象。因地选种、因种栽培，但有些地区非法引种、越区种植，播栽方式不适合当地的生态类型、生产水平，使品种特征特性发生明显变化，导致减产甚至绝收，引起农业生产事故发生。据报道，近年来江苏省有近 80 个非适宜区域的国审或外省审定杂交籼稻品种在淮北地区推广（许明，2020）。

二是良种良法配套不及时。优质品种优良性状在生产中的充分发挥和表达，需要有先进的配套栽培技术作保障。而目前普遍存在的问题是，优质品种没有及时配套优质栽培管理方式。比如当前江苏省水稻栽植主要有机插、直播及手插三种方式，其对品种的特征特性也有不同的要求。直播要求生育周期较短、灌浆速度快、根系相对发达的品种，有些不适宜品种直播后容易发生倒伏、生育期推迟、后期结实率不高等诸多不良现象，严重影响品种的品质和产量（许明，2020）。

三是优质品种栽培方法到不了田头。品种优质优价机制尚未健全、生产布局过于粗放、农村劳动力缺乏等诸多因素，导致优质品种绿色高效栽培方法到不了田头，配套栽培技术的"最后一公里"难以打通。审定品种在生产推广过程中，种植户不熟悉品种特性，乱引乱种，导致很多优质水稻品种因为栽培措施不到位的问题，难以充分发挥出优质品种的优质潜力（许明，2020）。

（四）种业科技创新的障碍因素

一是种质资源交流共享和深度挖掘利用不足。种质资源是种业原始创新的物质基础，江苏本土种质资源丰富，但创新利用效率不高。地方保护和部门利益重，不能将最好的种质资源共享给最适宜地区、最适合企业，开展最好最快的科技创新。此外，江苏虽重视种业科技创新的投入，但力度不足，难以跟上全球正在经历的"生物技术＋信息化"为特征的第四次育种革命，以及应对国际种业寡头垄断竞争的挑战和江苏省种业可持续发展战略的实施。

二是科研院所和种子企业尚未建立真正有效的协同创新体系。常规稻品种的区域限制性强，市场面不及杂交稻，江苏水稻种植以常规粳稻为主体，水稻选育研发有较强的公益属性，科研院所自然是江苏水稻育种的主力军，但不擅长品牌营销，而大部分种子企业，科研基础薄弱，品牌经营理念不足，科研院所与种子企业存在同质化竞争现象，迫切需要形成有效分工、上下游协同、多部门合作的商业化育种体制与机制。

三是种子市场监管问题。常规稻农民可以自己留种，在生产推广中，新品种权益人的合理收益就难以得到保障，加上种子企业众多、种植监管难度大。种田大户自留种子、大型农场使用"白皮袋种子"，还带来种子纯度下降、质量退化的隐患，种子市场上经常出现套牌侵权、假冒伪劣等违法违规事件，严重干扰种业市场秩序和品种的原始创新环境，影响优良品种的推广应用。

三、水稻种业高质量发展的战略思考

（一）战略思考

坚持"立足服务本省、辐射华东稻区"的发展战略，发挥江苏省水稻生产的资源和科技优势，打造常规粳稻品种竞争力，支撑江苏稻米产业，建成种业强省。围绕绿色优质丰产增效的高质量发展目标，水稻种业要全面提升自主创新力和持续发展力，需着力构建符合江苏省情的"三大体系"：一是产学研用融合的种业创新体系，加快培育和推广高产稳产、绿色生态、优质专用、适宜全程机械化新品种；二是以市场为导向、育繁推一体化的现代种业产业体系；三是政府支持、制度完善的现代种业治理体系。

（二）发展策略

1. 提高基础性公益性服务能力

一是加强种业基础理论和应用技术相关学科建设，科研经费加大对基础性、公益性研究的投入力度，支持科研院所和高等院校重点开展育种理论、共性技术、种质资源挖掘、育种材料创新等基础性研究和常规作物育种等公益性研究，构建现代分子育种新技术、新方法，创制突破性的抗逆、优质、高产的育种新材料，为种业科技创新及重大品种选育提供理论和技术支撑。

二是强化种业科技创新研发平台的建设。进一步做好全省种质资源库的统筹布局和规划建设，多部门、多渠道协同，深度挖掘具有特异性、地域性和多样性的优良种质资源，加大财政资金扶持力度，加快构建种质资源大数据平台、资源鉴定评价与新基因发掘平台、分子指纹图谱库、分子育种平台，并建立和完善科技资源共建共享体制机制，面向全省水稻种业提供科技创新技术支撑和服务。

2. 强化种业科企协作体系建设

一是构建实体化的科企战略合作平台。共建商业化育种联合体，加快构建资源共享、异地选育和多点测试的有效体系，推进科企深度融合，实现高端人才、种质资源、核心技术、育种仪器共建、共享。二是加大良种联合攻关的力度，以生产和市场需求为导向，分工协作、联合攻关，加快培育一批优质、高产、抗逆的重大新品种，以及配套的绿色、高效、生态种植技术。三是鼓励企业设立种业科技创新研究院，引进专业育种高端人才；同时，充分利用自身优势深化与科研院所的合作，并建立长期稳定的战略合作关系，使科研院所的育种人才、种质资源、育种技术和育种经验转移到企业，快速提高企业自主创新能力。

3. 构建多元化投资机制

育种产业投入大、回收周期长、风险较高、收益不明确。为此，一要加大财政资金投入力度，加大重大新品种选育科技攻关项目立项和财政资金的资助力度，引导全省农业科研院所和种子企业多部门、多学科协同创新。二要鼓励种子企业增强科技创新投入的信心和决心，大幅度提高科研经费与销售收入的占比。三要出台激励政策吸引社会资本参与投入到种业科技创新。

4. 发挥新品种推广对产业升级的引领作用

通过新品种推广与应用，促进水稻优势区布局优化，以及绿色高效标准化种植。一是健全良种补贴制度，把水稻良种补贴用在优质粳稻品种的推广上，建立优质品种发布机制，强化政府的指导作用，调动新型经营主体使用优质品种的积极性，加快优质品种推广。二是开展"江苏好品种"评选、高产创建、新品种展示观摩、机插秧技术培训等活动，广泛引导农民、种植大户和家庭农场主选择优质品种，进行良种良法的配套栽培，加快优质水稻品种推广应用。三是构建"农资一体化""农机一体化"的现代农业综合服务体系，将种业发展与耕种管收全程机械化与农业信息化紧密结合，协同发展。

四、水稻种业高质量发展的对策建议

（一）加快绿色优良食味水稻品种的育种攻关

编制全省良种重大科研攻关五年规划，制定主要绿色优质品种中长期育种计划。以市场为导向，易种易管为基础，以外观品质好（好看）、食味品质优良（好吃）为江苏水稻品种筛选的主攻目标。一是选育出符合当前耕作栽培制度的品种，重点选育株型适中、灌浆速度快、抗倒性强、生育期适宜机插和直播的品种；二是加快优质杂交籼稻和常规粳稻品种的选用，尤其要加快优良食味杂交籼稻品种和中熟中粳稻品种的选育；三是注重开发优质专用粳稻作为搭配品种，以满足高端消费市场和出口需要，比如引进和利用特种稻品种，定向开发五彩稻及具有保健功能的专用稻米研究等（许明，2020）。

以绿色安全为导向，以节肥少药为目标也是江苏水稻育种攻关和品种筛选的重点。一是要加强稻瘟病抗病育种攻关，筛选和引进一批抗稻瘟病的水稻品种和中间材料，力争在抗稻瘟病品种选育上有重大突破，在生产上推广一批适合江苏省不同地区种植的抗稻瘟病品种，尤其是常规粳稻品种；二是重点选育需肥量少、氮肥利用率高的水稻品种；三是注重提高水稻品种的白叶枯病和纹枯病的抗病水平（许明，2020）。

（二）优化优良食味水稻品种布局

根据生态条件、种植制度和现有品种情况，围绕优良食味水稻品种的应用，科学优化水稻品种布局。

淮北地区：位于淮河、苏北灌溉总渠以北，耕地资源丰富，适宜生育期相对较短水稻品种，主要以中熟中粳稻、中籼稻为主。常规粳稻方面，根据实际情况，推广灌浆速度快、食味品质优良的粳稻品种。本区是我国籼稻优势产区的最北缘，是发展优质籼米的最佳生态区，以目前中籼稻相对集中的地区——废黄河带和低岗丘陵地区为发展重点，适当扩大种植优质籼稻的生态区域。

苏中地区：介于江淮之间，光热资源丰富，水利条件良好，是江苏省传统的优势粳稻种植区，应继续扩大优良食味水稻品种的推广，同时压缩普通粳稻的种植面积。另外，充分发挥杂交籼稻北缘优质生态区的优势，布局沿淮和沿运丘陵岗地优质杂交籼稻品种，重点开发适应广东、福建等南方优质籼米市场的优良食味籼稻品种（王海荣，2020），打造全国优质杂交籼米生产新高地。

苏南和沿江地区：该区人口稠密、经济发达，温度较高，无霜期长，以早熟晚粳和迟熟中粳稻为主。太湖流域单季晚粳稻区优先开发适合上海及苏南中高档优质稻米及产品，部分地区可以打造成优质特色粳稻生产基地。

（三）推进优质水稻标准化生产

一是确保优质水稻生产环境的安全。环境的好坏不但影响稻米的营养品质和外观品质，而且影响稻米的安全性，严格按照安全稻米生产的农田灌溉水质标准、土壤环境标准，进行栽培应用管理，减少农药、化肥的使用，有效控制农业面源污染。

二是加快优质水稻品种配套栽培技术研究。在品种审定过程中，提前介入，进行配套优质栽培技术研究，因种栽培，研究出综合米质性状最佳的栽培方法，充分发挥品种的高产优质特性。

三是注重生物技术防治。筛选并推荐应用一批高效、低毒、低残留的生物农药。同时，加强农业防治和生物防治，提高稻米食用安全性，保证品种审定后推广与栽培技术应用同步。

四是参照国际标准，制定和完善有关标准，构建优质稻生产的全程跟踪体系，统一社会化技术服务和机械化作业，统一收购、分收分储，保证稻米品质（许明，2020）。

（四）加强种子的全程可追溯管理

一是加快品种审定标准化建设。根据不同的生态环境、耕作条件、市场需求以及现有品种条件，因势利导，制定适应不同区域、不同发展目标的品种审定标准，将适口性、食味品质等纳入审定的重要指标，在严格品种抗病性标准的前提下，苏中、苏南地区重点突出优质、专用；苏北地区重点筛选生育期短、品质优的粳稻品种。

二是对种子生产及销售市场实施全程监管。加强种子市场检查，开展种子企业督查，组织制种基地巡查，严厉打击套牌侵权和制售假劣种子等违法行为，逐步实现江苏省优质水稻品种市场全覆盖。

三是利用现有信息化平台建立种子可追溯信息系统，完善全程可追溯管理。加强种子质量检验体系、品种区域试验体系和信息服务体系建设。推行种子企业委托经营制度，健全种子市场秩序行业评价机制，加强种子行业信用管理，建立健全有关信用信息记录、共享、披露和应用的标准规范，强化信用奖惩。

（金涛　魏海燕　张洪程）

参 考 文 献

国家水稻产业技术体系，2017. 中国现代农业产业可持续发展战略研究. 水稻分册 [M]. 北京：中国农业出版社.

江苏省农学会，1990. 江苏稻作科学 [M]. 南京：江苏科技出版社.

王海荣，2020. 江苏优质稻米产业发展现状及品牌建设策略 [D]. 扬州：扬州大学.

许明，2020. 江苏省优质水稻品种应用现状、存在问题及发展对策 [J]. 中国稻米（4）：61-64.

江苏省水稻优质绿色丰产技术发展需求与对策研究

[摘要] 水稻栽培是绿色生产实施落地的环节，江苏水稻栽培技术居全国领先水平。回顾中华人民共和国成立以来江苏水稻栽培技术发展的 3 个阶段，总结所取得的 10 个方面的重要成就，提出新时期水稻优质绿色丰产栽培技术发展需要重点研发的方向及其对策建议：①加强水稻优良食味养分高效新品种的选用及其优质高产协同的精准栽培研究；②探究水稻产量潜力突破途径，集成高产优质、绿色减排栽培技术，实现水稻可持续生产；③运用现代信息技术，实现水稻全程机械化、智能化、低碳化栽培；④建立应对灾害性天气的抗逆减灾理论与绿色调控技术体系；⑤创新水稻绿色发展理念，打造中高端品牌开发，加快水稻产业链转型升级；⑥加强水稻绿色栽培技术研发资金支撑，强化现代基础设施建设，完善技术推广体系及人才队伍建设。

一、水稻优质绿色丰产栽培技术发展历程

江苏稻作历史悠久、种植制度多样、品种类型繁多，技术经验丰富多彩，引领着我国水稻丰产栽培技术的发展。自中华人民共和国成立以来，江苏在水稻栽培目标上由以往追求产量为主，向高产、优质、绿色综合目标转变；品种上，经历了从高秆到矮秆、常规稻到杂交稻再到常规稻、籼稻为主到粳稻为主的过程，并成为我国南方粳稻生产第一大省；育秧上，经历了大、中、小苗配套的水育秧、湿润育秧、旱育秧，与机插相适应的双膜育秧、软（硬）盘育秧、集约化工厂化育秧等技术的改进或变革；种植方式上，由人工插秧到机插、直播方向转变，作业主要环节由人工操作向全程机械作业过渡；管理上，由传统向机械化、信息化、智能化方向发展等。面对水稻生产环节的每一次发展与转变，水稻科技工作者相应提出了如水稻叶龄模式、"小、壮、高"栽培、精确定量栽培、信息化栽培等栽培理论与技术措施。

在新中国成立之初，通过研究总结陈永康、王宝铭等劳模为代表的"三黄三黑"单季稻、"二黄二黑"中稻的高产栽培经验，初步掌握了水稻高产形成过程，以及"水稻—环境—调控"三位一体的群体与个体诊断方法，形成了具有中国特色的水稻高产栽培的理论体系雏形。此后数十年间，水稻栽培研究始终密切联系生产、围绕稻作生产理论与栽培技术开展研究，在栽培理论与方法研究、关键技术调控与创新、技术集成与推广应用等方面取得了一系列重要进展（凌启鸿，2008；凌启鸿、张洪程，2002；李杰、杨洪建等，2017）（表 1）。

表 1　水稻栽培发展历程回顾

年代	主要研究内容	代表性栽培理论与技术
20 世纪 50～60 年代	总结各地高产栽培经验；高产田长势长相与诊断；水稻发育特性	陈永康、王宝铭等劳模经验，"三黄三黑""二黄二黑"高产栽培
20 世纪 70 年代	肥、水利用规律；个体与群体的矛盾统一	宽行窄株栽培；"前稳攻中"栽培；杂交水稻的配套栽培
20 世纪 80 年代	叶片器官同伸规律；"源—库"理论	"小、壮、高"栽培；水稻叶龄模式
20 世纪 90 年代	高产栽培生态生理；理想株型塑造；逆境生理与抗逆措施	群体质量与调控；旱育稀植、抛秧等轻简栽培；无公害栽培
21 世纪前 10 年	集中育秧与大田机械化生产；高产优质协调形成与调控；栽培模拟决策	精确定量栽培；实地养分管理；水稻清洁生产
21 世纪第二个 10 年	机械化轻简技术；产量与品质协同提升；肥药高效利用	机械化栽培；减肥减药绿色栽培；稻田综合种养

回顾水稻栽培研究发展历程，大致可分为以下 3 个阶段（江苏农学会，1990；江苏省农林厅，1991；凌启鸿等，2002）：

（1）20 世纪 50～60 年代，以提高水稻产量为目标，主要通过总结陈永康、王宝铭等劳模高产栽培经验，初步掌握了高产形成过程，并通过良种推广、合理密植、稻田基础设施提升等措施提高稻谷产量。

（2）20 世纪 70～90 年代，水稻栽培技术创新特别活跃，在探究器官同伸规律与生长发育基础上，结合高产群体生态生理特征，提出了宽行窄株、"小、壮、高"、叶龄诊断调控、"源—库"调控等一系列技术模式，特别是水稻叶龄模式和群体质量与调控理论的建立，使高产群体形成规律的诊断向模式化、指标化发展，栽培技术走向规范化。

（3）20 世纪末至 21 世纪，紧扣"高产、优质、高效、生态、安全"十字方针，提出了：具备定量化特征的精确定量栽培技术；以毯苗机插、钵苗机栽、机直播为代表的机械化轻简栽培技术；以实地氮肥管理和干湿交替灌溉为技术典型的资源高效利用措施；以无公害生产为特征的安全生产规程，以及近些年兴起的稻田综合种养模式。

展望未来，以计算机科学、卫星遥感技术、地理信息系统等为代表的现代信息技术，正与现代稻作科学及农业机械相融合，推动作物栽培管理正从传统的模式化和规范化，向着定量化、信息化和智能化、无人化的方向迈进。

二、改革开放以来水稻栽培主要成就与贡献

新中国成立以来，我国水稻栽培科学取得了举世瞩目的成就。特别是改革开放以来，在党和政府的领导下，我国水稻栽培科技界紧贴国情，抓住生产上关键技术瓶颈问题，全面深入开展水稻生长发育和产量、品质形成规律，及其与环境条件、栽培措施的关系研究，探索栽培优化决策、生育调控、栽培管理等新途径与新方法，不断创新，与时俱进，取得一大批重要栽培科技成果。

（一）形成了独具特色的水稻栽培理论体系

新中国成立初期，我国从苏联引入了作物栽培学，但当时基础研究薄弱，处于初创阶段。作物栽培学要发展成一门独立的、具有生产指导作用的现代应用科学，必须建立自身的理论体系。这里值得一提的是水稻叶龄模式和作物群体质量理论的建立。

水稻叶龄模式（凌启鸿等，1994）是江苏农学院（今扬州大学农学院）以凌启鸿教授等为代表的水稻栽培专家通过多年研究和在生产实践基础上，进行归纳、配套、补充发展而形成的水稻高产栽培技术新体系。实践证明，叶龄模式是水稻栽培上的一项重大创新，是国内外一种新的栽培理论和技术体系，具有较强的科学性、先进性和广泛的实用性。突出成就表现在：提出以主茎总叶数和伸长节间数将水稻品种分类，在繁多的品种中理出统一的规律，便于在生产上应用；提出水稻有效分蘖临界叶龄期、拔节期、幼穗分化的叶龄指标；提出以叶蘖等器官保持同伸作为壮秧的综合指标及培育带蘖壮秧的技术；研究提出水稻适宜基本苗计算公式，为高产群体的建成确定最适起点。

在水稻"叶龄模式"后，凌启鸿等又开展了"高产群体质量指标"的研究，于20世纪90年代初提出了水稻高光效群体的7项共性群体质量指标：①提高结实期群体光合积累量；②在群体最大叶面积期达到最适叶面积值；③在实现适宜叶面积值的同时尽可能扩大库；④提高群体库叶比；⑤提高有效叶面积率和高效叶面积率；⑥壮秆和合理茎秆结构；⑦提高根系活力的质量指标。该成果通过对水稻群体的生长发育在时间和空间两方面给以科学定量，并围绕提高水稻群体质量指标调控栽培措施，建立了"水稻高产群体质量指标及优化控制"的理论与技术（凌启鸿，2005）。

水稻叶龄模式和水稻高光效群体质量的科学理论体系形成与高产实践，促进了小麦、玉米、棉花、油菜等作物叶龄模式与群体质量的建立，推动了我国作物栽培向生育进程模式化、栽培诊断指标化、技术措施规范化发展，为形成和发展中国特色作物栽培科学奠定了理论基础。

（二）提出了以精确定量栽培为代表的定量化高产栽培体系

水稻精确定量理论与技术（凌启鸿，2007；戴其根等，2017），依叶龄进程为主线，把水稻生育进程与器官建成诊断定量化；按高产形成规律，把群体质量及动态指标定量化；依据调控措施定量的原理和方法，把栽培技术指标全程定量化。进而将这三大部分进行系统集成，创立成为一个能使水稻生育全过程和各项调控技术指标精确化的水稻数字化生产技术体系。该技术体系是在深刻揭示水稻高产优质群体形成规律、栽培调控机理及其定量化原理基础上创建的，使水稻生产能以最适宜的作业次数、在最适宜的生育时期，进行最适宜的量化投入，达到高产、优质、高效、安全、生态的目标，具有普遍的指导作用与广泛的适应性。

水稻精确定量栽培技术推出以来，受到科技部、农业农村部的高度重视，连续多年列为全国农业主推技术，在全国推广应用，并作为江苏乃至全国水稻高产创建的核心技术，取得了显著的增产、省工、节本的综合效果。以精确定量栽培为代表的定量化高产栽培体系为技术支撑，使水稻栽培由传统的定性为主向定量跨越，实现了水稻高产群体生长发育过程中，生育有模式、诊断能定量、措施更精准，创造了一大批高产典型和纪录。

（三）构建了"中国式"水稻抛秧轻简化栽培体系

20 世纪 80 年代以后，随着农村经济的迅速发展，农村劳动力逐渐向二、三产业转移，农民对减少水稻生产的作业程序、减轻劳动强度和实现机械化作业的要求愈发迫切。为此，我国逐渐形成了集省工省力与高效于一体、能适应各种稻作制度和中国农村经济状况的抛秧稻作技术体系。该体系可适用于麦（油）茬单季稻、双季稻、再生稻等多种稻作制度；在常规、杂交籼型或粳型的早稻、中稻、晚稻上均可采用；可因生产实际需要分别采用乳、小、中、大苗抛秧；可根据不同条件实施塑盘育苗或无盘育苗抛秧；育苗方式可因地制宜采用旱育或湿育；抛秧方式有人工抛秧或摆栽、机械抛秧与摆栽，且适应常规耕作或少免耕（麦秸秆全量还田）等多种土壤耕作方式。我国抛秧稻作技术体系得到亿万农民的接受与生产应用（张洪程等，2008），推动水稻栽培趋向轻简化。目前，全国抛秧累计推广面积超 6 666.7 万 hm²。

现今，抛秧栽培体系已较系统地阐明了水稻抛秧立苗过程、生长发育规律与高产形成规律，并集成了适合不同稻区、不同种植制度的小、中、大苗抛秧栽培轻简栽培技术，在以下 6 个方面取得重要研究进展：①阐明了抛秧立苗过程。抛秧立苗是物理立苗、生理立苗、形态立苗（完全立苗）3 个相互交叉而连续的过程。②分析了田间分布格局及其生态生理效应。抛秧因抛栽的作业方式，在空间分布格局上明显有别于手插稻：垂直方向上表现出浅而变异大；水平分布上无株行距而呈准均匀随机分布。③揭示了生长发育与产量形成的基本特性。④阐明了高产形成规律及调控途径。⑤创立了多样化实用育秧方法。第一类为塑料软盘育秧，已形成泥浆湿润育秧、细土湿润育秧、旱育、密孔或常规塑盘育乳苗等形式；第二类为免秧盘、纸筒等器具的育秧，已形成人工或机械分丛法、绿化乳苗、采用旱育多蘖壮秧人工拔苗抛栽法等形式。⑥研究并集成了大田配套管理技术。

（四）扩展了机械化、信息化与智能化栽培技术

水稻生产工序繁多，机械化作业难度大，尤其是水稻种植这个基本生产环节的机械化严重滞后，已成为水稻生产全程机械化中最薄弱的环节。纵观全国水稻主要产区，已基本形成了以毯苗机插为主、兼顾钵苗机栽和机直播等机械化种植方式与配套栽培技术（张洪程等，2014）。

在机插栽培技术方面，江苏省创建了"三控"（控种、控水、化控）为核心的毯苗、钵苗育秧新技术，有效解决了大田早生快发难题，缓解了季节矛盾；研明了机插稻高产优质形成规律，建立了精准机插和肥水诊断调控技术；创立了机插毯苗、钵苗水稻"三协调"高产优质栽培模式与技术新体系。同时围绕机械直播，推出了机条播、穴播机械，并配套选用生育期适宜的速生快发、紧凑抗倒大穗型品种，抢早播种和确定合理播种量、提高整地和播种质量、配套沟系、科学肥水管理、杂草及杂稻防除等为关键的机直播栽培农艺措施。

在生产领域，正加速推进水稻全程机械化水平与"机器换人"计划。国内众多知名高校与企业加强合作攻关，栽植、植保等"卡脖子"环节机械化得到破题，开发出了"无人化"的耕整、插秧、施肥施药、联合收割等智能化机械设备，推动智能制造技术向农业生产的转

变，加速现代化精准农业建设（曹卫星等，2011）。

（五）创立了超级稻超高产栽培理论与技术

在 20 世纪 90 年代中后期，我国开始进行超级稻的育种及栽培技术体系的研究。截至 2020 年，江苏经农业农村部冠名的超级稻品种 16 个。通过超级稻技术示范推广，带动了全省水稻单产和效益显著提高。扬州大学与中国水稻研究所等单位完成的"超级稻高产栽培关键技术及区域化集成应用"研究成果创新突出以下 3 个方面：①揭示了超级稻品种高产生长特性，研究了超级稻高产形成的共性规律；②提出了超级稻品种高产群体构建的实用指标（基本苗数、成穗率、有效穗数、抽穗期叶面积指数和群体颖花量等），创立了超级稻高产共性栽培关键技术（前期早发够穗苗、中期壮秆扩库容、后期保源促充实）；③建立了以定量控苗、精确施肥、好气灌溉等关键技术为核心，结合区域种植方式的我国超级稻品种区域化高产栽培技术体系（龚金龙等，2010）。

（六）拓宽了抗逆减灾栽培与资源高效利用研究内容

江苏地处南北气候过渡带，水稻种植环境复杂多样，常受各种灾害性天气如高温、低温、洪涝、干旱、阴雨寡照等影响。在探究各种灾害逆境对水稻产量、物质生产与分配、生育期、光合作用、叶片和根系生长等方面影响的基础上，提出了选用抗逆品种、调整水稻播栽期、培育壮秧、综合水肥调控、喷施植物生长调节剂等技术措施，增加了产量，改善了品质。

针对江苏水稻种植环节普遍存在肥水投入大、资源利用率低等问题，研究提出了水稻精确定量施氮技术及实时实地氮肥管理、干湿交替灌溉、覆膜旱作等肥水高效利用栽培技术，实现节肥、节水、增产增收的综合效益。

水稻精确施氮技术是以斯坦福（Stanford）方程为理论基础（凌启鸿，2007），在求得可供生产上应用的 3 个稳定的方程参数指标值基础上，在多地进行示范验证，取得了预期结果，且易被基层掌握应用。水稻实时、实地氮肥管理是一套以氮肥管理为中心的水稻高产高效氮肥管理技术，与传统的氮肥管理方法相比，实时、实地氮肥管理技术较大幅度降低了水稻前期氮肥用量，增加中后期氮肥用量。生产应用表明，实时、实地氮肥管理技术能增加稻谷产量，减少肥料投入，提高肥料利用率。

干湿交替灌溉技术在生产中应用广泛，在亚洲各主要水稻生产国都得到了大面积推广应用，节水效果显著。此外，干湿交替灌溉技术可促进水稻根系的生长和活力、提高水稻光合作用、促进干物质向籽粒的分配，从而提高水稻产量和氮素利用率。

（七）探索了水稻绿色清洁栽培路径与高效种养模式

现代作物生产中，化学投入品愈来愈多，环境生态与农产品安全压力日益增大的问题突出。此外，随着生活水平不断提高，人民群众对绿色、安全、优良食味稻米的需求也愈发旺盛。为此，针对性研究提出了水稻绿色清洁栽培路径，突出产前环境与耕地质量评估、产中化肥农药减施、产后优化加工提升，建立了秸秆全量还田—水稻高产高效清洁生产的完整技术体系，针对性地大力推行"三品一标"（无公害农产品、绿色食品、有机农产品和农产品地理标志）建设，倡导以环保、安全、健康为目标的绿色清洁农产品生产，为我国农产品安全产出提供了重要保障（王飞等，2018；李杰等，2017）。

近些年，各地积极探索并大力发展了稻田高效综合种养。通过运用生态经济学原理和稻鱼共生理论，充分发挥物种间共生互利的作用，既能产出绿色或有机水稻和水产品，又能增加稻农经济效益，还可改善生态环境。

（八）建立了稻—麦周年高产高效栽培模式

江苏实行稻—麦两熟种植制度，稻作生产集约化和土地利用率较高。近些年围绕水稻种植方式与关键技术创新，建立了稻—麦周年丰产高效栽培新模式，如水稻毯苗机插—机播小麦、水稻有序抛栽—小麦机条播、优良食味稻米—小麦机条播、籼改粳—小麦少免耕、水稻钵苗机插超高产—小麦机播等周年高产栽培模式，有效了提高资源利用率和作物周年产量，实现了稻—麦周年高产高效与持续增产增效。

（九）深化了水稻栽培基础理论研究

20 世纪 20 年代，Mason 和 Maskell 通过碳水化合物在棉株体内分配方式的研究，提出了作物产量"源—库"理论（Source-sink Theory）来描述作物产量的形成。60 年代起，"源—库"概念被广泛用于阐述作物群体协调状况，扬州大学通过剪叶、疏花处理，对"源—库"与产量的关系进行分析，将水稻品种分为增源增产、增库增产以及源库互作 3 种类型，并就不同源库类型品种的栽培对策进行了研究（曹显祖和朱庆森，1987）。

进入 21 世纪，随着现代植物生理和分子生物学的发展，基于形态、组织、细胞、分子等不同层面的作物栽培形态生理生化的基础理论研究成果颇丰，诸多基础成果在作物栽培技术的创新与集成中起到了重要的理论支撑作用。如扬州大学针对水稻、小麦生产中存在的光合同化物向籽粒转运率低、籽粒充实不良等突出问题，对促进稻麦同化物转运和籽粒灌浆的调控途径及生理生化机制进行了系统深入的研究，首创了协调光合作用、同化物转运和植株衰老关系，以及促进籽粒灌浆的水分调控方法，为解决谷类作物衰老与光合作用的矛盾，以及既高产又节水的难题提供了新的途径和方法；探明了适度提高体内脱落酸（ABA）及其与乙烯、赤霉素比值可以促进籽粒灌浆，为促进谷类作物同化物转运和籽粒灌浆的生理调控开辟了新途径；明确了 ABA 促进同化物装载与卸载及籽粒灌浆的生理生化机制。该成果经过多年、多地的验证和示范应用，示范地水稻增产 8%～12%，灌溉水利用率提高 30%～40%；小麦增产 6%～10%，灌溉水利用率提高 20%～30%。

（十）探索了栽培技术推广新模式

根据不同区域水稻小农户、小规模生产特点，各地水稻栽培一线专家团队和技术人员走村入户，把课堂设在田间地头，并及时发放田间管理技术资料，编写各类栽培实用技术丛书等，这些措施都有效促进了栽培技术的应用，解决了栽培技术推广"最后一公里"的问题。如江苏盐城实行农技推广"三点"工作法，即首席专家指点、农技人员挂（蹲）点、业务团队建点。首席专家指点，就是利用通信手段，开展技术推广、攻关与咨询；农技人员挂（蹲）点，就是扎根基层一线，推广农业实用技术，提高解决实际问题的能力；业务团队建点，就是发挥团队作用，建设一批特色鲜明、技术可复制能推广的示范基地（点）。

近些年，新型经营主体的大量涌现，也对栽培技术推广模式提出了新的要求。各地水稻栽培科研团队、农技推广部门与新型经营主体紧密协作，探索出一批农技推广模式创新的典型。如江苏江都已初步形成"科研单位＋区域示范基地＋区镇（县乡）农业技术推广中心＋家庭农场（合作社）"的新型农技推广服务体系，显著促进了稻麦新品种、新技术推广应用。

三、水稻绿色生产面临问题及稻作技术应对策略

江苏水稻常年种植面积 220 万 hm²、总产 1 900 万 t 以上，单产位居全国水稻主产省首位，保证了江苏口粮有余。但也应看到江苏水稻绿色生产发展面临诸多难题，主要是：①源约束困境难以摆脱。表现在耕地面积持续减少、农田基础设施标准不高、农村青壮年劳动力紧缺、水稻生产用水日益紧张。②保证口粮安全自给，还要吃好需求矛盾更加迫切。全省水稻每公顷产量已接近 9 000kg 条件下，如何既要持续增产，又要显著改善品质，减少投入，保护环境、提高资源利用效率，无疑是新时期亟待解决的重大问题。③水稻种植规模和方式都不能适应现代化生产的需求。规模小、种植分散现象突出且近期难以改变，不仅仍以依靠资源消耗的粗放经营方式不易根本性改变，而且严重制约水稻生产育秧、插秧和收获关键环节机械化水平的提升，不利于现代农业科技成果（如先进的农业机械设备）的普及应用。④有效供给不足和结构性过剩并存。稻米供给总量充足，但优良食味佳的中高档米、加工专用米、功能保健米等供应不足，不能满足人民对美好生活的追求。⑤水稻产业化开发水平较低。优质与高产的技术储备不足，生产与市场、种植与加工脱节，产业链条短。⑥种植投入大，稻农增产增效日益困难。土地租金和劳动力价格连年上涨，水稻生产环节肥、水、药投入大，绿色水平低，不仅种植经济效益低，而且带来安全隐患与环境风险。

围绕破解当前制约江苏水稻产业发展资源趋紧、优质与高产协调的实用技术缺乏、农田基础设施不健全、全程机械化水平低、肥药水投入多环境压力大、种植经济效益下滑等瓶颈问题，水稻生产只有走精确化绿色栽培发展之路，才能实现水稻生产节本、提质、增产、增效与可持续发展。

水稻生产绿色栽培发展战略遵循可持续发展原则，不仅将绿色发展的理念贯穿于水稻产前、产中、产后环节，更要通过关键技术的创新，重点控制和减少水稻生产资料（特别是肥料、农药）投入，提高资源利用效率，减少污染，实现水稻生产绿色增产增效。在产前环节，根据各地自然条件和生产条件，着重对影响稻作可持续发展的土壤环境健康，开展土壤改良与保育途径以及稻田水利基本设施等方面研究工作；产中阶段，适应社会发展需求，探寻适合各地的水稻秸秆等资源高效利用、全程机械化轻简模式，同时，摸索秸秆高效高质还田、肥、水高效利用途径和病虫草害绿色防控措施；产后阶段，提升稻米及其副产品的精深加工和综合利用，推进水稻产业化经营和产业链条的延伸。

结合各地资源禀赋和种植制度特点，以机械化、轻简化、精确化、优质化、清洁化栽培为重点，围绕"耕、种、管、收、养"重点环节，在强化选用优质高产养分高效的绿色水稻品种、新肥药的绿色投入品基础上，研究突破水稻优质精确定量区域化栽培、化肥农药减量节本增效栽培、稻田高效综合种养、全程机械化、超高产栽培、保优栽培、稻麦（油）周年

丰产高效栽培、病虫简约化绿色防控、优良食味稻的生产等关键技术瓶颈，优化水稻区域布局，巩固水稻产能，形成绿色、优质水稻优势产业带，加快推进水稻生产全程机械化。

四、战略思考、发展重点与政策建议

（一）战略思考

江苏是我国经济大省，也是粮食生产大省、水稻生产大省。新中国成立以来，特别是改革开放以来，江苏水稻栽培技术与理论的创新应用一直走在全国最前列，为水稻单产水平处于主产省首位提供了科技支撑。进入新时期，水稻生产方式、生产目标发生了深刻变化，绿色减排安全生产成为水稻栽培的中心环节和重点任务。任何先进的农业绿色技术、产品，都要通过栽培精准化落实到田，才能发挥绿色新技术、新产品的作用效果。

一是明确水稻绿色栽培与时俱进的高目标。就是要在持续高产条件下，实现优质、高效、生态、安全的高水平协调，通过5~10年的努力，品质提高1个等级，肥料综合利用率提高40%以上，充分发挥稻田生态湿地的功能，固碳减排效果显著，努力实现污染物接近零排放，同时实现栽培规模化、全程机械化、标准化和产业化。

二是重点研发绿色关键技术并因地制宜实用化。例如尽快选育推出适应不同农区的优质高产养分高效的绿色品种，打好显著减少肥药用量的品种基础；又如创建一批便于应用的绿色高效种植模式，既能保证粮食生产，又能增加农民收入，振兴乡村经济发展；再如充分利用产业革命带来的绿色技术、绿色产品，及时补充到栽培体系中来，通过熟化实用化，尽快在水稻生产中发挥绿色的作用。

三是加强绿色栽培关键技术研究与集成应用。要在优质高产、秸秆还田、养分高效利用、污染减排等关键技术及其规范化、实用化上取得实质性突破，实现"时、机、土、密、肥、药、水"的精准科学配置与标准化，推进水稻优质绿色丰产技术的大面积应用，实现水稻生产更高水平的可持续发展。

（二）技术研发方向与重点

一是加强水稻优良食味养分高效绿色新品种的选用及其优质高产协同的精准栽培研究。加强水稻绿色新品种的选育与创新，建立现代化的水稻生产技术体系。根据市场对品质标准、养分高效利用的需求，研究气候、土壤、水质和营养元素对稻米品质、污染物减排的影响及其机理，揭示稻米品质形成生理生态规律、污染物发生与控制规律；研究水稻高产和优质形成、减排影响因素的统一性和矛盾性，为优质高产栽培减排提供精准协调途径；各地应根据当地生态条件，探索本地优质高产栽培配套技术体系、生态标准，制定中高端品（名）牌稻米产品生产技术标准；研究提高加工和外观品质的收获与储藏加工技术。

二是探究水稻产量潜力突破途径，集成高产、绿色栽培，实现水稻可持续生产。继续探究水稻产量潜力突破途径，集成创新高产优质、绿色减排栽培技术，实现水稻持续增产。以缩小产量差为突破，明确不同区域、种植制度、生产水平下实现水稻产量潜力的制约因子，为各地水稻高产稳产栽培提供理论依据与科学参考。加强农业环境资源的高效利用与生态安全研究，开展水稻资源高效利用与高产协同的土壤供肥、水稻吸肥、固碳减排规律研究，创新高效施肥模式与技术；构建病虫现代化监测预警体系、推进精准高效施药和统防统治，建设配套的现代生物灾害绿色防控模式；加快形成水稻绿色、有机栽培技术体系，提出一条水稻高产与环境资源保护相结合的栽培技术途径。

三是运用现代信息技术，实现水稻全程机械化、智能化、低碳化栽培。围绕水稻栽植、植保、秸秆处理等水稻全程机械化绿色生产的薄弱环节，加快实现全程机械化。针对新型经营主体集约规模生产特点，着重研究并推行轻简栽培技术，注重从简化农艺过程、省工省力、资源高效利用、环境友好、易于规模生产和适宜机械化作业等方面开展攻关，提高水稻生产的机械化水平。同时，加大智能农机原创性技术研究和开发力度，如水稻种苗的高速栽插和定向精播技术研究、秸秆还田整地—播种—施肥一体化智能机械和作业农艺、智能化灌溉施肥施药技术、智能化收割技术，加速稻作生产的现代化。着力推进"互联网＋农机"发展和"互联网＋农机管理服务"应用，打造一体式"智慧农机"大平台，推进水稻智能化栽培步伐，从而实现栽培的精准化、绿色化。

四是建立应对灾害性天气的抗逆减灾理论与绿色调控技术体系。近些年，水稻生产频繁遭受高温热害、洪涝灾害与干旱、台风等单一或复合逆境，对水稻高产、稳产、绿色生产带来严重影响。研究灾害性天气逆境发生特点及对水稻的伤害，以及绿色调控机理，通过历史气象数据和遥感等现代信息手段加强对灾害性天气的监测预警。在此基础上，重点研究通过改善种植环境（兴修水利、加强农田建设等）、培育壮秧、调整播期、科学施肥、喷施生长调节剂等多方面绿色调控措施，以维护水稻的正常生长发育，进而提高其抗逆性能。

此外，全球正经历一场以变暖为主要特征的显著气候变化，重点研究水稻对 CO_2、O_3 浓度持续升高的适应性与响应机制以及气候变暖对区域稻作固碳减排的相互作用，对水稻绿色生产的影响，探索未来气候变化条件下提高水稻综合生产力的原理和途径。

五是创新水稻绿色发展理念，打造中高端品牌开发，加快水稻产业链转型升级。针对水稻增产不增收、稻谷市场竞争力弱等问题，加快转变水稻生产发展方式与理念，注重水稻增产与降本、提效、资源高效利用以及实现生态价值等方面有机融合。精确聚焦稻米目标市场，优化水稻种植布局，建设高标准优良食味稻商品生产和稻谷精加工基地，开发名特优产品，积极与国外中高端稻米品牌争夺市场，促进水稻产业链转型升级，提高全产业链环节的经济效益。

（三）政策建议

贯彻绿色发展理念，发挥绿色稻作优质粮生产与生态涵养的双重功能。江苏是久负盛名的"鱼米之乡"，稻作文明深植民心。随着经济调整发展，人民对美好生活的期盼，占全省近一半耕地的稻田不仅要为全省人民提供丰富优质的口粮，而且也提供了抗洪、净化环境、降尘、调温等生态涵养功能，是生态文明建设的主战场。因此，从各级政府到稻农要加强生态优先、绿色发展的认识，贯彻水稻绿色生产新理念，协调好水稻高产与环境保护的矛盾，以生产优质稻米为抓手，深化供给侧结构性改革，以稻田养分高效利用和固碳减排为抓手，促进人与自然和谐共生可持续发展，为农业碳达峰碳中和作出贡献。

强化资金支撑，加大绿色栽培关键技术研发与技术集成应用力度。水稻优质高产绿色栽培是一项系统工程，是承载粮食安全、改善环境、提升生活质量的公益性民生工程，任务艰巨。以绿色发展为导向，聚焦新型经营主体条件下适合各地的水稻机械化、轻简化、清洁化、精确化、优质化等绿色关键技术，列出重点攻关任务清单，聚集资金、人才、技术资源，设立科研专项，加大研发投入，突破技术瓶颈，特别在优良食味水稻绿色新品种及配套栽培技术集成创新应用、土壤改良与保育、肥水资源高效利用、稻田综合种养、病虫草害绿色防控等方面设立科研专项。

按现代水稻绿色高效栽培要求加大对农业基础设施建设的投入。按机械化（大型化、无人化）、标准化加快农田建设步伐，特别要加强与减排相协同的农田水利建设，从源头改善农业绿色生产条件。加大对水稻全程机械化轻简化模式配套农机农具的研发投入和财政补助，建立完善的农业保险制度。

加强水稻绿色栽培技术推广体系的建设。根据新型经营主体水稻绿色栽培实用技术需求，通过政策配套，加强水稻绿色栽培技术推广体系的建设和新型职业农民教育体系建设，培育一支掌握绿色栽培原理与技术的扎根基层的人才队伍，全面提高新型职业农民绿色种田科学水平。

（戴其根　张敬华）

参 考 文 献

曹卫星，朱艳，田永超，等，2011. 作物精确栽培技术的构建与实现 [J]. 中国农业科学，44（19）：3955-3969.

曹显祖，朱庆森，1987. 水稻品种的库源特征及其类型划分的研究 [J]. 作物学报，13（4）：265-272.

戴其根，张洪程，张祖建，等，2017. 水稻精确定量栽培实用技术 [M]. 南京：江苏凤凰科学技术出版社.

龚金龙，张洪程，李杰，等，2010. 水稻超高产栽培模式及系统理论的研究进展 [J]. 中国水稻科学，24（4）：417-424.

江苏省农学会，1990. 江苏稻作科学 [M]. 南京：江苏科学技术出版社.

江苏省农林厅，1991. 江苏农业发展史略 [M]. 南京：江苏科学技术出版社.

李杰，杨洪建，邓建平，2017. 江苏水稻生产现状和新形势下绿色可持续发展的技术对策 [J]. 中国稻米，23（2）：41-44.

凌启鸿，2005. 作物群体质量 [M]. 上海：上海科学技术出版社.

凌启鸿，2007. 水稻精确定量栽培理论与技术 [M]. 北京：中国农业出版社.

凌启鸿，2008. 中国特色水稻栽培理论和技术体系的形成与发展——纪念陈永康诞辰一百周年 [J]. 江苏农业学报，24（2）：101-113.

凌启鸿，张洪程，2002. 作物栽培学的创新与发展 [J]. 扬州大学学报（农业与生命科学版），23（4）：66-69.

凌启鸿，张洪程，苏祖芳，等，1994. 稻作新理论——水稻叶龄模式 [M]. 北京：科学出版社.

王飞，彭少兵，2018. 水稻绿色高产栽培技术研究进展 [J]. 生命科学，30（10）：1129-1136

张洪程，戴其根，霍中洋，等，2008. 中国抛秧稻作技术体系及其特征 [J]. 中国农业科学，41（1）：43-52.

张洪程，龚金龙，2014. 中国水稻种植机械化高产农艺研究现状及发展探讨 [J]. 中国农业科学，47（7）：1273-1289.

江苏省水稻生产性服务业高质量发展研究

[摘要]随着城镇化的深度推进、农村劳动力大量转移，"谁来种地""怎么种地、种好地"已成为事关农业根基的紧要问题。发展现代农业生产性服务业成为小规模稻农融入现代农业、降低新型经营主体经营风险的路径选择。江苏水稻生产性服务业快速发展，各地开展了多种形式的实践探索，培育了一批服务能力强、服务范围广、市场化运营的生产性服务组织且服务组织市场分工协作格局逐渐显现，服务主体间的联合合作加速推进，服务模式不断创新发展，加快向全产业链覆盖，有效促进了稻米产业的高质量发展。但农业基础设施水平难以匹配生产性服务业的要求、服务主体散弱小融合度不高、生产性服务有效市场监管缺失、政策支持和期望差距较大等问题仍然制约生产性服务的发展。研究认为，发展水稻生产性服务业，应从培育多元农业生产性服务主体、完善服务组织体系、创新生产性服务方式、构建数字农业和综合服务平台、加大政策扶持力度、推进产业链服务的全程化等方面持续为稻米产业高质量发展注入新动能。

水稻是江苏第一大粮食作物，是江苏重点发展的千亿元级优势特色产业，水稻连年大面积持续高产，成为国家粮食安全的"压舱石"。但"谁来种稻、如何种稻"对江苏水稻高质量发展提出了新的要求。江苏省水稻生产经营主体既包括小规模稻农，也包含家庭农场、种植大户、农民专业合作社等新型经营主体，当前小规模稻农因技术装备能力不足、分散经营导致效率不高；新型经营主体因土地租金成本上升、粮价低迷及租期的不确定性，土地流转规模化受阻（罗必良，2020）。2021年农业农村部印发《关于加快发展农业社会化服务的指导意见》，提出大力发展多元化、多层次、多类型的农业社会化服务。农业生产性服务业贯穿水稻产前、产中、产后全链条，在土地不流转的前提下高效配置资源要素，克服土地细碎化困境，破解"高额地租"导致土地"逆流转"的问题，让专业人干专业事，通过服务规模化和现代化稳固粮食增产、维持小农户的种粮意愿，形成集约高效的绿色生产方式，实现"藏粮于地""藏粮于技"的有机统一（卢千文，2019）。

一、江苏水稻生产经营主体发展现状与服务需求

从水稻经营主体看，家庭经营的小农户与规模化新型经营主体并存。随着城市化、工业化及农业现代化的进程加快，近10年来，江苏省农村劳动力数量下降、青壮年劳动力向非农产业转移，务农劳动力老龄化、农业兼业化等现象突出。第三次全国农业调查显示，2016年江苏省农户工资性收入占比为62.3%，如果加上家庭经营中二、三产业的收入，非农收入可以高达79.9%。实地调研发现，当前农户群体分化严重，专业农户与兼业农户、在地

农户与不在地农户并存。根据江苏省土地流转率平均 60% 的规模推算，目前小农户的数量约为 500 万，大多数是以种植业为主的小规模家庭经营农户，如何将小农户引入现代农业发展的轨道是江苏农业现代化的现实问题。

（一）以家庭经营为主的水稻生产主体

1. 普通小农户

普通小农户主要收入来源于土地种植的收入，他们一方面追求农业生产效益最大化，另一方面又对土地存在情感依赖，小农户陷入了零利润甚至负利润的自我剥削陷阱。小农户水稻种植各个环节基本由自己完成，对接市场的能力弱，收入水平低。实地调研中发现各地均存在一定数量以满足家庭自用为主的水稻种植户，以老年人为主，种植面积小，家庭收入来自农业的比重较低，并没有期望在农业上获得多大收益，不受技术和市场的影响，利润最大化不是主要目标，他们不愿放弃土地，水稻种植多以满足家庭自用，追求食品安全风险最小化，收入主要依靠子女从事其他产业为主，农户主观发展意愿不强，除收割环节外，其他环节均由自己完成。总体来看，这部分小农户是实现水稻生产和服务规模化的主要障碍。

2. 深度兼业小农户

对非农收入占绝大部分的深度兼业小农户而言，农业不过是一种"补充收入"来源。与"以农为生"的小农户相比，深度兼业农户不在意耕地产出和农业收入，也没有发展现代农业的动力，农户种地热情下降。农业机械的普及和土地流转的实施，也为这部分小农户退出农业生产提供了条件。一方面，农业机械化程度的提高，让农村劳动力全面退出耕、种、收环节，交由社会化服务主体来完成，"种田不下地"成为一种普遍现象。另一方面，很多小农户借助土地流转或通过家庭内部分工，减少参与甚至退出农业生产。在对常州、南通、扬州及泰州部分农户的调查发现，超过 50% 的小农户愿意有偿放弃土地使用权。在苏南及苏中地区，一些长期在外的农户已经把全部承包地出租，部分农户愿意把一部分自家正在种的地租出去，相当一部分农户愿意把全部承包地入股到村里，交由村里统一经营管理。"田保姆"式农业托管成为深度兼业小农户的主要服务方式。

3. 中小规模新农户

中小规模新农户以中小经营规模和土地适度规模为载体，通过自主创业、自主经营和自负盈亏实现与现代农业发展的衔接。苏中及苏北地区中小规模新农户出现较多。中小规模新农民通过从事农业满足内心对家庭成员食品安全的期望，同时具有拓宽职业的梦想以及回馈家乡的情怀，具有经营灵活性，能够对市场变化做出快速反应，愿意流转土地从事农业生产（郑阳阳等，2019）。部分年轻的新农民"离农、进城"后发现城镇就业机会少、工作不稳定，无法在城市找到稳定的工作，当务农与外出务工的收入相当时，这部分小农户重新回到农村，愿意适当扩大经营规模从事现代农业生产，成为中小规模新农户，他们通过组织化进入水稻现代生产体系，逐渐成为水稻生产主体的中坚力量，一般追求收益最大化，水稻生产经营中会通过补贴购买部分农机自我服务，但规模达到一定程度后会选择市场化服务。

（二）以适度规模经营为主的新型经营主体

1. 以土地流转为主的规模经营主体

农业适度规模经营主要包括土地流转规模型和服务规模型两种，2015 年江苏省出台了《关于积极引导农村土地经营权有序流转 促进农业适度规模经营健康发展的意见》文件，鼓励种粮大户、家庭农场、农民合作社、农业社会化服务组织等新型经营主体进行适度规模经营，为土地流转、农业规模经营提供了政策支持。根据江苏省农业农村厅数据显示，截至 2019 年底，江苏家庭农场总量超过 6.6 万家，依法注册的农民合作社 8.5 万家。2000 年全省水稻种植面积约 2 202.9×10³ hm²，其中规模化种植面积达 1 373.3×10³ hm²，适度规模化率超过 60%，其中苏南地区土地适度规模化程度近 90%，苏中地区 60%左右，苏北地区规模化约为 40%。

根据江苏省农村经济研究中心测算，依据土地经营规模相当于当地户均承包地面积10～15 倍、务农收入相当于当地二三产业务工收入的标准，2016 年水稻土地经营最优规模户均约 7.6hm²（其中苏南 9.93hm²、苏中 8.33hm²、苏北 5.4hm²），全省户均适度区间总体在 6.67～20.0hm²。根据测算适度规模的"江苏标准"，现阶段江苏适宜重点发展 6.67～20.0hm² 的家庭农场[①]。因此，土地流转规模并非规模越大效率越高，否则易出现一些地区"高额地租"导致土地"逆流转"的问题。

2. 以服务规模为主的专业化服务主体

基于小农户家庭经营仍占据水稻生产的一定比例、新型经营主体受市场和流转费双重影响，目前通过服务规模经营成为水稻生产经营的重要方式（罗必良，2017）。农户等经营主体在不流转土地经营权的条件下，将农业生产中的耕、种、防、收等全部或部分作业环节委托给服务组织完成或协助完成，破除了分散种植模式下农户独立承担风险和土地流转模式下流转方独立承担风险的弊端。当前江苏从事农业生产托管的社会化服务面积达到 1 933.3×10³ 公顷次，服务企业、农民合作社、集体经济组织、农业企业等多元化服务主体达 2 万多家，农业生产托管不仅是小农户对接现代农业的理性选择，也是新型农业经营主体提高效益的重要途径。农业托管服务打通了现代农业要素进入农业生产过程的通道，以统一标准规范的服务，打破土地规模限制，优化生产要素投入，提高资源要素效率，进而实现"藏粮于地""藏粮于技"。

二、水稻生产性服务业发展的实践探索

在农户需求及政策支持下，江苏水稻生产性服务业快速发展，各地开展了多种形式的实践探索，培育了一批服务能力强、服务范围广、市场化运营的生产性服务组织，生产全托管、联耕联种等服务模式在全国推广，大量的工商资本、返乡人才、职业农民等在农业生产

---

① 计算标准：根据 2015 年省委办公厅省政府办公厅出台《关于积极引导农村土地经营权有序流转 促进农业适度规模经营健康发展的意见》（苏办发〔2015〕3 号）提出"两个相当于"要求：即土地经营规模相当于当地户均承包地面积的 10～15 倍、务农收入相当于当地二三产业务工收入。

性服务业领域创业创新，生产性服务业成为水稻高质量发展的新动能，加速推进了江苏稻米优质化、品牌化和绿色化进程。

（一）服务组织市场分工协作格局逐渐显现

水稻生产性服务的供给主体既包括家庭农场、农民合作社、农业龙头企业、农业产业集团、农业服务公司等市场化主体，也包括供销社系统、农垦系统、粮食收储系统以及涉农部门兴办的服务实体等传统农业服务组织。各类服务主体在参与市场竞争中，有序分工，差异化发展。

种植大户、家庭农场等在自我服务过程中兼业提供水稻产中作业，服务对象以周边小农户为主，服务半径较小，服务内容较为单一。调研发现种植面积为 $20hm^2$ 左右的家庭农场或种植大户兼业提供部分环节托管服务的收入占总收入的比重约为 30%。

农村集体经济组织、农民合作社在组织小农户统一标准化生产和对接涉农企业方面具有天然优势，组织成员提供各环节的便捷服务，是新型农业服务主体发展的主导力量。农民合作社不仅覆盖了 50% 左右的农户，其中不少还给非成员提供服务。由村集体组成的土地股份合作社、农业生产托管组织不仅能高效地解决传统普通稻农如何种地问题，而且与农民专业合作社、农业企业合作联合开展服务供给，使得不同主体在生产、服务环节进行有效分工，形成多元主体共享发展成果的利益均衡分配模式（芦千文等，2021）。

专业服务公司和涉农企业从事技术密集性、资本密集性较高的服务领域，在飞防、电商、品牌、信息、数据、技术等专业化服务领域和产业链集成服务方面成为主力军。江苏艾津农业科技服务公司以粮食的生产需求为导向，为稻麦生产提供植保社会化服务、测土配方施肥服务、粮食烘干与代销服务、职业农民培训服务等全程的社会化服务，在农业社会化服务领域打造"艾津农服""艾津植保"品牌，以全程的社会化服务保障粮食安全生产。

供销社系统、农垦系统、粮食收储系统等传统服务组织依托传统体系和网络优势，成为综合化、系列化、超市式、全程式服务方式的重要供给主体，也是区域农业服务体系或网络的重要组织者。靖江市通过供销合作社首创"1860"现代农业综合服务体系，2019 年水稻生产托管服务面积占全市社会化服务总面积的 50%，专业化植保服务率超 30%，实现由单一流通服务向全程农业社会化服务、城乡社区服务的转型。江苏供销系统打造全省农业社会化服务"一张网"，在农业市场信息、大田托管、农资供应、水稻绿色生产技术、秸秆利用、农机作业、稻米初加工、稻米营销等方面提供服务，服务水稻生产面积 $573.3 \times 10^3 hm^2$。

（二）服务主体间的联合合作加速推进

江苏各地在实施标准化引领、推行水稻绿色高效技术集成模式、创新服务方式等方面不断推进，不同环节、不同类型的农业服务主体联合，组建农民专业合作社联合社、家庭农场联盟、大米行业协会、稻米产业化联合体、综合性服务平台等各类带动联结稻农的服务组织，形成具有江苏特色的农业生产性服务组织示范。泰州市姜堰区家庭农场服务联盟入选农业农村部首批农业生产性服务试点案例，联盟将经营主体和服务主体联合，把为农社会化服务的供需双方变为服务联盟的内部成员，既提高服务效率，又满足互利共赢发展需求。2020年成立的江苏新型农业服务主体联盟通过联合公共服务机构、农业龙头骨干企业、合作经济组织等，引导服务小农户、家庭农场、种田大户，促进"大小"协同发展。射阳、兴化的大米协会着力打造"射阳大米""兴化大米"地理标志品牌，推动粮食加工企业与家庭农场、种粮大户对接，实行订单种植。

（三）服务模式不断创新发展

各类专业化社会化服务组织聚焦水稻生产薄弱环节，创新面向小农户及规模化农户的服务方式。

一是发展形式多样的生产托管。目前江苏水稻生产托管服务的土地面积已超 1 933.3×10³ 公顷次，形成全程全环节托管、菜单式多环节托管、股份合作分红、股份托管并行、专业化托管、供销社为农服务等服务模式，示范引领水稻生产服务业发展。

二是建立"全程机械化＋综合农事"服务中心。以农机专业合作社为主导形成面向农业经营主体的托管式、订单式、一站式农业生产性服务业，将公益性服务和经营性服务相结合、专项服务和综合服务相协调，为水稻生产提供产前、产中、产后全过程综合配套服务。2020 年，溧阳市海斌农机专业合作社、宜兴市金兰农业服务专业合作社入选农业农村部办公厅第二批全国"全程机械化＋综合农事"服务中心典型案例。

三是构建"互联网＋"服务模式。利用大数据、物联网等信息化工具和手段为水稻生产的各个环节提供服务。江苏克胜集团"蜻蜓农服"社会化服务平台，以无人机植保、农技咨询、农资解决方案、线下代购、农业生产过程托管等服务类项目为主要特色，利用"互联网＋"改造传统农业，打造互联网平台、提供数据信息服务、分享品牌价值，打造"产品＋技术＋服务＋互联网"的一站式农业服务平台。

（四）服务加快向全产业链覆盖

水稻生产性服务已经从面向经营主体的产中作业服务向产前产后和全产业链层面集中，如绿色发展、农资供给、品牌构建、新技术转化应用、产业链集成解决方案等服务，在稻米产业链高效运行和价值增值中扮演更重要的角色。

一是生产关键环节服务转型升级。张家港首创的农药零差价配送服务模式逐步在全省推广，通过科学、规范、合理使用农药，减少农药滥用，从源头上保证稻米质量安全。全省水稻专业化统防统治步入稳定发展的轨道，水稻统防统治覆盖率达到 65％，水稻 666.7hm² （万亩）高产示范片达 100％。水稻育秧订单服务发展迅速，水稻育苗中心以机械替代人工、基质替代土壤，实现育苗环境和种苗质量的标准化、信息化管理，形成统一品种、统一育苗、统一机插、统一管理、统一收购的"五统一"模式。

二是科技服务体系不断完善。依托江苏水稻产业技术体系和基层农技推广体系，充分发挥试验示范基地、科技示范主体等示范展示和引领带动作用，促进技术快速进村入户。建立了以"体系集成创新中心＋基地＋企业＋新型经营主体""岗位专家＋农技推广人员＋基地＋企业＋新型经营主体＋农户""超市＋高校院所＋农户""超市＋基地＋农户""超市＋龙头企业＋农户"等科技服务和技术推广新模式，不断完善水稻生产科技服务体系，实现"藏粮于技"。

三是新兴服务加速涌现。供给侧结构性改革和绿色发展理念诱导了新兴服务业务迅速发展，如农机作业服务向全程式、保姆式、智能化方向的升级，水稻统防统治、烘干仓储、信息追溯、标准化服务以及品牌、信用、金融、科技、信息等方面服务供给不断增加。传统业态加速升级和新兴服务加速涌现，推动了稻米生产全产业链服务化进程，使稻米价值增值的主要源泉和利润中心向服务环节转移。

三、江苏水稻生产性服务业发展存在的问题

水稻生产服务业处于加速发展期，服务体系的雏形已形成，目前面临服务主体弱小、服务标准不够规范等问题，匹配水稻高质量发展的需求存在差距。

（一）农业基础设施水平难以匹配生产性服务业的要求

农业生产性服务业开展生产服务的基本条件是集中联片。江苏水稻规模化种植面积达 $1\,373.3\times10^3\,hm^2$，适度规模化率超过 60%。苏南地区经济快速发展带来土地流转规模化和服务经营规模化同步发展，水稻生产和服务效率较高。但土地确权后小规模农户的"恋地""恋粮"情结、粮价低位徘徊和流转费用高走导致流转放缓甚至回流，土地流转率下降。苏中、苏北地区的一些家庭农场主和规模种粮农户因政府大量农机购置补贴提升了购机积极性，农机持有者通过提供水稻多个环节的外包服务，利用服务经济来弥补规模经济的不足。而实际服务过程中，"地块过于分散、插花地多、田块不平整"成为服务的主要障碍。

（二）服务主体散弱小融合度不高

近年来，江苏各地农业生产服务主体发展迅速，但多数服务主体散弱小，服务业务层次较低、内容单一问题较为突出，服务市场不完善，不同主体间同业竞争较为激烈。部分地区集体经济组织、传统服务组织、农民合作组织等服务主体业务趋同，与农业服务户错位发展、协同协作、网络联结不够，致使服务效率大打折扣。一些实力较强的农业专业化服务公司以抢先布局、占领市场为主要目的，建立了服务组织体系，但却各自为战、缺乏沟通，以致布局散乱、重复建设、功能不足，不少服务中心沦为摆设。江苏省专业化农业服务主体超过 20 000 家，但上规模的少，从事产加销全程服务、带动整个稻米产业发展的龙头少。与其他省份比较，江苏水稻生产服务业缺乏有影响力的农服企业和服务品牌，大部分服务组织规模不大，抵御市场风险和自然风险能力较弱。

（三）生产性服务市场监管缺失

尽管江苏生产性服务发展较早，但服务监管与监督制度还有待完善。一是标准体系建设滞后。水稻生产性服务没有标准参照，服务纠纷难以调处、服务质量难以保障、服务效益难以发挥。二是合同规范意识薄弱。农业农村部发布了示范合同文本，但实际执行过程中服务主体和服务对象忽视合同的作用，草率签订合同，导致合同流于形式。三是质量保证机制缺失。目前服务质量监管以政府介入为主，行业协会、服务联盟等发育滞后，服务主体的自我约束不够，行业监督、权益保护、标准规范、价格制定等过度依靠政府部门。四是信息化手段监管服务能力不足。线上签约、作业确认、质量监督、合约履行、动态监测等信息化、智

能化技术应用存在诸多瓶颈。

(四) 政策支持和期望差距较大

政府高度重视农业生产性服务发展，但政策落实和实际情况仍有很大偏差。一是补贴针对服务环节和项目而非服务主体。耕、种、防、收等传统作业环节为主的补贴多，对土壤改良、土地平整、技术服务、灌溉、管理等薄弱环节支持力度较小。许多农业服务组织是家庭农场、农民合作社和农业企业发展而来，服务组织购置设备成本高，部分先进、适用的农机没有纳入政府补贴或补贴额度低，服务组织购买信心不足。二是重业务轻能力。表现为重视服务面积数量的增长，对服务主体能力、从业人员技能、组织体系建设、行业管理制度等重视不够。三是配套政策有待跟进。针对农业服务主体的财税、信贷、用地、人才等支持政策尚未明确，保险、担保等金融服务有待加强。四是政府主导的公益性、准公益性服务体系亟待强化。粮食生产具有公益性的特征，但公益性机构积极性、主动性不够，难以满足农户对信息、技术、病虫防治等公益性服务需求。

四、推进江苏水稻生产性服务业发展的政策建议

(一) 完善服务组织体系，推进产业链服务的全程化

按照主体多元、形式多样、服务专业、竞争充分的原则，大力培育专业服务公司、供销合作社、农村集体经济组织、服务型农民合作社和家庭农场等服务主体，为小农户提供专业化社会化服务。积极发展服务联合体、服务联盟等新型服务组织，打造一体化的服务组织体系。以现代农业产业示范园、绿色高质高效创建基地、"味稻小镇"等为载体，健全从产地环境、种植规程、加工储运、全程追溯等稻米全产业链服务，形成"从农田到餐桌"整个食品链各个环节的关键要素全程控制，构建集机耕机收、育秧栽插、植保管理、收割烘干、加工销售、质量追溯等环节为一体的全产业链服务模式。

(二) 创新农业生产性服务方式，推进服务内容的规范化

推进专项服务与综合服务协调发展，统筹和整合农业服务资源，搭建集农资供应、技术指导、土地流转、农机作业、农产品营销等服务于一体的区域性综合服务平台。瞄准关键薄弱环节，以单环节专业服务逐步向多环节、综合性、全程式服务过渡转型，发展订单式、菜单式、保姆式的服务模式，满足水稻生产服务的多元化需求。健全服务标准体系，制定水稻生产各类作业服务的标准和规范，为服务质量和效果提供公平公正的评价依据。引导服务组织合理确定各环节作业服务的价格，指导服务主体和农户规范签订服务合同，减少双方的争议和纠纷。建立社会化服务组织名录库，对各类服务主体进行动态监测。完善服务主体信用评价机制，开展信用打分和分级，促进服务主体的优胜劣汰，实现生产性服务业的良性发展。

(三) 构建数字农业和综合服务平台，打造服务手段的智能化

利用江苏水稻生产技术制高点的研发优势，将机器人、物联网、人工智能等先进技术应

用到水稻生产经营的各个环节，加快数字技术在水稻生产服务业中的应用。搭建全省综合农业服务平台或产业链集成服务平台，建设与稻米产业链、供应链、价值链、利益链相互渗透融合的服务链。鼓励农业服务主体试点建设一批规模化、有重大影响力的智慧农业示范基地和无人农场，构建集水稻种植、收割、仓储、加工、运输于一体的无人化现代农业产业链。提高薄弱服务环节发展水平，加速发展数字、品牌、信息等高端农业生产性服务，打造国内知名、有影响力的农业生产性服务业"江苏品牌"。

（四）加大政策扶持力度，提升服务能力的现代化

重视专业化生产服务组织的成长和发展，改变"重生产，轻服务"的观念，对开展服务较好的服务组织实行重点扶持。通过补贴、财税、用地、金融等优惠政策，瞄准重点领域，创新支持方式，提升政策效能。在财政补贴上，精准扶持对象和环节，提高服务针对性和有效性，最大限度发挥财政资金的支持效率。在用地政策上，加快落实服务主体建设仓储、烘干厂房、农机库棚等生产辅助和配套设施用地。在金融政策上，积极支持开展厂房、生产大棚、大型农机具等抵押及农业保险抵押融资。在人才政策上，加大乡土特色人才培育力度，培育一批生产服务领域的新农人、新"工匠"。

（韩宏华　陆建飞　金涛　张洪程）

参 考 文 献

芦千文，2019. 中国农业生产性服务业：70 年发展回顾、演变逻辑与未来展望 [J]. 经济学家（11）：5-13.

芦千文，苑鹏，2021. 农业生产托管与稳固中国粮食安全战略根基 [J]. 南京农业大学学报（社会科学版）
　　（5）：58-67.

罗必良，2017. 论服务规模经营——从纵向分工到横向分工及连片专业化 [J]. 中国农村经济（11）：2-16.

罗必良，2020. 小农的种粮逻辑与中国粮食安全策略 [N]. 粮油市场报，09-15（B03）.

郑阳阳，罗建利，2019. 农户缘何不愿流转土地：行为背后的解读 [J]. 经济学家（10）：104-112.

江苏省水稻生产全程机械化发展现状及其对策

[摘要]机械化发展是江苏水稻高质量生产的第一动力。近10年江苏水稻生产机械化发展取得了长足的进步，农业机械总动力和高质量高性能农机装备总量迅速增加，耕整地和机械收获基本实现机械化作业，机械种植水平和机插水平快速提高。"十三五"期间，水稻高效植保机械、秸秆处理、机械烘干实现了快速发展。但江苏水稻生产机械化还存在以下问题，一是水稻种植机械化短板依然薄弱，存在机插面积下降和直播面积抬升的"隐忧"；二是前茬麦秸秆高质量还田整地水平不高，缺乏秸秆全量还田高质量耕整地机械；三是高质量植保机械化水平亟待提高，高效植保技术需进一步研究创新；四是农机农艺和农机化信息化需加强融合创新；五是农机作业基础设施建设不配套，农机社会化服务能力不强。为此，针对性提出了江苏水稻生产全程机械化发展对策与建议，一是加快稻田"宜机化"设施建设；二是加大高质量秸秆还田整地和机械种植的机艺融合创新；三是加大水稻生产机械化信息化融合创新；四是加大农机社会服务主体"多元化"，加强农机社会化服务创新；五是切实制定促进水稻生产全程机械化的农机政策，加大水稻全程机械化生产"短板"的农机补贴力度。

水稻是江苏第一大粮食作物，常年种植面积220万 hm² 以上，占全省耕地面积45％以上，稻谷总产量1 900万 t 以上，占粮食总产52％以上（葛磊等，2020）。因此，江苏水稻生产对保障全省粮食安全具有至关重要的作用。

如何保障江苏水稻安全生产，关键在于水稻生产全程机械化水平。机械化发展是江苏水稻高质量生产的第一动力。水稻是主要粮食作物中机械化生产环节最多、技术最为复杂，且劳动强度大、用工量多，因而水稻生产全程机械化难度大、水平低（胡雅杰和张洪程，2019）。近些年，随着农机装备升级换代与农机农艺加快融合，江苏水稻生产全程机械化水平不断提高，引领全国水稻生产全程机械化发展。

一、江苏水稻生产机械化发展现状[①]

（一）农机总动力和高质量高性能农机装备数量快速增加

截至2019年，江苏省农业机械总动力达到5 112万 kW，比2008年增长了34.17％。2009—2019年，除无锡、苏州、常州外，江苏其他10市农业机械总动力均不同程度增长，其中连云港、淮安增长幅度较大，超过80％。

---

① 本文数据来源为2009—2000年江苏省农业机械统计年报。

从农机装备数量来看，至 2019 年，江苏耕整地机械装备保有量达 3.0 万台，水稻种植机械达 14.8 万台，其中直播机 0.8 万台、插秧机 14.0 万台（乘坐式插秧机 4.5 万台），稻麦联合收割机达 16.7 万台，较 2009 年耕整机增长了 3.16 倍，直播机、插秧机分别增长了 2.0 倍和 1.6 倍，收获机增长 85.56%。特别是 2018 年后新增插秧机主要是增加乘坐式高性能插秧机，2020 年江苏省新增插秧机 4 000 台，其中乘坐式高性能插秧机 3 682 台，占比高达 92%；智能化无人驾驶插秧机新增 45 台，首次实现较快增长，新增量占总保有量的近一半。

（二）水稻耕种收综合机械化水平高位运行

至 2019 年，江苏省水稻耕种收综合机械化水平达 92.74%（图 1），其中苏南地区为 97.28%，苏中地区为 96.89%，苏北地区为 89.98%。全省水稻耕整地和收获两个环节几乎 100%实现机械化。不同区域耕种收综合机械化水平表现为苏南＞苏中＞苏北。2009—2019 年，江苏水稻机械化种植水平呈现增加趋势（图 1），2019 年全省水稻机械种植水平达 85%，较 2009 年增长了 80.8%；机插水平呈先增后减，近 3 年呈减少趋势（图 2）。2019 年全省机插水平达 72.0%，较 2009 年提高了 1.15 倍，2019 年不同主产区机插水平呈苏南＞苏中＞苏北；近 3 年机播水平呈快速增长趋势（图 2），2019 年不同主产区机播水平呈苏北＞苏中＞苏南。

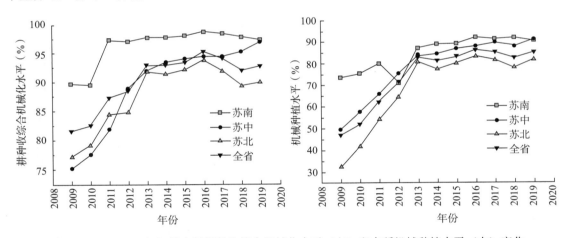

图 1　2009—2019 年江苏水稻耕种收综合机械化水平（左）和水稻机械种植水平（右）变化

（三）水稻秸秆处理及其装备水平

秸秆处理分为直接还田和打捆捡拾，至 2019 年江苏省水稻秸秆机械还田水平已达 72.41%（图 3），较 2013 年提高了 48.75%，其中宿迁、盐城、连云港提高幅度较大，增加幅度超 60%。自 2013 年以来，江苏省水稻秸秆捡拾打捆水平一直比较稳定，维持在 4%左右。江苏省秸秆粉碎还田机和秸秆捡拾打捆机保有量一直稳步增加，至 2019 年秸秆粉碎还田机达 15.5 万台，秸秆捡拾打捆机达 0.5 万台，分别较 2013 年增加了 21.47% 和 54.89%。

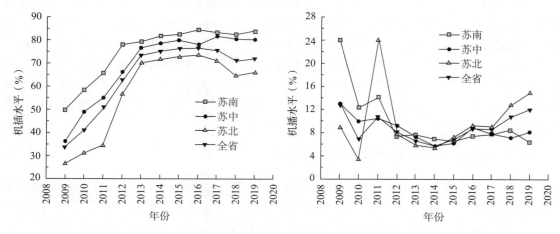

图2 2009—2019 年江苏水稻机插水平（左）和江苏水稻机播水平（右）变化

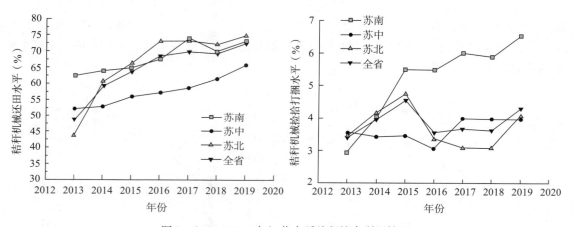

图3 2013—2019 年江苏水稻秸秆综合利用情况

（四）稻谷烘干能力大幅度提高

2013—2017 年江苏稻谷烘干能力大幅度提高，至 2017 年烘干水平达 42.83%，较 2013 年提高了 4.28 倍（图4）。2017 年，泰州、无锡、南京等地稻谷烘干水平较高，达 50% 以上。对不同区域而言，苏中地区稻谷烘干水平最高，其次是苏南地区，苏北地区稻谷烘干水平最低。对谷物烘干机保有量分析而言（图4），至 2019 年江苏谷物烘干机保有量达 2.9 万台，较 2013 年提高了 4.8 倍。

（五）田间植保机械化基本实现，高效植保机械装备快速增加

2009—2019 年，江苏机动喷雾机保有量呈先增加后减少的态势，于 2014 年达最大值 68.7 万台。2019 年江苏机动喷雾机保有量达 62.0 万台，较 2009 年保有量增加了 15.88%。近些年，水稻高地隙植保机、植保无人机保有量不断增加，至 2019 年植保无人机增加至

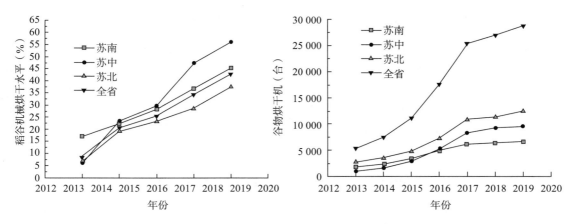

图 4　2013—2019 年江苏水稻机械烘干装备和水平

（注：2018 年后机械烘干粮食数量不再单列统计）

4 855 架，自走式机动植保机械 22 261 台。可见，江苏省水稻田间植保机械正从机动喷雾机向高地隙喷杆式喷雾机和植保无人机转变，大大提高了水稻田间植保效率。

（六）田间施肥机械化水平不断提高，但机械追肥难度较大

水稻机械施肥主要有基肥抛撒施、基肥机械深施及机插侧深施肥，分蘖肥和穗肥主要依靠人工撒施，机械追施难度较大（陈新华，2017）。2017 年江苏化肥深施机保有量达 5 250 台，较 2009 年增加了 16.87%。近些年，随着用工成本的不断增加，江苏水稻基肥机械化水平不断提高，种粮大户和农场基本实现水稻基肥机械化施肥（颜士敏等，2019）。

二、江苏水稻生产全程机械化面临的主要问题

（一）水稻种植机械化短板依然薄弱，存在隐忧

尽管江苏水稻种植机械化水平较高，总体平稳，但仍存在一些隐忧。水稻机插秧技术自身存在瓶颈（李泽华等，2018），进一步推广难度加大，表现为：一是育秧插秧技术不够到位，少数机手在开展机插秧时，片面追求作业面积而降低作业质量，导致栽插密度不够、基本苗数不足，机插秧技术稳产增效优势不明显；二是机插秧配套技术设施不够完善，如田块平整、浅水栽插、薄水勤灌，对水利设施和田块等配套技术要求高；三是有些地方取消机插秧扶持政策，取消插秧机购买的叠加补贴或补贴比例降低。这些因素都一定程度影响水稻机插秧技术的推广应用。同时，随着生产成本的增加，如水稻育秧、插秧服务收费达每公顷3 300 元，而农户采用直播，农艺相对简化、劳动力投入较少、农耗时间较短，减少育秧和插秧环节，一定程度上也增加了直播稻的推广，使得江苏不少地区直播稻面积反弹回潮。另外，江苏省部分丘陵地区，田块较小、供水成本较高，增加了水稻机插秧的总成本。诸多影响因素对巩固或进一步提高全省水稻种植机械化水平带来挑战。

（二）前茬麦秸秆高质量还田整地水平不高，配套农机具缺乏

目前江苏水稻机耕几乎全部实现了机械化，随着秸秆全量还田技术的推广，加大了稻田高质量旋耕整地难度，影响水稻高质量机械栽插，具体表现为：一是前茬小麦产量高、秸秆量多，秸秆喷撒不匀，秸秆全量还田整地质量差；二是旋耕农机不配套，机械马力小，机械旋耕深度不达标，秸秆与土壤未充分混匀；三是全量秸秆高质量还田整地机械化技术未掌握（颜士敏等，2019）。因此，江苏麦秸秆高质量还田整地水平有待进一步提高，全量秸秆高质量还田整地机械化技术及其配套农机装备还需进一步攻关创新。

（三）高质量植保机械化水平亟待提高，高效植保技术需进一步研究创新

江苏水稻田间植保基本实现了机械化，但高质量植保机械化水平不高，自走式喷杆喷雾机、固定翼农用飞机、植保无人机等现代植保机械保有量需要进一步增加。随着植保无人机的大面积推广应用，往往带来农药喷雾飘移损失多、农药利用率低，加水量少、农药浓度大、造成水稻药害，无人机植保效果不高（储为文，2021）。因此，植保无人机精准高效施药技术需要进一步创新，加大喷雾助剂、低容量喷雾、静电喷雾等先进施药技术研究，提高喷雾对靶性，降低农药飘移，提高利用率。

（四）农机农艺和农机化信息化需加强融合创新

江苏水稻机械种植方式主要有毯苗机插、钵苗机插和机械直播，3种机械种植方式差异大、各有特点，配套的农机与农艺各不相同，特别是新推出的新型插秧机或直播机，与配套农艺融合创新不足，需进一步融合创新发展。目前，自动码垛机器人、自动育秧播种摆盘机、无人驾驶插秧机等水稻种植方面的智能农机装备逐步推广应用，江苏有些地区已先行探索"智慧农机""无人农机示范农场"等，从耕、种、管、收生产环节探索农机化信息化的融合创新，展示了广阔的前景，但农机化信息化深度融合创新还需进一步加强，以实现农机装备智能化，以信息化、智能化提升水稻生产全程机械化质量和水平（陈学庚，2020）。

（五）农机作业基础设施建设不配套，农机社会化服务能力不强

随着江苏高标准农田的建设，机耕路等基础设施建设有了长足的进步，但部分地区不少农田农业基础设施建设不配套，制约了农机作业能力、农业机械化作业规模和作业效率。农机社会化服务组织能力不强，虽然各地涌现出一大批农机专业合作社，但农机合作社服务作业项目少、一条龙作业服务更少，社会化服务能力不强。

三、江苏水稻生产全程机械化发展对策与建议

（一）加快稻田"宜机化"设施建设

稻田"宜机化"配套基础设施建设是推动水稻生产全程机械化的基础，因此必须高标准建设稻田"宜机化"设施，为农机作业便利化提供重要保障。一是要与高标准农田建设协同，明确稻田的机耕道路宽度、涵桥农机通过性等标准。二是加强稻田机耕路、涵桥等田间

道路配套设施建设，保障农机安全下田。三是要加强统筹规划，协调解决设施农业用地，合理布局农机具仓储与维修等配套设施。

（二）加大高质量秸秆还田整地和机械种植的机艺融合创新

稻麦周年秸秆全量还田整地和机械种植仍是制约江苏水稻高质量全程机械化生产的"瓶颈"。高质量秸秆还田整地是水稻生产全程机械化的基础，是水稻高质量生产的基础。目前江苏省稻麦周年秸秆全量还田影响稻田高质量整地，给水稻生产带来重要的影响。因此，需要加快制定稻麦周年秸秆全量还田高质量整地标准，明确秸秆还田碎草长度、埋草深度、草土混匀度等指标；加快稻麦周年秸秆全量还田高质量整地机具创制及其配套农艺融合创新，加大科研创新投入，研制出符合现代稻作农艺要求的秸秆全量还田高质量整地机具。尽管江苏水稻机械化种植水平较高，但进一步提高种植水平难度大，特别是近几年随着用工成本的持续增加以及机插秧补贴政策减少，人工撒播直播稻反弹回潮，势必影响江苏的水稻高质量机械化种植。因此，需要进一步加大水稻机插秧的机艺融合攻关创新，研究机插水稻优质丰产高效生产技术，减少用工成本，提高生产效率（张洪程等，2021）。

（三）加大水稻生产机械化信息化融合创新

随着信息技术的快速发展，水稻生产需要加强机械化信息化融合创新发展，推进农机装备的智能化和农机管理服务的信息化，加快物联网、大数据、智能 AI、北斗导航等信息技术在农机领域的应用，加强智能农机装备研制与创新（李道亮等，2020）。一是加大水稻生产全程"无人化"研究攻关，开展水稻关键生产环节"无人驾驶"攻关试验，如无人直播、无人机插、无人植保、无人收获；二是加大建设"互联网＋农机作业"信息化平台，加快建设农机作业检测、维修诊断、远程调度等信息化服务平台。

（四）加大农机社会服务主体"多元化"，加强农机社会化服务创新

发展农机社会化服务组织，提高农机具使用效率和经营效益，是推进水稻生产全程机械化的主力军。因此，需要进一步加大培育壮大农机大户、农机专业户、农机专业合作社、农机作业公司等多种新型农机服务主体，支持农机社会服务主体开展多形式适度规模经营，如"联耕联种联营""托管作业""一站式服务"等，推动农机社会服务主体"多元化"，为农户提供高效便捷的农机社会化服务。同时，要进一步加强农机社会化服务创新，新型农机社会化服务主体通过水稻集中育秧、统一供秧、标准化插秧，开拓水稻机插秧作业服务市场，力争机插秧技术全覆盖。创新发展"全程机械化＋综合农事"全方位服务模式，为农户提供水稻种植、田管、收获等全程"一站式"服务（施威等，2016）。

（五）切实制定促进水稻生产全程机械化的农机政策，加大水稻全程机械化生产"短板"的农机补贴力度

省政府及地方政府要进一步针对性制定促进水稻生产全程机械化的农机政策，将水稻机械化种植和高质量秸秆还田整地纳入扶持政策范围，持续加大资金投入，加强对水稻机械种

植和高质量秸秆全量还田整地等薄弱环节农机装备购置和作业服务的扶持（路玉彬、孔祥智，2018）。在水稻集中育供秧点建设、水稻育秧成套设备和技术应用、秸秆还田整地机和插秧机等农机具作业等方面持续加大扶持力度，激发农户购置、使用插秧机的积极性。

（胡雅杰）

参 考 文 献

陈新华，2017．江苏省粮食生产全程全面机械化发展报告［J］．现代农业装备（5）：26-30．

陈学庚，温浩军，张伟荣，等，2020．农业机械与信息技术融合发展现状与方向［J］．智慧农业（中英文），2（4）：1-16．

储为文，2021．我国植保机械化发展短板与提升对策分析［J］．中国农机化学报，42（1）：46-51．

葛磊，陆建飞，徐春春，2020．关于推进江苏水稻产业绿色高质量发展的思考［J］．中国稻米，26（6）：71-75．

胡雅杰，张洪程，2019．长江经济带水稻生产机械化绿色发展战略［J］．扬州大学学报（农业与生命科学版），40（5）：1-8．

李道亮，李震，2020．无人农场系统分析与发展展望［J］．农业机械学报，51（7）：1-12．

李泽华，马旭，李秀昊，等，2018．水稻栽植机械化技术研究进展［J］．农业机械学报，49（5）：1-20．

路玉彬，孔祥智，2018．农机具购置补贴政策的多维考量和趋势［J］．改革（2）：75-88．

施威，孙梦迪，曹成铭，2016．农机社会化服务组织创新研究——以山东省为例［J］．农机化研究，38（11）：1-6．

颜士敏，刘林旺，梁永红，2019．关于江苏麦秸秆机械化还田的思考［J］．北方水稻，49（5）：49-55．

颜士敏，殷广德，刘林旺，等，2019．江苏水稻机械化施肥发展现状与对策［J］．中国农技推广，35（9）：10-12．

张洪程，胡雅杰，杨建昌，等，2021．中国特色水稻栽培学发展与展望［J］．中国农业科学，54（7）：1301-1321．

33

第三篇　江苏省稻米加工业高质量发展战略研究

江苏省稻米加工业高质量发展战略研究综合报告

[摘要] 近10年来，江苏稻米加工业快速发展，2020年，全省入统稻米加工企业656家，稻谷加工能力3 479万t。近3年，平均每个入统企业年加工稻谷能力4.8万t，平均每个入统企业年大米产量1.2万t，不含二次加工在内年均生产大米838.4万t。2020年实现销售收入467.8亿元，年利润10.5亿元。江苏充分发挥地域优势，积极推进"优质粮食工程"建设，不断培育稻米加工业龙头企业，加快发展加工集聚园区，推进形成加工企业为引擎的全产业链多方利益联结机制，努力打造"水韵苏米"品牌，扎实做好"保供固安全"应急保障能力建设，较好地应对了突发性新冠肺炎疫情挑战。稻米加工业持续健康发展，为江苏稻米产业高质量发展提供了重要支撑。然而，江苏稻米加工业发展中也存在着：中小企业为主，利润和产能利用率低；龙头企业"链主"能力弱，园区集聚效应不高；产品精深加工不够，副产品综合利用率偏低；研发创新不够，技术水平不高；品牌杂乱，"苏米"价值和美誉度不高；政策供给不足，配套支撑不够等主要约束。为此，要紧抓推进全面乡村振兴和构建新发展格局的战略机遇、农产品加工业高质量发展的行业机遇、人民对于美好生活需要的市场机遇、江苏省千亿级稻米产业的政策机遇，积极因应国外优质稻米进口和国内不断升级的消费需求形成的挑战、发达的工业化城市化进程造成的挤压、水稻生产和稻米加工业政策体系不配套导致的困境等。

江苏省稻米加工业高质量发展，要以习近平新时代中国特色社会主义思想为指导，全面贯彻党的十九大及以来历次中央全会精神和江苏省委省政府相关文件精神，按照"立足新发展阶段、贯彻新发展理念、构建新发展格局"总体要求，以现代农业提质增效工程千亿级特色产业发展为抓手，以技术、制度和商业模式创新为动力，充分发挥稻米加工业龙头企业的引擎作用，以"需求端"引领"供给端"改革，更好推动稻米加工业前延后伸的"链动"融合发展，提高稻米转化增值效益，实现稻米加工业高质量发展。将江苏稻米加工业建成国内领先、富有特色的南方现代稻米加工集聚示范区，"长三角"及周边粳米、"珠三角"及周边籼米中高端产品市场和副产品多元综合利用的技术研发推广示范区，省级层面以稻米加工产业园为基础的国家级农业现代化示范区，实现水稻生产大省、强省向稻米加工业大省、强省转变。

江苏稻米加工业高质量发展，重点是要推动实施"创新驱动、链动融合、品牌塑造"三大战略。高质量发展的主要举措是，实施好"江苏稻米加工业龙头企业培育行动""江苏稻米加工园区建设行动""江苏稻米多元精深加工技术支撑行动""江苏稻米加工业品牌提升行动""江苏稻米加工应急保供能力提升行动""江苏稻米加工业政策配套保障能力提升行动"等六大行动。

一、江苏省稻米加工业发展的现实透视

（一）稻米加工业原料基础丰厚

江苏省是我国水稻生产大省，是除东北以外全国最大的粳稻主产区，也是全国最北缘的优质籼米生产区（王才林，2019）。一是水稻种植走在全国前列。据江苏省统计局资料显示，江苏全省 2019 年水稻种植面积 218.5 万 hm²，总产 1 959.6 万 t，单产 8 971.5kg/hm²。其中，粳（糯）稻种植面积 189.7 万 hm²，总产 1 713.9 万 t，单产 9 036.0kg/hm²；籼稻种植面积 28.8 万 hm²，总产 245.8 万 t，单产 8 544.0kg/hm²，总产位居全国前列，单产居全国主产省第一。江苏省共有 12 个县（市）稻谷年产量在 50t 以上，其中兴化市就近 100 万 t。二是品种品质优良。据江苏省农业农村部门统计数据显示，目前已育成且通过江苏省审定的优质稻品种 208 个，其中达到国标一级优质稻谷标准的 13 个、二级 62 个、三级 106 个，优良食味粳稻 11 个、优质糯稻 16 个，一大批优质、高产、抗病水稻品种在生产上得到大面积推广。尤其是优良食味粳稻新品种选育走在全国前列，育成了南粳 46、南粳 5055、南粳 9108 等优良食味粳稻品种 15 个。全省优良食味水稻种植面积达 100 万 hm²，占稻谷种植面积的约 45%。这些优良食味稻米品种的种植主要分布在苏中、苏北地区，尤其是南通、泰州、盐城、淮安、宿迁等江苏水稻主产区。持续稳定的水稻产量，尤其是高产优质的优良食味水稻生产为稻米加工业高质量发展奠定了坚实原料基础。

（二）稻米加工能力雄厚

江苏省也是全国稻米加工业发展居于全国前列的省份之一。一是加工企业数量众多，入统企业在全国有一定地位。根据江苏省粮食和物资储备局资料，截至 2019 年底，江苏省稻米加工企业总数达到 1 128 家。其中，小型企业 1 023 家，占 90.69%；中型企业 76 家，占 6.7%；大型企业 29 家，占 2.6%。2019 年江苏省入统稻米加工企业为 708 家，位列黑龙江、湖北、江西、湖南、安徽 5 省之后，排名全国第六位，入统企业数量占全国 7.3%。全省稻米加工龙头企业总数 292 家，其中，国家级重点龙头企业 4 家、省级重点龙头企业 43 家、市级重点龙头企业 245 家[①]。2020 年的入统企业数虽然有所下降，为 656 家，但仍然排名全国第六位。江苏稻米加工龙头企业主要分布在苏北的盐城、宿迁、淮安三市。而稻米加工业龙头企业产值较高的地区主要是苏北的盐城市、宿迁市，以及苏中的泰州市。二是江苏稻米加工企业多元竞争态势明显。既有中粮、中化为代表的中央企业，也有江苏农垦、苏粮集团、盐宝集团、沿海开发集团等国有企业，还有益海嘉里等外资企业，更有面广量大的民营企业。央企、国企、外资企业等，资金充足，加工能力、抗风险能力强，加工技术水平较高，促进了保鲜和低温库等核心环节的建设。绝大多数民营加工企业，又保证了稻米加工业充分竞争市场的形成。三是加工企业生产能力较强。江苏稻米加工企业原料处理能力从 2015 年的 2 391 万 t 增加到 2020 年的 3 479 万 t，远远超过 1 959.6 万 t 的本省水稻年生产量。同时，708 家入统企业生产能力达到 12 万 t/d 以上，包含二次加工在内年产大米 965.2

---

① 资料来源：江苏省粮食和物资储备局，全国 2019 年粮食行业统计资料。

万 t，占全国的 11.4%；年销售收入 479.0 亿元，占全国的 10.2%；年利润 9.6 亿元，占全国的 7.9%[①]。2020 年，江苏省稻米加工业在"苏米"品牌建设带动下，实现销售收入 467.8 亿元，占全国（4 675.1 亿元）的 10.0%；年利润 10.5 亿元，占全国（131.7 亿元）的 8.0%[②]。四是加工技术较为完备。江苏粮油机械制造业瞄准国内外市场，加强关键环节的技术研发，2019 年实现销售收入 108.47 亿元[③]。在江苏牧羊集团、江苏正昌粮机股份有限公司、布勒（中国）机械制造有限公司、佐竹（苏州）机械有限公司等大型企业带动下，江苏粮油机械制造行业发展良好，经济总量占全国粮油机械制造产业总量的一半，居全国第一。上述企业在稻米加工业业内享有盛誉，设备技术总体达到国际国内先进水平，同时重视围绕市场需求，推进稻米产品的精深加工，以及副产品的综合利用，为市场提供丰富多样的产品。五是市场竞争较为充分。追溯历史，无锡荣氏家族 1900 年就创办了保兴面粉厂，开创了中国近现代工业先河。可见，近现代粮油加工业发源于江苏。江苏粮食流通业是所有行业中最先迈入市场经济竞争行列，加工业更是最早迈入市场经济的。近 10 多年来，江苏稻米加工业，尤其是民营加工企业得到快速发展，这一主体面广量大，在 708 家规模以上企业中占了绝大多数，作为稻米加工业的基础，确保了充分竞争市场结构的形成。

（三）稻米加工业龙头集聚态势良好

在区域性规模种植基础上，江苏稻米加工业逐渐形成了以苏北粮油、苏垦米业、射阳大米集团、海丰米业等为代表的现代稻米加工业龙头企业，并逐步集聚形成了如盐城市射阳县大米产业园、兴化市戴窑镇粮食交易市场、宿迁市泗洪县孙园镇洋井稻米加工产业园等 10 多个稻米加工业产业集聚区。射阳大米产业园，位于射阳县海河镇境内，由射阳县国有企业射阳国投集团下属射阳大米集团投资建设。产业园核心区规划面积 20hm²，总投资 2 亿元，2020 年 1 月底竣工投产，年生产 10 万 t 射阳大米，年销售额 8 亿元，利税 6 000 万元，直接或间接带动全县农民增收 3 亿元。集团拥有 3 个全国放心粮油示范企业、1 个省级农业龙头企业、0.33 万 hm² 优质粮食种植基地、0.13 万 hm² 订单农业基地、30 万 t 高标准粮食储备库。集团公司自成立以来，围绕"打造射阳大米百亿级特色产业集群"目标，充分放大"射阳大米"国家地理标志产品、"中国优质粳稻之乡"的品牌价值，按照"五有五高"要求，着力打造市级示范园区[④]。兴化市一直以来是江苏省第一产粮大市，改革开放后，利用戴窑镇优越的水上交通优势，发展起水上粮食贸易，逐渐在该镇集聚形成粮食加工和交易市场，目前集聚的稻米为主的粮食加工企业有 40 多家，从最初的代工发展到品牌创建，近年来的江苏好吃"苏米"评比大赛中，年年有品种入围，声誉较高。在省里推进的"优质粮油工程"建设中，规划将"戴窑水上交易市场"建设成为质检中心、信息中心、物流中心、交易中心，目前"四个中心"的雏形已经形成。该市场的年加工能力达到 500 万 t，产值达到

---

① 数据来源：2019 年数据来自《2020 中国粮食和物资储备年鉴》，江苏省数据来自江苏省粮食和物资储备局。
② 资料来源：《江苏粮油加工产业销售收入 10 年增长超 150%》，腾讯新闻，2020-03-26. https://new.qq.com/omn/20200326/20200326A0HYN200.html.
③ 资料来源：江苏省粮食和物资储备局。
④ 资料来源：2020 年 8 月对射阳县稻米行业协会的调研。

100亿元①。上述园区，以加工企业为核心，围绕稻米产业前延后伸，在带动农户、家庭农场、合作社、龙头企业开展优良食味稻米品种种植结构调整、规模化标准化生产、基地建设、转化增值、品牌创建、市场开拓等全产业链中发挥了重要的集聚和扩散效应。

（四）稻米加工业全产业链融合势头强劲

近年来，江苏省不断加强从基地建设、品种选择、技术管理、收获加工到品牌销售等的全过程、全链条管理，推进优质稻米生产技术标准化、服务专业化、产销订单化。扶持低温储藏、加工机器装备等优质稻米产业化关键设施建设，开展优质稻米低温储藏、初级加工、精深加工等产业链、价值链瓶颈环节建设，加强米粉、米乳、米饼、米糠油、米蛋白等稻米休闲食品、深加工食品研发与产业发展，探索发展富硒米、低谷蛋白大米等功能性大米，注重稻谷砻糠及秸秆的能源化、基质化等综合利用技术开发，加强味稻小镇、稻作文化园建设等，不断延伸水稻产业链和价值链，推动稻米一二三产业融合发展。稻米加工企业为应对市场竞争日趋激烈，通过与大户、家庭农场、农民合作社等上游环节，以及与仓储保鲜、营销服务等下游企业开展稻米生产加工销售一体化经营，推进"加工企业＋农户（新型农业经营主体）"的订单生产、"加工企业＋市场（批发、超市零售、专卖等）"加销一体化、"家庭农场（种粮大户）等经营主体＋加工企业＋品牌营销"全链条经营等模式不断发育。同时，稻米加工企业通过提供"统一供种、统一机耕、统一防控、统一收购、统一加工销售"等全程社会化服务，实施最低收购价、入股分红等，构建起与产业链前向和后向主体的"利益共享、风险共担"机制。可见，稻米加工企业的前延后伸，在引导优良食味稻米品种种植，带动小农户和家庭农场、合作社进入市场，开展技术设备和产品研发创新，加强稻米精深加工和副产品综合利用、转化增值，创建企业和区域品牌、开拓市场等方面发挥了极其重要的引擎作用，在稻米全产业链中处于核心地位。

（五）稻米加工业品牌建设成效显著

江苏历史上就是有名的"鱼米之乡"，稻米品种品质优良，在长三角大米市场上，具有较好品牌声誉。资料显示，"苏米"粳米在上海和浙江市场占比分别达到50％和30％，淮北籼米在珠三角及周边市场也有一定市场占有率和声誉。近年来，江苏省不断加强优质食味稻米品牌培育。省级层面上，2018年《江苏省委省政府关于贯彻落实乡村振兴战略的实施意见》和《省政府办公厅关于大力发展粮食产业经济 加快建设粮食产业强省的实施意见》均明确提出要打造"苏米"省域公用品牌，将其作为推进江苏质量兴农、绿色兴农、品牌强农的重要举措，推进建设粮食产业强省的重要抓手，列入省政府2018年度十大主要任务百项重点工作。为此，江苏集聚省内外水稻育种单位、味道小镇、稻米加工龙头企业、大米行业协会、互联网营销平台等水稻全产业链相关资源，组建了江苏省优良食味水稻产业联盟，制定了《"苏米"产业联盟章程》，增强了其在品种选育、基地建设、稻米加工、市场营销等方面的工作合力。编制了"苏米"团体标准，从全产业链角度，把握稻米生产加工质量控制共

---

① 资料来源：2021年2月对泰州市农业农村局的调研。

性特点，规范稻米种植、收储、加工、流通各环节质量要求。制定了《"苏米"品牌管理办法》，强化品牌准入、运营管理、市场监管、退出机制等品牌规范化建设机制。遴选了50个"苏米"核心企业，通过省内外参与或举办优质稻米品牌评比推介、展示、展销，以及利用报纸、电视、广播、微信公众号等媒体平台，开拓"苏米"市场空间，增强江苏稻米整体品牌市场显示度，"水韵苏米"省域公用品牌影响力不断提高。地方层面上，通过"省级支持、市县整合、协会主导、企业跟进"的思路，强化品种、品质、品牌建设，突出区域文化、生态、地理等特色元素，培育出了"射阳大米""兴化大米""淮安大米"等一批具有较大影响力的区域公用品牌。企业层面上，各主要稻米加工龙头企业把产品质量、品牌战略作为企业生存和发展壮大的重中之重，制定了稻米系列产品质量标准和加工制度，提高产品质量，扩大市场占有率。"苏垦""隆元""双兔""海丰"等米业龙头企业市场占有率和品牌影响力不断提升。发展思路上，探索出了"品种＋基地"的品牌建设模式，实行统一品种、统一生产标准、划区种植，并在此基础上，进行加工销售，进而打造江苏优质稻米知名品牌。

（六）稻米加工业储备保障能力强

粮食等重要农产品供给保障能力对于我国这样一个人口大国至关重要。特别是面临重特大自然灾害和突如其来的疫情形势时，粮食的"保供固安全"作用显得尤为重要。江苏建立了完善的应急保供体系，全省共落实粮油应急供应网点 2 000 多家，指定粮油应急加工企业 400 多家，其中稻米应急加工企业 132 家。江苏积极落实国家粮食储备政策，不断提高储备能力和水平。至 2019 年年底，江苏实现机械通风仓容达 95％、粮情测控仓容达 75％、环流熏蒸仓容达 60％、低温准低温储粮仓容达 50％，绿色储粮条件大幅提高。江苏还是全国唯一的"全国粮食流通信息化建设试点示范省"、全国首批粮食仓储智能化升级试点省，被纳入"国家粮食储运监管物联网应用示范工程"，省、市、县库已基本实现互联互通，数据共享。这些，都为"保供固安全"提供了优良的储备保障。2020 年，一场突如其来的新冠肺炎疫情引发了企业大面积停工停产，对人民群众的生活造成极大影响。稻米等主粮的供给成为当务之急，在疫情开始的前 3 个月当中，江苏的应急储备发挥了重大作用，1 个月复工复产的企业达到 80％，3 个月后，不仅确保了江苏省成品米的市场供应，而且为湖北，尤其是为浙江省提供了成品米供应，很好地发挥了应急灾情、平抑市场、稳定人民生活的作用①。

二、江苏省稻米加工业发展的瓶颈约束

（一）中小企业为主，利润和产能利用率较低

江苏稻米加工业较为发达，域内虽有中粮、益海、农垦、双兔、兴化等规模较大及辐射较强的龙头企业。但是，从加工企业整体看，中小型加工企业数量众多，占到企业总数的90.7％，大中型加工企业数只占 9.3％，远低于黑龙江省 27.1％的比例。大部分中小型民营

---

① 资料来源：江苏省粮食和物资储备局。

加工企业，虽然具有生产成本低、与农户直接对接、经营机制灵活的优点。但是存在企业规模小、设备陈旧落后、产品档次低、包装简单、技术含量低、加工质量参差不齐、带动能力不强、服务半径不大、低水平重复建设现象严重等问题，导致产业整体竞争力不强。从利润率和产能利用率看，近年来，江苏省稻米加工企业效益总体平稳，2020 年达到 10.5 亿元的利润。但是，受稻米主食产品特性带来的价格调节机制灵活性不够、国外进口大米优质低价冲击、符合市场需求的高端功能性米制品开发不足、稻米加工环节减损降耗能力不强等多因素影响，江苏稻米加工行业平均利润水平较低，整体利润率为 2.2%，比全国平均低 0.6 个百分点，在粮油加工行业中利润率最低。同时，稻米加工业投资少、见效快、行业进入"低门槛"，大量中小米企进入市场，生产能力过剩现象明显，导致全省稻米加工企业开机率或产能利用率仅为 30%，比邻近的安徽省约低 10 个百分点，与国际经验上超过 70% 的产能利用率相比，更是属于较低水平。

（二）龙头企业"链动"能力弱，园区集聚效应不高

近年来，江苏农垦、射阳大米集团等国有企业，以及南通季和米业、宿迁苏北粮油等优秀民营企业在江苏稻米加工业发展中起到较好引领作用。但是，全省稻米加工企业呈现典型的"小、众、散、弱"分散格局（刘璐昉和倪同忠，2019）。1 128 家、2019 年 708 家入统企业中，龙头企业也仅 292 家，其中，国家级、省级、市级重点龙头企业分别为 4 家、43 家、245 家。省级以上加工龙头企业数量偏少，具有规模化、标准化、全程化、品牌化引领能力的"链主"企业不多，对全产业链的"链动"协同融合能力相对较弱。在 2019 年全国大米加工企业"50 强"中，只有江苏省农垦米业集团有限公司、宜兴市粮油集团大米有限公司、南京沙塘庵粮油实业有限公司等 3 家公司进入排序，这与江苏稻米大省地位很不相称。从全产业链各环节发展看，存在着粳稻品种品质退化、籼稻跨区引种带来的种质安全性问题突出，多次低温烘干储藏技术利用不够，过度加工、副产品利用率低，代工引发的品牌杂乱等问题，使整体产业链条呈现"前粗后细、链后乏力"现象；要素整合、研发创造、商品化环节、社会效用等方面深化发展不够；中低端产品市场竞争激烈，高附加值的高端产品不足，终端产品利润率不高，产品价值提升难度加大；农地流转、稻谷收储环节所需大规模资金需求难以满足；"风险共担、利益共享"的长效机制仍未真正形成。从产业集聚集群看，在省粮食和物资储备局的积极推进下，一批布局集中、用地集约、功能集成、效益突出的粮食物流加工产业园已初步建成，涌现出射阳、兴化、泗洪等特色稻米加工产业园区。但是，稻米加工业集中度不高、集聚度不足，小企业、小作坊、小米碾分散经营的态势仍占主导地位，由大中型龙头企业和园区加工占比不到全省稻谷实际加工量的 30%，远低于黑龙江省水稻主产市及农垦系统和稻米加工园区集中加工近 90% 的水平。

（三）产品精深加工不够，副产品综合利用率偏低

从稻米加工产品看，近年来，射阳、如皋等地企业开始涉足稻米深加工，形成了年糕、粽子、八宝饭等糕点系列产品线，胚芽米、富硒米等健康长寿系列产品线，以及适宜婴儿、孕妇等特殊人群食用的功能性系列产品线等，稻米精深加工的附加值不断提高。但是，从稻米制品加工看，多数仍停留在初级加工阶段，以加工转化为口粮米、成品米为主。围绕满足

人民对于美好生活需要的高质量消费稻米产品的延伸开发、精深加工上，聚焦优质米、营养强化米、专用米等营养健康产品，以及大米蒸煮食品、方便食品、膨化休闲食品和各种工业化米制品的生产发展方面无明显突破（高巍，2015）。从稻米资源及其副产品的综合利用看，主要是生产稻壳燃料、米糠油，副产品高效增值深加工产品中的米糠营养素和营养纤维等产品提炼少。同时，加工企业为追求快速烘干，导致高温烘干储藏问题突出；为追求外观卖相，过度抛光现象严重等。这些，都导致米制品营养价值流失，稻米品质口味受到很大影响，使稻米产后加工处于"低层次加工、低转化率、低利用度、低增值、低增效、高营养损失"的"五低一高"状态。稻米加工前与加工后产值比约为1∶1.2，远低于世界发达国家对稻米进行有效深加工、全利用产值比1∶3的水平。

（四）研发创新不够，技术水平不高

近年来，江苏稻米加工企业在生态储粮、现代物流、加工装备、深加工转化、营养健康增值、信息化技术等领域"深耕细作"，创新驱动发展正逐步取代传统政策支持、要素支撑。但是，总体而言，和国内外先进水平相比，仍有较大差距。根据对全省加工企业的调研，从加工设备技术看，多数为国内国际主要环节设备的拼装组合，特别重视抛光环节技术设备的应用，使得稻米加工存在"高增碎、高能耗、高米温"的"三高"痼疾，符合江苏优良食味稻米品种的特色低温烘干仓储、柔性碾米、适度抛光等技术应用不够。从产品技术看，主要集中在大众成品米的碾米加工和包装上，围绕如何"吃干榨净""一粒米"方面，功夫下得不够，满足人民日益增长的美好生活需要的营养、健康、功能米开发方面技术明显不足，导致企业主要以普通成品米加工量的优势来获取微薄的市场利润。企业在产品包装、智能化全程追溯、产品鲜度保持、互联网营销等技术方面也亟待改进提升。总体而言，被调研企业普遍存在研发意识不强、研发投入较少、研发人员缺乏、产学研对接不够，进而研发创新能力不足问题突出。

（五）品牌杂乱，苏米价值和美誉度不高

江苏稻米品牌建设上，"水韵苏米"省域公用品牌，"射阳大米""淮安大米""兴化大米"等区域公用品牌，"苏垦""隆元""双兔""海丰"等企业（产品）品牌建设取得初步成效。但是，从省级层面看，与黑龙江、吉林两省相比，全省推进"水韵苏米"品牌建设的体制机制构建、政策支持、投入保障、市场开拓力度等方面都存在较大差距。从市（区、县）层面看，江苏大米区域公用品牌建设受制于自然条件、生态环境、生产经营规模和标准化建设等因素影响，"品种＋基地"，特别是"园区＋基地"模式推广力度还不强，区域公用品牌的宣传力度不足，市场影响力和美誉度不高。从企业层面看，中小加工企业众多，单个企业规模小，企业之间的无序恶性竞争问题突出；企业供给侧结构性改革进程滞后，生产经营理念还没有完全转向"市场导向"，"需求端"对"生产端"引导作用不够，消费者对企业产品的信誉度和依存度不高；企业多品种混合收购、烘干、仓储现象普遍，导致加工质量参差不齐；加工企业"代工""混配"模式较为典型，以次充好，盗用品牌问题凸显。这些，都导致"苏米"品牌没有真正"进驻"市场和消费者内心。

（六）政策供给不足，配套支撑不够

在国家促进农产品加工业发展意见、农产品加工业与农村三产融合发展规划、农产品精深加工高质量发展等若干政策措施引导，以及江苏省加快发展农产品加工业、加快建设粮食产业强省等实施意见的落实下，支持稻米加工业发展的各项政策不断出台，为稻米加工企业发展提供了较好的政策环境。但是，也存在一些不足方面。从对国家政策的落实看，尽管国家有关于支持农产品加工企业的用地、用电、融资等相关政策，但是，江苏的工业化、城市化偏向导致用地政策基本得不到保证，加工企业的信贷金融支持不足。从全省的政策配套看，除对农业产业化龙头企业的扶持政策外，基本没有构建形成系统完善的稻米加工业发展的支持政策体系，政策供给不足，配套不够，削弱了江苏稻米加工业与黑龙江、吉林，乃至与浙江、广东等省的市场竞争力。

三、江苏省稻米加工业高质量发展的机遇与挑战

（一）发展机遇

1. 推进全面乡村振兴和构建新发展格局的战略机遇

党的十九大报告提出了"实施乡村振兴战略"，随后《乡村振兴战略规划（2018—2022）》(2018)、《中华人民共和国乡村振兴促进法》(2021) 等相继出台，加上 2018 年以来的 4 个中央 1 号文件，都把以农业供给侧结构性改革为抓手，推进农业高质量发展作为乡村产业振兴、农业农村现代化建设的重要内涵。稻米加工业高质量发展是现代农业高质量发展的题中应有之义。同时，十九届五中全会提出，立足新发展阶段，贯彻新发展理念，构建"以国内大循环为主体、国内国际双循环相互促进"的新发展格局。这一格局之下，外需紧缩已成新常态，国际资源利用面临更多障碍，稻米产品作为我国粮食安全的战略性产品，是构建"双循环"新发展格局的重要保障。

2. 农产品加工业高质量发展的行业机遇

21 世纪以来，信息化、新型工业化、城镇化、农业现代化"四化同步"加快推进，现代农业生产、产业、经营"三大"体系加快构建，农村一二三产业融合加快发展。"十三五"规划、《轻工业发展规划（2016—2020 年)》、《全国农产品加工业与农村一二三产业融合发展规划（2016—2020 年)》，尤其是《国务院办公厅关于进一步促进农产品加工业发展的意见》等都指出，要推动农产品加工业从数量增长向质量提升、要素驱动向创新驱动、分散布局向集群发展转变，要完善农产品加工业政策扶持体系，促进农产品加工业持续健康发展。到 2020 年，农产品加工转化率达到 68％，规模以上农产品加工业主营业务收入年均增长6％以上，农产品加工业与农业总产值比达到 2.4∶1；结构布局进一步优化，关键环节核心技术和装备取得较大突破，行业整体素质显著提升，支撑农业现代化和带动农民增收作用更加突出，满足城乡居民消费需求的能力进一步增强。到 2025 年，农产品加工转化率达到75％，农产品加工业与农业总产值比进一步提高；自主创新能力显著增强，转型升级取得突破性进展，形成一批具有较强国际竞争力的知名品牌、跨国公司和产业集群，基本接近发达国家农产品加工业发展水平。这些，为包括稻米加工业在内的农产品加工业高质量发展提供

了重要的行业发展机遇。

3. 人民对于美好生活需要的市场机遇

改革开放 40 多年来，我国经济发展水平不断提高，人均 GDP 已经超过 1 万美元，进入中等收入向高收入发展转型阶段。随着人们收入水平的提高，城乡居民的消费结构、水平也在发生深刻变化，正在快速从"吃饱""吃好"向"吃得营养""吃得健康"转变。作为我国多数人口消费主粮的大米消费需求，正在从温饱型"普通米"需求向优质"营养米""功能米""品牌米"等营养健康型高端需求转变。尤其是江苏地处长三角经济发达地区，是全国粳米重要产区，长期以来稻米产品主要消费市场为长三角城市群。而这一城市群，人均 GDP 多数已经超过 2 万美元，达到发达国家经济发展和消费水平，高端米市场需求潜力巨大。江苏稻米加工业要紧紧围绕市场消费需求升级趋势，大力开展科技研发和产品更新，积极回应人们对高品质、绿色安全、品牌大米产品的需求进行生产经营方式转变，推进自身高质量发展转型。

4. 江苏省千亿级稻米产业的政策机遇

2019 年，江苏省农业农村厅研究制定了优质稻米等 8 个千亿级特色产业发展规划和农业品牌提升等 10 个专项行动方案，把优质稻米产业作为千亿级特色产业之首，并从加强优质稻米产业融合发展、加强优良食味稻米品牌培育、加强优质稻米产业推介、打造"苏米"省域公用品牌等 4 个方面对稻米产业发展加大扶持力度。其中，围绕加强优质稻米产业融合发展，提出加强从基地建设、品种选择、种植技术、收获加工到品牌销售等的全过程、全链条管理，推进优质稻米生产技术标准化、服务专业化、产销订单化。扶持低温储藏、加工机器装备等优质稻米产业化关键设施建设，开展优质稻米低温储藏、初级加工、精深加工等产业链、价值链瓶颈环节建设，加强米粉、米乳、米饼、米糠油、米蛋白等稻米休闲食品、深加工食品研发与产业化，探索发展富硒米、低谷蛋白大米等功能性大米，注重稻谷砻糠及秸秆的能源化、基质化等综合利用技术开发，延伸水稻产业链和价值链，推动稻米一二三产业融合发展。这些，也为江苏稻米加工业高质量发展提供了良好的发展机遇。

（二）主要挑战

1. 国外优质稻米进口和国内不断升级的消费需求形成的挑战

从稻米进口看，日本"越光米"一直以来享有"世界米王"的美誉（谭本刚等，2014）。其品种不仅在江苏省苏南地区早已引进种植，而且日本稻米加工技术先进、加工适度，全程追溯体系健全，米制品品质优良、营养健康、包装精致、购买消费方便、功能多样，一直受到国内"长三角"城市群消费市场的青睐。"越光米"的副产品在新能源、康养医药等领域有多种用途，对江苏粳米站稳和进一步开发"长三角"城市群市场构成直接威胁。东南亚，尤其是泰国"茉莉香米"品种优，品质优良，品牌声誉好，对江苏淮北地区籼米巩固和拓展"珠三角"及周边高端籼米市场带来直接挑战（肖昕等，2017）。从国内市场消费需求看，过去那种满足需求型、模仿型排浪式消费阶段已经结束，多样化、个性化、高档化的消费渐成主流。作为江苏稻米主要消费市场的长三角、珠三角地区这一消费特征更为明显，对江苏稻米加工业发展重点带来了两个方面的挑战。一是生产经营理念的挑战。传统的"我生产什么，销售什么，消费者就买什么，消费什么"的理念已经不再适应市场需求。加工企业必须进行理念的根本转变，"消费者需要什么，我就生产什么"应该成为企业的经营观念。二是竞争方式的挑战。传统加工企业主要通过"代工"方式，开展分散收购、规模加工、大额普通单一包装、批发销售，为相对固定客户提供普通成品大米。现今企业之间开展的是在同质市场上以数量和价格为主要手段的恶性竞争，这样的竞争使得多数加工企业难以可持续发展。这就要求加工企业根据高端化、差异化、个性化、特色化市场消费需求趋势开展以品质、服务为主的竞争。

2. 发达的工业化城市化进程造成的挤压

江苏是我国第二大经济体，工业化、城市化水平高，人口众多，资源环境承载压力大。特殊的省情之下，一是国土资源有限，致使用于稻米种植的耕地面积有限，种植面积的有限性导致生产加工规模经济难以实现；二是有限的土地资源之下，非农产业具有比包含稻米加工业在内的农产品加工业更强的比较优势，地方政府出于财政增收的考虑，民间资本出于对高额利润的追求，都会使得土地、劳力、资本、技术等生产要素具有较强的非农产业投资倾向；三是工业化城市化对水、空气、土壤等环境的污染，使得优良食味稻米原料品质难以保证，绿色有机生产加工成本高，产品质量安全保障难，稻米加工业经营困难大。这些，都对江苏稻米加工业高质量发展带来较大发展困境。

3. 水稻生产和稻米加工业政策体系不配套导致的困境

从国家政策体系看，水稻生产和稻米加工政策体系不配套。水稻生产属于国家粮食安全保障能力的建设范畴，其生产经营的市场化程度低，在粮食安全的党政同责、"保供增收"等政策导向下，水稻的种植面积、产量、收购价格、原料粮储备等方面的政策性保障强，而稻米加工业市场化程度高，基本属于充分竞争性市场。稻米加工业发展中，虽然有相关的用地、用电、信贷优惠政策，但这些更多的属于政策性储备之需，支持稻米加工业发展，尤其是企业竞争和效率水平提高的支持政策，远没有水稻生产支持力度大、约束性要求高。"稻强米弱"的态势明显，加工企业时常面临价格倒挂，利润空间受压，市场竞争力难以提高。

四、江苏省稻米加工业高质量发展的战略目标与重点

（一）稻米加工业高质量发展的内涵与特征

江苏省稻米加工业高质量发展的内涵是：深入贯穿"创新、协调、绿色、开放、共享"发展新理念，以"需求端"推进"供给端"的结构性改革和发展方式转变为抓手，推动实现江苏优良食味稻米加工产品品质提升、绿色卫生安全性提高、市场适应性和消费者满意度强，副产品多元综合利用能力强，加工企业创新驱动力、前延后伸"链动"力、市场竞争力强，企业转化增值效益高、社会效益好。

江苏省稻米加工业高质量发展的本质特征可以概括为"三高一强"，即科技含量高、品质质量安全性高、经济和社会效益高、市场竞争力强。

1. 科技含量高

当今世界，新一轮科学和技术突飞猛进，数字信息经济加快发展。这样的背景下，江苏

稻米加工业高质量发展体现在充分利用现代生物技术、装备技术和工艺、信息技术等，从上游的育种技术，到稻米加工装备和工艺，再到流通和销售，实现加工业的数字化、智能化、自动化、可视化、绿色化、标准化、集成化、精准化，进而全面提高江苏稻米加工业的创新研发能力和科技应用水平。

2. 品质质量安全性高

根据市场消费需求转型升级，尤其是粳米"长三角"及周边、籼米"珠三角"及周边较为高端市场需求发展态势，加强高端米、营养米、功能米、米乳制品等产品，以及即食加工产品、小众化、精致化包装产品等的提供，不断提高稻米产品的品质。同时，提高副产品工业用、药用产品的研发创新和产业化。通过推进江苏省稻米加工企业"点"循环到加工产业"线"循环再到加工园区"面"循环和加工产业集群"体"循环等"四个层次"的循环经济发展，以减少资源能源消耗，降低污染排放，提高物料利用程度和绿色发展质量，进而实现绿色安全性高的发展目标。

3. 经济和社会效益高

充分发展稻米精深加工，提高其经济效益。通过稻米的精深加工，在专业化、精细化、多元化加工方面，真正做到"吃干榨净一粒米"，提高稻米加工业的转化增值能力，进而实现其良好的经济效益。同时，稻米作为主粮食品，其面临自然和社会经济发展重特大风险灾害时，其"保供固安全的"社会效益高，加工企业的应急储备能力强，进而实现其抵御市场和自然风险的社会效益。

4. 企业和产业的市场竞争力强

稻米加工企业是引领稻米产业高质量发展的核心引擎。必须以加工企业为核心，建立起企业、农户、家庭农场、合作社、科研院所等主体之间的"利益共享、风险共担"机制，进而巩固加工龙头企业的"链主"地位，提升稻米全产业链的融合发展能力，提高产业市场核心竞争力，是稻米加工业高质量发展的内在要求和体现。

（二）发展目标与定位

1. 发展目标

根据江苏省委 2019 年 1 号文件精神，以及优质稻米产业被列为"全省现代农业提质增效工程"八大千亿级农业特色产业之首的发展要求，通过稻米加工业发展，确保 2022 年实现优质稻米产业总值达到千亿元。在此基础上，到"十四五"期末，全省稻米加工业总产值超过 1 000 亿元，年均增长率超过 20%，利润率超过全国平均水平，整体平均利润率超过5%；培育形成国家级稻米加工龙头企业 10 家、省级 60 家，培育形成 5 个在全国具有较大影响力的稻米产业集群（园区），以县（市、区）为单位创建 2～3 个以稻米加工产业园区为基础的国家级农业现代化示范区，由大中型龙头企业和稻米产业园区加工的产值占全省稻米加工总产值的比例超过 60%；稻米加工企业整体产能利用率超过 60%，稻米加工前与加工后产值比达到 1∶2；打造形成 10 个具有较高市场占有率和知名度的地方区域品牌，"苏米"品牌价值和市场影响力得到大幅提升。

2. 发展定位

建成国内领先、富有特色的南方现代稻米加工集聚示范区；"长三角"及周边粳米、"珠三角"及周边籼米高端米制品和副产品多元综合利用技术研发推广示范区；以稻米加工业园区（省级层面）为基础的国家级农业现代化示范区，实现水稻生产大省、强省向稻米加工大省、强省的转变。

（三）战略重点

1. 创新驱动战略

坚持创新在稻米加工业高质量发展中的核心驱动地位。充分利用江苏涉农高校和科研院所，特别是在水稻品种、加工设备、稻米产品研发创新方面的优势，强化深度产学研合作。重点创新领域体现在：根据"好稻才能产好米"要求，加强优良食味水稻品种创新研发和推广应用；根据水稻收获季节雨水较多的气候特征，加强水稻低温烘干储藏技术的创新研发和推广应用；根据现有加工技术过度抛光导致食味品质下降特性，加强柔性碾米技术设备的创新研发和推广应用；根据市场消费需求端转型升级和高档化、差异化发展趋势，加强高端营养米、功能米研发创新和推广应用，以及创新开发副产品的多元化综合化的利用。

2. "链动"融合战略

大力培育稻米加工龙头企业"链主"，通过整合资源，加强粮食收购、综合加工、配送、仓储、物流、质检、贸易、信息处理等设施建设，打造稻米加工业产业集聚区，并以此为载体，"链动"优良食味稻米品种研发、种植、加工、储运、销售、品牌塑造、体验、消费、服务等环节，推动形成紧密关联、有效衔接、耦合配套、协同发展的一二三产业融合的全产业链稻米生态有机循环系统。

3. 品牌塑造战略

坚持品牌建设，积极提升"苏米"品牌价值。既要以区域公用品牌建设实现稻米产业整体价值的提升，又能通过鼓励私有品牌建设，形成针对特定市场的"特色响亮"招牌。强化区域公用品牌建设与企业私有品牌保护之间的边界维护，形成公用品牌与私有品牌相互配合、相互促进、融合发展新格局，促进"苏米"品牌价值的整体提升。

五、进一步推进江苏省稻米加工业高质量发展的举措

（一）培育龙头企业，提升稻米加工企业核心竞争能力

鼓励具有一定基础的中小稻米加工企业向"专、精、特、新"方向发展并为其提供优良社会化服务的同时，着力实施"江苏稻米加工业龙头企业培育行动"。

稻米加工龙头企业是引领江苏稻米产业高质量发展的核心引擎。为此，一是组建农业产业化龙头企业联合体。农业产业化龙头企业联合体是稻米加工业主要载体，要引导加工龙头企业联手农户、家庭农场、农民合作社、批发市场等各类主体组建农业产业化龙头企业联合体，实行产加销一体化经营。二是培育大型稻米加工业龙头企业（集团）。在适度引进国内外大型龙头加工企业的同时，重点支持省内大中型稻米加工龙头企业跨区、跨所有制开展联合、兼并、收购、重组、上市等资本运营，实现"强强联合""强弱联合"，培育一批资本结

构多元化、内控治理有效、产品科技含量高、市场竞争力强、服务宏观调控的大型稻米加工龙头企业或企业集团。支持和服务其重点申报省级、国家级农业产业化龙头企业，使其成为在国内有影响力的稻米加工业"领头雁"和推进江苏稻米产业高质量发展的核心引擎。三是支持龙头企业创新发展。支持龙头企业开展加工作业环境和设备设施改造和提升，开展低碳加工、多元开发和精深加工及副产品利用；培育一批具有创新精神、现代经营管理意识和能力的现代农业企业家队伍，鼓励龙头企业充分利用各级各类人才工程项目，加大人才引培力度；支持其开展与高校科研院所的产学研合作，推动企业真正依靠科技和人力资源实现创新驱动发展。通过创新驱动，形塑出具有差异化、个性化、特色化的市场、产品、技术、模式、品牌。

（二）加强园区建设，提升稻米加工产业集聚能力

以苏北苏中水稻生产核心区为重点，依托大型加工龙头企业和重要粮食物流节点，通过整合资源，加强粮食收购、综合加工、配送、仓储、物流、质检、贸易、信息处理等设施建设，全面实施"江苏稻米加工园区建设行动"。

稻米加工园区是稻米加工业，进而是稻米产业高质量发展的重要载体。因此，建议制订《江苏省稻米加工园区建设发展规划》，重点开展以下工作：一是加快园区企业集聚。鼓励稻米加工龙头企业，以订单、租赁、入股、合作联盟、收购、兼并等多种方式，为园区集聚更多产业链各类主体；深入推进"万企联万村、共走振兴路"行动，鼓励各类联村企业在园区布局设点，并对周边镇村大户、家庭农场、农民专业合作社和中小加工企业形成辐射带动能力。二是提高园区加工龙头企业"链动"能力。以园区为载体，提高加工龙头企业"链主"前延后伸的"链动"能力。重点围绕稻米加工业源头南粳系列主打品种资源退化、淮北籼稻种质资源盲区、高温烘干储藏和过度抛光加工所导致的营养价值流失和资源能源高消耗、加工机械设备部分核心环节和关键技术受制于人、功能性大米开发不足、流通效率损失等"断点""堵点"，坚持以系统性方法解决稻米加工业前延后伸链条上的结构性问题，畅通种植、烘干、仓储、加工、流通、服务各个环节，实现上下游、产供销有效衔接、高效运转，推动稻米加工企业在实体经济、研发创新、人力资源、现代金融等方面的协同发展，加快构建创新链引领产业链延伸、供应链完善、价值链提升的江苏现代稻米加工全产业链体系。三是提升园区的智能化综合服务能力。加强以互联网为重点的共享基础设施和公共服务资源建设，推动园区加工企业的数字化、网络化、智能化转型升级。尤其要鼓励园区和企业建立现代市场营销网络和物流中心、配送中心，开展符合城市、农村市场不同特点的产品营销和配送服务。四是创建稻米加工园区为特色的国家级农业现代化示范区。选择已有较好基础和特色优势的射阳县、兴化市、泗洪县等特色稻米产业园区，分别从多元化、多功能化、高档化为目标的"射阳大米"加工销售能力建设，从质量监测、市场信息、物流配送、交易服务四大中心建设为主要特色的"兴化大米"市场交易中心建设，从稻作和农耕历史文明展示与教育培训、农事体验、农业和工业结合旅游、康养休闲等一二三产业融合发展的泗阳"味稻小镇"建设等方面对现有园区提档升级，形成品牌，并以县级为单位，成功创建 3 个以上国家级特色农业现代化示范区。

（三）增强技术支撑，提升稻米产品的加工转化增值能力

在充分研究市场消费者升级需求基础上，稻米加工企业要围绕"需求侧"开展"供给侧"改革，依靠科技研发和推广应用，努力实施"江苏稻米多元开发和精深加工技术支撑行动"。

稻米产品的多元开发和精深加工技术提高是企业提高产品附加值、形成全产业链条、提升企业产品市场占有率和市场竞争力的有效途径，也是企业形成核心竞争力的关键。一是提高烘干仓储技术水平。全面推广低温烘干技术，全面采用粮情在线监测技术系统对仓储稻谷的粮堆温度、含水率、湿度、害虫密度、杂质含有率等品质参数进行实时监测、控制，实现科学烘干及安全储粮，确保稻米加工原料品质的同时，实现低碳低耗烘干仓储。二是提高稻米产成品和副产品转化增值开发应用技术水平。设备技术上，在大力推广柔性碾米技术基础上，重点加强稻米适度加工装备研发和自主创新，提高关键机械及仪器设备、快速监测设备制造水平，建立稻米加工、品质控制、标准设备装备创新研发体系。产品技术上，聚焦"长三角"粳米、"珠三角"籼米高端市场需求，重点强化配制米、留胚米、发芽米、营养强化米、富硒米、蒸谷米（半煮米）、合成米，以及淀粉、淀粉糖浆、年糕、八宝饭、米乳制品、米酒制品等多元、多功能米制品精深加工技术，以及保鲜技术的开发应用。营销模式及技术方面，重点瞄准高端市场、特殊人群市场开展小众化、功能性产品营销，开发城乡超市、社区、专卖店等鲜食大米"现加现售"技术设备，构建"线上线下"融合营销技术模式。副产品技术上，重点加强秸秆转化为生物肥料和发电，稻壳转化为燃料和板材，米糠转化为膳食纤维、米糠蛋白、米糠油、蛋白纤维、食用米糠等技术的创新，多方面提高稻米副产品资源的利用价值。全链条循环方面，主攻稻谷及其加工副产物循环利用、全值利用、梯次利用、低碳利用的多层次技术。三是提高信息化与粮机装备工业化的融合发展水平。推动信息化与粮机装备工业化融合发展，开展智能烘干、仓储、加工、包装及智慧营销等的应用示范，提升加工企业生产经营的全程自动化、低碳化、智能化水平。四是提高产学研协同集成创新水平。充分利用省农科院、江南大学、南京财经大学、南京农业大学、江苏大学、扬州大学等江苏涉农高校科研院所众多、实力雄厚优势，以企业（园区）为主体，市场为导向，推进政府、企业（园区）、高校科研院所、商业资本、中介机构等的协同集成创新和人才培育，在烘干仓储、加工设备、产品多元开发和精深加工、副产品综合利用、全链条标准化、鲜度保持、低碳加工、安全追溯等方面为稻米加工产品转化增值提供强有力的技术人才支撑保障。

（四）强化品牌建设，提升"苏米"品牌价值和市场影响力

围绕构建区域公用品牌、企业品牌、产品品牌的"三级"体系，推广"品种（园区）＋基地"模式，有效实施"江苏稻米加工业品牌提升行动"。

品牌是产业、企业和产品的生命线，其美誉度直接影响市场竞争力。一是提升"水韵苏米"整体品牌形象。成立省粮食协会稻米分会，推进优质稻米产业联盟加快发展，强化其在品牌市场开拓方面的规划协调、资源整合、服务管理等工作中的作用。以外包方式遴选"水韵苏米"品牌推广第三方机构，重点围绕"生态、优质、高效"目标，主攻"长三角"中高端粳米市场、拓展"珠三角"中高端籼米市场，开展专业化的"水韵苏米"整体营销策划运

作，尤其是开展消费者群的分层精准定位营销，提升"水韵苏米"品牌在上述两个市场的价值和影响力。二是提升市县级地方区域公用品牌市场竞争力。聚焦盐城、淮安、宿迁、泰州、南通等地市级，以及射阳、泗洪、兴化、海安、宜兴等县级稻米生产加工优势区域，大力推广"品牌（园区）＋基地"模式，持续推进"优质粮食工程"，提升稻米加工产品品质；依托"一村一品"、稻米特色小镇建设等打造特色地方区域公用品牌。三是提高企业和产品品牌核心竞争力。加大"中国好粮油"省级配套、"江苏好粮油"遴选力度等，培育一批特色稻米引领性企业品牌。引导企业分品种收储，单品种加工，确保加工品种品质纯度，并根据市场消费者需求变化和差异性、个性化、特色化的需求创新系列产品线，开展精准定位营销，打造特色产品品牌。四是强化品牌体系建设和服务管理。建设完善好现代生产体系、现代加工体系、现代系统化的"线上线下"融合营销体系、标准规范的质量安全追溯体系、可持续的全产业链政策支持体系等五大品牌建设体系，进一步加强品牌宣传、牢固品牌意识、精确品牌定位、确保品牌质量、注重品牌创新、重视品牌管理、形塑品牌文化、严格品牌认证、严打品牌造假、强化品牌保护等。当前，要抓住农业农村部开展的家庭农场、农民合作社、龙头企业、农业产业化联合体、三产融合示范案例的申报展示，以及高素质农民创新创业技能大赛等各类活动，加强江苏稻米产业（加工业）的品牌宣传推广活动，彰显"苏米"品牌的影响力和声誉度。

（五）健全储备体系，提升江苏稻米加工业的应急保供能力

在现有政策性静态原粮储备基础上，增加动态储备、加大成品粮储备、探索民营企业市场化储备，积极实施"江苏稻米加工应急保供能力提升行动"。

世界各国都非常重视中央粮食储备制度的建设，这是反映国家粮食安全水平和经济实力的一个非常重要的指标。我国是一个人口大国、粮食消费大国，储备粮食，实行备战备荒，是我国几千年来治国安邦的基本经验总结，也是百年未有之大变局下我国新时代确保国家安全和人民群众安居乐业的重要保障。近年来，江苏粮食储备经受住了国际国内市场波动，尤其是 2020 年的新冠肺炎疫情大考。为进一步完善粮食储备，尤其是稻米储备，一是强化政策储备。在现有政策性静态原粮储备方面，进一步加大仓储设施建设力度，全面提升仓储设施水平，积极研发和推广应用绿色生态、节能环保储粮新技术、新工艺。重点实现粮食生产加工主产县产后服务中心全覆盖、粮食储备企业低温准低温储粮仓容全覆盖、粮情在线监测技术系统检测运行全覆盖。认真落实政策性储备财政信贷政策，执行严格的入库年限和品质标准，实施好年度推陈储新，强化储备监管，确保原粮产品品质。二是增加动态储备。通过稳定原粮基地确保产能、加大年度轮换、做好储备和经营的有机结合、开展套期保值业务、强化信息化监管等手段，增加省级层面地方动态储备。三是加大成品粮储备。江苏稻米市场，尤其是粳米市场为邻近的上海、浙江等"长三角城市群"及周边地区，可以充分利用加工企业和园区离消费市场近、交通便捷快速、企业仓储保鲜条件优、经营机制活的优势，在原粮储备基础上，适当加大稻米成品粮储备数量。四是试点民营企业市场化储备。江苏民营稻米加工企业数量众多，在稻米加工业发展中发挥了重要作用。其中，作为首家民营上市公司的苏北粮油股份有限公司，在资产规模、生产能力、烘干仓储能力、加工水平、市场开拓能力显示了较强的实力。依托这类民营加工企业，试点民营加工企业市场化储备也是贯彻中

央"关于完善物资储备体制机制",探索创新江苏粮食和物资储备制度的重要举措。通过以上举措,构建起静态与动态结合,原粮储备为主、成品粮储备为辅,国有粮库政策性储备为主、民营企业市场化储备为补充的多元储备体系,确保"库牢、量足、质优、价稳",进而有效提升江苏省稻米主粮的储备和应急保供能力。

(六)完善制度供给,提升江苏稻米加工业的政策保障能力

围绕重点企业和园区,产品、技术、品牌创新,要素支撑等,全力实施"江苏稻米加工业政策配套保障能力提升行动"。

稻米加工业前端的水稻原粮价格受国家粮食安全保障和农民增收致富的政策性支持,后端成品米作为主食消费品其市场价格也受政策及其多方因素约束,致使作为市场化程度较高的加工环节利润空间受限,企业盈利能力普遍不强。因此,加工业的政策支持至关重要。一是加强组织领导。建立分管副书记(副省长)牵头,发展改革委员会、粮食和物资储备局、财政厅和农业农村厅等相关部门共同参与的江苏省稻米加工业高质量发展领导小组,下设办公室,挂靠粮食和物资储备局,开展宣传规划、政策制定、统筹协调、信息沟通、研发推广、品牌建设、检查评估等。将江苏稻米加工业发展作为千亿级稻米产业发展和粮食安全党政同责重要内容纳入乡村振兴目标考核。同时,加强人大专项督查,开展政协专题协商,形成共推稻米加工业高质量发展的领导合力。二是加强原粮种业创新政策支持。"好稻才能产好米",针对近年来主要粳稻品种退化、淮北地区籼稻品种跨区引种带来了种质安全性问题等,实施"现代种业提升工程",重点加强优良食味粳米重大品种研发与推广、淮北地区自有优质籼稻品种培育推广、高校(院所)园区企业优质水稻品种育繁推一体化发展项目支持,实行后补贴制度。同时,积极争取国家支持,实现淮北地区籼稻品种审定区域脱盲。三是加强加工用地政策支持。针对江苏各级地方政府建设用地非农项目配置偏好现状,为推进江苏创建国家级农业现代化示范区,率先实现农业农村现代化,进而全面推进乡村振兴目标,一要全面落实稻米初加工企业配套设施用地政策;二要在县域范围内,盘活现有乡村废弃厂房、闲置校舍等建设用地资源,或在县域范围内新增工业和商业用地指标中,对包括稻米加工在内的农产品加工(物流)园区建设用地实行倾斜政策;三要对稻米加工企业等市场主体建设县域内加工为主导的稻米全产业链综合服务中心给予用地支持。四是拓展加工用电政策优惠。全面落实江苏省全国一流用电营商环境专项行动计划,深入贯彻《关于明确农产品初加工用电价格有关事项的通知》(苏发改价格发〔2021〕144号)精神,对稻米原粮进仓、清理、烘干、砻米、色选抛光、分级打包等初加工环节严格执行农业生产用电价格政策;发展改革部门、农业农村部门、粮食部门、供电企业要各司其职,加大政策宣传力度,高效服务好加工企业用电申报审批、计量计价、监督检查等工作,确保政策落实到位。在此基础上,进一步拓展用电优惠补贴,将利用整形大米开展米团、米饭、米粥、粽子等蒸煮食品等,以及精细包装、现加现售包装等纳入初加工环节用电优惠补贴,对加工企业受电点内可以按电价类别分别装设用电计量装置的实行加工企业装置补贴,对不可以分别装设用电计量装置而装设总的用电计量装置的实行装置主体补贴,切实有效降低稻米加工企业用电成本。五是强化加工财政金融政策支持。针对江苏省域范围内缺乏完整的稻米加工业发展的财政金融政策支持现状,明确政府层面财政金融政策重点支持领域,即省级以上龙头企业、稻

米加工园区（产业园）的培育，大型民营企业建设县（市区）域农业（含稻米）全产业链综合服务中心、政府层面的乡镇粮食（稻米）产后服务中心全覆盖等平台建设，中高端精深加工产品和营养健康功能性产品、副产品的新能源和药用产品研发，低温准低温烘干仓储技术、柔性碾米技术（适度加工、鲜度保持技术）、功能米加工技术、减损降耗技术的研发推广，知名品牌创建，以智能化为主的质量标准体系、全程追溯体系、信息网络营销体系建设，应急保障储备、适度动态储备、成品粮储备和具有较强实力民营企业市场化储备能力建设等。积极落实《关于调整完善土地出让收入使用范围 优先支持乡村振兴的意见》，土地出让收益划拨一定比例用于包括稻米加工业在内的乡村产业振兴项目建设等。通过设立政策担保基金，鼓励社会资本发起设立粮食（稻米加工业）产业发展基金。政策性粮食储备金融支持可以适度拓展到信誉良好的民营加工企业，并鼓励商业性金融机构为其提供有力信贷支持。扎实推进土地经营权融资担保。支持符合条件的重点加工龙头企业上市融资和发行企业债券、公司债等。

（徐金海）

参 考 文 献

高巍，2015. 江苏省稻米加工产业发展调查与思考 [J]. 粮食科技与经济，40（1）：26-28.

刘璐昉，倪同忠，2019. 关于苏米品牌与渠道建设的几点思考 [J]. 粮食加工，44（4）：34-37.

谭本刚，谭斌，周显青，2014. 日本稻米产业发展对我国的启示 [J]. 粮油食品科技，22（2）：36-37.

王才林，2019. 江苏优质稻米产业现状 [N]. 江苏农业科技报，11-06（2）.

肖昕，刘迪林，江奕君，等，2017. 泰国水稻产业的现状与启示 [J]. 中国稻米，23（6）：80-83.

江苏省稻米加工业 SWOT 分析及其发展战略研究

[摘要] 本文在分析江苏稻米加工业发展现状基础上，运用 SWOT 方法对江苏稻米加工业发展面临的优势、劣势、机遇和挑战进行分析。研究发现，江苏稻米加工业存在经营主体规模小，"链动"能力弱，农业产业化龙头企业偏少，品牌竞争力不强等问题。在借鉴国内外稻米加工业发展经验的基础上，提出通过培育壮大龙头企业，强化三产融合，打造全产业链，促进产业集聚，打造加工特色园区，发展精深加工，唱响"苏米"品牌等战略举措来实现江苏稻米加工业高质量发展。

水稻作为我国的三大主粮之一，在国家粮食安全中占有举足轻重的地位。水稻主要有籼稻、粳稻和糯稻三种类型，粳稻在我国的稻米生产中占有较重比例。在我国，粳稻已集聚成两大生产区，即以黑、吉、辽为主的东北地区和以苏、皖、浙为主的长江中下游地区（王明利，2004）。

稻米加工业上游连接供给端，下游连接消费端，在整个稻米产业中有着重要的地位。稻米加工业已成为江苏农业现代化的支撑力量，进一步促进稻米加工业发展有助于江苏农业提质增效、农民就业增收和农村一二三产业融合发展。然而，长期以来稻米加工企业面临国内外稻米价格、产销两地价格和原粮与成品粮价格的"三重倒挂"、结构性产能过剩与盲目过度扩张并存、产业链条短小和产品结构单一、行业品牌混乱和市场集中度偏低，以及过度加工与副产物综合利用低等发展问题（李腾飞等，2016）。步入新发展阶段，我国稻米加工业发展迎来了历史机遇期，国务院《关于进一步促进农产品加工业发展的意见》指出，到2025年，农产品加工转化率达到 75%，农产品加工业与农业总产值比进一步提高；形成一批具有较强国际竞争力的知名品牌、跨国公司和产业集群，基本接近发达国家农产品加工业发展水平。

江苏作为长江中下游地区重要的粳稻主产区，如何实现稻米产业的高质量发展，如何在新一轮的稻米产业发展中抢得先机是值得关注的问题。本研究围绕江苏省稻米加工业发展战略，借鉴国内外稻米加工业发展的成功经验，运用 SWOT 分析探究江苏稻米加工业高质量发展的路径，为推动江苏稻米产业高质量发展提供有价值的经验借鉴和理论参考。

一、江苏稻米加工业高质量发展战略分析框架

本研究在专家咨询、文献检索、主管部门指导及加工企业调研的基础上，初步确定研究框架如下（图 1）：首先，通过文献检索、调研及专家咨询，梳理江苏稻米加工业现状及存

在问题；其次，搜集整理国内外稻米加工业发展经验与启示；再次，对江苏稻米加工业进行
SWOT 分析；最后，提出江苏稻米加工业高质量发展的对策与建议。

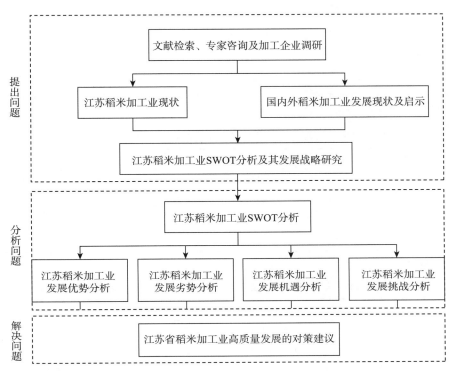

图 1　技术路线图

二、江苏省稻米加工业发展现状

（一）江苏省稻米加工综合实力较强

江苏是全国稻米加工大省，稻米加工能力位居全国前列。近 3 年，江苏省入统稻米加
工企业数量少于黑龙江省和安徽省，多于浙江省、辽宁省和吉林省，在全国排名第六位
（表 1）。入统企业年平均稻谷处理能力为 3 312.4 万 t、年产大米 838.4 万 t（不含二次加工），
均低于黑龙江和安徽两省，排名全国第三位（表 2、表 3）；江苏省平均每个入统企业年处理稻
谷量为 4.8 万 t，低于安徽省的 4.9 万 t，高于黑龙江省的 4.5 万 t、吉林省的 3.5 万 t、辽宁
省的 3.3 万 t 和浙江省的 3.2 万 t；平均每个入统企业大米产量为 1.2 万 t，低于安徽省的
1.4 万 t，高于黑龙江省的 0.9 万 t、浙江省和辽宁省的 0.7 万 t 及吉林省的 0.5 万 t，均排
名全国第二位（表 4）。近 3 年，江苏省入统企业产能利用率为 38.9%，低于安徽省的
43.1%，高于辽宁省的 34.7%、浙江省的 32.5%、黑龙江省的 28.9%、吉林省的 21.92%
以及全国平均的 29.9%（表 4）。

全省有中粮集团、益海嘉里和江苏农垦等稻米加工龙头企业 292 家，江苏稻米加工龙头
企业主要分布在苏北的盐城、淮安、宿迁三市。

表 1　2018—2020 年江苏等 6 省及全国入统大米加工企业数（个）

年份	江苏	浙江	安徽	辽宁	吉林	黑龙江	全国
2018	715	199	841	544	466	1524	9 827
2019	708	184	867	557	557	1544	9 760
2020	656	194	864	542	518	1547	9 867
平均	693	192	857	548	514	1538	9 818

资料来源：2018 年数据来自布瑞克数据库；2019 年、2020 年数据分别来自《2020 中国粮食和物资储备年鉴》《2020 年粮食行业统计资料》（江苏的数据来自江苏粮食和物资储备局）。

表 2　2018—2020 年江苏等 6 省及全国入统大米加工企业稻谷处理能力（万 t）

年份	江苏	浙江	安徽	辽宁	吉林	黑龙江	全国
2018	3 161	500	3 701	1 809	1 740	6 970	36 898.2
2019	3 297	670	4 442	1 878	1 778	7 047	37 401.3
2020	3 479	654	4 459	1 782	1 862	6 957	37 786.8
平均	3 312	608	4 201	1 823	1 793	6 991	37 362.1

资料来源：同表 1。

表 3　2018—2020 年江苏等 6 省及全国入统大米加工企业年大米产量（万 t）

年份	江苏	浙江	安徽	辽宁	吉林	黑龙江	全国
2018	776.8	125.1	1 178.0	445.7	245.8	1 225.2	7 179.7
2019	849.6	130.2	1 144.0	392.9	248.1	1 318.5	7 254.4
2020	888.9	130.3	1 212.0	394.2	271.5	1 389.7	7 359.6
平均	838.4	128.5	1 178.0	410.9	255.1	1 311.1	7 264.6

资料来源：同表 1。

注：大米产量不含二次加工。

表 4　2018—2020 年江苏等 6 省及全国大米生产情况

地区	江苏	浙江	安徽	辽宁	吉林	黑龙江	全国
平均每个入统企业年处理稻谷能力（万 t）	4.8	3.2	4.9	3.3	3.5	4.5	3.8
平均每个入统企业大米年产量（万 t）	1.2	0.7	1.4	0.7	0.5	0.9	0.7
产能利用率（％）	38.9	32.5	43.1	34.7	21.9	28.9	29.9

资料来源：由表 1、表 2、表 3 计算所得（出米率按 65％计算）。

（二）江苏稻米加工集聚态势凸显

为加快推进稻米产业转型升级，江苏各地市加大稻米产业的招商引资力度，加强与大型央企、跨国企业的合作，借助大企业进驻，倒逼稻米产业结构调整，推动稻米产业集聚、集中、集约发展。同时积极引导、推动地方稻米加工企业进行兼并重组、产学研协同创新等，将"粮头工尾"有机结合起来，省、市级龙头企业支撑作用明显，市场竞争力明显增强。

在区域规模种植基础上，江苏稻米加工业逐渐形成了以中粮、益海、苏北粮油、苏垦米业、射阳大米集团、海丰米业等为代表的现代稻米加工主体，并以此为龙头，形成了盐城市射阳县大米产业园、兴化市戴窑镇粮食交易市场、宿迁市泗洪县孙园镇洋井稻米加工产业园等稻米加工业产业集聚区。

（三）"水韵苏米"品牌建设成效显著

江苏省委、省政府高度重视"苏米"品牌打造，江苏省农业农村厅连续三届举办江苏优质稻米暨品牌杂粮博览会暨江苏好大米品鉴会，已遴选出 107 个"味稻小镇"，制定了千亿元级优质稻米发展规划，江苏省粮食与物资储备局牵头制定了江苏优质大米品牌标准体系和品牌创建方案，着力打造"水韵苏米"省域公用品牌。通过与省内产区的积极联动互动，"水韵苏米"品牌有效激发了江苏省稻米产业发展的新动能，品牌创建取得一系列丰硕成果："射阳大米""兴化大米"连续两次蝉联农业农村部十大区域公用品牌，"淮安大米""泗洪大米""阜宁大米""海安大米""建湖大米""苏州大米""金陵味稻"南京地产大米等市、县区域公用品牌正拔地而起。

在区域公用品牌建设中，各地区涌现出一批优秀转型升级案例。淮安市构建稻米产业联盟，唱响"淮安大米"品牌，淮安荣获"全国稻米产业融合示范市"称号；盐城市射阳县依托鹤乡生态优势，培育壮大稻米产业，被授予"中国优质粳米之乡"称号；江苏农垦米业集团作为"苏米"核心企业，大力推进质量溯源，实现"源头可追溯、流向可跟踪、信息可查询、责任可追究"；宿迁苏北粮油有限公司依托优质稻谷、品牌大米，成功登陆三板市场，成为江苏省首家上市的民营稻米加工企业。

三、国内外稻米加工业发展经验与启示

（一）国外稻米加工业经验与启示

根据世界稻米生产、加工和贸易情况，并结合各国资源禀赋，本研究选取日本、泰国和美国作为研究对象。国内外学者对三国稻米产业的研究集中于整个产业链的视角，本文选取与稻米加工业有关的几个方面进行综述。

1. 培育知名品种，进行品牌化建设

（1）打造知名品牌，实施身份认证　日本"越光米"一直以来享有"世界米王"的美誉，为此日本建立了优质农产品认证制度，严格"身份"管理。另外，日本还实行黑名单制，对违反企业处以 100 万日元至 1 亿日元的罚款（赵晓迪等，2014）。凭借高质量农产品出口数量的增加，日本"越光米"享誉世界，为日本稻米产业发展探索出一条新路（武舜臣，2018）。

（2）泰国着力打造"茉莉香米"，大力推进地理标志注册　2013 年，"茉莉香米"获得欧盟地理标志认证（Geographic Indication，GI），系首批获得 GI 认证的稻米品牌（肖昕等，2017）。泰国积极推出优质新品种以取代退化品种，用以保障稻米品质，维护自身品牌（田园等，2013）。

2. 推行标准化管理，加强质量监控

（1）泰国严格执行"茉莉香大米"的质量标准　泰国通过良种选育、高质量加工来实现

大米品质的提高，泰国稻米标准中将白米分成 77 个等级，各级中对米粒长度、米粒完整度、碾磨程度、杂物允许量、水分含量都有严格的规定（仇志军等，2003；马雷，2005）。泰国水稻田间管理积极推行"良好农业规范"（Good Agricultural Practice，简称 GAP）生产模式，实现从田间到餐桌的全程示踪管理（肖昕等，2017）。

（2）日本强化全过程管理　2009 年，日本颁布了《品质追溯信息法》，使大米品质产、加、销全程可追溯，规定要明确标示生产年、产地、品种、配米时的各种原料比例、碾米时间、企业名称等（佐佐木泰弘等，2012；谭本刚等，2014）。

3. 注重精深加工，提高产品附加值

美国、日本等稻米加工发达国家开始把研究的重点转向稻米的深加工和综合利用，以满足消费者对于食品提出的安全、方便、营养和保健的要求，同时利用稻米加工的副产物实现稻米全面增值（袁美兰，2011）。日本的稻米深加工综合利用技术非常完善，副产品综合利用程度很高。在稻米加工的副产物中，稻壳可以作为生物质原料燃烧发电，米糠可以提取米糠油，免淘米处理糠、发芽精米糠可以作为代乳饲料，糙米可以加工成发芽糙米及发芽糙米产品，也可进一步加工成普通精米，还可深加工为免淘米、包装米饭、干燥米饭等食品（徐贤等，2012）。泰国注重稻米及其副产物的精深综合开发，精深加工不仅提高了副产物的加工效益，增加生物能源，还消除了加工污染，清洁了环境，实现了经济效益和生态效益的提升（肖昕等，2017）。

4. 开发先进加工设备，提高生产效率

日本稻米加工技术水平先进，自动化程度高，设备制作精细。日本的现代化稻米加工厂拥有计算机中央控制室，进行智能化管理，实现了大米加工精度、产量的自动调节和控制。（田园等，2013；谭本刚等，2014；姚惠源，2003；李慕菡等，2017；李英，2018）。

5. 推进规模化生产，发挥产业集聚效应

规模化生产、集约化经营是稻米加工业增强产业竞争力、提高企业经济效益的有效模式。美国稻米加工企业规模大、设备先进、生产效率高，产业集中度高，全美 30 家大型稻米加工企业产量占到全国总产量的 95%。美国稻米生产、加工和流通等环节紧密连接，农场主与企业之间采用了合作制或股份合作制度，农场主既是原料供应商，也是企业的社员或股东，各主体间形成联合体实现风险共担、利益共享（宗锦耀等，2014）。

6. 日本控制过度加工，保持稻米营养

早在 1980 年，日本即取消抛光以控制过度加工，日本通过精米协会以技术培训的方式指导企业防止过度加工。日本大米的垩白度要求在 15% 以下，标准规定碎米量为 8% 以下，考虑到米饭品质，实际一般控制在 3% 左右，过度加工问题得到有效改进（谭本刚等，2014）。

7. 实行低温储存，减少原料损失

日本的稻米一般采取低温储存的方式，糙米的水分含量控制在 15%，储存仓库的温度也会严格控制在 15℃。储存的大米会按照入库的顺序每年轮换 20%，以保证仓库大米的品质。

（二）东北地区稻米加工业发展现状、经验与启示

东北地区是全国主要的粳稻产区，粳稻产量、质量在全国首屈一指，东北地区稻米加工企业规模大、品牌优势明显,"五常大米"驰名全国。

1. 东北地区稻米加工业现状

一是稻米加工企业整体规模大、实力强。东北地区尤其是黑龙江省是我国粳稻的主产区,黑龙江省稻米加工业已走在了全国前列,大中型稻米加工企业占全省稻米加工企业总数的 27.1%,大中型稻米加工企业居全行业 19.5%(全国水平为 15.4%),高出全国 4.1 个百分点。二是中小企业为主,结构问题突出。稻米加工企业以中小企业居多,先进产能相对不足(陈艳红,2014);加工种类单一,副产品没有得到充分利用等问题明显(吴振明,2010);稻米加工企业融资难、融资贵严重制约了稻米加工企业的发展(王立春和兰亚东,2013);企业普遍存在开工不足、物流效率低下及缺乏相关政策支持等问题。三是加工水平参差不齐,工艺设备水平差距较大。稻谷精、深加工产品少,稻谷及产品的附加值低,整体竞争能力有限、大米加工产品种类单一,品牌较多、较杂(王瑾,2016;武建,2017;葛立群等,2016)。四是企业开工不足,产能过剩。受"稻强米弱"的影响,很多企业陷入了同质性竞争的怪圈,设备利用率不足 47%。超半数稻米加工企业处于亏损状态,不少区域出现了越加工越亏损的现象。同时,由于小型稻米加工企业所占比重较多,布局分散,导致稻壳、米糠等副产物资源分散,很难形成规模效益,开展副产物综合利用的成本较高,尚未形成大、中、小型稻米加工企业协同发展的良好格局(马长凤,2015)。五是稻米品牌多而杂,品牌公信力下降。稻米品牌数量繁多没有形成品牌优势,导致同质、恶性竞争。据不完全统计,黑龙江省大米产品品牌多达上千个,导致品牌间市场竞争内耗,假冒"黑龙江优质大米、五常大米"的品牌过多,品牌公信力下降,品牌效益下降(陈艳红,2014)。

2. 东北地区稻米加工业经验与启示

一是培育龙头企业,构建产业联盟。东北地区是我国粳米的主产区,由于自然资源禀赋差异,东北地区特别是黑龙江地区稻米品质优良,优质的稻米吸引中粮集团、益海嘉里等稻米加工业巨头在此兴业建厂。黑龙江省注重发展龙头企业,打造产业集群优势,加强流通体系建设,全力开拓市场,建设粳稻生产基地,保障优质原料供应,重视科技创新,提高精深加工能力(陈艳红,2014;张强,2013)。二是建设加工园区,强化产业集聚。黑龙江省重视加工园区建设,先后建成稻米加工园区 20 个。稻米加工园区有助于集聚各种要素资源,提高加工企业外部经济,提高稻米产业竞争力;有利于提高产品附加值和资源综合利用率,促进循环经济发展;有利于发挥龙头企业的示范引领作用,引领稻米加工企业产业结构优化升级,实现行业可持续发展。三是发挥政府作用,强化政策扶持。稻米产业的发展需要政府发挥强力作用,加大政策扶持的力度,东北稻米产业发展处于全国前列,政府主导作用明显。2009 年,黑龙江制定《黑龙江省稻米加工园区建设发展规划》,全面加强稻米加工业要素集聚、产业集中,实现规模化与集约化经营。[①] 为进一步搭建国际合作交流平台,促进稻米文化传播,实现现代农业高质量发展,黑龙江省组织举办"2018 中国·首届国际大米节"[②],对具有独立法人资格、年加工能力在 10 万 t 及以上的稻米加工企业进行加工补贴,

---

① 资料来源:关于印发《黑龙江省稻米加工园区建设发展规划》的通知(黑粮行联 [2009] 55 号)。
② 资料来源:《关于组织参加 2018 中国·首届国际大米节的通知》(黑粮办发 [2018] 61 号)。

支持企业做大做强，形成规模效应[①]。吉林省深化与浙江省稻米产业合作，推动两省粮食部门加强合作，促进市场全面对接、产业深度融合，提升在浙江省的市场占有率和品牌影响力。支持浙江省在吉林省建立原粮生产、收储基地，发展精深加工，打造优质粮源基地[②]。同时加大财税扶持力度，健全金融保险支持政策，落实用地用电等优惠政策，落实科研人员离岗创业和科技成果转化政策，培育粮食加工龙头企业，全力发展粮食经济[③]。三是加大品牌整合，打造区域品牌。针对品牌多、品牌乱、产品质量参差不齐的现状，黑龙江省加大品牌整合力度，全力打造区域特色品牌，2017—2019 年中国品牌价值评价榜单中，"五常大米"连续 3 年荣登全国大米类区域品牌第一名，"佳木斯大米""庆安大米""方正大米""通河大米"也是榜上有名、名列前茅。通过品牌整合、打造，减少了区域内争、企业内耗，降低了成本，增强了品牌在市场中的话语权，提升了企业竞争力（高建军等，2012、2013）。四是强化利益联结，保证原粮品质。企业积极探索"公司＋农户＋基地"模式，积极构建利益联结机制，按照合同要求与农户协议种植优质水稻，以保底价格收购原粮，积极带领合作社申报国家绿色食品生产基地、国家有机食品种植基地，经过几年有机食品基地转换，现已取得有机产品使用标识，"五常大米"等品牌定位正在向高端化商品迈进。

四、江苏稻米加工业的 SWOT 分析

（一）江苏稻米加工业优势分析

1. 优质原粮基础丰厚

江苏稻作历史悠久，素有"鱼米之乡"之称，是长江中下游单季粳稻优势区和我国南方最大的粳稻主产区，面积约占全国粳稻面积的 30%。江苏全省 2019 年水稻种植面积 218.5 万 hm²，总产 1 959.6 万 t，单产 8 971.5kg/hm²。其中，粳（糯）稻种植面积 189.7 万 hm²，总产 1 713.9 万 t，单产 9 036.0kg/hm²；籼稻种植面积 28.8 万 hm²，总产 245.8 万 t，单产 8 949.0kg/hm²。江苏水稻科研与生产水平居于全国前列，南粳系列为知名度较高优良食味品质大米品种（王才林，2019）。江苏先后育成了南粳 46、南粳 5055、南粳 9108 等优良食味粳稻品种 15 个[④]，优良食味粳稻新品种选育方面走在全国前列。一大批优质、高产、高抗水稻品种为粮食增产、农民增收，为江苏稻米"优粮优加"提高了坚实的物质基础。

2. "水韵苏米"品牌优势初现

江苏省委、省政府高度重视"水韵苏米"区域品牌建设，从 2018 年起，连续将其列入

---

① 资料来源：http://grain.jl.gov.cn/lsj2015/hybd/201506/t20150617 _ 2012896.html.

② 资料来源：吉林省粮食和物资储备局、吉林省发展和改革委员会、吉林省财政厅、吉林省交通运输厅、中国人民银行长春中心支行、国家税务总局吉林省税务局、吉林省市场监督管理厅、中国银行保险监督管理委员会吉林监管局、中国铁路沈阳局集团有限公司、吉林省地方金融监督管理局联合印发《关于深化粮食产销合作提高安全保障能力的实施意见》。

③ 资料来源：《吉林省人民政府办公厅关于加快推进农业供给侧结构性改革大力发展粮食产业经济的实施意见》（吉政办发〔2018〕2 号）。

④ 数据来源：http://www.zjls.gov.cn/art/2019/12/4/art _ 1692872 _ 40749067.html.

政府十大任务、百项重点工作。"水韵苏米"实施 3 年来，核心企业已达 50 家，拥有"中国好粮油"产品 4 个、"江苏好粮油"产品 70 个，多个产品获得"江苏精品"产品认证。自 2017 年以来，"水韵苏米"带动全省优质食味稻种植面积达到 100 万 hm^2，"苏米"核心企业已达 50 家[①]。"水韵苏米"荣获首届国际稻米博览会金奖，并在第十七、十八届国际粮油精品展上连续获得金奖；在第九、第十届中国粮油榜上，"水韵苏米"连续获评"中国粮油影响力公共品牌"。2019 年，全省大米加工产业在"水韵苏米"品牌建设带动下，实现产品销售收入 479 亿元，同比增长 4.19%，经济效益明显提升[②]。

3. 稻米加工设备制造优势明显

粮油机械制造业是江苏粮油工业的支柱产业，有 20 多家企业，产值百亿元，江苏牧羊集团、江苏正昌粮机股份有限公司等在业内享有盛誉。加工设备技术上，也普遍采用了国际国内最完备的设备和技术，总体达到国际国内较高水平。加工产品技术上，不少加工龙头企业重视围绕市场需求，推进稻米产品的精深加工，以及副产品的综合利用，为市场提供丰富多样的产品。江苏粮油机械制造业瞄准国内外市场，实现销售收入 108.47 亿元，同比增长 9.17%，经济总量占全国粮油机械制造产业总量的一半，居全国第一。

4. 区位优势明显

江苏同时拥有江河湖海，具有明显的区位优势，素有"鱼米之乡"的美誉。江苏是"一带一路"、长江经济带与大运河经济带的重要交汇地，拥有现代化港口群和机场群，公路铁路交通干线密度全国领先，具有交通便捷和物流成本低的绝对优势，在现代化建设大局和开放格局中具有举足轻重的战略地位，优越的地理位置及交通条件为稻米加工企业创造了更加便利的交通运输条件。江苏经济腹地广阔，所在的长三角地区是中国城镇化基础最好的地区之一，人均可支配收入高，随着第三次消费结构升级的到来，江苏稻米加工企业可以依托区位优势，抢抓机遇，实现稻米加工企业的转型升级。

（二）江苏稻米加工业劣势分析

1. 中小企业为主，同质化竞争严重

2019 年，江苏稻米加工企业总数为 1 128 家，其中小型企业 1 023 家，占 90.7%，中小企业是江苏稻米加工业主体（王海荣，2020）。入统稻米加工企业中，日加工能力在 400t 以上的大型企业占比仅为 5.90%，日加工能力在 200t 以下的中小企业占比达到 74.42%（王金秋等，2019）。中小企业通常存在品牌知名度低、定价能力低、服务能力低、运营成本高等问题，企业同质化竞争严重，行业平均利润水平较低，整体利润率仅为 2%。

2. 龙头企业不足，"链主"作用不强

农业产业化龙头企业不足，"链主"作用不强。"链动"能力较弱、服务半径不大，吸引和凝聚农户共创品牌、抢占市场的能力不够，对现代农业发展的促进作用有待提高。

3. 产能利用率低，深加工不足

2019 年，江苏稻米加工能力达到 3 297 万 t，而整体产能利用率仅为 30%左右，开机率

---

① 数据来源：http://lsj.jiangsu.gov.cn/art/2020/12/30/art_75313_9619791.html.

② 数据来源：http://lsj.jiangsu.gov.cn/art/2020/3/26/art_74728_9018200.html.

约 1/4，低于国际经验中 70％的利用率，产能未得到充分利用，导致设备和资源的浪费。江苏稻米大多仍停留在初级加工阶段，加工转化程度低，以成品米为主，精细加工、精深加工能力不足，技术水平不高，副产物综合利用率低，产能利用率低，已成为制约江苏优质稻米产业可持续发展的瓶颈。

4. "苏米"品牌地位有待提高

江苏稻米加工企业多、规模小，品牌多乱杂，急需打造优质大米品牌。在"2020 中国品牌价值评价信息发布"线上活动中，排名前五的地理标志产品被黑龙江、辽宁等东北大米占据，江苏仅有"射阳大米"上榜（表 5）。江苏稻米尚未形成应有的整体优势，大米品牌产品区分度不够、市场售价较低、产业竞争力不强。江苏稻米的主要市场在上海、浙江及苏南地区，江苏籼米主要销往广东、福建、海南市场，销售渠道多为批发再零售，实体店、线上销售模式较少，大型商超等包装米价格较东北品牌大米低，近年来，省内市场也面临东北品牌大米的市场冲击。

表 5　2020 年中国区域品牌（地理标志产品）

排名	品牌名称	地区
5	五常大米	黑龙江省哈尔滨市五常市
11	盘锦大米	辽宁省盘锦市
14	佳木斯大米	黑龙江省佳木斯市
30	方正大米	黑龙江省哈尔滨市方正县
31	庆安大米	黑龙江省绥化市庆安县
44	射阳大米	江苏盐城市射阳县
70	泰来大米	黑龙江省齐齐哈尔市泰来县
76	南陵大米	安徽省芜湖市南陵县

资料来源：中国品牌建设促进会．http：//www.ccbd.org.cn/content-12-406-1.html。

（三）江苏稻米加工业发展机遇分析

1. 新发展格局的战略机遇

进入新发展阶段，我国经济从高速增长转向高质量发展阶段，我们党提出推进供给侧结构性改革，坚持实施扩大内需战略，使发展的动力更多依靠内需特别是消费需求拉动。习近平同志在中共十九届五中全会第二次全体会议上的讲话中指出，构建以"国内大循环为主体、国内国际双循环相互促进"的新发展格局。在新发展格局下，我国经济发展从原来的出口导向为主转向扩大内需的经济战略，经济战略的巨大转变为江苏稻米加工企业的高质量发展带来重大战略机遇。

2. 高质量发展的行业机遇

2016 年，国务院办公厅《关于进一步促进农产品加工业发展的意见》中指出，要推动农产品加工业从数量增长向质量提升、要素驱动向创新驱动、分散布局向集群发展转变，完善农产品加工产业和政策扶持体系，促进农产品加工业持续健康发展。到 2025 年，农产品加工转化率达到 75％，农产品加工业与农业总产值比进一步提高；自主创新能力显著增强，转型升级取得突破性进展，形成一批具有较强国际竞争力的知名品牌、跨国公司和产业集群，基本接近发达国家农产品加工业发展水平①。2018 年，江苏省政府办公厅《关于大力发展粮食产业经济加快建设粮食产业强省的实施意见》提出，推动江苏由粮食产业大省向粮食产业强省转变。国家、地方政策的出台为江苏稻米加工业高质量发展提供了重要的行业发展机遇②。

3. 消费结构升级的市场机遇

改革开放 40 多年来，我国经济发展水平不断提高，人均 GDP 已经超过 1 万美元，进入中等收入向高收入发展转型阶段。随着人们收入水平的不断提高，城乡居民的消费结构、水平也在发生深刻而巨大变化，正在逐渐从"吃饱""吃好"向"吃得营养""吃得健康"转变。大米消费需求正在从温饱水平生理性的"普通米"需求向优质"营养米""功能米""品牌米"等营养健康型高端需求转变。江苏地处长三角经济发达地区，是全国粳米重要主产区，江苏稻米产品主要消费市场为江浙沪地区。该区域人均 GDP 已经超过 2 万美元，达到发达国家经济发展和消费水平，优质"营养米""功能米""品牌米"等高端米市场需求潜力巨大。消费结构升级为江苏稻米产业带来巨大的市场机遇，江苏稻米加工业可以紧紧围绕市场消费需求升级趋势，大力开展科技研发和产品更新，积极回应人们对高品质、绿色安全、品牌大米产品的需求进行生产经营方式转变，推进自身高质量发展转型。

4. 千亿级稻米产业的发展机遇

2019 年，江苏省农业农村厅研究制定了优质稻米等 8 个千亿级特色产业发展规划，把优质稻米产业作为千亿级特色产业之首，并从加强优质稻米产业融合发展、加强优质食味稻米品牌培育、加强优质稻米产业推介、打造"苏米"省域公用品牌等 4 个方面对稻米产业发展加大扶持力度。其中，围绕加强优质稻米产业融合发展，提出加强从基地建设、品种选择、种植技术、收获加工到品牌销售等全过程、全链条管理。扶持低温储藏、加工机器装备等优质稻米产业化关键设施扶持建设，开展优质稻米低温储藏、初级加工、精深加工等产业链、价值链瓶颈环节建设，加强米粉、米乳、米饼、米糠油、米蛋白等稻米休闲食品、深加工食品研发与产业化，探索发展富硒米、低谷蛋白大米等功能性大米，注重稻谷砻糠及秸秆的能源化、基质化等综合利用技术开发，延伸水稻产业链和价值链，推动稻米一二三产业融合发展。江苏千亿级稻米产业为江苏稻米加工业高质量发展提供了重大的发展机遇。

（四）江苏稻米加工业发展挑战分析

1. 国内外优质大米品牌抢占市场形成的挑战

随着消费升级，高端大米的市场需求不断增大。在国内，由于东北地区独有的黑土地、昼夜温差大等禀赋差异，东北地区以盛产高端大米著称，黑龙江五常大米、佳木斯大米、方正大米、庆安大米、辽宁盘锦大米等知名区域品牌驰名全国，随着运费补贴等措施的实施、物流运输的发展及电商的兴起，东北大米已经抢占江苏粳米的传统市场，市场价格也高于江苏稻米价，对江苏粳米产业的发展带来极大挑战。在国际市场上，日本"越光米"、泰国

---

① http://www.gov.cn/zhengce/content/2016-12/28/content_5153844.html.
② http://www.jiangsu.gov.cn/art/2018/1/16/art_46144_7394110.html.

"茉莉香米"具有很高的国际认可度。"越光米"一直以来享有"世界米王"的美誉，而且日本稻米加工技术先进、加工适度，全程追溯体系健全，米制品品质优良、营养健康、包装精致、购买消费方便、功能多样，一直受到国内"长三角城市群"及其周边消费市场的青睐。"越光米"的副产品在新能源、康养医药等领域也有多种用途，对江苏粳米占稳和进一步开发"长三角城市群"及其周边市场构成直接威胁。东南亚，尤其是泰国"茉莉香米"品种优，品质优良，品牌声誉好，也对江苏淮北地区籼米巩固和拓展"珠三角"及周边高端籼米市场带来直接挑战。

2. 发达的工业化城市化进程带来的产业挤出挑战

江苏省作为我国第二大经济体，工业化、城市化水平高，人口众多，资源环境承载压力大。工业化、城市化进程加大了对土地资源的消耗，在有限的土地资源下，非农产业具有比包含稻米加工业在内的农产品加工业发展具有更强的比较优势，地方政府出于财政增收的考虑，民间资本出于对高额利润的追求，都会使得土地、劳力、资本、技术等生产要素具有较强的非农产业投资倾向。

3. 水稻生产和稻米加工业政策体系不配套导致的困境

从国家政策体系看，水稻生产和稻米加工政策体系不配套，二元政策体系带来结构性问题突出。水稻生产属于国家粮食安全保障能力的建设范畴，其生产经营的市场化程度低，在粮食安全的党政同责、"保供增收"等政策导向下，水稻的种植面积、产量、收购价格、原料粮储备等方面的政策性保障强，而稻米加工业市场化程度高，基本属于充分竞争性市场。稻米加工业发展中，虽然由相关用地、用电、信贷政策，但这些更多的属于政策性储备之需，支持稻米加工业发展，尤其是企业竞争和效率水平提高的方面，远没有水稻生产支持力度大，约束性要求高。"稻强米弱"的态势明显，加工企业时常面临价格倒挂，利润空间有限，市场竞争力难以提高。

五、江苏稻米加工业高质量发展对策

针对江苏稻米加工业现状及国内外稻米加工业发展经验及启示，在 SWOT 分析的基础上，提出以下江苏稻米加工业高质量发展对策。

（一）鼓励强强联合，培育龙头企业，提升江苏稻米加工业的"链动"能力

稻米加工龙头企业是一个地区稻米加工能力和竞争力的集中体现，是实施稻米产业突破战略、带动产业优化升级的主力军，培育稻米龙头企业对提高本地区农业经济综合实力和企业综合效益，提升区域经济整体竞争力具有重要作用。一是培育壮大龙头企业。鼓励稻米加工企业申报各级各类农业产业化龙头企业，推动稻米加工企业逐步向规模化、集团化方向转型发展。确定若干家龙头骨干企业，在项目建设、重组合作、技术创新、人才引进等方面给予专项政策支持，培育成为带动力强的引领型"链主"企业。二是贯彻落实帮扶政策。贯彻落实好国家、省市出台的一系列支持稻米龙头企业发展的政策，靠前服务，加强指导，帮助解决稻米龙头企业生产经营中存在的融资、用地、人才及品牌建设等方面的困难和问题，促进稻米龙头企业加快发展壮大。三是建立稻米加工龙头企业库。建立健全稻米加工龙头企业

认定、成长和淘汰机制，整合涉企要素资源，健全稻米加工龙头企业上下游延链、补链、强链激励机制。四是实行龙头企业联系制度。对稻米龙头企业专人负责跟踪联系，全程服务，积极与金融部门对接，培育引导更多的企业通过"新三板"上市募集资金。

（二）强化三产融合，打造全链经营，提升江苏稻米加工业的增值能力

江苏应以乡村振兴战略为契机，以"粮头工尾"为抓手，培育稻米加工业发展新动能。一是推动政策制定和实施。以四个《意见》和一个《规划》为指导积极构建符合江苏特色的稻米产业融合发展的政策体系①。二是加大项目支持。加大对稻米产业融合发展试点资金支持，对稻米产地的加工企业农户、合作社建设初加工设施进行补助，调动农发行、农行等相关金融机构加大对稻米产业融合主体的信贷支持。三是开展示范引导。宣传推介稻米加工主体发展典型，发挥其示范引领带动作用。四是培育融合主体。积极实施农村实用人才等培训项目及新型职业农民培育工程，开展稻米产业创业创新优秀带头人的宣传推介。五是促进稻米休闲农业发展。休闲旅游可以作为稻米产业融合的重点产业，江苏是稻米大省，也是旅游大省，应该充分发挥稻米产业在休闲农业和乡村旅游产业中的作用，推动文化产业、休闲产业与稻米产业有机融合的新型产业发展之路，使水稻生产、稻米加工和销售、餐饮、休闲以及其他服务业有机地整合在一起，使稻米一二三产业之间紧密相连、协同发展，最终实现稻米产业链延伸、产业范围扩展和农民增收。

（三）促进产业集聚，打造加工园区，提升江苏稻米加工业的集聚能力

加强产业集聚是优化产业生态、提升产业竞争力的重要举措。江苏可以通过建设稻米加工园区，突出稻米产业特色，优化功能布局，提高稻米加工业的集约化强度，使之成为适应市场竞争和产业升级的现代化产业园区。一是积极引导稻米加工企业向粮食生产功能区、重要农产品保护区及特色农产品优势区，以及现代农业产业园、科技园、农民创业园聚集发展，做好"粮头工尾"大文章，围绕延伸、补强稻米加工产业链条，促进稻米加工业集聚发展。二是推进稻米产业集聚区与高校、科研院所等共建大学科技园、博士后科研工作站、博士后创新实践基地、博士后创新示范中心、技术转移中心，促进科技成果转化落地，实施稻米产业集聚区关键技术攻关计划。三是重点谋划实施先进稻米产业重大项目，加快培育引进科技型高成长稻米加工企业，限制发展并逐步退出低附加值的中小企业，打造引领性强的稻米产业集群；谋划实施扩链、补链、强链项目，打造特色鲜明的专精稻米产业集群。

（四）发展精深加工，推动产业升级，提升江苏稻米加工业的供给能力

实施稻米加工业提升行动，鼓励稻米加工企业以引进技术为抓手，以科技创新为支撑，积极推进精深加工和副产品综合利用，提高名、优、新、特产品比重，实现延伸产业链、提升价值链、打造供应链，推动稻米产业持续优化升级。一是积极引导稻米原粮加工向稻米食

---

① 《关于推进农村一二三产业融合发展的指导意见》《关于支持返乡下乡人员创业创新促进农村一二三产业融合发展的意见》《关于进一步促进农产品加工业发展的指导意见》《关于大力发展休闲农业的指导意见》《"十三五"全国农产品加工业与农村一二三产业融合发展规划》。

品加工发展，向方便、健康、特色产品延伸，向加工转化、副产品综合利用延伸。二是支持稻米加工企业技术创新与升级改造，在稻谷副产物综合利用方面，研究开发一批关键技术和稻谷深加工新产品。三是改变传统稻米加工企业收原粮卖原粮和初级成品粮的现状，逐步实现由稻米初级产品向高端产品转变，向现代、营养、绿色和方便的集约化经营转变，引导稻米加工企业瞄准市场，开发功能性营养强化米，以稻壳为原料生产活性炭、白炭黑等。

（五）加强顶层设计，唱响"苏米"品牌，提升江苏稻米加工业的影响能力

进一步压实政府、协会和企业三方责任，加强顶层设计，向着高端"水韵苏米"品牌目标持续发力。一是发挥政府在稻米品牌建设中的引领作用。对"水韵苏米"品牌发展进行科学的规划，做好顶层设计，开展优质食味稻米技术规程、稻米标准制订与实施，推进优质"水韵苏米"的生产技术规程、生产加工标准实施与品牌打造有机结合。二是发挥行业协会在稻米品牌建设中的组织协调作用。通过行业协会对现有品牌进行评估、认定和整合，解决目前江苏省内稻米品牌多、乱、杂、弱、小、散的现状，推出一批影响大、效益好、辐射带动能力强的大米品牌。三是发挥骨干作用。射阳县要进一步发挥好"鹤乡"生态优势，进一步唱响"射阳大米"品牌；淮安市应进一步发展稻米产业联盟，高举"淮安大米"旗帜，做大做强"淮安大米"产业；江苏农垦米业集团应大力推进质量追溯，严格实行闭环管理，实现"源头可追溯、流向可跟踪、信息可查询、责任可追究"，积极带动各类稻米加工企业开展"水韵苏米"品牌创建活动，进一步发挥好"苏米"核心企业"排头兵"的作用。四是构建产业联盟。依托"苏米"核心企业，组建江苏大米产业联盟，夯实产业基础，吸收水稻育种、稻米加工、产品营销、品牌策划等相关高校、院所及企业共同参与，心往一处想，劲往一处使，进一步完善联盟体系，促进全产业链发展。依托产业联盟，整合省内优质区域品牌、重点企业品牌、特色产品品牌，统一使用"水韵苏米"LOGO，形成区域、企业、产品三位一体的品牌融合格局。

（贲永青　徐金海）

参 考 文 献

陈文玲，2020. 当前国内外经济形势与双循环新格局的构建［J］. 河海大学学报（哲学社会科学版），22（4）：1-8，105.

陈艳红，2014. 黑龙江省稻米优质优价产业链整合研究［D］. 哈尔滨：东北农业大学.

仇志军，张似松，郑履端，等，2003. 泰国香米缘何香飘四海［J］. 世界农业（2）：33-36.

高建军，张瞳光，2012. 黑龙江省大米品牌化现状及影响因素分析［J］. 鸡西大学学报，2（9）：64-65.

高建军，张瞳光，2013. 基于地理标志的黑龙江省大米区域品牌整合研究［J］. 当代经济（15）：82-83.

葛立群，闫立萍，贾可，2016. 辽宁省水稻产业发展现状及对策［J］. 辽宁农业科学（4）：51-52.

姜会明，郭庆海，2007. 吉林省水稻加工业的产业状况分析［J］. 中国稻米（2）：69-71.

李慕菡，刘雅，宋春风，2017. 国外大米产业的发展对中国的启示［J］. 天津农业科学，.23（12）：36-40.

李腾飞，苏毅清，刘丹妮，2016. 我国稻米产业的发展现状？面临困境及应对策略研究［J］. 食品工业 .37（10）：224-229.

李英，2018. 中国东北三省粳米的国际竞争力分析——基于与日韩的比较 [J]. 中国稻米 .，24（2）：47-51.

马雷，2005. 泰国大米标准研究与借鉴 [J]. 黑龙江粮食（5）：14-16.

马长凤，2015. 黑龙江省规模水稻种植农户经营行为研究 [D]. 大庆：黑龙江八一农垦大学 .

谭本刚，谭斌，周显青，2014. 日本稻米产业发展对我国的启示 [J]. 粮油食品科技，22（2）：36-37.

田园，董晨，2013. 我国大米国际竞争力分析及提升对策——基于与泰国的比较 [J]. 经济问题（6）：121-124.

王才林，2019. 江苏优质稻米产业现状 [N]. 江苏农业科技报，11-06（2）.

王海荣，2020. 江苏优质稻米产业发展现状及品牌建设策略 [D]. 扬州：扬州大学 .

王金秋，张为付，薛平平，2019. 技术效率、融资约束与企业扩张——基于江苏 150 家大米加工企业的调查与分析 [J]. 农业技术经济（6）：122-133.

王瑾，2016. 辽宁省稻米加工企业发展趋势及建议 [J]. 农业经济（9）：131-132.

王立春，兰亚东，2013. 对德惠市稻米加工企业融资情况的调查 [J]. 吉林金融研究（3）：74-76.

王明利，2004. 我国粳稻经济研究 [J]. 农业经济问题（4）：35-39，80.

吴振明，2010. 辽中南地区产业集群发展研究 [D]. 成都：四川社会科学院 .

武建，2017. 辽宁水稻产业发展初探 [J]. 农业科技与装备（12）：57-60.

武舜臣，2018. 粮食安全保障与稻麦"三量齐增"应对：中国玉米和日本稻米改革的经验启示 [J]. 经济学家（4）：96-103.

肖昕，刘迪林，江奕君，等，2017. 泰国水稻产业的现状与启示 [J]. 中国稻米，23（6）：80-83.

徐贤，李爽，2012. 浅谈日本稻米及其米制品市场情况 [J]. 粮食流通技术（2）：39-43.

姚惠源，2003. 大米增香剂的研究与产业化 [J]. 粮油加工与食品机械，（2）：14-16.

袁美兰，2011. 国外大米加工研究现状及进展 [J]. 食品科技，36（2）：130-133.

张强，2013. 黑龙江省粳稻加工业发展的基本思路与对策 [J]. 粮食加工，38（1）：26-28.

赵晓迪，朱俊峰，2014. 日本大米进口政策与 WTO 承诺的一致性研究 [J]. 世界农业，（8）：94-99，196.

宗锦耀，李树君，李增杰，等，2014. 美国农产品加工业现状及启示 [J]. 农村工作通讯（20）：60-62.

佐佐木泰弘，河野元信，2012. 日本稻米烘干·储藏·加工·流通·消费中的品质管理及信息追溯 [J]. 北方水稻，42（4）：1-6.

江苏省稻米加工技术集成与精深加工创新研究

[摘要]促进稻米加工业发展对农业提质增效、农民就业增收和农村一二三产业融合发展具有重要意义。本文在总结国内稻米加工设备技术水平、稻米产品现状及未来发展趋势的基础上，分别从稻米加工设备技术、产品研发创新、稻米加工产品、副产品加工利用等 4 个方面分析了江苏稻米加工产品及技术应用现状，总结了江苏省稻米加工产品及技术集成方面存在的问题，并对问题分别进行分析。最后，在借鉴以日本为代表的国外稻米加工设备技术应用及产品研发创新经验的基础上，从提升烘干仓储水平以保证原粮品质、加快技术装备智能化升级、推进智慧绿色低碳加工保留稻米营养、开展精准多元化定制打造功能大米和发展精深加工以提升副产品综合利用价值等 5 个方面针对性地提出了促进江苏省稻米加工产品及技术集成高质量发展的对策建议。

一、引言

农产品加工业已成为农业现代化的支撑力量和国民经济的重要产业，进一步促进农产品加工业发展对促进农业提质增效、农民就业增收和农村一二三产业融合发展有着十分重要的意义。国务院《关于进一步促进农产品加工业发展的意见》指出，到 2025 年，农产品加工转化率达到 75%，农产品加工业与农业总产值比进一步提高；形成一批具有较强国际竞争力的知名品牌、跨国公司和产业集群，基本接近发达国家农产品加工业发展水平。

我国稻米占世界稻米总产量 30%，是世界最大稻米生产国之一。作为我国的三大主粮之首，水稻在粮食安全中占有极其重要的地位，稻米产业是国家基础产业。长期以来，我国的稻米产业处于低效粗放式的发展模式中，产品加工与副产品开发不够，产业附加值低，整体发展缓慢；存在"稻强米弱"现象，水稻产后加工业发展存在"五低"问题，即主食产业化低、制品营养价值低、装备技术水平低、加工增值低、资源利用率低（张群，2015）。稻米加工业一直难以摆脱稻米价格"三重倒挂"、结构性产能过剩与过度扩张并存、产业链条短小和产品结构单一、行业品牌混乱和市场集中度偏低，以及过度加工与副产物利用低等发展瓶颈。

促进稻米营养制品产业化精深加工是我国稻米加工业亟须解决的瓶颈问题，同时也决定了我国居民对更加安全、健康、绿色的食品有效满足程度。如何打破"稻强米弱"现象，提升稻米产业附加值，实现稻米产业高质量发展，是实现我国稻米产业转型升级的根本路径，关系农业产业化的未来。加强对我国稻米产业供给侧改革的力度，不断满足人们对各类饮食消费的新需求，始终是稻米产业发展的方向。这离不开稻米加工设备技术的集成应用创新、稻米新产品加工技术以及多元化精深加工技术的创新等。本研究尝试从江苏省稻米加工业产

品、设备技术集成应用与新产品开发、多元化利用与精深加工创新等方面，探寻促进江苏稻
米加工业实现高质量发展的路径，为"苏米"产业高质量发展提供参考。

二、分析框架

本研究在文献检索、专家与主管部门咨询、加工企业调研的基础上，初步确定如下研究
思路：首先，概括国内稻米加工行业、稻米加工设备技术集成应用、产品系列研发现状及未
来发展趋势；然后，在对江苏省稻米加工企业走访调研、稻米协会和专家咨询的基础上，从
3 个方面重点分析江苏省稻米加工产品及技术集成应用现状，其中包括设备技术集成应用、
产品研发创新和副产品加工利用；接下来，梳理江苏省稻米加工产品及技术集成应用方面存
在的问题，并对问题成因进行深入分析；最后，基于上述问题及成因分析，在借鉴以日本为
代表的国外稻米加工设备技术和产品研发创新的基础上，给出促进江苏省稻米加工产品及技
术集成应用的对策建议。

具体分析思路框架如图 1 所示。

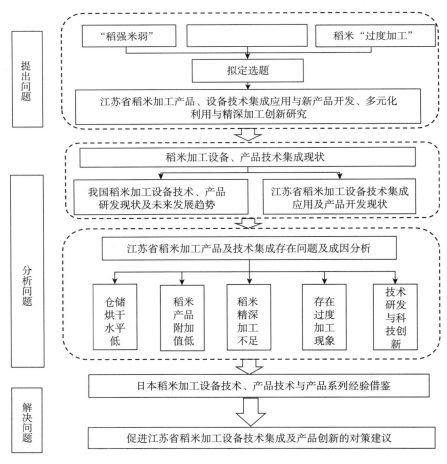

图 1 技术路线图

三、我国稻米加工设备技术、产品研发现状及趋势分析

（一）稻米加工行业基本情况

根据 2017—2019 年国家粮食和物资储备局发布的粮食行业统计资料，可以看出我国稻米加工企业主要是以民营企业为主，占加工企业总量的 95% 左右，稻米加工生产能力远远超过当年实际处理的稻谷量，平均产能利用率仅 30% 左右。出米率方面，平均出米率为 63%～65%，其中粳稻的出米率高于早籼稻，中晚籼稻出米率最低。

稻米加工企业主要经济指标方面，2017—2019 年我国稻米加工企业总产值维持在 4 800 亿元左右，其中国有及国有控股企业占比 10%，民营企业占比 87%。产品销售收入方面，全年实现销售收入不到 5 000 亿元，利润总额维持在 110 亿元，利润率仅为 2% 左右。由此可以看出，我国大米加工行业整体属于薄利行业。详细稻米加工企业数量、加工能力及主要经济指标见表 1。

表 1　稻米加工企业数量、加工能力及主要经济指标

项目	细分项目	2017 年	2018 年	2019 年
大米加工企业数量（个）	合计	10 317	9 827	9 760
	国有及国有控股企业	514 (5.0)	450 (4.6)	435 (4.5)
	民营企业	9 776 (97.4)	9 352 (95.1)	9 300 (95.3)
	港澳台及外商企业	27 (0.3)	25 (0.3)	25 (0.3)
大米加工能力（万 t）		36 397.1	36 898.2	37 401.3
实际处理稻谷	合计	10 430.8	11 080.3	11 213.1
	早籼稻	796.2 (7.6)	808.1 (7.3)	779.2
	中晚籼稻	5 402.9 (51.7)	5 562.1 (50.2)	5 633.0
	粳稻	4 232.1 (40.7)	4 710.1 (42.5)	4 800.8
工业总产值（亿元）	合计	4 841.2	4 873.1	4 760.5
	国有及国有控股企业	481.5 (10.0)	443.6 (9.1)	419.8 (8.8)
	民营企业	4 240.3 (87.5)	4 254.4 (87.3)	4 144.8 (87.1)
	港澳台及外商企业	119.4 (2.5)	175.1 (3.6)	196.0 (4.1)
产品销售收入（亿元）	合计	4 819.1	4 898.4	4 683.0
	国有及国有控股企业	559.4 (11.6)	500.3 (10.2)	491.5 (10.5)
	民营企业	4 210.7 (85.5)	4 190.5 (85.6)	3 961.0 (84.6)
	港澳台及外商企业	139.0 (2.9)	207.6 (4.2)	230.5 (4.9)
利润总额（亿元）	合计	110.9	112.8	120.9
	国有及国有控股企业	7.9 (7.1)	5.7 (5.1)	6.6 (5.5)
	民营企业	100.9 (91.0)	101.3 (89.8)	108.2 (89.5)
	港澳台及外商企业	2.1 (1.9)	5.8 (5.1)	6.1 (5.0)

资料来源：王瑞元（2019—2021）。经本文作者整理。

注：括号内数据为该数据占本项目总体的百分比，单位为%。

我国是世界上最大的稻米生产国和消费国，米糠资源丰富。米糠中不仅含有丰富的脂肪，而且富含多种营养成分，是优质的油料资源。正常情况下，米糠的含油率为 17% 左右。根据 2019 年我国 20 961.4 万 t 的稻谷产量，按 95% 用于加工稻米，出糠率为 6% 计算，约产米糠 1 194 万 t，可产稻米油 203 万 t。尽管最近几年我国稻米油的产量提高很快，但其利用率只有 10% 左右，与日本米糠利用率 80%，以及印度的米糠利用率达 56% 差距较大。2018—2019 年全球主要稻米生产国稻米油潜在产量与实际产量详情见表 2 所示。

表 2　全球稻米产量（2018—2019 年）（单位：百万 t）

国家	稻谷	大米	潜在米糠产量（按 6% 计）	潜在稻米油产量（按 17% 计）	实际稻米油产量
中国	210.3	148.9	12.6	2.2	0.20
印度	166.5	112.9	10.0	1.7	0.95
印度尼西亚	73.9	37.0	4.4	0.8	
孟加拉国	50.8	32.7	3.1	0.5	0.09
越南	50.8	28.5	3.1	0.5	
泰国	29.5	20.4	1.8	0.3	0.061
缅甸	29.5	13.2	1.8	0.3	
菲律宾	19.3	12.2	1.2	0.2	
巴西	12.3	8.2	0.7	0.1	
日本	10.4	7.8	0.6	0.1	0.08
合计					1.381

资料来源：https：//www. statista. com/statistics/255945/top-countries-of-destination-for-us-rice-exports-2011；米糠油产量数据：http：//storage. unitedwebnerwork. com/files/23/ca384c7ab3cb9b886f0f0fd7a14eeebo. pdf.

（二）稻米加工设备技术集成应用现状

进入 21 世纪以来，我国稻米加工业的装备技术水平、主要经济技术指标、产品研发创新等取得快速发展，已经达到或接近世界先进水平，部分环节的设备技术指标甚至优于国外同类设备。然而，对于新型稻米产品所采用的现代工艺所需要的设备技术，国内仍处于空白。如国内稻米加工设备仍难以满足现代稻米加工工艺不需要对稻米做抛光处理的要求，整个稻米加工过程完全依赖抛光程序。国内市场常见知名大米加工设备企业见表 3。

表 3　国内市场常见知名大米加工设备企业

企业	简介
中粮工程科技有限公司	中粮集团旗下品牌，专业从事粮油食品工程技术服务的科技型企业
江苏正昌集团有限公司	创始于 1918 年，是国内比较早推出制粒机，以饲料工业为主体的饲料机械加工设备和整厂工程制造商
江苏丰尚智能科技有限公司	国内著名的大米加工设备制造商，提供领先的综合方案服务商，可以提供大型农牧全产业链机械制造

（续）

企业	简介
开封市茂盛机械有限公司	始建于 1976 年，现为集粮食加工机械、种子加工机械等研发、制造、安装与服务为一体的大型企业
迈安德集团有限公司	著名知名油脂工程和淀粉机械生产商，专业生产油脂机械、淀粉机械和发酵机械
湖南郴州粮油机械有限公司	创始于 1967 年，我国著名的碾米加工设备及粮食仓储设备专业制造企业
安徽永成电子机械技术有限公司	成立于 2000 年 8 月，是一家专业从事计量称重、全自动包装机组、二次包装、机器人码垛输送等自动化设备研发制造的高新技术企业
浙江嘉兴青龙机械有限责任公司	中国著名的去石机专业制造厂。此外还生产全套粮食清理设备及成套碾米设备
浙江齐鲤机械有限公司	创办于 1995 年，公司前身为诸暨市粮油机械厂，是一家专业生产新型粮食机械设备的中外合作企业。主要生产系列成套碾米设备、清理设备、胶辊砻谷机、大米色选机、立式碾米机、卧式碾米机、抛光机、厚度分级机、风机等粮食加工机械
武汉市恒昌兴粮机械有限公司	主要制造双筛体重力谷糙分离机、白米分级平转筛、糠粞分离平转筛等
合肥美亚光电技术股份有限公司	专注于智能识别核心技术与产品研发，主要产品大米色选机、杂粮色选机、茶叶色选机等食品安全关键设备
武汉金禾粮食机械有限公司	成立于 1992 年，专门生产各类大米加工设备，主打产品是大米抛光机、卧式砂辊碾米机
江苏晶莹粮食机械制造有限公司	2011 年成立，专业研制、开发、生产、经营粮食、化工、工程通用机械
漳州科虹电子有限公司	成立于 2001 年，是电子定量称、真空整形机、配米机及全自动智能包装机等产品的专业制造商
布勒（中国）投资有限公司	世界上比较大的粮机设备提供商，国内知名大米加工设备公司
佐竹机械（苏州）有限公司	专注于碾米/制粉设备的生产和研发，全球著名的粮油机械制造商

资料来源：各企业官方网站。

先进的米糠制油装备及技术进步促进了我国稻米油生产的发展。针对米糠易酸败变质、粉末度大、毛油酸价高等制约稻米油产业发展的技术难题，经过多年努力，我国科研人员一一攻克这些难题，推动了我国稻米油生产的快速健康发展。以成套米糠浸出和稻米油精炼设备为例，与过去相比，国内粮油机械股份有限公司提供的装备制造质量和各项经济技术指标稳定可靠，吨料米糠的溶剂消耗指标甚至低于 1kg，与过去吨料米糠浸出的溶剂消耗约 5kg 相比降低了 5 倍，充分展现了我国米糠浸出和稻米油精炼的技术水平。

（三）稻米加工工艺流程及特种营养米研发现状

我国稻米加工基本遵循"去杂—脱壳—谷糙分离—碾米—抛光—包装"的工艺流程，详情如图 2 所示。

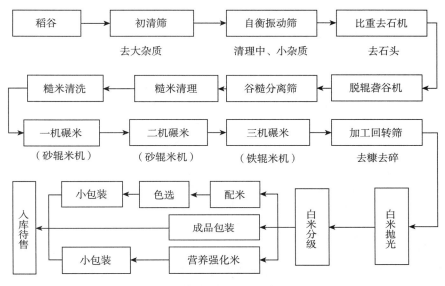

图 2　精制米加工工艺路线图

我国南方籼稻的加工碎米率在 10%～15%，每年全国碎米达到 100 万 t～1 200 万 t，利用碎米加工的制品以水磨糯米粉、米粉、米糕、米酒、米醋、麦芽糖等一些老产品为主，技术含量不高，产品附加值低。算上碎米、米糠、米胚芽、谷壳等的浪费，稻米资源有效利用总体上有待进一步提高。

随着我国居民收入和生活水平的提高，对大米的外观和口感要求也越来越高。为满足消费者对"色香味"的追求，碾米精度不断提升，由此带来的是蛋白质、脂肪和矿物质等营养素的流失，导致大米产品的营养价值降低。为了在满足消费者对"色香味"追求的同时留住稻米营养，特种营养米被适时推出。特种营养米不仅保留了糙米的宝贵营养成分，还可以通过富集技术、外源添加技术等调节稻米的营养构成，有助于在改善大米风味、蒸煮和食用品质的同时，提高大米营养价值。另外，通过特定途径加工而成的特种营养米还具有特殊用途或功能，能够满足特殊人群的营养和烹饪需求。表 4 对比列出了几种特种营养米的加工机制、产品特征及生产过程中的关键技术。

表 4　几种特种营养米的特点比较

名称	加工机制	产品特征	关键技术
配制米	根据营养素的叠加原理，通过天然大米配混技术调节品质	营养组成优于单一品种大米	规划算法，配米软件
留胚米	通过降低外力作用保留米胚，提高整粒米的营养水平	充分利用米胚的营养价值	多级轻碾，带式米机

（续）

名称	加工机制	产品特征	关键技术
发芽米	控制环境条件，通过萌芽激活内源酶，经生物转化调节自身的营养特征	营养素易于消化吸收，氨基丁酸（GABA）含量增加，抗营养因子（植酸）含量下降	发芽、干燥
营养强化米	添加外源营养素，使之附着或渗透	营养素添加灵活，产品营养易于控制	浸吸、涂膜
蒸谷米（半煮米）	皮层营养素向内转移或渗透	吸收糙米皮层的营养素，提高整粒米的营养水平，为半熟化产品	浸泡、熟化、干燥
合成米	采用挤压方法将淀粉质原料或多种营养素重组	营养素易于复配，为熟化或半熟化产品，食用方便	配料、挤压成型

资料来源：周军琴（2016）、许绰微等（2016）。

注：有关胚芽米、发芽米、糙米等营养成分的更详细资料见吴娜娜等（2019）、张艳等（2020）。

（四）副产品高效增值深加工技术

积极开展稻米及其副产品高效增值深加工技术研究具有重大的社会和经济价值。除了提供人们主食大米之外，稻谷还可以通过深加工转化为营养丰富、功能卓越的健康食品原料，也可转化为质优价廉的医药、化工等工业原料，大大提高稻米资源的科学利用价值（姚惠源，2008）。表5汇总了稻米资源增值利用的用途及具体应用。

我国目前已经掌握了利用米糠生产米糠营养素、营养纤维健康食品，米糠营养素、营养纤维不仅含有优质的蛋白质、脂肪（不饱和脂肪酸），还含有人体每天所需的维生素和矿物质及多种生理活性成分。通过米糠挤压稳定化技术、米糠营养素和营养纤维清洁生产生物技术，使得米糠的利用率不断提升。

表5 稻米资源增值利用汇总

稻米资源	用途	应用及增值加工产品
秸秆	生物肥料	
	秸秆发电	
稻壳	燃料	燃料、发电、白炭黑
	板材	环保材料、稻壳板
	吸附材料	活性炭
米糠	脱脂米糠	膳食纤维、米糠蛋白、米糠油、蛋白纤维、食用米糠
	营养提取物	维生素E、谷维素、阿魏酸
	全脂米糠	米糠奶精、米糠奶油

（续）

稻米资源	用途	应用及增值加工产品
大米	优质米	微波方便粥、方便米饭、特色粽子、营养强化米、品牌米
	合成米	营养米、原料米
	大米蛋白	人造肉、运动营养品、米蛋白肽、蛋白类饮品
	米制品专用粉	肠粉专用粉、烘焙类专用粉、米线专用粉、发糕专用粉
	大米淀粉	淀粉胶、共聚淀粉、变性淀粉、食品工业用淀粉、预糊化淀粉
	碎米	麦芽糖：麦芽糖浆、麦芽糖糊精、麦芽糖醇、低聚麦芽糖
	淀粉糖浆	葡萄糖：葡萄糖浆、结晶葡萄糖
		果糖：果糖浆、结晶果糖
		特种糖类：啤酒糖浆、果糖浆、糖粉
		派生物：异维生素 C 钠、氨基酸、乳酸

资料来源：曹泽辉，2013。

（五）前沿技术及未来发展趋势

近年来的消费升级带动了食品行业变革，食品市场越发重视大米原料"返璞归真"。当下市场稻米过度精深加工虽然使得大米在外形上具备符合审美的精、白、亮特征，但与大米营养物质的大量流失相比显然是得不偿失。过度加工大米与消费者对大米营养需求之间形成供需矛盾，使得我国粮食加工产业愈发重视对大米等粮食的生产工艺进行规范，并在原有常见大米品类的基础上推出侧重品质升级与"新鲜"的现碾米、生鲜米、免洗米等一系列高端大米。智能碾米机、真空包装机、定量灌装机也成为打造新形态、新类型的现碾米、免洗米等高端大米的重要加工设备。对稻米产品的需求决定着稻米加工装备技术和相关产品的未来发展趋势，主要体现在以下方面：

首先，优质稻米加工装备技术的总体发展趋势是广泛使用精选、色选、自动计量、真空或气动包装等技术设备，综合利用和自动化程度不断提高。同时，随着物联网、大数据、云计算等新一轮信息技术的发展，智能化加工设备、可视化检测设备和信息化管理手段等装备技术不断被引入稻米加工生产环节。优质稻米加工厂必须基于目标消费群体，基于合适的优质稻米生产加工设备及技术集成应用，推出优质稻米产品。

其次，开发大米新产品和米制食品。利用优质大米，根据人们的日常饮食要求，使用各种新的营养素，然后加入大米制成纯天然营养大米。不同的食品质量、理化指标和工艺质量要求选择不同的稻谷品种，稻谷加工企业可以通过研究开发各种粮食专用稻谷来满足不同需求。

最后，提高副产品综合利用率。充分利用米糠、稻壳、碎米，变废为宝，提升副产品利用价值。优质稻米深加工和副产品的综合利用，可以加快科技与高附加值稻米加工业的结合，改变稻米加工业长期落后、技术水平低的现状。

四、江苏省稻米加工技术集成及产品开发现状

江苏省稻米加工行业水平整体上位于全国前列，许多企业选择与江南大学、南京财经大

学、南京农业大学和江苏省农业科学院为代表的国内知名科研院校加强合作，紧跟市场消费需求，持续推出新产品，副产品利用率逐年提高，产品精深加工能力显著提升。在充分保证满足本省居民大米产品需求的同时，苏米产品还远销全国其他地区，如福建、云南、贵州、山西、宁夏等地。本部分将分别从稻米加工技术及设备集成应用、稻米产品研发创新、副产品加工 3 个方面阐述江苏稻米加工业现状。

（一）设备技术集成应用

江苏省大中型稻米加工厂普遍应用自动化的砻谷、碾米、抛光、精选、色选、包装等设备，总体接近或达到国际一流水平。整个稻米加工环节所需人工数量较少，对工人的知识文化水平要求相对较高。在稻米加工设备集成应用中，较多地体现为稻米价值链多层次融合发展，并贯穿稻米生产、加工和流通的各个环节，呈现多维度、深层次的发展特征。表 6 列出了射阳大米集团各加工环节的设备来源，可以看出，国产设备构成了稻米加工设备的主要来源。

表 6　稻米加工环节及设备来源

加工环节	设备名称	来源
稻谷除杂	振动清理筛	中粮集团
清理稻谷中的并肩石等杂质	吸式比重去石机	浙江嘉兴青龙机械有限责任公司
稻谷脱壳	气动胶辊砻谷机	齐鲤机械有限公司
谷糙分离	中立谷糙分离筛	武汉市恒昌兴粮机械有限公司
糙米去除表皮	砂辊、铁辊碾米机	日本佐竹
清除异色粒、垩白粒、病斑粒	大米色选机	合肥美亚光电技术股份有限公司
大米抛光	大米抛光机	武汉金禾粮食机械有限公司
大米分级	大米分级机	江苏晶莹粮食机械制造有限公司
稻米称重	大米流量秤	安徽永成机械设备公司
包装	全自动包装机组	安徽永成电子机械技术有限公司
真空包装整形	真空整形机	漳州科虹电子有限公司
中央控制设施设备	控制柜	无锡中粮工程科技有限公司

资料来源：作者收集整理。

（二）稻米产品研发创新

"十三五"时期是江苏省粮油加工业加速整合升级的时期。随着人们收入水平不断提高，由此带来的主食消费需求升级不断创造市场新空间，安全优质、营养健康和个性多元的中高端粮油产品消费潜力逐步释放，推动江苏省一批知名稻米加工企业向高附加值产品方向转型。以海丰米业为例，海丰米业不仅通过制度创新的发展，成为一家集仓储、加工、销售、贸易为一体的粮食经营专业化公司，还通过建造 1.2 万 t 保鲜立体筒装库，安装电子粮情测温系统、粮食进出机械运输设备和制冷通风系统等，实现稻米的标准低温储藏，以保证稻米的新鲜程度，最大限度保留大米的营养成分，产品在市场竞争中占据份额不断扩大。在产品研发创新方面，以稻米的生物资料属性为基础，对其进行深度开发，高效转化，实现稻米加工产业链的深层次发展。近年来，部分稻米加工企业将生产重点转向稻米其他产品加工，如以糙米或大米经蒸煮发酵而成的稻米营养饮料和米乳饮料，以新鲜米胚为原料采用浸泡、胶磨、分离等工艺加工的天然米胚芽饮料等。

为适应城乡居民膳食结构及营养健康水平日益提高的需求，江苏省稻米加工业不断优化产品结构，适时推出适度加工大米，增加优质米、专用粉和营养功能性稻米新产品的供给。如稻米加工企业积极发展优质米、专用米、发芽糙米、改性糙米、留胚米、免淘米、营养强化米及各类米制主食品等；通过稻米深加工，不断提升稻米产业附加值，形成了包括胚芽米、富硒米以及适宜婴儿、孕妇等特殊人群食用的功能性稻米产品；利用米糠提炼米糠油、谷维素等。围绕优质稻米生产基地，不少地区逐步形成稻谷加工产业集聚区或集群，形成了优质米、米制主食品、方便食品、米糠、稻壳和碎米等综合利用的循环经济模式。

以优良特性的稻谷品种为基础，江苏省稻米加工产品日益丰富，精深加工能力持续提升，副产品利用率逐年提高，产业链不断延伸，逐渐形成了以苏北粮油、苏垦米业、射阳大米集团等为代表的现代稻米加工主体。江苏稻米加工可以简单分为初级加工和深加工，其中深加工包括食用米类、淀粉糖类、蛋白粉类和米糠油类，如图3所示。稻米资源增值利用汇总见表5，表中所列稻米资源加工去向在江苏稻米加工企业均有对应产品。以射阳大米为例，已经开发有机米、胚芽米等产品，并加工延伸至米制品、年糕、五谷杂粮等系列产品，发展成为集60多家大米加工企业年产量百万吨、产值90多亿元的产业集群。在射阳，普遍推广标准化生产，"三品认证"覆盖了整个稻作区，为稻米加工产业提供了优质的米源基础。加工方面也全面推行标准化生产体系建设，获得ISO9001、ISO14000、ISO22000的全面认证，并获准注册"射阳大米"集体商标，成为中国大米类首个地理标志集体商标。

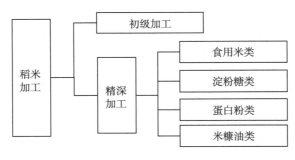

图3　稻米产业链简图

（三）副产品加工利用

随着普通市场竞争加剧，如何高效利用碎米、米胚、米糠、稻壳等稻谷加工副产品，通过产品创新提升产品附加值成为众多企业的首要选择。面对市场同质化竞争，稻米加工企业逐渐认识到创新研发的重要性，开始通过自研、合作、委托等多种渠道进行产品或技术的创新，如开发利用稻壳制备白炭黑、活性炭，生产多种美容化妆品等，实现稻米副产品的加工利用。淀粉和蛋白质是大米中的两种主要成分，以此为基础，稻米加工企业通过加工生产大米蛋白和高纯度大米淀粉，满足了特定消费群体需求，也实现了稻米加工产品的特色化生产。碎米占大米总产量的 5%～25%，直接销售价格仅为普通大米的一半左右，通过现代生物技术加工成大米淀粉，可用于生产干酪、低脂冰淇淋、无脂人造黄油、酱油和沙拉酱，使大米的附加值提高 3 倍。此外，碎米经液化、糖化后得到的麦芽糖醇广泛应用于饮料和糖果。随着技术的不断研发和改进，通过脱胶、脱酸、脱色、脱臭、脱蜡（脱脂）等工艺，可将米糠毛油精炼为食用米糠油，实现对米糠油生产强有力的技术支撑，促进了米糠油加工产业的发展。

五、江苏省稻米加工技术创新发展中的问题及成因分析

（一）稻谷低温准低温烘干仓储水平较低

稻谷低温准低温烘干、低温库储藏是保证大米品质的重要前提。收割的水稻通常含水量较高，为了实现安全存储，必须把含水量降低到安全水平以下。作为一种热敏性作物，干燥速度过快或干燥过程中参数选择不合适，都会导致稻谷在后续加工过程中产生爆腰，降低稻米产品质量。为保证最终稻米产品的质量，必须对烘干过程进行严格控制。然而，在实践中，由于缺乏科学的烘干知识和烘干设施，导致不少优良稻谷在烘干过程中质量受损，影响到稻米产品的质量。作为具有生命的生物体，低温准低温烘干后的稻谷在存入仓库后还会源源不断地发生呼吸作用并释放热量。仓储温度越高，呼吸作用越强，营养物质消耗得越快。另外，为了防止稻谷虫害和发霉，需要进行熏蒸处理，受过熏蒸处理的稻谷往往会留下熏蒸剂等残留，缺乏安全性，也需要设法降低库温并减少残留。

目前，我国稻米加工设备应用水平已居于世界领先，江苏省稻米加工企业也多采用国内先进设备。但是，大多数企业的烘干设备烘干机制，多是靠生物质燃料燃烧加热烘干，既没有达到科学烘干的目的，还对环境造成空气污染，低碳发展不够。因此，在水稻收后烘干、低温仓储方面还需要加大引导扶持力度，以保障优粮优储、优粮优加、低碳加储，保证大米品质是实现江苏稻米加工企业高质量发展的基础。

（二）稻米加工设备和产品创新研发投入不足

江苏省粮油深加工的科技研发力量不足，科技资源配置不尽合理。一方面，对基础性技术研究重视不够，缺乏足够的技术储备；另一方面，企业自主研发能力较弱，可以实施产业化的成果相对较少。稻米加工企业在引进国内外加工设备时，重硬件轻软件，消化吸收和自主创新不足，缺乏自己的特色产品。从 2013 年全国年生产能力排名前十省份的大米加工企业科研投入情况看，江苏省内稻米加工企业存在科技投入不足、专利少、具有自主知识产权的创新性成果少的劣势。并且，与其他稻米主产省比较，江苏稻米加工企业在设备发明专利方面还存有一定差距，这成为江苏稻米加工业高质量发展的瓶颈。

（三）过度加工导致稻米营养流失严重

由于对大米的营养价值缺乏全面认识，大多数消费者片面追求大米的卖相和口感，导致粗加工大米市场需求不足，导致部分企业存在过度加工倾向。稻米过度加工不仅造成大量粮

食浪费，同时还造成大米产品重要营养素的流失。一是经过多次筛选、抛光，出米率显著降低；二是稻谷越靠近表皮的部分所含的营养越丰富，为了更好的口感而打磨掉的部分，虽然重量只占稻谷的 3%，但营养成分却能占到近 50%。另外，每增加一次抛光，生产 1t 大米就要耗电约 10kW·h，浪费严重，不利于产业的可持续健康发展。

（四）稻米产品精深加工不足

江苏省内较多中小型稻米加工企业产品仍以初加工为主，产品同质性较强，市场竞争压力大，导致利润空间较小。中小企业为主的江苏稻米加工行业格局导致企业研发能力弱（高巍，2015），对稻谷综合利用所需要的高额资本投入也往往使得许多小企业裹足不前。尽管一些带有创新意识的稻米加工企业已经开始注重产品的深层次加工和稻米品牌建设，但不可否认的是，稻米加工的产业链仍然较短，深层次加工能力较弱，具有差异化市场竞争力的产品较少，直接造成稻米加工附加值较小的现状。

（五）稻米加工副产品开发利用不足

通过调查发现，江苏省大部分稻米加工企业所生产的稻壳、稻糠、碎米等副产品全部外销，缺少对副产品的深加工环节，且缺乏开展稻米深加工的动力。造成该现象的原因：一是谷维素最初只能从稻糠中提取获得，现在由于技术进步，可以从其他产品中以更低成本获得，导致企业运用米糠加工提炼谷维素的动力不足；二是近年来稻糠和碎米等稻米加工副产品销售渠道通畅，如稻糠可以卖给养殖场和酿酒企业，碎米可以相对较高的价格出售给生产米粉、酿酒、酿醋等产品的下游食品企业，稻壳直接或经过处理后制成生物颗粒作燃料。随着人们对稻米副产品加工产品的需求不断提升，开始有企业涉足稻米精深加工领域，如利用米糠提炼米糠油、生产胚芽米、富硒米，以及适宜婴儿、孕妇等特殊人群食用的功能性稻米产品。

六、日本稻米加工技术与产品开发经验借鉴

（一）低温烘干与低温仓储保证原粮质量

日本大米储备主要以糙米恒温低湿冷藏为主[①]。农户收获稻谷后，由当地农协负责收购，并进行烘干，加工成糙米，移交政府部门制定的仓库储存。糙米水分含量 15.5%，储藏温度 15℃。稻米储藏包装主要有 30kg 纸袋、1 000kg 集装袋、60kg 麻袋、60kg 聚乙烯袋等，包装容器的材料、形状和安全性都要通过检验以确保能耐受运输和储藏的强度。日本国内流通的包装容器中，纸袋占 90%（任红等，2007）。纸类材质本身具有吸湿性，用纸袋包装稻米，既能吸收稻米中的多余水分，又能有效防止因环境潮湿而使稻米受潮。

[①] 糙米储藏运输的主要优点为：一是储藏运输成本降低，和稻谷相比较，糙米容积减少 35%、重量减轻 20%，可以提高储藏效率，降低运输成本；二是糙米的果皮、种皮、糊粉层没有被破坏，比大米更容易保存，不易变质；三是对碾米工厂来说，糙米可以及时加工成大米，方便供应消费者，而且不会产出稻壳等副产物，降低能耗，减少环境污染。

（二）取消抛光，限制大米过度加工

日本糙米出米率为 90%～92%（折算稻谷出米率为 68%～70%），比我国平均出米率高 3%～5%。日本大型米厂约有 350 家，构成了精米协会的会员，精米协会则通过技术培训来指导企业防止过度加工。大米加工精度主要通过白度及碎米量等指标控制，糙米的白度为 20%，成品大米的白度控制在 39%～40%；糙米出米率一般控制在不低于 90.5%，低于 90.5% 即为过度加工。

日本碾米通常采用"一砂两铁"工艺，通过减小铁辊及碾白室的压力，避免过度加工。抛光容易造成过度加工，为此，日本早在 1980 年就已取消抛光。不过，当时取消抛光的主要原因是抛光大米的吸水性以及在水中的翻动性变差，影响米饭品质，米饭易粘连。可以通过大米水浸泡实验来判别是否为过度加工。一般来说，过度加工的大米在浸泡时有纹路，表面不光滑，口感也比较差。

（三）稻米深加工满足消费需求，综合利用副产品不浪费

日本稻米深加工综合利用技术非常完善，副产品综合利用程度较高。稻谷在碾米加工过程中产生的稻壳、米糠、胚芽、碎米等副产品，稻壳用来燃烧发电，米糠用来提取米糠油及作饲料。稻谷脱壳后的糙米在一定的温度、湿度条件下可以发芽成为发芽糙米，是发芽糙米产品的原料。此外，糙米还可以进一步加工成普通精米，或通过深加工成为免淘米、包装米饭、干燥米饭等食品。除了精白米产品之外，日本市场上的大米制品还有胚芽米、发芽糙米、发芽糙米杂粮、发芽糙米粉、发芽糙米茶、营养强化类产品等（徐贤等，2012）。

快节奏的生活，促进了免淘米及各种快餐米饭的需求。根据 2014 年的一项调查，日本免淘米产量为 120 万 t，占大米总产量的 20%，较 2007 年免淘米占大米总产量的比例增长 3%，家庭购买便当米饭的数量达到 50%（谭本刚等，2014）。2020 年，日本市场上普通糙米价格约为 249 日元/kg，成品大米价格约为 450 日元/kg，加工制成便当米饭后，附加值是糙米的 5 倍。2019 年，美国用于酿造业和食品加工业的大米占年大米总消耗量的 40% 以上，日本用于加工米饭、米粉、米果、米饼、清酒、烧酒等加工业的大米占全年大米消费量的 30% 左右，表 7 列出了 2015—2019 年主要加工食品的大米用量。我国稻米加工产品市场与国外成熟市场的差距较大。

表7　2015—2019 年日本大米主要加工品生产情况（t）

加工品	2015 年	2016 年	2017 年	2018 年	2019 年
加工米饭	349 424	346 708	373 142	390 170	398 750
袋装米饭	30 685	27 856	27 807	28 163	27 474
无菌包装米饭	136 886	145 326	161 068	170 218	182 797
冷冻米饭	171 501	163 017	174 025	181 559	178 068
鸡肉米饭	4 765	4 916	4 832	4 845	4 520
罐头米饭	1 094	543	526	553	526

（续）

加工品	2015 年	2016 年	2017 年	2018 年	2019 年
干燥米饭	4 493	5 050	4 884	4 832	5 365
米果	220 350	217 687	222 868	221 481	221 796
年糕	94 995	92 310	92 200	93 504	92 259
仙贝	125 355	125 377	130 668	127 977	129 537
味噌	461 652	476 057	482 045	478 068	481 574
米味噌	393 554	408 695	413 492	408 093	412 038
麦味噌	18 060	18 574	17 399	16 166	15 555
豆味噌	23 730	23 113	24 869	25 326	26 031
调和味噌	26 308	25 675	26 285	28 483	27 950
米粉	94 651	92 693	94 860	93 956	91 179
上新粉	46 260	46 377	47 257	45 643	43 345
糯米粉	11 583	10 755	9 592	9 663	9 406
白玉粉	4 974	4 992	5 246	4 821	4 742
寒梅粉	1 468	1 606	1 535	1 534	1 560
糯米粉	1 007	971	945	984	1 120
混合粉	962	1 543	1 166	1 310	1 159
熟米粉	2 448	1 756	2 419	2 506	2 508
新规米粉	25 949	24 693	26 700	27 495	27 339
包装饼	58 950	63 096	58 653	59 536	60 894

资料来源：日本农林水产省。

（四）建立信息追溯体系维护稻米品牌

稻谷品种、产地、流通、加工及销售等各环节都会对终端的大米品质产生影响。2009 年实施的《品质追溯信息法》使得日本大米的品种、生产、加工等信息可直接追溯到种植、加工和销售的全过程。农民在销售之前，需要委托具有资质的机构对糙米进行检测。

品种和生产过程的不同决定了稻米品质的差异。日本大米在市场营销中强调其营养成分的差异性。如日本非常有名的金芽米，在包装和广告中指出其丰富的维生素 B 含量有利于人体内糖分的转移，镁有利于人体循环系统和心脏的健康等，并标出该米每 100g 的营养成分含量。日本大米在国际市场上强调产品的差异性，走高端路线，享有口感好、品质高、营养丰富的美誉。日本政府从 20 世纪 40 年代就开始对稻米的生产实施管理，经历了几十年的经验积累，现在已经全部实现了本国生产的标准化，并且要求极其严格，尤其是高端大米，只能在生产过程中使用有机肥料，不能使用化学制品，因此这种品质的水稻产量不高，相当于其他国家一般大米产量的一半左右。实施生产差异化策略，使得日本大米在国际市场具有较高价格优势。

（五）日本稻米产品包装及销售

依据消费需求，日本直接以糙米或者按需将糙米加工成精米，以不同包装材质、不同规格精致小包装后出售。日本大米产品包装多为非真空塑料袋包装，规格 5kg 居多，其次是 10kg 和 2kg 包装。日本的大米产品，包装物上不标保质期，只有生产日期，其大米是作为农产品上市流通，像蔬菜、水果一样，由消费者自己把握食用日期。但是发芽糙米、胚芽米及其他深加工产品是有保质期的（叫作赏味期限）。留胚米、糙米、发芽糙米基本为 2kg、1kg 和 5kg 小包装，大规格包装很少见。在日本还有一种小型精米机，消费者可以直接买糙米，自己加工胚芽米等不同精度的大米产品，供自己家庭消费，随时保证都能吃到最新鲜最营养的大米（徐贤等，2012）。

七、促进江苏省稻米技术集成及产品创新的对策建议

（一）提升低温烘干仓储水平，保障原粮品质

稻谷低温烘干、低温库储藏是保证大米优良品质的重要前提。采用低温烘干稻谷，首先要做好原粮的清理工作。潮粮经过大小杂质清除，并将原粮中的不完整粒提前清除，保证入塔原粮杂质含量控制在 1% 以内。其次，低温烘干必须遵守气温、粮温与热风温度差的要求，做到以热风温度确定烘干产量，控制最终水分差在 2% 以内。严格的低温烘干有利于降低爆腰粒，进而减少对整精米率的影响。

仓储能力的提升，是实现稻米质量提升的基础保障，而技术改进成为仓储能力提升的重要环节。提高江苏省稻米加工企业仓储能力，关键要对仓储过程的技术进行革新和提升。并通过出台相应政策，明确各单位对储备优质稻的管理责任，规范管理措施。鉴于优质稻储备对仓储条件要求较高，为保持优质稻品质，建议加大仓储设施建设力度，安排专项资金用于优质稻承储库点的仓房改造和建设，推广低温储粮、绿色低碳储粮技术，确保全省储备粮数量真实、质量良好、存储安全。

（二）加快技术装备智能化升级，加强全产业链科技创新

实施科技创新驱动战略，加快建设一批农产品精深加工装备研发机构和生产创制企业。推动江苏省涉农高校改造传统农产品加工装备相关专业，提升稻米精深加工技术装备研发能力；推动信息化和工业化"两化"深度融合，推进稻米加工制造向智能化发展；推动生产方式向柔性、智能、精细、绿色、低碳转变。加快稻米适度加工装备以及适度加工稻米储藏技术及品质提升的研究，建立稻米加工技术、品质控制技术、低碳技术及标准和装备融合的研发体系。采取先进的提取、分离与制备技术，加快推进秸秆、稻壳、米糠等副产物综合利用，开发新能源、新材料、新产品等。建立精深加工和综合利用加工技术装备目录，支持和鼓励企业和相关单位攻破关键核心技术。加快推进高新技术产业化示范，推广先进实用、安全可靠、经济节约新技术新装备，支持改造升级节粮节能加工成套装备生产线，采用新型清洁生产技术。结合新仓型建设提升配套装备水平，配备高效自动化设备，推动信息化与传统稻米精深加工行业的融合发展。引入智能机器人和物联网技术，开展智能低温烘干、智能低

温仓储等应用示范，提升江苏省烘干仓储智能化、低碳化水平。

加强全产业链科技创新和成果转化推广。强化企业在技术创新中的主体地位，构建"产政学研用"紧密结合的科技创新体系。加强基础研究，强化集成创新。鼓励企业加大科研投入，建立技术研发中心，与高校或科研院所联合开展技术创新示范企业、重点实验室、示范基地、工程（技术）研究中心、技术创新或产业联盟、"米袋子"众创空间等建设。提高企业管理信息化水平，提升改造原粮和成品粮出入库、库存管理、质量安全追溯、保供应急等业务信息系统。鼓励企业建设数据中心，加快应用大数据、云计算和物联网技术，实现产品全生命周期绿色管理、精细生产和精准营销。在全省、全国范围内组织参加包括稻米加工在内的粮油科技成果转化对接推介活动，搭建科技成果及科技人才对接信息服务平台。鼓励江南大学、南京财经大学、江苏省农业科学院等涉农高校及科研院所通过市场化定价方式转化科技成果，支持粮食科研院所科技人员依规到企业兼职。

（三）推进智慧绿色加工，留住稻米营养

长期以来，我国稻米加工企业对大米产品片面追求"精白"，导致大米可食资源浪费严重，出米率偏低。此外，过度加工除去了大量营养素，降低了大米的营养，造成天然营养资源损失。同时，稻米经过多道碾白，能耗大大增加。近年来，随着消费者对健康饮食要求不断提高，对稻米产品的需求不断丰富，稻米加工企业需要针对性安排生产。未来需要通过研发食品绿色节能制造关键技术及装备，适度加工稻米，提高稻米加工产品出率（杨晓鑫，2020）。如利用精准磨米、低温去菌除尘、仿生休眠保鲜等加工技术研发高质量产品；采取留胚米工艺以减少砂辊碾磨道数（徐蕴山等，2014），同时降低稻米生产中的能耗、物耗，减少稻米生产中的粉尘排放，进而推进稻米加工企业的绿色低碳化发展。未来江苏省应以省内知名稻米品牌为依托，在保障优质大米供给的同时，应积极宣传食用绿色健康营养大米的理念，引导社会大众形成良好稻米消费习惯，为苏米品牌树立健康营养的高端形象。

（四）开展精准多元化定制，打造功能性大米

江苏省稻米品种众多，研究加工精度对不同品种的稻米营养成分和感官品质的影响，做到稻米既好吃又营养是今后研究的重点方向。通过开展消费需求分析，针对特定消费群体开展个性化精准定制、精准化加工，满足不同人群对特定营养米的功能性需求。研发精准配米技术，突破米制品适度加工关键工艺，构建稻米加工数据库，加快推进功能性系列营养米制品研发。研发营养重组米，定向强化营养成分，弥补大米营养缺陷，解决大米高加工精度和高营养价值不能并存的矛盾，提高碎米利用效率和经济效益，开拓碎米利用新途径。针对老人、儿童、学生、孕妇、"三高"病人等特定人群，加强现代生物和营养强化技术研究，开发营养均衡、药食同源等功能性主食产品。以主食营养健康为出发点，在优质稻米中添加微量元素或营养物质，改善稻米的营养物质构成，满足人们对微量元素的需求。利用智能碾米机在双风道冷碾技术、碾米留胚技术等方面取得的突破与进展，在原有大米品类的基础上推出现碾米。

（五）发展精深加工，提升副产品综合利用价值

江苏省年产稻谷近 2 000 万 t，稻米加工后的副产品高达 600 万 t，其中大部分没有被合理利用。将副产品如碎米、米糠、米胚、稻壳、米皮等进行再加工，可以实现物尽其用，大幅提升副产品附加值。未来应鼓励大型稻米加工企业充分挖掘副产品潜在价值，最大程度延长产业链；鼓励企业向营养健康、新材料、生物化工、生物医药等领域拓展新空间，加快推进生物基及生物降解材料的产业化，鼓励在食品包装材料、一次性餐具等产品中优先使用安全绿色环保生物基材料；鼓励支持企业探索多元化途径实现副产品循环、全值和梯次利用，提升产品附加值；鼓励企业或第三方机构建立副产物收集、处理的绿色通道，开展专业化副产物综合利用、经营服务，其中包括利用碎米生产淀粉糖、大米淀粉、大米蛋白，利用米糠生产米糠油、米糠功能食品，利用稻壳生产环保和健康的活性炭、白炭黑、水玻璃、高纯硅、木糖等诸多食品、化工领域用品。采用分级化应用思路，突破稳定化技术，对稻米糊粉进行分级有效利用，生产代餐粉、谷物固体饮料、烘焙配料、纤维补充剂、食品改良剂等，实现稻米糊粉增值。

（任建超　马兴栋　徐金海）

参 考 文 献

曹泽辉，2013. 黑龙江省建三江地区稻谷产业链发展研究 ［D］. 北京：北京林业大学.

高巍，2015. 江苏省稻米加工产业发展调查与思考 ［J］. 粮食科技与经济，40 (1)：26-28.

何振鲁，程欣，蔡健荣，等，2020. 稻米加工设备现状及最新研究进展 ［J］. 现代食品 (01)：1-2，5.

任红，曹兵，李劲松，等，2007. 大米包装的现状及发展对策 ［J］. 粮油食品科技 (75)：11-13.

孙瑞建，陈雷，沈翠云，等，2019. 日本有机稻米生产营销技术及对我国有机稻米产业发展的启示 ［J］. 中国稻米，25 (4)：47-50.

谭本刚，谭斌，周显青，2014. 日本稻米产业发展对我国的启示 ［J］. 粮油食品科技，22 (2)：36-37.

王瑞元，2015. 中国稻米油发展的现状与展望 ［J］. 粮食与食品工业，22 (2)：1-2，8.

王瑞元，2019. 2017 年我国粮油加工业的基本情况 ［J］. 粮食与食品工业，26 (3)：1-6.

王瑞元，2020. 2018 年我国粮油加工业的基本情况 ［J］. 粮食与食品工业，27 (3)：1-5，9.

王瑞元，2021. 2019 年我国粮油加工业的基本情况 ［J］. 中国油脂，46 (7)：1-6，19.

徐贤，李爽，2012. 浅谈日本稻米及其米制品市场情况 ［J］. 粮食流通技术 (2)：39-43.

徐蕴山，陈弘，杨勇，等，2014. 关于稻米适度加工技术问题的探讨 ［J］. 黑龙江粮食 (8)：47-49.

杨晓鑫，2020. 粮食储运过程损失原因分析及对策建议 ［J］. 农业科技与装备 (05)：74-75.

姚惠源，2008. "十五"期间我国稻米及其副产品高效增值深加工技术的突破 ［J］. 中国稻米 (4)：11-13.

张群，2015. 稻米营养制品加工关键技术 ［J］. 食品与生物技术学报，34 (3)：336.

朱巧力，2013. 稻米深加工行业现状分析及对策建议 ［J］. 质量探索，10 (5)：55-56.

江苏省稻米加工业龙头企业培育与产业集群发展研究

[摘要]江苏稻米加工业较为发达，近年来实现了平稳较快发展。在对江苏稻米加工业龙头企业竞争力提升和产业集群发展的分析框架基础上，分析了江苏稻米加工业龙头企业和产业集群发展的现状与成效。研究发现：稻米加工龙头企业不断发展壮大，带动功能逐步增强，市场经济效益不断提高；企业技术装备水平不断提升，品牌意识逐步增强；加工业产业集群初步形成，集聚效应不断凸显。但是，江苏稻米加工业发展依然存在龙头企业实力不强，产能利用率低；基础设备较为落后，研发能力弱；订单农业不规范，产业链延伸不够；配套用地和融资困难，制约企业发展壮大；产业集群处于初期，集群化程度不高等问题。在借鉴北大荒米业集团发展经验的基础上，提出提升企业家能力，推动龙头企业快速发展；加大政策资金支持力度，提升龙头企业创新能力；强化龙头企业带动作用，打造稻米产业全产业链；建设稻米加工集聚区，促进稻米产业集群化发展等政策建议。

一、引言

稻米作为城乡居民的主要口粮，在江苏省粮食生产中占有重要地位。江苏省稻米加工企业多、规模小，加工质量参差不齐，稻米加工业整体发展水平滞后（沈贵银，2020）。近年来稻米加工业产量下滑但效益增长正常，总体上实现平稳较快发展（高巍，2015）。稻米加工业龙头企业在优化整合江苏优质大米品种资源，扩大"苏米"品牌影响力，提高"苏米"市场竞争力方面发挥了重要作用。随着稻米加工重点中心镇（村）集聚区、粮食物流产业园的建立，江苏稻米加工业已初步呈现集群发展的态势。农业龙头企业是我国农业产业化经营的基本组织形式之一，是农业产业化的引领者，起到引导产品生产、深化产品加工、开拓产品市场、创新科学技术、提高综合服务能力的重要作用，是推动现代农业产业体系建设、带动农民增收的关键之一。培育稻米龙头企业对提高本地区农业经济综合实力和企业综合效益，提升区域农业经济的整体竞争力至关重要。同时，随着区域竞争的日趋激烈，打造产业集群已逐步成为提高区域竞争力的重要途径之一（王瑞元等，2011）。发展稻米加工产业园区，对于提高稻米加工产业的集中度和核心竞争力，促进稻谷加工副产品综合利用具有积极作用，也越来越受到各地政府和粮食主管部门的高度重视。

当前，江苏稻米加工企业中龙头企业能力较强，如江苏农垦、海丰米业、射阳大米集团等国有企业，又如南通季和米业、宿迁苏北粮油等优秀民营企业。然而，第一梯队企业数量仍然偏少，其他企业呈现小、众、散的现状（刘璐昉等，2019；王建华等，2014）。小米厂生产成本低、中间环节少、经营灵活以及竞争中的不当行为是其得以生存的关键，随着消费者对大米品质、品牌及多样化需求的提升，必将形成以若干个具有核心竞争力的大型龙头企业为核心，以"专、精、特、新"的中小企业为互补的稻米加工业产业格局。因此，在主产区建设稻米加工产业园区，对于改变稻谷加工业企业规模小、布局分散的局面，提高稻谷加工业技术和装备水平具有较大地促进和推动作用（何毅，2009）。

二、分析框架

（一）江苏稻米加工业龙头企业竞争力提升的分析框架

江苏稻米加工企业以中小企业、民营企业为主。从 Porter 的"五力模型"（Porter，1991；Porte&Vander，1995）分析可知，供方主要为订单农户、基地农户等，议价能力较低而受政策、市场行情影响较大，基地农户存在违约风险；企业作为购买者，议价能力也不强，主要受订单合同、市场环境、政策等影响；稻米加工行业对资本、技术、人力等要求相对较低，对土地有一定要求，总体进入门槛较低，有很多"家庭作坊"式企业，部分企业受土地、融资制约，很难扩大经营；中国人千百年来以大米为主食的饮食习惯决定了大米受替代品的威胁较小；江苏稻米加工龙头企业由于市场不同、产品定位差异等，企业之间竞争程度一般，而同一区域的中小型企业往往竞争较为激烈，呈优胜劣汰的趋势。

从企业资源基础论和企业能力基础论（Wernerfelt，1984；Teece et al.，1997；Prahalad & Hamel，2010）的角度分析，稻米加工企业内部资源的异质性主要表现在以企业家精神为核心的企业创新精神、资源配置能力、组织协调能力等之间的差异。从企业动态能力论的角度分析，产品品牌建设与管理、大米精深加工特色产品等是企业的专有资产和战略性资源，属于企业的核心竞争力。企业家及管理层的组织与管理能力，能让企业的生产要素与专有资源有机结合起来，其中企业家精神更是企业战略发展的核心与灵魂，是稻米加工企业竞争优势的主要来源。有企业家精神引领的企业在产品创新、品牌建设、产购储加销模式创新、绿色农业、生态循环农业等方面的创新精神更是稻米加工龙头企业发展关键的能力。

（二）江苏稻米加工业产业集群的分析框架

稻米加工产业的上游为水稻种植，包括种子、化肥、农业机械等，下游产业主要为粮食流通和食品加工等，主要包括物流仓储、各类相关食品制造、黄酒制造等。稻米加工业的集群发展主要体现在与下游产业的集群发展，是稻米加工企业及相关服务机构在一定区域内构成的，具有集群效应和扩散效用的稻米加工服务综合体。稻米加工业产业集群是在区位论的指导下，在最佳地理位置、一定空间内实现效用最大的资源配置，并协调资源配置与相关经济活动之间的关系。

粮食物流园区是以粮食物流产业为基础，利用现代物流技术形成的粮食物流枢纽中心区，它能有机链接粮食仓储、运输、加工、销售等环节，集粮油批发、竞价交易、信息交流、仓储联运、加工配送等功能于一体（曾新春，2012），在粮食物流体系中发挥至关重要的作用。粮食物流园区包含储存功能、中转功能、加工功能、贸易功能和检测功能，具有集约化、一体化、集聚性等特点与优势。近年来江苏省为进一步提升粮食物流效率，降低粮食流通成本，保障粮食市场供应充足、价格稳定，满足人民美好生活需要，加快培育建设了一批布局集中、用地集约、功能集成、效益突出的省级粮食物流产业园区，充分发挥了示范引领作用。

三、江苏稻米加工业龙头企业和产业集群发展的现状与成效

（一）龙头企业不断发展壮大，民营企业占主导地位

江苏省入统大米加工企业在数量上由 2016 年的 583 家增加至 2017 年的 742 家，之后呈逐年减少的趋势，2019 年为 708 家，占全国（9 760 家）的 7.3%，排名第六。2020 年，入统企业数量有所减少，但企业稻谷处理能力和大米实际年产量逐年上升。如表 1 和表 2 所示，江苏省入统大米加工企业稻谷处理能力 2016 年为 2 468.3 万 t，2020 年达 3 479 万 t，增加了 1 010.7 万 t；同时大米加工企业大米年产量从 2016 年的 686 万 t 增加到 2020 年的 888.9 万 t，在后 3 年不含二次加工的情况下，仍然增加 202.9 万 t。2019 年的 708 家企业中，市级以上稻米加工企业 292 家，包括国家重点龙头企业 4 家、省级重点龙头企业 43 家和市级重点龙头企业 245 家。2020 年，江苏省稻米加工业在"苏米"品牌建设带动下，实现销售收入 467.8 亿元，占全国（4 675.1 亿元）的 10.0%；年利润 10.5 亿元，占全国（131.7 亿元）的 8.0%；产品收入利润率为 2.2%，比全国平均低 0.6 个百分点。

表 1　江苏等 6 省入统大米加工企业稻谷处理能力（万 t）

年份	2016	2017	2018	2019	2020
江苏	2 468.3	3 026.5	3 161.0	3 297.0	3 479.0
浙江	666.2	501.0	500.0	669.9	653.7
安徽	4 244.7	3 684.1	3 701.0	4 442.0	4 459.0
辽宁	1 129.8	1 714.0	1 809.0	1 878.0	1 782.0
吉林	1 324.5	1 697.6	1 740.0	1 778.0	1 862.0
黑龙江	5 789.3	7 159.9	6 969.5	7 047.1	6 957.1

数据来源：2016—2018 年数据来自布瑞克数据库，2019 年、2020 年数据分别来自《2020 中国粮食和物资储备年鉴》《2020 年粮食行业统计资料》及江苏省的数据来自江苏省粮食和物资储备局。

表 2　江苏等 6 省入统大米加工企业大米年产量（万 t）

年份	2016	2017	2018	2019	2020
江苏	686.0	853.6	776.8	849.6	888.9
浙江	118.4	149.6	125.1	130.2	130.3
安徽	1 064.3	1 461.4	1 178.0	1 144.0	1 212.0
辽宁	258.2	419.7	445.7	392.9	394.2
吉林	204.4	266.3	245.8	248.1	271.5
黑龙江	791.4	980.8	1 225.2	1 318.5	1 389.7

资料来源：2016—2018 年数据来自布瑞克数据库，2019 年、2020 年数据分别来自《2020 中国粮食和物资储备年鉴》《2020 年粮食行业统计资料》及江苏省的数据来自江苏省粮食和物资储备局。

注：2016—2017 年大米产量含二次加工；2018—2020 年大米产量不含二次加工。

江苏省稻米加工企业分布以苏中和苏北地区为主（表3），稻米加工业龙头企业在品牌创建、三链协同、五优联动、科技创新上都在做江苏稻米产业发展的领跑者。其中，江苏省农垦米业集团有限公司、宜兴市粮油集团大米有限公司、南京沙塘庵粮油实业有限公司入选2019年度全国大米加工企业"50强"，苏北粮油股份有限公司在2019年成为江苏上千家稻米加工企业中唯一在新三板成功上市的企业，是江苏稻米加工业企业迈向资本市场的里程碑事件。江苏省入统稻米加工企业中，全国性的特大型集团公司入省的主要有中粮米业（盐城）有限公司以及益海嘉里在泰州、盐城、连云港、张家港等地的多家企业，其他稻米加工企业均为省内本土成长（表4）。民营企业利润贡献最大，在江苏省稻米加工企业中占主导地位（高巍，2015）。原因主要有：民营企业经营灵活，管理和运营成本低，对市场反应灵敏迅速，可采取低廉销售策略占领市场；而国有及国有控股企业设备先进（但设备更新慢）、质量稳定，但缺乏灵活经营机制，运营成本大、产品价格高，有时竞争较被动。

表3　江苏省部分县市稻米加工企业概况（截至2020年8月）

盐城市（射阳县）	全县范围内品牌稻米加工企业65家，烘干企业200余家，年加工能力300万t，实际加工100万t左右，平均每家企业加工不到2万t/年，实际加工产能利用率只有约30%。小规模稻米加工企业实力弱小，缺乏抵御风险的能力和市场竞争力。在稻米加工总体产能过剩、原料供应不足的条件下，仍有不少企业在扩充加工产能，这将加剧现有加工产能过剩的局面。
南通市	入统稻米加工企业有61家，主要分布在北部三县市：海安20家、如东12家、如皋27家。海门、启东稻米加工业发展刚刚起步，有零星的稻米加工企业以及应急加工企业。省级龙头企业有2家，分别是海安季和米业和如东东盛米业。2019年全市稻米加工业总产值35.8亿元，销售收入36.7亿元，利润5 079万元，分别占全市粮食加工业的10.9%、10.9%和11.8%。年处理稻谷能力218.6万t，产量46.7万t，产能利用率为30%。
淮安市	稻米加工企业131家，获得"淮安大米"地理标志证明商标使用权的企业共27家。省市级龙头企业20多家，其中绝大部分为市级龙头企业。多以中小企业为主，骨干企业较弱，年总产能252万t，实际加工产量75.4万t，产能利用率约为30%。企业年加工量多在2万~3万t，其中小部分企业依托"公司+基地"、"公司+合作社"和订单农业的方式收储加工，大部分加工企业仍是临时性收储。
宿迁市	现有大米加工企业98家，其中万吨以上93家，年生产能力330万t，位居江苏省第一。2019年全市稻米加工总量229.3万t，实现产值80.4亿元。拥有大米类江苏名牌产品10个，有机大米产品4个，绿色食品61个，全国放心粮油示范加工企业6家，"苏米"核心企业1家。

资料来源：根据实地调研获取资料整理。

表4　江苏省部分重点稻米加工企业概况（截至2020年8月）

江苏苏北粮油股份有限公司	成立于2006年，是一家集粮食储备、精深加工、电子商务为一体的综合性粮食企业，拥有仓储容量10万t，固定资产2.2亿元，年销售额2.8亿元，年纳税768万元，江苏省苏南苏北挂钩扶持"苏宿联建"示范性企业，全国首批放心粮油示范企业，获"江苏省名牌产品"称号。主营"家缘""蟹园"两大品牌大米，备受广大消费者的青睐。作为江苏省农业产业化重点龙头企业，于2018年入选"苏米"品牌核心企业，为优化整合江苏大米品牌资源，扩大"苏米"品牌影响力，提高"苏米"市场竞争力贡献了积极力量。

江苏省农垦米业集团有限公司	成立于 2002 年，由江苏农垦着力发挥农业比较优势，提高稻米产业市场竞争力，整合垦区稻米产业资源组建而成，是华东地区综合实力较强的大米加工企业。公司以江苏省农垦农业发展股份有限公司所属的 19 个种植业分公司及外拓基地为原粮基地，实行纵向一体化经营。引进世界一流的生产设备，年加工能力达 39.25 万 t。公司先后培育了"苏垦"宝金玉、富硒米、有机米、真好吃、水谷原、泰舒清风等系列品牌产品，满足了市场上不同消费者的需求。自 2008 年起，经农业部农垦局批准，公司开始建设农产品质量追溯体系，现已初步建成了具有先进水平的"生产可记录，信息可查询，流向可追踪，责任可追究"的现代化食品安全体系，目前可追溯面积达 4.33 万 hm^2，满足了消费者的知情权、监督权，为构建我国农产品安全保障体系发挥了示范作用。作为农业产业化国家重点龙头企业，公司于 2006 年、2007 年先后获得"中国名牌农产品""中国名牌产品"荣誉称号。同时拥有"中国驰名商标""江苏省重点名牌""江苏省名牌"和"江苏省著名商标"等荣誉称号。连续多年被中国粮食行业协会评为中国大米加工企业 50 强。
常州市金坛江南春米业有限公司	成立于 2000 年，是江苏省农业产业化省级重点龙头企业，实行"公司＋合作社＋基地＋农户＋科技＋品牌＋展销中心＋物流"链式发展模式，主要以中高端有机、绿色的软米生产为主体。公司固定资产 8 500 余万元，在生态环境优越的鱼米之乡"金坛"建立优质稻米自有生产基地 330 多 hm^2，带动农户生产基地 3 300 多 hm^2，带动农户 4 218 户，配有国家标准化检验室以及成套先进的稻米加工流水线 2 套，日产大米 120t。公司注重产学研结合，与扬州大学、江苏省农业科学院等多家科研单位紧密合作，确保公司在优质稻麦种子和大米的联合开发、新产品研发等方面发挥重要作用。公司出品的"苏"牌系列大米已形成了无公害、绿色、有机的金字塔式的梯度结构，"苏牌"系列大米销往苏锡常及沪浙鲁的各大超市。
南通季和米业有限责任公司	成立于 2001 年，注册资本 7 300 万元。拥有年产 50 万 t 大米加工生产线，11 万 t 原粮低温保管仓库，1.8 万 t 成品粮仓库，粮食烘干机 27 台套，以及千吨级双泊位内港码头一座，是一家专业经营粮食收储、大米加工、批发、销售为一体的大型民营企业。是"国家重点扶持企业""国家重点保障供应企业""军供粮定点供应企业""中国好粮油示范县实施单位"，并获得第十届中国粮油榜"中国百佳粮油企业""中国十佳粮油优质产品"称号；是江苏省级农业产业化重点龙头企业、江苏省放心粮油示范企业、江苏省公共品牌"水韵苏米"首批核心企业、海安市"农业十强企业"。获跨国零售集团最佳供应商等多项荣誉。
射阳大米集团	成立于 2016 年，由射阳国有企业射阳国有资产投资集团独资组建，下辖射阳国投农业科技发展有限公司、盐城新合作公司等 8 个子公司，目前总资产近 30 亿元。集团公司自成立以来，围绕"打造射阳大米百亿级特色产业集群"的目标，充分放大"射阳大米"的品牌价值，初步形成了育秧、种植、仓储、加工、销售、物流、科研等一二三产业全面融合发展的态势，实现了从田间到餐桌、种植到加工全产业链管控。集团与江苏省农业科学院合作成立了"江苏射阳大米产业研究院和博士工作站"，从新品种研发、标准化种植，到射阳大米的加工生产全过程进行合作，真正把射阳大米打造成安全、绿色、生态的健康食品，其"谷投味道"牌射阳大米荣获"2018 中国十大好吃米饭"称号。

资料来源：根据实地调研获取资料并结合各企业官方网站资料整理。

（二）龙头企业带动功能逐步增强，市场经济效益不断提高

近年来，稻米加工龙头企业以农业产业化经营组织模式为核心，积极创建优质稻基地，发展订单农业，建立和完善与农户之间的利益共享机制，已逐步呈现出基地扩展、农民增收的好势头。江苏省积极构建跨区域、跨行业的"产购储加销"协作机制，稻米产业链成为"以工补农、以城带乡"的有效载体；同时积极引导优势资源向优势企业转移，形成一批核心竞争力高、产业关联度大、带动能力强的重点龙头企业，培育一批大型稻米集团，有效发挥其引领稻米产业经济发展的推动作用。

在产品营销方面，龙头企业以市场为导向，沿着"立足本地、辐射全国"的思路来制定销售策略并细分销售市场，组织销售队伍、建立营销网点，积极拓宽销售渠道，扩大市场占有率，使得行业集中度大幅提高，并初步形成了以里下河为中心的稻米加工区域，实现粮油加工业总产值 3 000 亿元以上，加工转化率达到 88%。

（三）企业技术装备水平不断提升，品牌意识逐步增强

稻米龙头企业在基地建设上不断发力，以科技进步为动力，通过加大技改资金投入，引进智能化加工生产线，配备码垛机器人和先进辅助设备，实现 24h 无人操作等，以全面提升粮油精深加工技术装备水平（汤旭东，2019）。企业把科技创新放在重要位置上，不断强化科技开发和投入，形成具有自主知识产权的新产品，提高产品的科技含量和产品的档次，进一步打造和提升企业的核心竞争力。江苏省粮油机械制造领先，粮油工业稳步发展，油脂加工业、大米加工业、面粉加工业、粮油食品加工业和粮油机械制造业是江苏省粮油工业的支柱产业。

龙头企业将把控产品质量、实施品牌战略作为企业长久生存、不断发展并获取市场竞争优势的重中之重。在产品质量方面，企业主要通过制定各种产品质量标准和制度来提高产品质量并提升品控。在品牌战略方面，通过不断提高稻米加工企业生产技术水平，已经形成了"苏垦""隆元""双兔""射阳"大米等中国名牌，其中"射阳大米"连获中国"十大区域公用品牌"和"十大好吃米饭"荣誉称号，品牌价值达 185 亿元。2018 年，省粮食协会遴选了首批 20 家"苏米"核心企业。

（四）产业集群初步形成，集聚效应不断凸显

在江苏省粮食和物资储备局的积极推进下，一批布局集中、用地集约、功能集成、效益突出的粮食物流加工产业园已初步建成（表5、表6）。2018 年在泰州靖江、盐城大丰、连云港、苏州昆山、宿迁、淮安等地建立了 8 家粮食产业园、粮食物流产业园，2019 年在射阳、宝应、高港等地建立 5 家粮食物流产业园、综合物流园。这些省级粮食物流产业园的建成，较好地带动了当地粮食产业的发展，延长了产业链条，实现了粮食产业的价值增值，形成了较好的品牌和示范效应，在推动大中小粮食企业协同发展中起到了一定的集聚效应。南京溧水沙塘庵粮食加工产业园区的建成，将为南京市乃至全省的成品粮应急储备和粮食安全保供作出巨大的贡献。除了大型的省级粮食物流加工园区，各乡镇也依托自身产区优势和初加工传统，建设稻米加工产业园，如宿迁市泗洪县孙园镇成立了洋井稻米加工产业园，较好

地带动了当地稻米产业的快速发展。

表5　2018年江苏省级粮食物流产业园名单

序号	园区名称	园区管理部门或主导企业
1	靖江粮食产业园	靖江市粮食产业园管理委员会
2	江苏黄海（大丰港）粮食产业园	盐城市瑞丰谷物有限公司
3	江苏润华物流公司	江苏润华物流有限公司
4	上合组织（连云港）国际物流园·粮食物流基地	上合组织（连云港）国际物流园管理委员会
5	吴淞江粮食产业园	昆山市粮油购销公司
6	苏粮集团张家港粮油产业园	江苏省江海粮油集团有限公司
7	宿迁粮食物流中心	江苏宿迁国家粮食储备库
8	江苏淮安粮食物流园	江苏省洪泽湖粮食储备直属库有限责任公司

资料来源：江苏省粮食和物资储备局。

表6　2019年江苏省级粮食物流产业园名单

序号	园区名称	园区管理部门或主导企业
1	维维粮食物流产业园	维维粮仓粮食储运有限公司
2	长三角精品粮油产业园	江苏永友食品科技有限公司
3	射阳大米粮食物流产业园园	江苏射阳大米集团有限公司
4	江苏宝应湖粮食物流产业园	江苏宝粮控股集团股份有限公司
5	泰州高港综合物流园	泰州新港物流有限公司

资料来源：江苏省粮食和物资储备局。

专栏

盐城市射阳大米产业园①

射阳大米产业园位于射阳县海河镇境内，由射阳县国有企业射阳国投集团下属射阳大米集团投资建设。射阳大米集团已拥有3个全国放心粮油示范企业、1个省级农业龙头企业，以及0.33万hm²优质粮食种植基地、1.33万hm²订单农业、30万t高标准粮食储备库。集团公司自成立以来，围绕"打造射阳大米百亿级特色产业集群"，充分放大"射阳大米"品牌价值的目标要求，在射阳县海河镇境内建立了射阳大米产业园。该产业园核心区规划面积20hm²，总投资2亿元，2020年1月底竣工投产，年生产10万t射阳大米，年销售额8亿元，利税6 000万元，直接或间接带动全县农民增收3亿元。现正按照"五有五高"要求，着力打造市级示范园区。主要特点：①种植品种优。水稻种植主要品种为南粳9108、南粳46等优质品种。"谷投味道"牌射阳大米被评为"2018年中国十大好吃米饭"，主打品种南粳9108荣获首届"中国好米榜"五星级称号。②加工能力强。在海河、兴桥镇已建成日产

---

① 根据射阳大米集团有限公司提供相关资料及实地调研整理。

300t 大米和日处理能力 1 300t 的粮食烘干全程机械化生产线；现有新合作、嘉禾等高标准粮食储备库近 30 万 t，正在新建射阳港 35 万 t 粮食物流园，项目全部达产后仓储规模将突破 60 万 t，有效保证水稻、小麦分门别类地单独存储。③物流速度快。园区距离连盐高铁射阳站 10km，盐城飞机场 45km，水陆交通方便快捷。6 个粮食产业化项目，均处于港口、内河、国道、省道附近，物流条件优越，方便快捷，便于大进大出。2019 年被省发改委、粮食物资和储备局评为省级粮食物流产业园。④产业链条全。形成了育种、种植、仓储、加工、销售、研发为一体的融合发展态势，实现了从田间到餐桌、种植到加工全产业链管控。与江苏省农业科学院合作成立了"江苏射阳大米产业研究院和博士工作站"，从种子的研发，到标准化种植，再到射阳大米的加工生产等方面进行合作，真正把射阳大米打造成安全、绿色、生态的健康食品。

宿迁市泗洪县孙园镇洋井稻米加工产业园[①]

泗洪县洋井镇耕地面积大，无工业污染，水资源丰富，水利设施完备，农民水稻种植技术成熟，当地做稻米加工已有一定的历史，于 1998 年在洋井镇创建的稻米加工产业园，占地 2hm²，全镇 14 家稻米加工企业有 11 家集中入驻园区，拥有"洋井大米"等知名稻米品牌。然而，因发展观念、设施设备和生产场地等条件制约，园区企业普遍存在规模偏小、技术含量低、产量不大等问题，一直未能做大做强。

2018 年，洋井镇扩大稻米产业园规模，引导扶持企业扩大生产、改造设备、更新工艺，帮助园区企业做大做强。目前蟹洪米业、香园米业等企业完成场地改扩建、技术改造，稻米加工实现全自动化流水线生产，大米产量从之前 15t/d 跃升至 300t/d；欣园米业等企业还在加快改造升级当中，预计大米日产量将达到 400t。2020 年，园区已拥有"蟹洪""香园""穆墩岛""欣园"等多个知名大米品牌，6 家企业获得绿色食品认证，5 家企业获得无公害农产品认证，年产优质大米达 15 万 t，年产值达 6 亿元，带动就业 300 余人，产业园规划面积预计将达 10hm²。

四、江苏稻米加工业龙头企业培育和产业集群发展存在问题与原因

（一）龙头企业实力不强，产能利用率低

2019 年江苏省 708 家入统大米加工企业中，国家级重点龙头企业仅有 4 家。第一梯队龙头企业的数量仍然不足，依旧呈现出以中小企业为主的格局，这部分企业实力较弱，其中不少企业的经营还停留在基础的稻谷收购、加工、产品销售的层面（周新德，2015）。随着经济的发展和人民生活水平的提高，大米消费者需求也在发生"量的减少"与"质的提升"等转变，稻米加工企业产能过剩、过度加工等问题逐渐成为行业发展的焦点。调研中的南通、淮安、宿迁、盐城射阳等地企业产能利用率普遍仅在 30% 左右，而国际经验一般超过 70%，两者差距较大（倪同忠，2019）。2011—2013 年，江苏省大米加工产能利用率分别为 67%、58%、56%，呈逐年下降趋势，而近几年，产能利用率更是下降至 30% 左右。虽然

---

① 根据泗洪县孙园镇洋井稻米加工产业园提供相关资料及实地调研整理。

总体产能已经过剩，但效益较好的龙头企业（如必新米业、季和米业、苏北粮油等）还在不断上马新的生产线、扩充产能，造成稻谷资源、产品市场竞争的加剧，部分小企业有可能遭到淘汰。

（二）基础设备较为落后，研发能力弱

多数稻米加工企业实力不强，产品品牌影响力不大，企业对稻农带动有限。目前，大多稻米加工龙头企业投入少，加工工艺和设备落后，以低档加工为主，同时，建立生产基地的实力不强，缺乏市场竞争优势，以及产品技术含量低，低档产品多，严重限制着稻米加工龙头企业的发展和市场竞争力的提升。江苏省大米加工企业与黑龙江、湖南等我国年生产能力排名前十省份的大米加工企业相比，明显存在科技投入不足、专利少，缺乏具有自主知识产权的创新性成果，以及部分企业存在片面追求大米外观而过度加工的现象。绝大部分企业将稻米加工过程中产生的稻壳、米糠等副产品全部外销，资源综合利用率偏低。大部分加工企业还处在以初加工为主、部分精加工的阶段，尚不具备对优质稻米进行精加工和深加工的能力，其产品也多是"原字号""初字号"等低端产品，溢价率不高（金鑫等，2019）。由于稻米精深加工和副产品综合利用程度低，导致转化增值的能力低。当前，多数企业已经意识到该问题的严重性，但往往由于资金不足等原因，无法引进先进技术设备及投入精深加工产品的研发。

（三）订单农业不规范，产业链延伸不够

调研发现，虽然公司（企业）与农户签订了订单合同，但农户的合同意识淡薄，水稻进入市场时，若遇到价格上涨，农民会选择卖给价格高的，若粮价下跌，农民则要求公司兑现合同。合同仅对公司具有约束力，公司不仅承担市场价格波动的风险，还承担自然气候和灾害的风险。同时，国家实行最低价收购政策，虽然优质稻的价格高于普通稻，但因优质稻的生产管理用工及投入成本普遍高于普通稻，因此农民大多不愿种植优质稻。而企业为了打造品牌，保护市场，需要加大投入，如打造优质基地、免费提供技术服务，增加了自身在产业化经营中的负担。企业、合作社、农户之间并没有形成真正的"利益共担、风险共担"的联结机制，一二三产业融合不深入（彭超等，2015），价值链没有得到有效延伸，精深加工水平低，导致产品结构单一、附加值低，且易引发行业不良竞争，使企业处于价值链的底端，产业效益增长不快，难以与大型外资企业抗衡。粮食产业化是一项庞大的系统工程，需要大规模的社会化生产，然而龙头企业面对千家万户，他们每年需要花费大量的人力和时间与农民签订合同，这在一定程度上影响了企业的正常生产和经济效益。而专业合作组织虽然已经起步，但还难以适应产业化经营的快速发展。

（四）配套用地和融资困难，制约企业发展壮大

稻米加工企业在烘干、仓储环节主要是农业设施用地，加工环节主要是建设用地。在用地方面，企业普遍反映若想扩大规模，新增用地、用地性质转变极为困难。稻米加工业"本大利小"，企业由于集中收储资金需求量大，许多企业面临融资难题，这个问题在苏北地区的淮安和宿迁表现得尤为明显。民营企业从农发行贷款困难，需要与国有企业合作贷款，利

用国有企业仓储稻谷，存在成本高、贴息对象认定困难等问题。这些现实难题在中小企业表现得尤为明显，从趋势上看，可能会加速一部分企业的淘汰。水稻收购季节性强，收购时节所需资金量大，目前，大部分龙头企业通过向农发行贷款能基本解决日常收购资金的问题。但在稻米大量收购的季节，仍然会受到额度限制，收购的原粮保证不了企业的正常生产，其发展也受到了严重影响。此外，由于一些地方政府相关配套政策还没有完全到位，管理措施乏力，稻米企业在收购、库存、销售等环节上挪用挤占资金的隐患尚未根本得到消除，企业在应收款、应付款及费用支出等方面，直接或间接挤占挪用资金的现象还时有发生，使企业发展受到一定影响。

（五）产业集群处于初期，集群化程度不高

江苏省稻米产业虽然呈现了集群化的发展态势，形成了一批较有影响的产业集群，如射阳百亿稻米产业集群、兴化粮食交易市场、宿迁市泗洪县稻米加工产业园、徐州优质稻米加工产业园等，较好地推动了地方稻米产业的发展。但是，目前，稻米产业集群规模不大，集群化程度不高，规模效应和经济拉动力没有很好地发挥出来。具体表现在：一是产业集群大都是在某一区域或县（区）、镇上的集聚，集群内企业之间有合作但是联系不紧密，缺乏专业化的分工合作，价值链的整合不够，示范和带动作用有限。二是集群产品主要是大米，体现在收储、烘干、加工、运输等方面，在精深加工产品上合作较少，技术研发投入也基本上独立，产品同质化严重，价值增值不够，容易形成恶性竞争。三是集群利用区域品牌或地方品牌，但是对品牌保护不够。众多企业用大品牌套小品牌，品牌效应影响力不大，口碑一般，没有形成强大的品牌竞争力。四是集群内各企业之间共同行动和约束较少，没有形成"利益共享、风险共担"的管理模式。

五、经验借鉴：北大荒米业集团

北大荒米业集团有限公司成立于 2001 年，总部位于哈尔滨，是黑龙江省农垦总局直属企业，以从事稻谷综合加工、销售为主，粮食贸易、电子商务、包装印刷为辅的国家级产业化龙头企业。集团不仅是我国拥有生产基地最多的粮食生产企业之一，还拥有 10 个稻米加工园区（其中 7 个为 30 万 t 级稻米加工园区）和 28 个稻米加工厂。拥有日本佐竹（Satake）、瑞士布勒（Buhler）等世界领先的大米生产线 60 条，年加工水稻 300 万 t，年生产精米 140 万 t。集团联合当地稻米加工企业形成的稻米加工集群，年加工大米能力达到 700 万 t，稻米加工综合实力全国领先。

早期，北大荒米业集团"点多面广"，拥有 30 多个米厂、6 个分公司，覆盖农场众多。米厂的加工资源和水稻生产资源不匹配，设备和人员闲置问题突出，单体小、分布散、覆盖面广、集中度低、管理半径大等问题严重影响了企业的发展（张占华，2012）。自 2008 年起，集团对旗下的加工厂进行内部整合以调整产能布局，主要采取以大型企业为核心带动小型企业的集群式整合模式，对规模、产能、资源、仓储、运输水平低下小厂予以合并或关停。至 2013 年，集团已逐步发展壮大有 35 个稻米加工厂、10 个稻米加工园区，年加工能力在 30 万 t 以上的米厂也由 2008 年的 1 个发展至 7 个。整合后，为了优化"战略核心厂"

资源配置，集团逐步将引进的先进稻米加工设备和技术分布到不同加工园区的核心厂中，使这些龙头企业不仅在高、中、低端大米产品上的加工能力得到提升，还逐步具备了副产品综合利用能力，助力龙头企业稻米加工全产业链的提升。除了内部整合，2011 年起，北大荒米业集团还以"1＋N"集群的产业发展模式开展外部整合，即以集团为核心，吸引所在区域及周边的稻米加工企业成为稻米加工理事会成员，形成区域合力，着力搭建集团化运营的供应链金融平台、供应链物流平台、供应链市场网络平台（刘晓波，2011）。

北大荒米业集团在早期遇到的发展瓶颈问题以及采取的内外部整合、集群式发展策略对江苏省稻米加工业龙头企业培育和打造产业集群具有重要的借鉴意义。北大荒米业集团的发展经验证明，稻米加工企业产能的整合、精简，落后产能的淘汰，可助力龙头企业技术设备水平和深加工能力的提升，联合区域企业形成产业集群和战略联盟，对提升稻米加工业整体竞争力具有重要作用。

六、加快稻米加工业龙头企业培育和产业集群发展的对策与建议

（一）提升企业家能力，推动龙头企业快速发展

企业家精神与能力一般主要包括创新精神、冒险精神、先动性、经营管理能力、技术能力、关系能力、合作能力等。企业家精神塑造与能力提升的内在路径主要包括：一是鼓励稻米加工企业的企业家们勇于突破"舒适区"，不断提升自身素质与能力，塑造敢于争先的市场竞争意识和精神；二是加强与高校及培训机构的合作，有计划、有步骤、分期分批地开展系统培训，促进企业家接受新知识、形成新思维等。外在路径主要包括：创优营商环境，为企业家排忧解难，完善制度环境并进一步加大政策扶持力度，营造营商氛围以增强企业家的荣誉感和社会责任感等。

龙头企业是稻米产业集群快速发展、稻米产品打造品牌、抢占市场份额的重要力量（韩学平和李思佳，2019）。江苏省稻米加工企业以家族式经营居多，大部分尚未形成现代企业管理模式。家族核心成员担任董事长、总经理、财务等，其他用工也多沾亲带故。民营企业用人机制相对灵活，但这是一把双刃剑，若没有把握好用人的度，忽视企业人才队伍的整体质量和稳定性，将导致人才流失，影响企业的发展。当前，随着稻米加工企业生产线自动化程度的提高、智慧农业相关技术的引进、网络营销的开展等，多数企业急需高素质青年人才。然而农业企业对 90 后、00 后大学生吸引力不大，难以留住人才。因此，稻米加工业龙头企业要逐步打造一支农业基础扎实、实践经验丰富、专业分工合理的高素质人才队伍，首先应当通过提供各类培训、交流机会等培养与提升已有固定员工的自身素质，充分发掘已有人才的潜力；其次应当注重发掘和使用懂农业、爱农业的本土人才，吸引和聚集高素质外来人才；最后应当合理使用人才，营造良好用人环境。建议：政府部门应为农业产业集群发展提供科技成果支持和人才支持，鼓励龙头企业与科研单位密切合作，加快农业科技成果转化应用；支持龙头企业设立科技服务超市，引导龙头企业为农户提供技术指导、技术培训等服务；鼓励企业引进海内外高层次人才，支持和引导高校毕业生到龙头企业就业，对符合基层就业条件的应按规定享受学费补偿、国家助学贷款代偿等政策。实现以人才和技术为支撑，突破水稻全产业链的技术壁垒，促进农业技术集成化、种植加工规模化、劳动全程机械化、

生产经营信息化、创新智慧产业集群。

（二）加大政策资金支持力度，提升龙头企业创新能力

加强政策引导和金融支持，统筹协调农业发展银行等金融机构活动，切实落实购销资金市场化要求，建立地方政府主导、财政资金注入的粮食收购共同担保基金。省政府应当安排农业综合发展专项资金，用于省级以上稻米加工龙头企业的基地建设、研发、技术服务和信息网络建设等；安排部分省级粮食补贴专项资金用于国家级和省级龙头企业的审定评估；支持龙头企业通过并购、联合、参股等形式开展投资合作，支持科技创新、融资担保、认证检测中心等公共服务平台建设，引领龙头企业入驻集聚区，鼓励企业集群发展，加快资源、资金、资产的集聚，形成辐射面广、带动能力强的稻米产业集群；鼓励龙头企业加大科研投入，设立研发机构和产业研究院、院士工作站、博士后工作站和工程技术研究中心等创新平台，积极培育科技型龙头企业；支持龙头企业独立或联合高校、科研院所开展新技术研发；鼓励龙头企业引进国外先进技术和设备，开展消化吸收和再创新。

科技是第一生产力，稻米加工企业的发展壮大必须以科技为支撑，依托高等院校和科研院所，加强科技合作与交流，并提升自主创新能力。在加工工艺方面，以现有技术为基础，在最新研发成果的基础上，实施技术创新和产业改造，提高工艺和装备水平，增加稻米加工过程的技术含量。在产品销售方面，充分依托互联网，与网络平台合作，开展线上销售。在信息技术服务方面，与信息技术企业开展多层次合作，积极利用信息技术对稻米生产、加工进行精准感知、控制与决策管理，开发和应用电子商务、自动化产品检测、电子标签（RFID）溯源防伪等新技术，提升稻米加工业信息化水平。

（三）强化龙头企业带动作用，打造稻米全产业链

稻米精深加工是企业提高产品附加值、形成企业产业链条、提升企业产品市场占有率和市场竞争力的有效途径，可帮助企业形成核心竞争力（李腾飞等，2016）。因此，要大力培育扶持一批资金雄厚、销售畅通、带动能力强的稻米加工龙头企业。当前，优质米、营养强化米、专用米等营养健康产品，以及大米蒸煮食品、方便食品、膨化休闲食品及各种工业化米制品的生产已成为大米加工业的发展方向之一。江苏省稻米加工企业应当充分发挥自身优势，因地制宜开发出具有代表性的大米精深加工产品，提高产品附加值。需要从整体上引导粮油加工业的合理发展，培育带动能力强的巨型龙头企业。一是引导中小型稻米加工企业合理转型，通过企业联合经营、合并等方式，共建订单基地、共储优质原粮、共研关键技术、共享销售渠道、共创知名品牌。二是集中资源培育巨型龙头企业。发挥好江苏省粮食集团有限公司、江苏省农垦集团有限公司等国有粮食企业的引领作用，打造具有带动稻米产业发展、强有力示范效应、具世界影响力的稻米加工集团。

随着稻米生产—加工—销售链条不断稳固，稻米产品质量日益得到保障，整个产业链条上下游主体之间合作日趋紧密，稻米加工企业在连接产业链上下游主体上发挥着越来越重要的作用。农业产业化龙头企业的形成与发展离不开上下游主体的支撑，促进龙头企业与上下游主体之间的充分合作、形成利益联动是培育稻米加工企业作为龙头企业的关键之一。龙头企业上接家庭农场、合作社等种植环节的新型农业经营主体，通过"自营基地""订单农业"

等模式，加强企业种植基地建设，把控原粮品质，与基地和农户形成产加销一体化；下接批发市场、超市、线上销售平台等，通过区域品牌和企业品牌建设相结合，提升产品知名度和影响力，提高产品附加值。稻米加工企业通过移动互联网、云计算、大数据、物联网等技术，提升企业数字化、网络化、智能化水平，实现大米加工产品质量可追溯，让消费者更加清楚食品来源及加工过程，提高产品透明度和可信度。

（四）建设稻米加工集聚区，促进稻米产业集群化发展

支持大型粮油加工企业跨区域兼并重组，促进上下游产业融合，并积极参与农村土地流转，推动农业规模化、优质化、专业化、标准化；扶持企业加大开发力度，扩大产品市场占有率，形成一批具有较强竞争力的大型粮油加工企业集团。根据当前水稻产业政策和科技发展方向，鼓励有一定基础的中小企业向"专业化、精细化、特色化、新颖化"方向发展，逐步形成大、中、小型企业融合联动的发展格局。通过市场引导、产业规划和政策引导，调整产业结构、产品结构和区域规划，逐步形成结构完善、规划合理、资源节约、技术进步、产品安全的大米加工业可持续发展格局。注重龙头企业培育，做大做强龙头企业，推动大米加工企业向规模化、集团化不断发展。鼓励大米加工企业申报各级农业产业化龙头企业，引导企业形成规模经营，扩大辐射能力，强化引领作用。扶持和发展一批具有创新精神、现代管理能力和带动能力强的龙头企业，是江苏省稻米加工业高质量发展的关键。通过企业联合、兼并、收购等资本运作方式，实现"强强联合""强弱联合"，发展和建设一批资本结构多元化、产品技术含量高、市场竞争力强、服务宏观调控的稻米加工业龙头企业或集团企业。

聚焦稻米生产核心区域，以规模化加工龙头企业和粮食重要物流节点为依托，整合资源，加强粮食收购、综合加工、配送、仓储、物流、质检、贸易、信息处理等设施建设，在盐城射阳、宿迁泗洪、淮安洪泽、常州武进、南京溧水等地打造一批各具特色的现代粮食加工集聚区，提高产业竞争力和资源综合效益，充分发挥集聚区经济效应，使其成为产业集群发展的重要载体。建立粮食现代物流通道和粮油加工业现代物流体系；大力发展集装箱和集装袋运输，推广糙米流通等技术，降低粮油加工产品流通成本，提高流通效率；鼓励大型粮油加工企业应用物流管理技术，建立现代市场营销网络和物流中心、配送中心，实施营销和售后服务；建立符合农村市场特点的粮油产品营销和配送服务体系，完善农村粮食物流通道和消费环境；聚合加工园区和集聚区的整体效应，提高综合竞争力。

（曹玮 邢大伟 徐金海）

参 考 文 献

高巍，2015. 江苏省稻米加工产业发展调查与思考 [J]. 粮食科技与经济，40（1）：26-28.
韩学平，李思佳，2019. 基于"钻石模型"的产业集群竞争力研究——以黑龙江省五常稻米产业为例 [J]. 黑龙江社会科学（2）：22-25.
何毅，温朝晖，2009. 我国大米加工业行业发展现状及展望 [J]. 粮食与食品工业，16（06）：1-4.
金鑫，林晶晶，杨力，等，2019. 江苏盐城市推进优质稻米产业发展的实践与思考 [J]. 大麦与谷类科学，

36（6）：52-54，63.

李腾飞，苏毅清，刘丹妮，2016. 我国稻米产业的发展现状、面临困境及应对策略研究 [J]. 食品工业. 37（10）：224-229.

刘璐昉，倪同忠，2019. 关于苏米品牌与渠道建设的几点思考 [J]. 粮食加工，44（4）：34-37.

刘晓波，2011. 搭建三大供应链平台北大荒米业深度整合稻米产业集群 [N]. 北大荒日报，4-17.

倪同忠，2019. 江苏稻米市场特点浅析 [J]. 粮食加工 .44（6）：34.

彭超，高强，朱思柱，2015. 江苏稻米领域一二三产业融合发展调查 [J]. 农村工作通讯（20）：56-58.

沈贵银，2020. 提升江苏稻米产业竞争力夯实粮食安全基础 [J]. 农业展望（8）：76-80.

汤旭，2019. "互联网＋"技术助推江苏杨巷镇稻米全产业链融合发展 [J]. 农业工程信息化（12）：99-101.

王建华，李清盈，乔磊，2014. 不同类型利益联结机制下的中小稻米加工企业发展模式研究——以江苏省兴化市粮食市场为例 [J]. 农村经济（11）：47-52.

王瑞元，朱永义，谢健，等，2011. 我国稻谷加工业现状与展望 [J]. 粮食与饲料工业（3）：1-5.

张占华，2012. 黑龙江省稻米加工园区以循环经济模式引领原粮大省向精深加工强省迈进——黑龙江省稻米加工园区建设发展见闻录 [J]. 黑龙江粮食（4）：15-17.

周新德，2015. 湖南稻米产业化和集群化发展研究 [J]. 粮食科技与经济，40（5）：15-18.

Porter M E，1991. America's green strategy [J]. Scientific American，264（4）：168-172.

Porter M E Van der Linde，C Toward，1995. A New Conception of the environment competitiveness relationship [J]. Journal of Economic Perspectives（9）：98-117.

Prahalad C K，Hamel G，2010. The core competence of the corporation [J]. Harvard Business Review，68（3）：275-292.

Wernerfelt B，1984. A resource-based view of the firm [J]. Strategic Management Journal，5（2）：171-180.

江苏省稻米加工业政策支撑体系研究

[摘要] 稻米加工业是江苏省稻米产业重要组成部分，其高质量发展的背后离不开政府政策的支持。现有政策从财政、税收、金融、投资贸易、用地用电、科研投入、人才培养、龙头企业培育政策等方面，综合扶持江苏稻米加工业发展，并取得一定成效。但是当前的稻米加工业政策支撑体系存在如下问题：政策落实不到位，财政投入力度较小，后续配套服务跟不上，以及中小农产品加工企业难以获得支持的问题，背后的原因是政府重视程度不足，基层财政难以保障，民众对加工食品安全的担忧，财政资金监管弱化，以及缺乏系统的政策安排。借鉴国内外稻米加工业相关政策支持经验，本研究认为应该从扶持的重点政策、区域、品牌、技术、环节等角度有所侧重，并狠抓完善和落实财税政策、金融政策、用工用地政策，以及从加强园区建设、培育龙头企业、强化技术支撑、提升产业标准和加强品牌建设等方面整体提升江苏对稻米加工业的支持。

一、引言

稻米加工业是保障我国粮食安全必不可少的重要环节，对稻谷进行深加工，推动稻米加工业高质量发展有助于实现稻米产业增值（何毅和温朝晖，2009；刘润平，2010）。根据江苏省粮食和物资储备局提供数据，2019 年江苏省入统大米加工企业 708 家，入统大米加工企业年稻谷处理能力 3 297 万 t，年大米产量 849.6 万 t。江苏省大米加工行业在全国占有一席之地，但是同时仍然存在稻米加工产能总体过剩、"苏米"品牌合力尚未形成、过度加工和产业链短、企业用地和融资较难等问题。深入研究政策层面如何促进江苏省稻米加工业高质量发展非常重要。

当前，从中央到地方先后发布了促进农产品加工、粮食经济发展的相关文件，力图构建多层次、全方位促进粮食产业（包含稻谷加工）高质量发展的政策体系。但是仍然存在财政投入力度总体较小、部分政策未在企业全方位落实、部分中小型稻米加工企业难获支持、产业后续配套服务跟不上等问题。鉴于此，本研究在全方位了解当前稻米加工行业政策支撑体系现状的基础上，探讨其实施成效、发现当前支撑体系存在的问题，并探究问题背后的原因，为江苏省稻米加工业高质量发展提供可行的政策建议。

二、分析框架

本研究在文献检索和向粮食主管部门咨询的基础上，确定研究框架（图 1）。

首先，搜集现有政策，了解国家、省、地市的稻米加工业政策支持体系，并以此为基础分析现有支持政策取得的初步成效。

其次，综合调研企业，研究江苏稻米加工业政策支持体系存在的问题，探讨其背后政策因素，并发掘深层次的原因。

最后，借鉴国内外稻米加工特色地区经验，提出构建完善江苏稻米加工政策支持体系的建议。

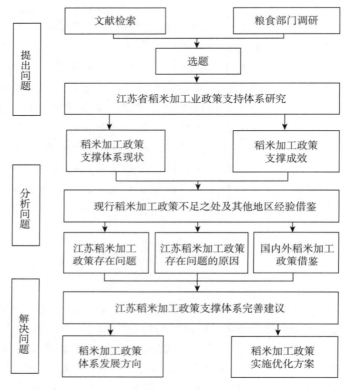

图 1 研究框架路线图

三、江苏稻米加工业政策支撑体系现状与成效

（一）农业支持保护政策支撑体系框架

对稻米加工企业支持的相关政策包含在对农产品加工、仓储保险等支持的相关政策中。政府对稻米加工行业支持是我国农业支持保护政策的重要组成部分，都是为了维护粮食安全和农民增收的总目标。加入 WTO 之前，我国支持国内农业发展的政策主要包括农业投入政策，后根据《WTO 农业协定》，按照国内支持、市场准入、出口补贴和动植物检验检疫的分类向 WTO 定期汇报我国的农业政策实施情况（胡恩生，2002）。加入 WTO 后，尤其是 2004 年农村税费改革为转折点，国家对"三农"进行补贴，现已形成包含价格支持、直接补贴和一般服务支持的农业支持保护政策体系（邱楠，2018）。

1. 价格支持：促生产和保收入的主要措施

价格支持是为了激发农民进行粮食种植的有效手段。为避免出现"谷贱伤农"的问题，世界各国通过保护价调节供给，保障生产者利益，进而促进粮食供应的稳定和安全（常运涛等，2010）。稻谷实行最低收购价政策的目标是通过"保收入"实现"保产量"，最终达到"谷物基本自给、口粮绝对安全"（成升魁，2018）。

2. 直接补贴：保证稻谷种植积极性的重要手段

生产补贴的目标是为了补偿农业生产成本的上升，增加农业的利润率，刺激农民生产积极性，进而保证农产品供给安全。2016年开始实施的"农业支持保护补贴"，力图实现"支持耕地地力保护"和"粮食适度规模经营"的政策目标（张磊，2019）。

3. 一般性生产服务：提高农业综合生产能力

2004年至今，国家、省、市各级政府先后发布了一系列促进农业和农产品加工业高质量发展的政策，包括：农产品产地初加工补贴政策、农产品仓储保鲜冷链设施建设项目扶持政策、农产品精深加工高质量发展扶持政策、粮棉油糖高产创建政策、粮油生产大县奖励政策、高标准农田建设政策、国家现代农业示范区建设政策、耕地质量建设政策、农副资源饲料化利用示范补贴政策、国家扶贫开发资金扶持项目政策、开发性金融支持农产品加工业重点项目政策、农业生产社会化服务和农机购置补贴政策等，多角度全方位促进粮食加工业发展。

（二）江苏稻米加工业政策支撑体系具体措施及成效

各级政府部门出台的稻米加工业支持政策主要以农产品加工企业为政策受体。江苏基本没有大的针对稻米加工业的扶持政策，对农业产业化龙头企业有些扶持政策，主要是生产型企业，加工类的也有，但相对较少。随着各级政府强农惠农富农政策的丰富和完善，稻米加工行业也逐步纳入支持范围之内，逐步形成了包括财政、税收、金融、用地、用电等多方面的稻米加工业政策支撑体系，并取得一定成效。

1. 江苏稻米加工业政策支撑措施

（1）日益完善财税政策安排提供了政策支撑 江苏省于2020年发布多项与稻米加工相关的政策，包括各项补贴、税收优惠等方面政策支持。补贴方面，涉及商品粮大县奖励等补贴、品牌认证奖励补贴、稻谷仓储烘干设备享受农机购置补贴等方面，省政府统筹相关奖励资金对全年粮食面积增加1%以上的国家产粮大县给予奖补，奖励获得"中国好粮油""中国驰名商标""江苏省名牌产品"的企业。出台涉及农产品初加工所得免征企业所得税和减征增值税的优惠税收政策；出台粮食企业新技术开发的研发费用在应纳税所得额扣除的政策。根据财政部和国家税务总局规定，稻米初加工产品①均可享受免征、减征企业所得税的优惠税收待遇。

例如，南京对新建粮食仓储进行150元/t的补贴。另根据江苏省粮食和物资储备局提供的相关资料，随着江苏省储备量总体规模不断扩大，采用了"政府委托、部门监管、企业

---

① 稻米初加工企业是通过对稻谷进行清理、脱壳、碾米（或不碾米）、烘干、分级、包装等简单加工处理，制成的成品粮及其初制品，具体包括大米、蒸谷米，还包括稻糠（砻糠、米糠和统糠）。

运作"的模式,政府全额承担实物储备物资的购买和轮换成本和费用,以及承担协议储备物资的保管和轮换费用并承担贷款产生的利息。不同于其他省份采取的财政兜底,江苏小麦、水稻、杂交稻储存的保管费用分别为 60 元/t、80 元/t、100 元/t。相关财政政策给稻米加工企业减轻了负担,促进了江苏稻米加工企业的发展。

（2）不断拓宽的金融政策为企业经营提供保障   各级政府部门尝试不断拓宽稻米加工企业的融资渠道,为稻米加工企业在稻谷收购、稻米加工、储存和物流等环节提供资金支持。政策性金融机构和商业性金融机构在经营范围和经营方针范围内,加大对稻米加工企业和龙头企业的支持,例如信贷资金的直接支持、创新适合农产品加工业的金融产品、农产品小微加工企业金融支持和投资支持等（农业农村部,2017）。

（3）农用电优惠政策部分降低企业运营成本   在与稻米加工业相关的各项政府规划中,部分环节可以享受农业用电,从而降低了稻米加工企业的生产成本。2021 年 4 月江苏省发布《关于明确农产品初加工①用电价格有关事项的通知》,界定了享受农产品初加工用电价格优惠的环节,同时把符合政策规定、包含农产品初加工环节的农副食品加工企业也纳入农业生产电价支持范围。该政策的出台,说明农业用电的范围有所扩大,能帮助稻米加工企业降低生产成本,增加经营利润率。

（4）重点培育稻米加工龙头企业以发挥其带动作用   各级政府均把龙头企业作为带动稻米加工行业发展的中坚力量。江苏省政府分别在 2006 年和 2012 年发布《关于促进农业产业化龙头企业发展的若干政策措施》《省政府关于进一步扶持农业产业化龙头企业发展的实施意见》,两份文件从加大财政、税收和规费、用地、金融信贷支持等多角度为农产品加工企业提供政策支持,其中就包括对粮食加工龙头企业的支持。多种措施共同支持农产品加工企业实现技术升级和改造,提升在产业链中的地位,增强稻米加工企业增值转化能力,以发挥其带动作用。

（5）鼓励加大科研投入以推动稻米加工创新   为鼓励稻米加工企业的科研创新,进一步延伸稻米产品的产业链,我国自 20 世纪 90 年代中期开始对企业技术开发费用、技术升级改造费用等可以抵免企业所得税。此外,国家设立了农业科技专项资金,鼓励农业相关企业积极申报,以提高科研实力。另在财政税收、金融信贷方面鼓励企业进行农业科技创新。通过各级政府部门和稻米加工企业的共同努力,稻米加工技术出现极大提高,例如益海嘉里,主要经营油脂、大米两种作物的深加工,其在"十四五"期间的产值规划是达到 600 亿元,要对稻谷"吃干榨净"。

2. 江苏省稻米加工业政策支持成效

（1）江苏稻米加工产能较强   2018—2020 年,江苏省入统稻米加工企业数量少于黑龙江省和安徽省,多于浙江省、辽宁省和吉林省,在全国排名第六位。入统企业年平均稻谷处理能力为 3 312.4 万 t、年产大米 838.4 万 t（不含二次加工）,均低于黑龙江和安徽两省,排名全国第三位。江苏省平均每个入统企业处理稻谷量为 4.8 万 t,低于安徽省的 4.9 万 t,高于黑龙江省 4.5 万 t、吉林省 3.5 万 t、辽宁省的 3.3 万 t 和浙江省的 3.2 万 t;平均每个入统企业大米产量为 1.2 万 t,低于安徽省的 1.4 万 t,高于黑龙江省的 0.9 万 t、浙江省

---

① 稻米初加工用电界定为稻米的原粮进仓、清理、烘干、砻米、色选抛光、分级打包用电。

的 0.7 万 t、辽宁省的 0.7 万 t 和吉林省的 0.5 万 t，都排名全国第二位。近 3 年，江苏省入统企业产能利用率为 38.9%，低于安徽省的 43.1%，高于辽宁省的 34.7%、浙江省的 32.5%、黑龙江省的 28.9%、吉林省的 21.92% 以及全国平均的 29.9%。2020 年，江苏省稻米加工业在"苏米"品牌建设带动下，实现销售收入 467.8 亿元，占全国（4 675.1 亿元）10.0%；年利润 10.5 亿元，占全国（131.7 亿元）8.0%；产品收入利润率为 2.2%，比全国平均低 0.6 个百分点。

（2）稻米加工效益相对平稳　稻米加工企业以"水韵苏米"品牌建设为契机，着重研究"健康米、精品米"的培育，通过订单农业等方式同小农户、合作社等经营主体加强利益联结。部分稻米加工企业已经不仅仅是代工，还尝试与合作社、基地联合，和市场进行对接。2019 年，江苏省粮油加工产业全年实现销售收入 2 894 亿元，同比增长 1.74%。从 2009 年起，10 年间，江苏省粮油加工产业销售收入累计增长 1 757 亿元，增幅超 150%。"苏米"核心企业中，南京远望富硒农产品有限公司实行产学研紧密结合，按"公司＋家庭农场＋基地＋农户"模式种植富硒稻米，带动农民每公顷增收 1 200 元以上，年带动 3 万多农户增收 1 600 万元以上（江苏省粮食和物资储备局，2020）。

（3）稻米加工技术稳步提升　江苏稻米加工业竞争激烈，推动加工技术的提升。外资和央企进入，带动加工技术提升，并且促进了保鲜和低温库的建设。比如益海嘉里，以生产油脂、大米为主，"十四五"产值规划园区达到 600 亿元，并下大力气聚焦稻米深加工，争取把每一粒米"吃干榨净"，如把稻壳深加工为做轮胎的新型材料。

（4）品牌建设初见成效　2018 年江苏推出"水韵苏米"区域品牌。自品牌创建以来，制定并优化质量标准体系，并在多个场合大力推介其品牌，数次获得区域品牌金奖。在"苏米"品牌的带动下，江苏省稻米加工企业聚焦提升生产技术水平，形成了一批地方企业名牌，例如"苏垦""淮安大米""射阳大米""双兔大米"等地方企业名牌。江苏 2019 年评选出江苏好大米十大品牌（表 1），其中"兴化大米"和"射阳大米"入选全国十大大米区域公共品牌，包括"兴化大米"在内的 7 个品牌获得全国农产品地理标志（表 2）。品牌建设带动了优良食味稻米的种植，根据省农技推广部门工作报告，2020 年江苏优质食味稻米种植占一半以上，达到 100 万 hm²，优质稻米原料供应充足（图 2）。

表 1　2019 年江苏好大米十大品牌

地市	品牌名称
泰州	江苏楚穗现代农业发展有限公司"兴化大米"（复评）
盐城	射阳大米协会"射阳大米"（复评）
南通	如东喜丰农业科技有限公司"老愚家"系列软香米
淮安	江苏盱眙龙虾产业发展股份（集团）有限公司"盱眙龙虾"香米
常州	常州市会区金土地有机稻米专业合作社"黄金村牌"有机软米
无锡	宜兴市粮油集团大米有限公司"隆元大米"
常州	溧阳市长青粮油作物专业合作社"溧之香"香粳米

（续）

地市	品牌名称
无锡	宜兴市杨巷镇大米产销技术协会"杨巷大米"
淮安	淮安市圣玉米业有限公司"圣玉"大米
无锡	江苏华西都市农业科技发展有限公司"华西村"臻米
扬州	宝应县永佳米业有限公司"宜粮"荷香米
南京	南京远望富硒农产品有限责任公司"远望富硒"大米

资料来源：江苏省粮食和物资储备局。

表2　全国农产品地理标志中的江苏大米品牌

年份	产品名称	证书持有人	登记证书编号
2010	泗洪大米	泗洪县稻米协会	AGI00220
2017	射阳大米	射阳县大米协会	AGI02180
2019	高墟大米	沭阳县高墟镇农业经济技术服务中心	AGI02605
2019	姜堰大米	泰州市姜堰区大米协会	AGI02671
2019	东台大米	东台市农业技术推广中心	AGI02672
2020	土桥大米	南京市江宁区淳化街道办事处农业服务中心	AGI02824
2020	宿迁籼米	宿迁市农业技术综合服务中心	AGI02825

资料来源：江苏省粮食和物资储备局。

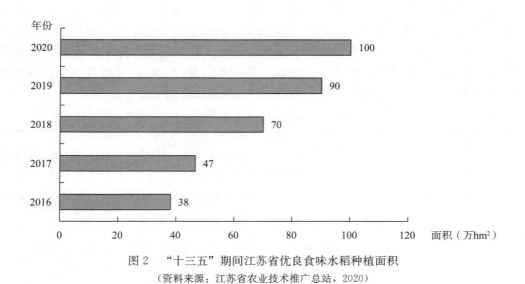

图2　"十三五"期间江苏省优良食味水稻种植面积
（资料来源：江苏省农业技术推广总站，2020）

（5）龙头企业和加工集群培育效果显著　对龙头企业、加工集群的培育，可以形成上下游的关系和良好的粮食生态经济，经过多年的发展，包括铜山区在内的24个项目获得2019

年度"中国好粮油"行动示范项目。比如，兴化市从单纯代工到品牌创建促发展；戴窑镇聚集了40多家加工企业，近几年"好吃苏米"评比大赛，年年有品种入围，并已经逐步形成质检中心、信息中心（价格）、物流中心、交易中心等4个中心。今后在加工标准、质量把关和监管上进一步规范，将成为真正好的集聚区。

（6）江苏稻米应急保障能力成效显著　2020年疫情期间，江苏132家稻米应急加工企业，在疫情开始的前3个月紧急生产中发挥了很大作用，第一个月复工复产80%，3个月后不仅保证了江苏的成品粮供应，同时宜兴企业的加工能满足浙江的紧急需求。稻米加工企业在疫情期间发挥的应急保供作用，对稳定市场非常重要，实现了企业自身的社会价值，产生了巨大的社会效益。

四、当前政策体系存在的问题与成因

虽然近年来从中央到地方各级政府的稻米加工业支持政策不断完善，但是仍然存在短板进而影响到江苏稻米加工业的发展。本部分首先根据调研总结江苏稻米加工企业普遍反映的问题，发掘问题背后的原因，为政策建议找出"靶子"。

（一）当前江苏稻米加工业政策支撑体系存在的问题

各级政府部门对于江苏稻米加工行业的扶持政策，有力地促进了江苏稻米产业的发展。在相关政策的引导下，江苏稻米产业发展取得一定成效，主要表现在稻米加工企业数量众多、稻米加工产能不断提升、稻米产业集聚态势初显、"苏米"品牌建设成效明显、应急保供能力明显提升。在各级政策的扶持下，江苏稻米产业的发展有力地激发了当地农业经济的活力，取得明显的成效，但同时也需要看到江苏稻米加工政策支撑体系当前仍然存在着众多不足，包括财政投入力度总体较小、部分政策未在企业内得到全方位落实、产业后续服务配套不足、中小型稻米加工企业获得的扶持力度不够等。

1. 财政投入力度总体较小

根据企业调研和专家访谈显示，江苏对粮油加工基本没有大的扶持政策，对农业产业化龙头企业有些扶持政策，但主要是对生产型企业，加工类的也有，然而较少。近年来各级政府部门不断加大对"三农"工作的投入，但是最终流入到农产品加工尤其是稻米加工业的资金投入并不多。各级政府部门对"三农"投入涉农资金的增加更多侧重稻米生产环节，不代表投入稻米加工业的资金也同比增加。例如针对稻谷的最低收购价政策是为了在保证农民种粮收益的前提下保粮食种植面积和产量，而稻谷最低收购价政策的实施对稻米加工企业却是提高了生产成本。中低产田改造和高标准农田建设资金每年拨款数亿元，也是侧重稻米生产环节，未有相关资金流入稻米加工企业。对农村尤其是扶贫开发相关资金，主要是投入到基础设施建设和民生相关领域，而扶持龙头企业获得的支持仅限于有限的贷款贴息。农业科研成果转化相关扶持资金也主要是侧重生产环节的新品种和技术的转化，投入稻米加工技术成果转化的支持有限，因为稻米加工行业的市场化程度相对较高，科研及成果转化更多表现为市场行为。

2. 部分政策未在企业全方位落实

企业并不能在整个生产环节获得用电和用地政策优惠。根据目前的产业结构划分，整个稻米加工流程中只有稻谷储存和烘干属于初加工环节，享受农业用电价格，后续环节的用电价格与工业用电等同。较低的利润率促使绝大部分稻米加工企业选择夜晚加工，白天停工，导致稻米加工实际产能远低于设计产能。除具有经济价值之外，稻米加工行业与农业部门类似，同样具有巨大社会效益，为国家食品安全和社会稳定贡献良多，因此需要将稻米加工用电价格调整。虽然加工企业农业用电优惠政策存在，但部分地区部分环节尚未享受到相关用电优惠。加工企业用地方面，由于工业用地数量的限制，同时稻米加工行业相对于其他行业利润率偏低，地方政府对稻米加工企业用地审批方面的动力不足，优先考虑其他工业或商业企业，而对稻米加工企业存在多重限制。

部分项目补助资金未真正到位。2017年南京市级农产品加工财政补助资金绩效评估结果显示，财政补助资金未及时下拨到项目实施单位。如南京市农产品加工项目资金是需要等到项目完成验收后才会下拨，真正需要资金的建设环节却无法获得并使用资金。

3. 部分中小型稻米加工企业难获支持

加工环节有限的支持政策，也往往倾向支持大型农产品加工企业，忽视中小型稻米加工企业。如国家农业综合开发资金的扶持对象，侧重稻米加工行业中的各级龙头企业，而其他涉农的扶持资金也有此种倾向。根据相关调查，农产品加工业补贴的40%以上以及农产品加工企业信贷的50%，均流向了国家级的大型农产品加工企业（赵海，2012），而中小型稻米加工企业由于自身可供抵押的资产少等原因，较难获得相关扶持资金。

以宿迁相关企业调研存在的问题为例，在融资方面，稻米加工企业由于一般集中收储，资金量需求大，宿迁市许多企业面临融资问题。民营企业从农发行贷款困难，需要与国有企业合作贷款，利用国有企业仓储稻谷，由此民营企业需要承担保证金、仓储保管费、利息等费用，存在成本高、贴息对象认定困难等问题。如泗洪县的蟹洪米业提到企业目前最大的困难就是资金来源问题，企业从农发行贷不到款，从本地商业银行又只能贷到一二百万元，距离企业所需资金相差甚远。

4. 产业后续配套服务跟不上

每一粒稻谷均是有生命的，需要全产业链条的配套，而稻米生产加工各环节由于配套缺乏，造成了较大的浪费。虽然当前农产品产地初加工政策一定程度上发挥了烘干、冷藏保鲜的作用，避免稻谷收获季无法集中售出带来的储藏难度和风险，但是后续成品粮的仓储问题也比较大。成品粮的使用周期较短，一般而言过一个夏季品质就会下降，因此流通环节的配套服务仍然非常重要。这些服务对收储后的分级处理、精深加工、品牌建设、可追溯机制、物流配送等综合能力提升具有重要促进作用。

根据对淮安市和宿迁市的调研，以及专家访谈，均提到配套服务的问题：①烘干储藏温度太高，高温快速烘干技术影响米的品质，柔性碾米技术是新的落脚点。江苏的优良食味稻米更需要配套的低温烘干储藏，原料储藏和成品粮储藏要有鲜度质量指标。②未做到分品种收储，单品加工。③品牌直营连锁、电商等新的销售形式由于物流配送和配套政策的影响，发展较慢。

（二）江苏省稻米加工政策支撑体系存在问题成因

1. 地方政府对稻米加工重视程度不够

稻米加工行业整体利润率偏低，但是稻米加工企业在产业链中处于承前接后的核心位置，当前对该行业的重视程度与其重要地位严重不匹配。稻米加工行业能帮助农民种植的稻谷转化增值，如果企业创建好适合市场需求的品牌，还能反过来引导种植结构调整。当前稻米加工业实现了市场化，但原材料稻谷加工却是政策性的最低收购价，导致"稻强米弱"情况的出现。

国家、省和市发布的与稻米加工相关的政策支撑体系，虽然从财税政策、金融支持、用工用电等方面对农产品加工企业进行了安排，取得一定成效，但是没有专门针对农产品加工尤其是稻米加工的专门安排，而仅仅是通过农业综合开发、扶贫等资金内的项目，间接支持稻米加工业的发展，从而导致财政资金对稻米加工业支持力度小、中小企业发展受限等问题。面对稻谷收购季节比较集中，对资金的短时需求量比较大等特点，很多中小企业得不到政策支持，从而导致发展面临挑战。众多稻米加工企业面对市场风险过大、利润率低、产能利用率和开机率不高等问题，放弃了进一步扩大生产规模，进而丧失了进一步发展的机会。而相关支持政策由于政府部门的重视程度不足，落实不到位，进一步恶化了稻米加工企业的加工生产环境。

2. 对稻米加工企业政策支撑手段相对较少

稻米加工行业的更好发展，需要技术、市场、人员、资金等多方面相关的配套措施进行扶持，当前的支持政策仅停留在少量财税政策和用电政策上的优惠，并且还存在落实不到位的情况，其他相关配套措施相对较少。在目前稻米加工行业面临"稻强米弱"的情况下，开机率仅约为1/4，利润率较低，这就需要政府部门积极引导企业进行全产业链打造，开发高附加值且适应市场需求的新产品，延长产业链、价值链，而这正是稻米加工行业未来发展中的瓶颈。

3. 支撑政策体系措施使用中落实监管弱化

财政资金投入到相关的稻米加工项目中后，监管相对弱化。我国财政支农的资金，不仅存在着多部门管理、补贴支出科目少、预算管理制度薄弱、执行过程中监管错位、资金流向分散、资金落实率低的问题，甚至还存在被挤占挪用的问题（方琳，2004）。如农产品出口退税未能及时到位，存在挪用、占用、变相收回等情况，而且没有一个比较专业的资金管理监察机构，易造成资金截流，不能做到专款专用，没有真正扶持稻米加工业。

4. 民众担忧精深加工食品质量安全问题

我国消费者对食品安全的需求水平不断上升，而政府相关配套质量监管未到位。稻米加工行业的未来，是需要开发更多满足人们吃饱、吃好的多样化需求的稻米加工产品，而消费者对精深加工食品质量安全的担忧，是从消费端的限制。随着多种媒体手段的兴起，广大消费者对食品安全的了解也更加全面，而随着收入水平的不断提高，消费者对食品安全水平的需求也随之攀升，尤其是经常见诸报端的食品安全事件也引起国内外的广泛关注。我国政府虽采取多种措施，包括完善法律法规、强化媒体曝光和监管等方式加强对食品安全的惩处，但是仍然有很长的路要走。

五、国内外稻米加工政策支持经验借鉴和启示

（一）国内外稻米加工政策支持的做法和经验

1. 发达国家农产品加工业政策支撑体系的经验

（1）先进的科技研发推广体系　发达国家和地区的政府和企业，在农产品加工方面，不仅拥有各种全球领先的技术，同时重视技术推广，并已经形成完善的科研队伍和体系。例如，加拿大隶属于农业食品部的农业研究中心站有 9 个，农业科研人员占其科研人员总数的28%（徐志敏，2009）。美国和日本的农产品加工企业非常重视建设企业自己的技术开发中心，其中孟山都公司的研发投入达到当年销售收入的 10% 以上，而我国种子企业当年科研投入总和仅占孟山都公司当年科研投入的 1/3 左右。

（2）完善的产业化经营体系　农产品加工企业是衔接各个主体的中坚力量，以农产品加工企业为核心，形成产供销一体化，形成从种子到销售、从田间到餐桌的完整产业链条。美国大型农工商综合体将土地租赁、生产资料供应、农产品加工和销售综合一起形成全产业链条的组织方式。

（3）严格的产品质量监管标准　质量安全体系是保证粮食加工质量的前提，发达国家逐渐形成了包括 GMP、HACCP、ISO9000、ISO14000 等在内的质量安全认证体系，可以对厂房、车间、加工流程设计采用 GMP 进行监管，对管理和操作人员进行 HACCP 培训，生产中遵守 HACCP 和 ISO9000 规范，环境监管中可按照 ISO14000 进行要求，农产品加工环节均可纳入质量监管体系中。

（4）全面的税收优惠配套政策　①税收优惠。法国农产品加工企业除畜禽产品外（5.5%），可享受 3.4% 的销售退税。美国销售额在 10 万美元以下的农业企业可以免征企业所得税。②财政补贴政策。美国对农业和加工业发展的补贴政策主要有：直接支付、反周期支付、营销援助贷款和贷款差价补贴等。日本通过价格管理、收入稳定计划、作物和牧畜保险等促进农业生产稳定（刘志雄，2011）。③对合作社的优惠政策。美国规定农业合作社不是反托拉斯法的约束对象。日本的垄断禁止法排除农业相关，农协的税可以适当减免等。

2. 国内稻米加工业政策支撑体系经验

（1）东北稻米加工政策支撑经验　①构建政策支持体系。政府出台一系列保障政策，助推东北稻米加工业发展。黑龙江从园区建设、原料采购、招商引资等多方面构建促进稻米加工业发展的政策体系框架。②培育龙头企业集团。东北地区优良的稻米资源吸引了中粮集团、益海嘉里、北大荒、华润五丰等稻米加工业巨头在此投资建厂。吉林省加大财税扶持力度、健全金融保险支持政策、落实用地用电等优惠政策、落实科研人员离岗创业和科技成果转化政策，培育粮食加工龙头企业，全力发展粮食经济。③建设农产品加工园区。自 2009 年至今，黑龙江先后建成 20 个稻米加工园区。以水稻核心产区的黑龙江省五常市现代农业产业园为例，建立了涵盖育种、育秧、农机服务、科技和技术推广展示为一体的水稻现代种植园区（吕冠霖，2015）。④打造区域稻米品牌。黑龙江省加大品牌整合力度，全力打造区

域特色品牌，2017—2019 年中国品牌价值评价榜单中，"五常大米"连续三年保持全国大米类区域品牌第一位。佳木斯大米、庆安大米、方正大米、通河大米也名列前茅。吉林省以"吉林大米"作为本省的区域公用品牌，并通过多渠道推介，变成"名米"。"吉林大米"获得"中国粮油影响力区域公用品牌"，入选新华社"民族品牌工程"。⑤实现追根溯源保质量。吉林省颁布《吉林大米》《吉林大米收储 5T 标准》等地方标准，确保吉林大米品种、加工等环节的质量，进而保持吉林大米的品质稳定。建成吉林大米质量安全可追溯系统，保证产品质量可以追溯，打造真正放心米。

（2）广东稻米加工政策支持经验　①较完善的粮食加工业支撑政策。广东省当前已经形成较为完善的稻米加工业政策体系，从 2009 年的粮食加工业产业规划到 2017 年的农业供给侧结构性改革方案，再到 2020 年的现代农业支柱产业集群行动，广东省在财税、区域布局、产业布局建设功能区等方面，着重培育以广东优质丝苗米品牌为代表的优质稻米，提升稻米生产和加工的机械化水平，提升粮食产地初加工和精深加工水平，开发新产品，提高稻米加工附加值。一系列指导政策的出台，足以说明广东对于稻米加工业的重视。②优化稻米加工业区域布局。广东省尤其重视形成适合本省的粮食主产区和粮食加工业，粮食主产区主要集中在广东西部、北部。粮食加工重点发展区域，除主产区的粤西、粤北发展烘干和储存为主的产地初加工外，珠江三角洲地区则重点发展主食的工业化生产，涉及方便食品、烘焙食品以及稻谷生产的副产品精深加工等。③强化监管抽检能溯源。建立食品安全检测和预警机制，将大米为主的食品安全问题消灭在萌芽状态。针对大米重金属超标问题，必须有镉检测合格报告才能上市销售。大米经营单位要落实米和米制品的全程可追溯，强化舆论监督和信息发布，提高透明度，让市民吃得安全、放心。

（二）国内外稻米加工政策支撑的启示

1. 较为完善的政策支撑体系和配套措施

政策支撑体系构建方面，黑龙江省和广东省构建的政策体系值得借鉴。黑龙江和广东出台针对稻米园区、水稻深加工、粮食深加工、食品产业集群等相关政策，从园区建设、原料采购、招商引资等方面构建促进稻米加工业发展的政策体系框架。发达国家的财税政策具体措施可以将支持真正落实，如针对农产品加工征收所得税适用较低税率及较高的退税率，对农协的特殊优惠以及美国对农业发展的补贴组合，都值得江苏认真研究、消化吸收。

2. 打造区域稻米品牌以形成发展合力

黑龙江和吉林集全省之力，建立区域品牌，制定高于全国平均标准的质量体系，并通过举办"国际大米节""云集市""云展馆"等活动在全国推介，提升知名度和影响力，成功打造了"五常大米""吉林大米"等全国闻名的大米区域品牌。高质量品牌可以带动种粮利润增加，提高农民种粮积极性，进而保障本省乃至临近省份的粮食安全。

3. 构建全程可追溯体系以保证稻米的高质量

全程质量可控是品牌做大做强的重要保证。如发达国家逐渐形成了包括 GMP、HAC-CP、ISO9000、ISO14000 等在内的质量安全认证体系；吉林则实施高于国家标准的《吉林大米》《吉林大米收储 5T 标准》。在制定较高产品质量标准基础上，建立可追溯体系，并强化监管，比如吉林建立的质量安全可追溯系统、广东建立的食品安全检测和预警机制等。

4. 培育龙头企业集团打造全产业链

龙头企业不仅拥有领先的技术，同时重视技术推广，投入大量资金，建立完善的科研队伍和科研体系。东北地区形成了国有企业、外资企业和民营企业等稻米加工企业巨头并列的态势。黑龙江和吉林通过财税政策、金融政策、用地用电优惠政策等，吸引农业产业化龙头企业到当地设厂，利用龙头企业在技术、人才等方面的优势，以龙头企业为核心，形成从种子到销售、从田间到餐桌的完整产业链条，带动稻米产业的发展。

5. 优化稻米加工区域布局

黑龙江先后建成 20 个稻米加工园区，广东省尤其强调重点形成适合本省的粮食主产区、粮食加工区。在经济相对落后而稻米产量较大的地区发展产地初加工，建立包括良种培育、育秧、农机服务等环节的产业链。而在经济比较发达的地区发展主食工业化，主要侧重稻米深加工技术的研发。

六、构建更完善江苏稻米加工业政策支撑体系的建议

（一）加强规划引领，完善支撑体系

江苏省粮食和物资储备局牵头制定相关具体政策，并同农业农村厅、财政厅、发改委等主要部门密切合作，狠抓政策落实。在以市场为主导的前提下，逐步把稻米加工业发展纳入粮食安全党政同责的总体系中，多部门加强沟通，健全政策评价机制，保证资金使用效能。在保证江苏省粮食安全的基础上，尽快改变"稻强米弱"的现状，从原料、加工、流通等多方面切实保障长三角相关省市优质稻米供应。

（二）完善财税政策，加大金融支持

财政政策方面，要落实各级政府对于农业的直接补贴和间接补贴政策。例如，在建立稳定的财政投入机制前提下，将中央下拨的产粮大县奖励资金中的 50% 以上用于粮食产业尤其是稻谷产业的发展。农机购置补贴的使用，不仅仅应用到生产环节，新型农业经营主体在稻米加工、仓储环节的设备也可享受相关补贴，主抓落实的同时要加强监管，提高资金使用效率。

税收政策方面，为了促进稻米加工企业开发新产品，延长产业链，提升行业利润率，可以对稻米加工行业的增值税和企业所得税实行更加优惠的税率，引导社会资本和金融资本加大对稻米加工行业的投入。此外，在企业所得税应纳税额扣除中加入稻米加工企业新产品和新技术开发费用，以鼓励稻米加工企业创新。

拓宽企业融资渠道。财政资金牵头，建立粮食收购担保基金，为稻米加工企业收储稻谷时临时急用资金提供周转。政策性银行结合自身业务范围，加大对稻米加工企业的资金支持。鼓励商业金融机构对政府经营效益较好、政府欲大力发展的企业进行适当支持。引导稻米加工企业采用期货市场的套期保值操作，减少因原料价格波动带来的损失。具备条件的地市可以推广农业信贷担保体系、农业加工企业保险服务。

重视中小型稻米加工企业利益。针对中小企业在发展中面临的挑战和困难，政府部门可

以有针对性地从税收政策、融资政策等方面给予协调，为中小型稻米企业发展创造良好的政策条件。

（三）落实用电用地，减轻企业负担

落实用地优惠政策。因为稻米加工业整体的利润率仅为2%左右，可以适当给予稻米加工企业用地方面的优惠，即可在该地对应的工业用地价格标准基础上适当降低价格。另外，在符合当地土地利用规划的前提下，农村集体建设用地可以使用权入股方式合办稻米加工企业。

落实用电优惠政策。建议中央统一出台稻米加工用电优惠政策，真正落实对农产品初加工用电执行农业生产用电价格的政策，协调好电网定价及配套措施，以此为基础，把降低稻米加工成本落到实处。同时，只要与粮食加工相关的、为农服务的，不论是稻谷烘干、脱壳还是后续加工，均应该享受农业优惠用电。省政府可以出面协调，统一打包，通过增加其他相应用电补贴，把农产品加工成本降下来。

（四）加强园区建设，提升产业集聚

提高园区企业集聚度，并提升园区的智能化综合服务能力。以订单、租赁、入股、合作联盟、收购、兼并等多种利益联结方式，尽快提高园区对各类主体的集聚度。加强以互联网为重点的共享基础设施和公共服务资源建设，推动园区加工企业的数字化、网络化、智能化转型升级。

开展以稻米加工园区为特色的国家级农业现代化示范区创建。选择已有较好基础和特色优势的射阳县、兴化市、泗洪县等特色稻米产业园区，分别从多元化、多功能化、高档化提升"苏米"加工销售能力。从质量监测、市场信息、物流配送、交易服务四大中心建设为主要特色的"兴化大米"市场交易中心建设，从稻作和农耕历史文明展示与教育培训、农事体验、农业和工业结合旅游、康养休闲等一二三产业融合发展的泗阳"味稻小镇"建设等方面对现有园区提档升级，形成品牌，并以县级为单位，创成3～5个国家级农业现代化示范区。

（五）培育龙头企业，增强竞争实力

着力实施"江苏稻米加工业龙头企业培育行动"，组建农业产业化龙头企业联合体，培育大型稻米加工业龙头企业（企业集团）。引导现有加工龙头企业开展多形式合作，联手农户、家庭农场、农民合作社、批发市场等组建农业产业化龙头企业联合体，带农户、建基地、延链条、促融合、拓市场、创精品，实行一体化经营。培育市场竞争力强的稻米加工业龙头企业（企业集团）。推动稻米加工企业申报市级以上龙头企业，重点是省级、国家级农业产业化龙头企业，引导企业形成规模经营，扩大辐射能力，增强带动作用。

支持龙头企业实施创新驱动发展战略。支持企业开展加工作业环境和设备设施改造提升，培育一支具有创新精神、现代经营管理意识和能力的现代农业企业家队伍，鼓励龙头企业加大人才引培力度，开展与高校科研院所的产学研合作，以真正实现创新驱动发展。

（六）强化技术支撑，推动转化增值

通过开发稻米加工行业下游相关的新技术，助力稻米产品价值增值。具体包括以下技术的开发和推广。

提高烘干仓储技术水平，加强智能化配套。全面推广低温烘干技术、粮情在线监测技术系统，为科学及安全储粮提供技术保证和科学依据，确保稻米加工原料品质。提高信息化与粮机装备工业化的融合发展水平。推动信息化与粮机装备工业化融合发展，开展智能烘干、仓储、加工、包装以及智慧营销等的应用示范。

提高稻米产成品和副产品转化增值开发应用技术水平。设备技术上，提高关键机械及仪器设备制造、快速监测设备水平，建立稻米加工技术、品质控制技术、标准设备装备体系。产品技术上，重点围绕长三角及周边地区主粮粳米，开发适销对路的配制米、留胚米、发芽米、营养强化米、富硒米、蒸谷米（半煮米）、合成米等多元、多功能的精深加工米制品。包装技术上，重点开发面向高端人群的小批量、精致包装技术。营销模式及技术方面，为城乡超市、社区、专卖店等开发鲜食大米的"现加现售"技术设备，以及互联网营销技术。稻谷副产品综合利用技术上，加强秸秆转化为生物肥料和发电，稻壳转化为燃料和板材，米糠转化为膳食纤维、米糠蛋白、米糠油、蛋白纤维、食用米糠等技术研发，多方面提高稻米副产品资源的利用价值。全链条循环方面，主攻稻谷及其加工副产物循环利用、全值利用、梯次利用的多层次利用技术。同时，要根据江苏特点，在柔性碾米、鲜度保持等关键技术和标准研发推广应用方面要有较大进展。

提高"政产学研商"协同研发推广应用水平。充分利用省市科研院所众多、实力雄厚的优势，以企业（园区）为主体，市场为导向，推进政府、企业（园区）、高校科研院所、商业资本和中介机构等开展集成、协同创新，人才培育，以及烘干仓储、产品精深加工、副产品综合利用、全链条标准化、鲜度保持、安全追溯等技术研发推广。

（七）实施标准规范，加强行业自律

"苏米"品牌有严格的产品标准，实际生产加工中不仅要让该标准同国内外优良食味稻米的相关标准对标，同时要狠抓落实和监管。要从原料、加工方法、流程监管等方面引进更加严格的质量体系认证，保证全流程监管。要建立稻米生产的全程可追溯体系，让消费者吃得放心，在消费者心目中树立"水韵苏米，高质量米"的形象。要充分发挥涉粮社团和有关中介组织的作用，与政府部门加强沟通，提供标准制订和完善、技术咨询等多方面的服务，强化企业责任，增强行业自律，从政府、行业、企业、公众等多角度织密稻米加工标准规范安全保障网。

（八）弘扬稻米文化，强化苏米品牌

近现代粮油加工业发源于江苏。通过建设文化馆集中展示等方式，向外界介绍"苏米"稻米文化。建设稻米产业文化馆，展示苏米的稻米历史、大米的营养价值、稻米农业科技的发展成就、当地特色米食文化；在稻米展销区域，提供地方特色品牌大米及米制品展览与销售。弘扬"苏米"稻米文化，充分挖掘稻米的文化、生态、观光、休闲、旅游等多重功能，

对促进稻米产业可持续发展具有重要意义。

建设高标准良种繁育基地，着力解决品种老化和替代品种问题。建议主攻籼稻、突出虾稻、兼顾粳稻，多措并举、攻关选育能充分体现"苏米"鲜明特色、适宜大面积推广种植的优新品种。鼓励企业重视与加强产品包装设计、品牌建设与营销，构建产品梯度，提升产品档次，开拓中高端市场。鼓励企业利用互联网进行营销与推广，积极推进稻米网络销售渠道建设。目前苏北粮油股份有限公司牵头，与阿里巴巴、京东开展合作，但大部分稻米企业尚未开展线上销售，尤其是籼米加工企业，应进一步鼓励引导合作社、加工企业在网上开设销售店铺，推动网络电商销售。

（张玉娥　贲永青　徐金海）

参 考 文 献

常运涛，高克义，徐翔，2010. 澳大利亚农业合作组织考察与启示［J］. 广西农学报，25（4）：101-104.

成升魁，2018. 关于新时代我国粮食安全观的思考［J］. 自然资源学报（6）：911-926.

方琳，2004. 我国财政支农政策调整探讨［J］. 山东省农业管理干部学院学报（3）：52-53.

何毅，温朝晖，2009. 中国大米加工业行业发展现状及展望［J］. 粮食科技与经济，34（6）：4-6.

胡恩生，2002. 加速农业产业化发展促进农村经济结构调整［J］. 社会科学辑刊（6）：96-98.

江苏省粮食和物资储备局，2020. 江苏粮油加工产业销售收入 10 年增长超 150%［EB/OL］. www. chinaoils. cn/news/16058. html，（3）27.

刘润平，2010. 稻米加工业展望［J］. 农产品加工，4（5）：8-9.

刘志雄，2011. 日本和美国农业安全政策及其对中国的启示［J］. 世界农业（11）：1-3，24.

吕冠霖，2015. DF 公司农业产业化经营研究［D］. 哈尔滨：东北农业大学.

邱楠，2018. 日本农业支持保护制度改革及其对中国的启示［J］. 世界农业（9）：190-196.

徐志敏，2009. 潍坊市农产品加工业发展战略研究［D］. 北京：中国农业科学院.

张磊，2019. 粮食生产补贴政策的可及性及优化策略研究——基于粮食规模经营完全成本视角［J］. 山西农业大学学报（社会科学版）（2）：59-67.

赵海，2012. 我国农产品加工业扶持政策研究［J］. 经济研究参考（57）：48-55，71.

34

第四篇 江苏省稻米产业高效流通与
高影响力品牌建设研究

江苏省稻米产业高效流通与高影响力
品牌建设研究综合报告

[摘要]稻米产业作为江苏省第一农业主导产业，其高效流通与高影响力品牌建设是实现稻米产业高质量发展及优质稻米千亿级农业特色产业发展的关键。江苏省稻米产业生产、流通与品牌建设发展稳健，但同时面临主销市场东北大米冲击，流通组织化程度低，优质优价实现难；中高端稻米规模小，产品同质化竞争严重，市场竞争优势缩小；品牌稻米加工企业"多、小、杂、散"，稻米品牌市场竞争力不强，稻米品牌重创建轻维护，政府引导不足等问题。为此，建议江苏稻米产业加快实施"水韵苏米"省域品牌与"高特优"区域品牌相结合的统分品牌战略，瞄准长三角中高端市场，全力提升"水韵苏米"省域品牌知名度，加快创建一大批以高附加值、特色、优质大米为基础，具有高影响力的"高特优"区域品牌，实现苏米品牌统分结合、集团作战，不断提升市场供需契合度，强化江苏稻米市场优势地位，并提出了相应的政策建议。

一、战略背景及意义

稻米流通体系的稳定运行是以稻米为主粮地区实现口粮安全供给，提升稻米市场竞争力的关键。稻米产品流通包括收购、运输、储存、销售等一系列环节，涉及农户、批发商、零售商、消费者等流通主体，是整个稻米产业链中的关键环节，是联系生产者与消费者间的重要"桥梁"。稻米产品的高效流通既关乎为消费者及时高效地提供适销对路的绿色、安全、高品质的稻米产品，满足其日益增长的多样化、多层次、高端化的稻米产品需求，也关乎广大稻农的增收与粮食发展的大局。随着稻米生产能力的大幅提升，在《国务院关于进一步深化粮食流通体制改革的意见》《粮食流通管理条例》的实施下，粮食流通体制的市场化改革不断趋深，稻米流通领域出现了大量"公司＋基地＋农户""公司＋农户"及产、供、销一体化的市场链条。2018年中央1号文件把"加快推进农村流通现代化"作为构建农村一二三产业融合发展体系的重要组成；2019年中央1号文件又把"统筹农产品产地、集散地、销地批发市场建设，加强农产品物流骨干网络和冷链物流体系建设"作为发展壮大乡村产业，拓宽农民增收的重要渠道。

在质量兴农、品牌兴农等战略的实施下，江苏省稻米产业流通总体上稳健发展，涌现了南粳46、兴化大米（南粳9108）、射阳大米（南粳9108、武育粳3号）等国际、国内品种、品牌。江苏稻米主要销往长三角城市群，流通中中端稻米生产的份额不断增加，不同档次的稻米收购来源呈现差异化发展，稻米销售的方式也呈现出多样化的特征。但稻米产业在市场竞争力方面面临品种布局不合理，中高端稻米规模小，产品同质化竞争严重，稻谷市场竞争力优势缩小的问题；流通方面面临主销区稻米市场受到东北大米的冲击，组织化程度低，优质优价实现难的困境；品牌建设方面由于起步晚，缺乏对品牌定位及建设方向的审慎思考和顶层设计，品牌稻米加工企业"多、小、杂、散"，稻米品牌市场竞争力不强，且稻米品牌存在重创建轻维护，政府引导不足的问题。

随着人们生活水平的提高，对稻米消费需求从重量向重质、多样化、营养健康等方向发展，客观要求稻米要有快速、高效、优质、多样化的市场流通渠道。江苏稻米产业的高质量发展，不仅需要现代市场流通体系的支持，更需要品牌支撑下广泛的市场影响力。产品升级、品牌建设、技术创新、生产投资等离不开市场价格的有效激励和经济利益的制度保障。江苏稻米只有在技术体系高水平技术支撑下，在现代流通体系和市场高质量保障及稻米品牌发展战略下，在政府产业政策的高格局引导下，在稻米产业市场主体高效利用和整合技术与政策资源、配置生产要素下，方能顺应市场需求升级，实现产业高质量发展。

二、发展基础与成效

（一）流通格局

1. 粮食流通体系较为完善，对稻米产业高效流通形成有力支撑

江苏地处产销过渡带和长江经济带，通江达海，交通物流基础先进，沿江、沿河、沿海、沿陇海铁路线，横贯东西、纵穿南北的"三横三纵"粮食物流骨干网络基本形成，综合交通、智慧交通、绿色交通和平安交通建设正稳步推进，初步形成了支撑粮食产业布局的大交通物流网络。收储条件良好，2020年全省入统标准仓房仓容4 316.4万t，同比增长6.84%。低温准低温储粮仓容量、应用环流熏蒸技术仓容量居全国前列。高水平粮食产业园区、高水平物流园区、高水平粮食科技文创园"三大园区"建设稳步推进，助力粮食产业高水平发展。科技共享平台、信息共享平台、人才共享平台、营销平台"四大平台"高水平建设，促进粮食科技信息共享。

2. 不同档次稻米收购呈现差异化发展趋势，收购来源多元化

稻米收购方式主要有市场收购、合同订单收购、生产基地收购等，不同档次稻米呈现差异化。高端稻米主要来源于各稻米加工企业、部分家庭农场和合作社生产的有机产品和绿色产品；用于加工中高端稻米的稻谷主要来源于稻米加工企业的自有基地和订单农业；用于普通稻米加工的稻谷则主要来源于市场收购和向稻谷收储企业购买。

3. 稻米主销长三角城市群及云贵川等南方地区，销售方式多样化

稻谷主产区约2/3的产量销往产地以外的省内或省外市场，主要覆盖长三角城市群以及云贵川等南方地区。代理分销是稻米企业主要的销售渠道，此外，部分家庭农场和合作社通过电商平台进行销售，主要以高端稻米销售为主。总体上，普通稻米主要采用传统销售方式，中高端稻米销售则门店化、网络化。

4. 江苏距离长三角等南方城市群距离近，稻米流通成本优势明显

江苏在地理环境、气候等自然条件方面和南方城市群接近，江苏稻米软糯的口感更符合南方城市消费者的需求。同时，由于地理距离近，运输成本低，价格优势明显，形成了稳定且有黏性的市场关系。因此，江苏稻米在长三角市场上具有一定的竞争力。

（二）市场需求

1. 市场需求发展概况

在市场调研基础上，通过对近年来稻米市场消费结构变化的统计分析发现，一方面，普通大米市场需求和份额不断下降。2015—2018 年，普通大米销售量占比由超过一半逐步减小至 1/3 强，且以 2017 年为分界点，普通大米失去主体地位，其中 2015 年为占比峰值（54%），2018 年为占比谷值（37%），整体上呈下降态势。2015—2018 年，普通大米销售额整体呈不断下降态势，其中 2017 年下降幅度最大，降幅约为 18%，2018 年达到最低值 4 785 万元。另一方面，中端大米市场需求和份额不断上升。中端大米市场份额变化趋势与普通大米相反，同样以 2017 年为分界点，销售量占比大幅度上涨，超过总体的一半，并在 2018 年达到了最高，占比 56%。同期销售额也逐年增长，由 2015 年的 7 734 万元增长到 2018 年的 10 170 万元。与此同时，高端大米市场份额虽低但增长明显。高端大米销售量占比保持了稳定的上涨趋势，由 2015 年的 3% 涨至 2018 年的 7%。销售额也表现出较为稳健的增长态势，由 2015 年的 1 216 万元增长至 2018 年的 2 842 万元，但受需求较小的影响，其销售额总体低于中端和普通大米。

2. 市场发展趋势及潜力

经测算，长三角地区未来中、高端大米的需求潜力巨大，预计到 2040 年中高端大米需求总量将达到 1 231 万～2 463 万 t，市场价值将达到 1 085 亿～2 302 亿元。其中，江苏省需求总量为 803 万～1 607 万 t，市场价值为 708 亿～1 502 亿元；主销区中，上海市需求总量为 239 万～481 万 t，市场价值为 210 亿～449 亿元；杭州市需求总量为 106 万～210 万 t，市场价值为 94 亿～197 亿元；合肥市需求总量 83 万～165 万 t，市场价值 74 亿～155 亿元。长三角地区应作为江苏中高端品牌大米市场拓展的重要区域。

（三）品牌建设

1. 农产品区域公用品牌发展早，品牌建设成果丰硕

江苏省农产品区域公用品牌发展较早，在全国农产品区域公用品牌中品牌数量高于浙江、安徽和吉林 3 省，与黑龙江农产品区域公用品牌发展速度相近。2019 年，江苏省创建省级名牌 118 个、驰名商标 24 个、地理标志产品 24 个，大米地理标志产品 7 个，数量居全国前列；荣誉方面，省内 12 家企业入选中国百佳粮油企业，数量居全国第一；2 个企业入选中国粮油领军企业，占全国 1/4；淮安市荣获"全国大米产业融合示范市"，射阳县被授予"中国优质粳米之乡"称号；"南粳 46"荣获第二届全国优秀稻品种食味品质鉴评（粳稻）金奖，同年"水韵苏米"荣获"中国粮油影响力公共品牌"。

2. 区域间同化效应强，市场接纳度高

江苏自然环境优良，地理特征上横跨南北，使得江苏稻米集合北方米的韧性嚼劲和南方米的软糯甘香两大优点，食味被长三角地区以及其他地区消费者广泛接受。目前江苏大米以

《江苏大米》（T/JSLX 001.1～001.5）团体标准为引领，以"放心、好吃、营养"为品牌主旨，以"柔、香、糯"主导产品特性，彰显出江苏稻米优秀食味品质。

3. 长三角区域交通便利，品牌建设成本优势明显

长三角区域内公路、铁路、轮运、航运高度发达，宁、沪、苏、浙、皖公路互联互通，沪宁、沪杭甬铁路沿途站点密集，江河海航线轮运网路密集交错，航空线以南京、上海为核心辐射长三角区域，海陆空运输立体交织。江苏稻米在品牌宣传、仓储物流、销售等方面相较于东北大米等远离原产地的外来品牌具有明显的流通成本和时效优势。

4. 农业科研及工业基础深厚，品牌建设提质增效有保障

江苏省内高等院校、科研院所众多，江苏省农业科学院、南京农业大学等知名农科教学和科研单位农科底蕴深厚，涉农科研力量在国内属于靠前梯队，稻作科技研发实力雄厚；江苏省工业实力居全国前列，工业基础扎实，工艺成熟发达；江苏稻米生产加工制备工艺及综合配套技术的研发与制备有坚实后盾，助力江苏稻米实现生产、加工等环节高水平标准化。

5. 多元化稻米需求供给潜力大，市场增长空间可观

经济发达区域消费者饮食消费需求日益多元化，消费个性、价值观以及健康投资理念凸显，稻米多元化需求增长较快，而如今传统老牌高端稻米品牌的产品定位和特征趋同，同质化竞争严重，自身产品内部以及与竞争对手产品之间缺乏区分度。现实中对中高端稻米市场的多元化稻米需求缺乏深挖，以至于相关供给缺位，稻米多元化需求挖掘和培育潜力巨大，给江苏稻米品牌发展留下广阔空间。

三、面临主要问题与挑战

（一）流通格局

1. 高端稻米生产加工规模较小，市场份额受东北稻米挤占

无论是苏北、苏中还是苏南地区，高端稻米的生产规模均较小。同时省内主销区稻米市场正面临东北稻米的冲击，原先苏北稻米在高端市场占有一定的市场份额，但由于稻米品种退化严重，产品竞争力下降迅速，东北稻米进入后很快打开并占据高端稻米市场，苏北稻米则退至中端市场。

2. 稻米品牌市场认可程度较低，优质稻谷流失严重

稻米消费市场尤其是高端市场对"苏北大米"的认可度较低，同时纯正的东北稻米产量有限，市场售价高，很难满足市场需求，从而产生了"调和稻米"。为实现短期利益最大化，部分优质的苏北大米被用于调和或贴牌东北大米，优质苏北大米的"东北大米化"和流失，使消费市场上"东北大米"和"苏北大米"的区域品牌差距进一步拉大。

3. 市场监管力度不足，套牌、冒牌问题突出

江苏省稻米加工企业和稻米品牌数量众多，但部分地区在品牌发展过程中，重视品牌创建及评审工作，但对品牌创建后的维护工作不够重视，市场监管也较为松散，导致多渠道高价销售贴牌稻米的现象层出不穷，市场秩序混乱，难以形成良性竞争。

4. 稻米企业之间联系不紧密，行业协会缺乏凝聚力

缺乏大型龙头企业的带动，虽然各地基本都成立了稻米行业协会，但协会间缺乏合作，导致市场占有率低，发挥不了抱团竞争及合作的优势。同时生产经营主体小而分散，不论是合同收购还是基地生产，稻谷生产大部分以分散的小农户为主，规模化生产比例较低，稻米产品的标准化程度低，且不利于稻米性状提优和品牌维护。

5 受稻米收储政策和流通模式影响，优质优价难以实现

稻农仅追求稻谷高产量，对稻谷质量关注不够。虽然现在部分稻谷主产区开始重视优质稻米生产，但以走量为主的营销模式使优质稻米难以在中高端稻米市场上立足，其价格仅仅略高于市场上的其他稻米，稻米生产销售优质优价难以体现。

（二）品牌建设

1. 品牌多但影响力不高，优质大米流失影响高端品牌建设

江苏大米品牌众多且小而散，优势主导品牌不强。从全国来看，2019 年我国区域性大米公用品牌有 26 多个，江苏占 1 个，且江苏大米缺乏食味标准，品类价值缺失，总体呈现"多、小、杂、散"的特征，导致江苏大米呈现高端产品不足，知名品牌少的现象，缺乏像"五常""盘锦"等国内知名大米品牌以及日本越光、泰国 RD15 等国家支柱型（品种）品牌。江苏优质大米流失加剧高端大米品牌建设难度。以五常大米为代表的东北大米一直被消费者认定是"好吃、安全"的中高端大米，在其抢占江苏大米市场过程中，一些假冒企业收购江苏优质大米并进行代加工和贴牌销售，导致江苏优质大米大量流失。

2. 区域品牌多也不乏知名品牌，但品牌不强，特色不足

一方面，江苏大米区域品牌较多，也不乏射阳大米、兴化大米等知名区域品牌，但各区域内稻米生产标准不统一，品种、种植、加工、销售等缺乏统筹协调，标准化程度低，产品品质不稳定，严重影响区域品牌影响力和做大做强；另一方面，江苏南北地区自然条件差异大，虽然江苏稻米已形成多个区域品牌齐头并进态势，但区域间特色不足，未能实现区域品牌差异化发展，限制江苏大米品牌做强做大。

3. 品牌保护不力，侵权问题严重，阻碍高端品牌做强做大

稻米市场品牌监管机制不完善，品牌保护不力，侵权问题较为严重。调研发现，稻米加工企业和品牌繁杂，存在大量套牌、冒牌企业和产品，市场混乱。究其原因，一是市场对知识产权保护力度不大；二是地方政府多重视前期大米品牌创建，忽视后期品牌管理和保护，导致省内品牌"多且杂"而知名、高端品牌不足；三是龙头企业在品牌建设和保护中缺乏责任心和引领性，投入不足，中小企业又实力弱，能力有限。

4. 区域品牌建设和维护缺乏顶层规划与区域协调

一方面，江苏大米品牌建设和维护缺乏顶层设计。品牌定位方面，中档和普通大米产品较多，高端产品较少；品牌传播方面，品牌宣传策略简单，未能高效组合传统、现代媒介，未能充分发挥省政府主导和地区间品牌联合宣介作用，传播力度和范围不够；品牌维护方面，缺乏统一的标准化体系和严密的质量追溯体系。另一方面，江苏区域间大米品牌缺乏协调，未能发挥"苏米"品牌合力。各区域品牌优势和特色发挥缺乏更高层面的有效协调，进军省外市场普遍独自作战，难以发挥区域品牌合力。

四、发展战略及政策建议

（一）发展战略选择

结合江苏稻米产业发展现状与存在问题，建议江苏稻米产业加快实施"水韵苏米"省域品牌与"高特优"区域品牌相结合的统分品牌战略，瞄准长三角中高端市场，全力提升"水韵苏米"省域品牌知名度，加快创建一大批以高附加值、特色、优质大米为基础，具有高影响力的"高特优"区域品牌，实现苏米品牌统分结合、集团作战，不断提升市场供需契合度，强化江苏稻米市场优势地位。

（二）发展战略要点

战略要点包括三方面：

（1）实施"水韵苏米"省域品牌统一化策略，全力提升"水韵苏米"省域品牌知名度，增强苏米品牌整体的市场信誉，发挥省域品牌统领功能。

（2）实施"高特优"区域品牌差异化策略，加快创建一大批高影响力区域品牌，形成苏米区域品牌差异化优势，满足市场中高端个性化需求。

（3）实施统分结合品牌策略，实现苏米品牌集团作战，不断提升苏米"高特优"区域品牌与长三角市场日益增长的多元化需求的契合度。

实施"水韵苏米"省域品牌与"高特优"区域品牌相结合的统分品牌战略，一方面全力发挥"水韵苏米"省域品牌统领作用，另一方面充分利用江苏区域品牌众多这一优势，加快实施"高特优"区域品牌差异化策略，有效提升江苏稻米品牌对长三角地区稻米多元化市场需求的适应能力，满足市场不断增长的中高端需求，拓展品牌价值增长空间，助力江苏稻米产业开创全新局面。

（三）发展战略实施依据

苏米统分品牌战略是充分考虑了江苏稻米品牌建设与发展基础，生产、市场、加工优劣势，外部环境挑战与机遇，广泛吸纳了五常大米、吉林大米，以及江苏稻米品牌建设经验教训的战略思考选择。第一，实施"高特优"区域品牌差异化策略是长三角中高端大米市场多元化需求增长的必然要求。一方面，长三角地区作为我国经济最发达的区域之一，江苏稻米瞄准长三角市场，发展"高特优"中高端品牌有优良的市场条件；另一方面，长三角地区居民收入高，稻米多元化需求增长潜力大。第二，实施"高特优"区域品牌差异化策略是经济发达地区对稻米产业发展的必然要求。实施"高特优"区域品牌差异化策略，充分利用稻米产业发展的优势条件，着力提升资本等要素在稻米产业上的回报率，有利于江苏稻米产业跳出中低端市场和社会投入不足的尴尬境地。第三，实施"高特优"区域品牌差异化策略是江苏稻米区域品牌升级发展的必然要求。江苏稻米品牌众多，各区域品牌特色挖掘潜力大，便于向"高特优"品牌方向转变，增强对市场需求的反应能力，化劣为优。第四，实施"水韵苏米"省域品牌统一化策略是江苏稻米实现品牌协同、集团作战的必然要求。上述策略实施有利于解决江苏稻米高端品牌少且发展难，影响力偏弱，优质稻米大量流失；区域品牌多，品牌不强，特色不足；品牌保护不力，侵权问题严重，阻碍高端品牌做大、做强等问题。第五，实施苏米统分品牌战略是促进江苏稻米生产、加工、科研优势转为市场竞争优势的必然选择。江苏稻米产业基础好、水稻科研实力雄厚、加工业发展水平高，实施苏米统分品牌战略，打响"水韵苏米"省域品牌具备良好的经济与产业基础。第六，实施苏米统分品牌战略是依托江苏稻米得天独厚市场优势，开创江苏稻米产业新局面的理性选择。一方面，江苏省地处长三角经济发达市场，大米食味契合，相比于东北大米，"水韵苏米"在长三角市场具有独特优势。另一方面，江苏省毗邻上海、浙江等大市场，交通便利，品牌宣传、仓储物流、稻米销售具有明显区位优势。

（四）促进战略实施的政策建议

为加快实施"水韵苏米"省域品牌与"高特优"区域品牌相结合的统分品牌战略，从加强政府统筹协调，打响"水韵苏米"省域品牌，创建"高特优"区域品牌，提升稻米生产标准化与质量，以及品牌营销宣介、稻米市场流通与规范、科研创新驱动、全环节政策支持等方面提出：省政府高度重视，促进资源整合与协调，创造苏米品牌建设良好环境。建议省政府继续保持对稻米品牌建设战略的高度重视，围绕苏米中高端品牌建设愿景，科学做好顶层设计和可行性规划，在研发、生产、营销等层面全面发挥好公共管理职能，调动、整合政府部门、稻米行业、科研部门各项有利资源。增加财政支持，全力打响"水韵苏米"省域品牌，强化品牌统领功能。建议加大对"水韵苏米"省域品牌建设的财政投入，未来五年内每年财政投入不低于1 000万元，支持"水韵苏米"在长三角全力打响品牌，增强其对省内区域品牌的统领功能。建议未来区域品牌名称同时呈现"水韵苏米"和区域品牌信息，充分发挥统分品牌策略功能。鼓励地方政府充分挖掘地方资源，化劣为优，创建"高特优"区域品牌。科学正确对待品牌众多问题。各地方政府应支持地方大米产业行业力量，充分利用区域品牌优势，通过适度整合以及品牌战略合理分工，化劣为优，打造一批高附加值、特色、优质和高影响力的"高特优"区域品牌。推进苏米标准化生产体系形成，实现区间差异化、区内统一化生产，为统分品牌战略实施提供生产基础，助力苏米统分品牌战略实施。完善规范化质量体系，强化苏米生产收储加工体系建设，提升产品质量优质度和稳定性。强化大米储加体系建设，在优质生产基础上提升大米产品质量的优质度和稳定性。在收购环节，完善现有分级收购体系；在储存环节，大力推广绿色生态保鲜技术；在加工环节，要加大工艺改进。强化稻米产品检测体系建设，积极引入第三方独立检验和监管平台。构建系统化的营销体系，政府引领支持，各方抱团冲击，统分品牌结合集团作战，提升苏米品牌美誉度。各级政府应高度重视，大力支持和积极参与"水韵苏米"和"高特优"区域品牌的营销活动，在省（市）营销宣介对接、区域营销宣介资源整合与调配上发挥引导和携领作用，带领众企业抱团作战，助力打响"水韵苏米"统一品牌和区域"高特优"品牌。促进省内外科研资源整合，加大品种研发投入，加强创新成果保护，引导区域品牌技术创新。依托省内高水平农业科研院所研发底蕴和工业制造实力，促进省内外种子研发、精深加工、机械制造、工艺优化等领域科研资源整合和协作。开放针对统分品牌战略的新技术和新产品的专利申请绿色通道，专设知识产权管理办公室，加强专利保护，严厉打击侵权行为。完善知识产权保护体系，维护品牌形象，打击市场侵权，阻止优质苏米原料流失。学习借鉴五常大米在溯源防伪、商标授权、包装管控、行业自查、违规处罚等方面的成熟经验，尽快建立健全相关制度、办法、流程，严防严打侵权等违规行为，确保来源可溯、去向可查、责任可追，树立和维护优质品牌形象，阻止优质稻米原料流失。建立可持续的政策支持体系，加强对苏米品牌建设和产业发展的全环节支持。在生产方面，需要加大对企业商业化育种的投入和科企合作的支持；在收储加工方面，加大对粮食低温冷链储藏技术的研发和推广补贴，鼓励支持一批新型农业经营主体加强仓储保鲜冷链设施建设；在品牌推广方面，加大对苏米品牌的扶持力度，制定相关政策引导品牌建设，推进资源优化和整合。

（徐志刚　陈品　纪月清）

江苏省稻米省内外流通现状与存在问题分析

[摘要] 从江苏省稻米市场流通体系发展基本情况、稻米在周边省份及北方地区代表性市场流通现状、稻米省内流通现状等方面，全面分析江苏省稻米省内外流通现状与存在问题。总体而言，江苏省交通布局完善，物流体系快速便捷，收储条件良好，"三大园区""四大平台"建设稳步推进，为江苏省稻米高效流通奠定了良好基础；省内主产区以平价稻米生产加工为主，中端稻米规模不断增加；不同档次稻米收购呈现差异化发展趋势，收购来源多元化；稻米主销长三角城市群及云贵川等南方地区，销售方式多样化；江苏与长三角等南方城市群距离近，稻米流通成本优势明显。问题主要表现为以下几方面：高端稻米生产加工规模较小，市场份额受东北稻米挤占；稻米品牌市场认可程度较低，优质稻谷流失严重；市场监管力度不足，套牌、冒牌问题突出；稻米企业之间联系不紧密，行业协会缺乏凝聚力；受稻米收储政策和流通模式影响，优质优价难以实现。建议完善优质稻米产品标准体系，加强政府对稻谷市场的监管；发挥企业协会的引领作用，优化种植结构、品种结构和产品结构，实现稻米产品标准化生产；以市场化定价为基础，建立"价补分离"体系，推动江苏省稻米产业高效流通体系建设和有序发展。

江苏稻米品质优良，但正经受东北和周边省份稻米品牌冲击，为科学研判江苏稻米品牌的市场表现、优劣势、存在问题和发展潜力，促进产业高质量发展，课题组就江苏省稻米在周边省份及北方地区代表性市场的流通与品牌竞争状况，江苏稻米品牌市场表现开展系列调查研究，同时在江苏省苏南、苏中、苏北随机抽样了苏州、南通、扬州、盐城、徐州5个代表城市，系统调查分析了江苏省稻米生产、流通现状及存在问题。

一、江苏省稻米市场流通体系发展基础

（一）交通布局完善，物流体系快速便捷

江苏地处产销过渡带和长江经济带，通江达海，交通物流基础先进，沿江、沿河、沿海、沿陇海铁路线，横贯东西、纵穿南北的"三横三纵"粮食物流骨干网络基本形成，综合交通、智慧交通、绿色交通和平安交通建设正稳步推进，初步形成了支撑粮食产业布局的大交通物流网络。至 2020 年底，全省公路里程达 1.58×10^5 km，拥有万吨级以上泊位达到 524 个；港口完成货物吞吐量 2.97×10^9 t，完成集装箱吞吐量 1.90×10^7 标箱。全省建成百亩以上货运场站 100 余个，共有一类港口口岸 17 个。江苏省港口货物通过能力、万吨级以

上泊位数、货物吞吐量、亿吨大港数等多项指标均位列全国第一[①]。省级示范物流园区达 60 家，6 家入选国家级示范物流园区。大型骨干物流企业服务供给能力不断增强，全省 4A 级及以上物流企业达 274 家，位居全国第一位。2020 年全省社会物流总额达 32.88 万亿元，占全国比重 11％左右，社会物流总费用与 GDP 的比率达到 13.8％[②]。与此同时，物流供需结构不断优化，2020 年全省水路货运周转量占比达到 62％，居全国前列；仓储结构持续调整，高标准仓储设施比例明显上升。智慧物流转型升级，绿色发展初见成效。2020 年全省网络货运平台达 83 家，整合车辆 59.8 万辆，运输货物达 1.7×10^8 t，交易额达 202 亿元。

（二）收储条件良好，粮食安全水平和保障能力稳固

2020 年江苏省入统标准仓房仓容 4.32×10^7 t，同比增长 6.84％，其中完好仓容 4.19×10^7 t，同比增长 6.2％。全省约 67.1％的完好仓容装备了环流熏蒸系统，84％的完好仓容装备了粮情检测系统，92.4％的完好仓容装备机械通风系统，50.1％完好仓容实现低温准低温储粮，低温准低温储粮仓容量、应用环流熏蒸技术仓容量居全国前列。在国家组织的粮食安全省长责任制考核中，4 次获评全优，名次不断提升，2020 年排名全国第一。2020 年，全省人均粮食占有量 443kg，自给率达 105％，人均粮食占有量近 5 年年均增长 0.55％，供需平衡有余。粮食储备量充足，省市县政府落实粮食储备 3.65×10^6 t。粮食质检体系日趋完善，围绕"机构成网络、监测全覆盖、监管无盲区"总体要求，"十三五"时期重点建设了 72 个县级粮食质检机构，为 1 233 个国有粮食企业配置快检设备。应急保障能力显著增强，全省落实应急供应网点 2 321 个、应急加工点 381 家、应急配送中心 81 个、应急储运企业 123 家。

（三）"三大园区"建设稳步推进，助力粮食产业高水平发展

一是高水平粮食产业园区建设。打造集粮食收、储、加工转化、物流配送、终端零售于一体的全产业链经营模式。以市场导向为原则，面向不同年龄、地区群体开发高附加值粮油产品，依托循环经济发展模式，不断向生产、初加工和精深加工等各个环节进行产品价值链延展。建设布局合理的粮油交易市场网络，畅通粮油产品供应渠道。二是高水平物流园区共建。健全粮食物流标准体系，为粮食物流园良性规范发展奠定基础。促进物流园区纵向贯通，打造集粮食仓储、中转、加工、销售等一体化融合发展的现代化大型粮食物流园。推动粮食物流园区联动发展，立足长三角，服务长江经济带，联动全国和"一带一路"，打造重要粮食安全物流保障基地。进一步提升沿海、沿江、沿运河粮食物流通道能力，强化重点粮食物流园区集疏运能力和集聚辐射能力。2020 年底，全省共建成 17 个"江苏省级粮食物流产业园"，全年实现运营收入 590.4 亿元，入驻各类企业 127 家，其中国家级龙头企业 13 家、省级龙头企业 19 家。三是高水平粮食科技文创园创建。传承弘扬粮食文化，建设现代化综合性粮食博物馆，积极发展"粮食＋文化＋旅游"产业和工业观光、体验式消费等粮食

---

① 江苏省政府网站，http：//www.jiangsu.gov.cn/col/col31391/index.html.
② 《江苏省"十四五"现代物流业发展规划》：https://new.qq.com/rain/a/20210807A091TN00.

文创新模式，推进粮食文创与江苏科教合作，充分挖掘粮食文化资源，推动涉粮高校（含科研机构）科研与实践基地落户。

（四）"四大平台"高水平建设，促进粮食科技信息共享

一是推动建设科技共享平台。研发中心、产学研合作平台和科技创新联盟三大载体建设稳步推进，粮食产业发展从政策与要素依赖向创新驱动转变。促进科技资源共享，建立跨部门、跨区域、多层次的科技资源共享网络体系；建立以公益性服务为主体，市场化服务为补充的科技平台多元化服务体系；成立全国首个"国家优质粮食工程（南京）技术创新中心"，打造"苏粮硅谷"科研创新平台，为多层次、多样化、个性化优质粮油产品开发提供了有力支撑。江南大学、南京财经大学、南京国家农创园功能农业产业研究院等3家单位获"国家粮食技术创新中心"授牌。二是联合共建信息共享平台。大力推进"数字粮食"建设，提升全产业链信息化水平，加强全环节信息平台基础设施建设、软件开发与关键技术应用；协同多部门信息共享，加强省、市、县（区）级信息化建设，对接国家级平台，链接基层粮食企业；加强信息平台管理，统一建设规划、统一技术标准和统一管理平台。三是加快建设人才共享平台。统筹推进粮食行业人才队伍建设，以高层次、创新型人才为先导，以技能型人才为主体，建设专业人才队伍。完善粮食产业人才数据库，建立行业内各层次人才自由流动、业务培训、学业深造等方面的服务平台。加快人才引进体制机制改革和制度创新，统筹各方力量和各类资源，服务粮食行业人才工作。四是统筹构建营销共享平台。推动营销平台多样化、一体化、现代化发展，全面完成粮食收储物联网技术示范应用建设。2020年全省粮食产业互联网销售收入达13.24亿元，近5年年均增长率高达44.24%；粮食科技和信息服务业积极营造创新生态系统，创新成果不断涌现，基本建成全省粮食流通综合管理信息网络。

二、江苏省稻米在周边省份及北方地区代表性市场流通现状及存在问题

2020年江苏稻谷销往省外的总量为 6.10×10^6 t，相比2019年增长约4%，稻谷外销主要集中在浙江、广东、上海和福建等地，其中销往浙江的占比最高，达30.2%（1.84×10^6 t），相比2019年增长了15.7%；销往上海的比例为19.3%（1.18×10^6 t），相比2019年增长了55.3%；销往广东的占比为17.0%（1.03×10^6 t），相比2019年增长了10.8%；销往福建的比例为7.5%（4.60×10^5 t），相比2019年增幅为48.4%。

（一）江苏稻米在上海市场流通现状及存在问题

1. 调研组织与实施

为了解江苏稻米在上海市场的流通、产品质量和品牌建设等情况，课题组于2020年6月上旬对相关领域主要领导、超市一线销售员等进行了实地访谈，就当前上海市稻米市场中产品结构、流通销售、品牌建设等情况开展了调查。调查结果显示，"苏米"因其品质好、口感符合上海市民需求、区域品牌管理标准高等优势，在上海市占据较大市场份额，竞争力

明显优于上海本地稻米、东北稻米、进口稻米等同类别产品。未来发展，应当从提升稻米品质、瞄准高端需求、强化品牌建设管理等方面着手改进。

2. 上海市稻米市场基本概况

作为国际化大都市，上海市常住人口多，稻米消费总量大，全年稻米消费总量约 2.2×10^6 t。从全年来看，上海市每年的粮食需求量约 6×10^6 t，其中，口粮消费占比约为 50%，养殖和工业生产消耗合计约占 50%。根据经验判断，上海市每天口粮消费量约 8 000 t，其中，稻米约 6 200 t，面粉约 1 800 t。

但是，近年来上海市稻米消费总量呈下降趋势。究其原因主要是人口老龄化趋势加快、体力劳动减少、生活水平提高后蛋白质摄入量增加等，导致居民口粮消费量有所减少。同时，由于生产布局调整、环保标准提高等原因，近几年上海市畜禽养殖急速缩减，饲料粮消耗也不断减少。

3. 调研结果

（1）上海市场江苏稻米市场份额不断提高，超过东北稻米、本地稻米市场份额。第一，郊区自给仅约占 15% 市场份额。由于上海市耕地面积不断下降，郊区自产稻米数量也逐年减少。2019 年，全市粮食产量 9.6×10^5 t，比上年减少 7.6%。郊区稻米销售途径主要包括两个：一是走高端市场，用于礼品赠送、高端消费等；二是粮食局统一收购后储存至粮库，当市场粮价走高时投放市场，调节市场价格。第二，据实地访谈，江苏稻米约占近 70% 市场份额。2001—2019 年，江苏稻米的市场占有率约从 40% 上涨至 70%。江苏稻米市场份额高得益于两方面原因：一是产品品质符合市场需求。江苏在地理环境、气候等自然条件方面和上海接近，江苏稻米软糯的口感更符合上海市民的需求。同时，由于地理毗邻形成了稳定且有黏性的市场关系，再加上东北稻米供给量有限，对沪市场的占领也无法一蹴而就。因此，江苏稻米在上海市场受欢迎度较高。二是流通成本低。江苏稻米大多通过水运的方式运送到上海，其运输成本远低于东北稻米陆运运输成本。近几年，尤其以盐城海丰农场稻米最为畅销，常见于超市销售。第三，东北稻米约占 10% 市场份额。五常、稻花香等东北稻米虽然品牌知晓度高，但其在上海市场的品牌维护相对薄弱，导致假冒伪劣产品以次充好的现象较突出，大众满意度有所下降。此外，有消费者反映，东北稻米在初次煮熟时口感好，但加热后米粒变生硬，口感稍逊于江苏稻米。由于运输成本高、品牌管理疏忽、饮食习惯等多方面原因，致使东北稻米在上海市场的份额虽有增长，但仍低于江苏稻米。2001 年东北稻米在上海市场的份额约为 1.2%，低于江苏稻米 40% 的市场份额；2019 年，东北稻米市场份额增加至 10%，仍低于江苏稻米 70% 的市场份额。第四，进口稻米约占 5% 市场份额。上海市场的进口稻米主要来自泰国、越南、日本等国家，属于量少的"小品种"，主要起到补充市场的作用，销售渠道常见于进口超市、高端商场等。

（2）上海市场稻米消费中端需求比例缩减，两端需求比例上升。从市场消费需求结构来看，总体上大众化稻米需求和高端需求均在增加，中端需求有所缩减。根据市场调研，单价超过 16 元/kg 的稻米主要用于满足高端需求，消费平台主要为电商、高端商场等；单价低于 5 元/kg 的稻米主要用于满足大众化基本日常生活需求，销售平台主要为集贸市场、超市、团购配送等。个别销售单价高达 200 元/kg 的，主要服务于特殊群体消费，市场份额极少。

（3）良好的区域品牌建设管理保证了"苏米"在上海市场的竞争力。上海本地品牌分散且稻米总量少，导致品牌迭代更新快，缺乏长期有公信力的品牌，仅有少数（如"松陵大米""瀛丰五斗"）有一定的市场影响力。而江苏稻米重点打造"苏米"这一区域品牌策略较为成功，品牌单一，市场占有率高，且后期品牌市场维护规范，因此在上海影响力较高。

（二）江苏稻米在浙江市场流通现状及存在问题

1. 调研组织与实施

为了解江苏稻米在浙江省稻米市场的品种推广、市场流通和品牌建设的情况，课题组于2020年6月上旬与浙江省农业农村厅粮食专班相关专家进行了座谈，就稻米品种推广、市场流通、消费偏好、品牌建设、渠道选择等进行了调查。结果显示：①江苏稻米品种因在浙江种植表现不佳，且与当地研发品种相冲突，在生产端难以被推广；②江苏品牌稻米销售集中在浙北市场，高端市场份额低于东北稻米；③江苏稻米口感不及东北稻米，绿色生产信息传播不及当地优质稻米，居民消费接受程度低；④江苏稻米地方品牌较多，区域优质名牌匮乏；⑤江苏稻米和东北稻米销售渠道相似，与地方优质稻米存在差异。

2. 浙江省稻米基本情况

根据居民稻米饮食习惯，浙江稻米生产布局呈"北粳南籼"，自给率约50%，其余来自江苏、江西、安徽、东北、湖南等多个地区，属于稻米主销区。浙江省稻米品种推广需经地方或国家机构审定，且受浙江山多地少的影响，为提高品种推广收益，省内科研单位以选育杂交稻品种为主。浙江稻米市场销售渠道呈多元化发展，江苏、东北等地稻米主要经批发市场、大型商超出售，本地优质稻米销售主要为电商销售、周边销售及基地采购等方式。浙江省大部分消费者希望购买优质稻米，但浙江省农业农村厅的调研结果表明，其可接受价格较低，多为6～10元/kg，详见表1。

表1　2017年浙江省稻米消费习惯概况

| 地区 | 采购价（元/kg） | 以粳米为主食占比（%） | 产地来源占比（%） | | | 希望采购优质产品占比（%） | 接受优质产品单价为6～10元/kg占比（%） | 样本量（个） |
			浙江	江苏	黑龙江和辽宁			
桐乡	5	100	73	9	14	91	77	22
宁波	7	95	24	14	57	100	38	21
嘉兴	—	100	47	18	35	100	78	11
舟山	5	100	20	0	80	100	80	5
杭州	8	100	20	0	80	100	80	38
温州	5.2	57	43	43	0	100	86	7
台州	7.6	14	43	0	43	100	95	21

资料来源：根据浙江省农业农村厅提供资料整理，个别问题实际回答数与样本数不一致。

3. 调查结果

（1）江苏水稻品种在浙江因种植表现欠佳，以及与当地推广品种相冲突，难以在浙江被推广。进入浙江的水稻新品种需要通过地方或国家机构审定才能推广，存在审定周期长、标准高等问题。具体来说，一方面，由于江苏与浙江在气候、水土等自然条件上存在较大差异，江苏水稻品种在浙江种植时往往表现出病虫害多的特征，导致大部分江苏水稻品种不能通过审定；另一方面，浙江省研发水稻品种单位众多，且以研发杂交稻为主，导致以常规稻为主的江苏水稻品种不被同行和农户接纳。

（2）江苏稻米主要在浙北地区流通，市场份额不及东北稻米，尤其在高端市场。根据浙江居民的消费习惯，浙江北部以粳米为主，南部以籼米为主，这造成江苏稻米在浙江市场上的流通受到一定限制，主要在杭嘉湖等浙江北部地区流通，少量在温州、台州等浙江南部地区流通。同时，由于东北稻米也属于粳米，这与江苏稻米在浙江市场的发展形成竞争关系。从表1可以看出，以粳米消费为主的桐乡、宁波、嘉兴、舟山、杭州等地，东北稻米消费占比要明显高于江苏稻米。另外，据调研，在浙江稻米细分市场上，东北稻米主要占据中高端市场，而江苏稻米主要分布在中端市场。

（3）江苏稻米口感不及东北稻米，绿色生产信息传播不及当地优质稻米，居民消费接受程度低。据专家介绍，与东北稻米相比，居民在购买稻米时主要依据口感，而市面上东北稻米的口感要优于江苏稻米。因此，虽然东北稻米在价格上略高于江苏稻米，但多数居民表示通过多支付一点钱来换取吃饭时的满足感是可以接受的。与当地优质稻米相比，江苏稻米在信息传播和消费者接受程度方面处于劣势。由于浙江地少山多，地方稻米的种植往往受到要素禀赋的限制，例如浙江永嘉的"高山大米"，这类稻米生产难以实现规模化和全程机械化，导致产量低、价格高，但其主打的"高山种植""绿色种植"符合消费者对绿色产品的需求，这在局部的地方市场上具有优势，而这种类型的稻米生产近年来在浙江发展较快。

（4）江苏稻米品牌建设以地方为主打，区域品牌知名度不足。江苏稻米品牌众多，有"兴化大米""射阳大米""隆元大米""盱眙龙虾香米""华西村臻米"等以地方特色为品牌的稻米。但通过对消费者的调查发现，大部分消费者并不能识别江苏各地稻米之间的区别，反而东北地区主打的"五常大米"一直受到消费者青睐。虽然江苏的"南粳系列"在市场上也受到许多消费者的好评，但因其与东北稻米在口感等质量方面存在差异而使其在市场上的表现仍有不足，尤其在高端市场。

（5）江苏稻米销售渠道与东北稻米相似，竞争激烈，替代当地优质稻米难度大。由于浙江省稻米自给率低，对外省稻米需求较大，江苏稻米和东北稻米均主要由大型米厂运入浙江，并最终在批发市场、大型商超进行销售，彼此间存在激烈的竞争。对于当地优质稻米，由于其生产成本较高、产量较小，以及进驻大型商超需要产品认证等，因此，稻米经营者更多是采用电商销售、周边销售或直接基地采购的方式来吸引消费者，这种差异化的销售渠道不仅能避开与江苏、东北稻米的直接竞争，还会增加江苏稻米进一步扩大市场的难度。

（三）江苏稻米在合肥市场流通现状及存在问题

1. 调研组织与实施

为了解安徽省稻米生产、流通、品牌发展脉络以及江苏省稻米在皖流通现状，课题组于2020年5月下旬对安徽省粮食行业协会相关人员、稻米加工企业、丰大种业育种专家进行了电话访谈。调查结果显示，安徽水稻种植以籼稻为主，种质资源丰富；稻米加工以订单收购为主,销售渠道以代理经销商为主;安徽与江苏稻米品牌影响力均不够大,稻米有机品牌认证体系不完善;合肥市稻米消费市场以安徽和东北稻米为主,江苏稻米市场份额较小。

2. 安徽稻米生产基本情况

水稻是安徽省的主要粮食作物之一,其种植主要分布在淮河以南地区。2018 年安徽水稻播种面积占粮食作物播种面积的 35%,稻谷总产占粮食总产的 42%。安徽省水稻品种类型全面,籼稻、粳稻和糯稻品种均有,早稻、中稻、晚稻类型齐全,且以中稻为主,每一品种类型中的种质资源极为丰富。安徽稻米主要销往上海、浙江、福建、广东、广西等省、自治区、直辖市。

3. 调查结果

(1)水稻种植以籼稻为主,种质资源丰富。从全省来看,安徽省水稻种植以籼稻为主,目前主栽籼稻品种有:徽两优 898、荃优 822、晶两优 534、晶两优华占、旱优 73、两优 688、丝苗类等。现阶段的品种选育以杂交稻品种为主。近年来,安徽优质稻种植面积在增加,畅销品种均达到国家《优质稻谷》(GB/T 17891—2017)二级标准。江苏粳稻品种在安徽也有种植,如南粳 46、南粳 505、南粳 9108、苏秀 867、镇稻 15、镇稻 18、镇稻 11 等。合肥市水稻种植以中籼稻为主。

(2)加工企业以订单收购为主,销售渠道以代理经销商为主。安徽省稻米加工企业生产基地经营方式以订单收购为主,企业通过向农户指定种植品种,并以国家收购价上下浮动的价格向农户收购稻谷。2019 年安徽省 387 家粮油加工企业粮食订单面积为 222.4 万 hm^2,占比达 76.3%;粮食订单收购量 545.3 万 t。稻米收购加工企业的收购信息一方面来源于全国粮库拍卖信息,江苏也是稻谷收购来源地之一;另一方面大多稻米加工企业采取就近代加工就近发运的形式,但利润空间不大。经销商代理是稻米加工企业的主要销售渠道,此外,稻米企业也通过与学校食堂合作的形式进行稻米销售。2019 年安徽省稻米加工企业实现销售收入 775.9 亿元,利润 18 亿元。

(3)稻米品牌众多,缺乏大型龙头企业。安徽省粮油类企业获省著名商标 409 个,其中稻米企业产品商标 204 个,占比达 50%。青草香米业、光明槐祥、联河米业、稼仙米业、皖一食品、凯源粮贸、渡民粮油等稻米产品商标被国家市场监督管理总局认定为中国驰名商标;南陵大米、颖上大米被认定为中国地理标志产品。安徽省稻米加工企业品牌众多,但缺少大型龙头企业。与江苏省类似,作为水稻生产大省,安徽省稻米品牌的影响力还未彰显。

(4)消费市场以本省和东北稻米为主,江苏稻米较少,且江苏稻米主要以苏北稻米为主。市场上本省稻米价格区间为 4.4~18 元/kg,东北稻米价格区间为 6~28 元/kg,江苏稻米价格区间为 4.8~16 元/kg,从单价上看江苏稻米在合肥市场上具有一定的优势。消费者会根据自己的偏好,结合品牌及实物外观进行稻米的购买,但高端稻米消费市场占比仍然不大,稻米购买价格区间主要集中在 4~6 元/kg。

(5)江苏稻米品牌在安徽市场流通面临的主要问题:第一,合肥市稻米消费以籼米为主,粳米消费量在逐渐增加。在合肥居民消费转型期间,东北、日本等粳米知名品牌市场表现突出,江苏粳米品牌影响力不足。第二,合肥市场上的稻米主要为苏北稻米,且多为品牌代理，缺乏自主品牌。第三，有机稻米品牌认证体系尚不完善，存在多渠道高价销售贴牌有机稻米的现象，信息不对称造成很多追求品质的消费者盲目消费，对消费市场也造成了损害。

（四）江苏稻米在哈尔滨市场流通现状及存在问题

1. 调研目的和组织

为了解江苏稻米在哈尔滨市的市场竞争力，课题组于 2020 年 6 月上中旬对哈尔滨市两家稻米加工企业、一家合作社、三家商超进行了现场和电话访谈，就哈尔滨市稻米市场产品结构、流通销售、品牌建设等情况进行了调查。调查结果显示，江苏稻米在哈尔滨市场占有率低，江苏稻米产品在哈尔滨乃至整个黑龙江省的市场竞争优势不明显。

2. 实地调查基本情况

哈尔滨市稻米生产以粳稻为主，稻米流通渠道多元化，普通品质稻米通过当地和周边地区的批发市场、大型商超、电商平台以及订单采购等形式进行销售，中高端品质稻米除了在本地和周边地区市场进行销售外，还通过电商平台等形式销售至广东、江苏、浙江、北京等地。哈尔滨市稻米市场以东北稻米为主，外地稻米很难进入，进口稻米和南方稻米在哈尔滨的市场占有率较低。

3. 调查结果

（1）哈尔滨市稻米消费市场以本省稻米为主，吉林稻米为辅，江苏稻米品牌十分少见。乔府大院、秋然、圣上壹品、寒育、盛禧、葵花阳光、稻香社、五常大米等省内品牌稻米受到哈尔滨市消费者的喜爱。吉林主要是中粮集团、金龙鱼、十月稻田、大荒地等品牌的稻米。除此之外，市场上也有一部分进口稻米，但所占市场份额较小，市场竞争力弱于省内稻米和吉林稻米。市面上基本不流通江苏品牌标识稻米。

（2）哈尔滨市稻米市场品牌众多，产品多样化，既有价格比较便宜的散装稻米、乔家大院等价格适中的普通品牌稻米，也有价格较高的有机稻米、功能性稻米，可以满足消费者多元化的需求，不同的消费者可根据自己的消费偏好和购买力在市场上购买到自己心仪的产品。

（3）五常稻米的供给瓶颈衍生出"调和米"。纯正的五常稻花香稻米产量有限，市场售价高，很难满足市场需求，从而产生了"调和五常稻花香稻米"。部分五常稻花香稻米生产企业根据不同比例将五常稻米和其他品种稻米进行调和，以不同的价格售卖"调和五常稻米"。目前市面上五常稻米调和米品种主要有其他五常品种稻米、东北其他品种稻米（如方正稻米、庆安稻米、通和稻米、吉林稻米）以及南方稻米。此外，还有五常其他品种稻米直接和东北其他品种稻米或南方稻米直接调和的情况。

（4）江苏稻米产品在黑龙江市场缺乏竞争力。首先，黑龙江省独具的自然条件优势下，水稻生产病虫害少，稻米品质好，备受消费者青睐。其次，黑龙江省市场流通的东北稻米品牌众多，产品种类丰富，外省稻米品牌进入本地消费市场的难度较大。最后，黑龙江省消费者饮食习惯较为单一和固化，习惯食用东北稻米，对南方稻米认知度较低，对江苏稻米品牌的认知度和接受度也较低。

（五）江苏稻米在大庆市场流通现状及存在问题

1. 调研组织与实施

课题组于 2020 年 5 月中旬在黑龙江省大庆市对八家商超稻米销售情况进行实地调查，了解销售稻米的主要品牌及江苏稻米在当地的销售与流通现状。调查结果显示，大庆市稻米消费市场以本省稻米品牌（产地）为主，外省稻米十分罕见，江苏稻米品牌未直接出现在大庆市消费市场上。

2. 实地调查基本情况

本次调研走访了 8 家商超（市区 4 家、县内 4 家），调查到稻米品牌共计 42 个，其中，本市稻米品牌 15 个，省内市外稻米品牌 24 个，省外稻米品牌 3 个。市区与县内商超调查的稻米品牌分布存在一定差异。大庆市区 4 家商超调查到稻米品牌共 29 个，其中，市内稻米品牌 9 个，省内市外稻米品牌 18 个，省外品牌 2 个；大庆市杜尔伯特蒙古族自治县内 4 家商超稻米品牌有 22 个，其中，本市稻米品牌 11 个，省内市外稻米品牌 10 个，省外稻米品牌 1 个（表 2）。

表 2　大庆市抽样调查商超稻米品牌情况

地区	稻米品牌	本市	省内市外	省外
大庆市	42	15	24	3
市区	29	9	18	2
杜尔伯特蒙古族自治县	22	11	10	1

资料来源：超市抽样调查。

3. 调查结果

（1）稻米消费市场以省内稻米产品为主，省外稻米品牌市场占有率低。实地调研的 8 家商超销售稻米产地为省内的比例极高，主要集中于五常品牌系列产品以及部分大庆市下属乡镇稻米生产基地产品，中粮集团、金龙鱼等知名品牌的稻米均产自黑龙江省内。除此之外，消费市场中也不乏泰国进口香米、凤台香淮米等省外特色稻米品牌，但主要是高端产品，市场份额较小，一般认为市场占有率低于 5%。

（2）省内稻米品牌众多，省外品牌通过生产基地代加工打入本地市场。黑龙江省内稻米品牌众多，企业注册商标产品种类超过 30 个，如五常大米、九粮集团、乔家大院、赵府稻园等黑龙江省知名品牌，各品牌下部分产品具有绿色产品或有机产品认证。省外品牌主要是中粮集团、金龙鱼等国内知名品牌。在大庆商超销售产品多为这些企业在黑龙江省的生产基地生产和加工的产品，或者委托黑龙江稻米加工企业代加工并贴牌冠名销售的产品。

（3）江苏稻米品牌在黑龙江市场流通面临的主要问题：第一，黑龙江作为我国粮食主产地，稻米产量高、质量优，在黑龙江本地市场江苏稻米产品并不具有优势。第二，黑龙江省稻米具有较多知名品牌，且各品牌旗下产品种类繁多，外省稻米品牌进入本地消费市场的难度较大。第三，消费者的消费习惯对江苏稻米品牌在黑龙江市场流通影响较大，黑龙江地区消费者偏爱本地生产的粳稻，江苏稻米很难获得黑龙江地区消费者的青睐。

三、江苏稻米省内流通现状及存在问题

（一）苏州市稻米市场流通现状及存在问题

1. 调研组织与实施

为了解苏州市稻米生产质量、稻米流通体系的发展脉络和稻米品牌竞争现状，课题组于2020 年 10 月下旬对苏州市粮食和物资储备局、苏州粮食集团、苏州市粮食批发交易市场和多家超市进行访谈，就苏州市稻米市场上产品结构、流通销售情况、品牌建设等进行了调查。调查结果显示，苏州稻米生产以中高端品种为主，粮食自给率较低；稻米消费市场以苏北稻米和东北稻米为主，东北稻米因其口感佳、性价比高等占据高端消费市场。未来发展，应当从加大科研投入提升稻米品质，加强创新寻求差异化发展，建设维护区域品牌等方面着手。

2. 苏州稻米生产基本情况

苏州市属于亚热带季风海洋性气候，土壤肥沃，物产丰富，自然条件优越，自古享有"天下粮仓""鱼米之乡""苏湖熟，天下足"等美誉。20 世纪 80 年代初，苏州依旧是我国主要的商品粮基地之一，1984 年苏州市稻谷种植面积 24 万 hm^2，总产量达到 180 万 t，但是随着改革开放和经济发展，特别是乡村的迅猛发展，大量耕地转为非农用地，2019 年苏州稻谷种植面积已减少至 6.93 万 hm^2，总产量仅有 65 万 t，苏州粮食自给率仅在 25% 左右。

3. 调研结果

（1）主要生产中端稻米，小规模生产高端稻米　第一，稻米生产从高产导向转为优质导向。20 世纪 90 年代初由于中央下达订购任务，苏州主要种植抗倒伏、高产的品种，如太湖粳 1 号、武育粳 2 号等。20 世纪 90 年代末市场化改革后，苏州成立粮食批发市场，消费者开始追求品质，稻米生产也开始推广苏香粳 1 号、武育粳 7 号等口感较好的品种。近年来，苏州稻米市场消费者更加注重产品口感和卖相，主要种植南粳 46、南粳 5055、苏香粳 100 等中高端品种。第二，苏州稻米生产以中端产品为主，由粮食和物资储备局收购至粮库。苏州本地生产的中端稻米总产量约 40 万 t，市场定价一般在 4.6～5 元/kg。本地生产的中端稻米由粮食和物资储备局收购作为储备粮，当粮食消费市场出现波动时，用于投放市场，稳定粮食价格。第三，小规模生产高端稻米，但市场认可度不高。苏州打造了"江南味道""吴中"等本土品牌，产量仅在 15 万 t 左右。由于定价过高、区域品牌认可度不高，消费者认为本地的高端品牌性价比太低。因此，苏州本地高端稻米的市场销路不畅，大多只能依靠政府部门推广销售。

（2）稻米消费市场需求总量大，且以中高端需求为主　第一，稻米消费需求总量大，粮食自给率较低。苏州是长三角地区的中心城市之一，常住人口达到 1 550 万人，每年稻谷需求总量约 270 万 t，粮食自给率仅在 25% 左右。2002 年开始成立粮食批发市场以满足苏州人民粮食需求，2019 年苏州经过粮食批发市场输入粮食 190 万 t。第二，由于苏州人民收入水平较高，稻米需求以中高端产品为主，消费市场中粳米和籼米的比例大约为 95∶5。另外，随着收入水平的不断提高，粮食需求呈现多元化的趋势，杂粮的消费比例不断上升。

（3）苏北稻米和东北稻米平分市场，但东北稻米占据高端市场且市场份额不断上涨　第一，苏北稻米和东北稻米占据了苏州稻米市场约 95% 的市场份额，并且总体上两者的市场份额相当。但是，苏北稻米以满足中端需求为主，东北稻米则主要占据了高端稻米市场。根据市场调研情况，粮食批发市场苏北稻米市场份额约占 42%，东北稻米销量占 35%；普通大众超市，苏北稻米和东北稻米销量各占一半；而在精品高档超市中只销售东北稻米，高端消费市场对苏北稻米的认可度不高。第二，东北稻米市场份额不断上升，未来可能占领更多的市场份额。苏州粮食批发市场调研结果显示，2006 年东北稻米的市场份额仅有 16%，苏北稻米占据了绝大部分市场份额，并且在高端市场也占有一定的市场份额。但是，由于苏北稻米品种退化严重，产品竞争力下降迅速，以及大量优质的东北稻米进入并很快打开苏州市场，苏北稻米的市场份额很快被东北稻米抢占。未来随着收入水平的提高和高端稻米需求的增加，苏北稻米的市场份额可能会进一步被东北稻米挤占。

（4）东北稻米冲击下，苏北稻米在苏州市场发展流通的劣势及存在问题　第一，品种改良相对较慢，产品口感不佳。根据市场调研情况，消费者最注重的是稻米的口感和性价比，而苏北稻米的口感和性价比均不及东北稻米。除了水土、光照等得天独厚的自然条件外，江苏稻米品种研发投入不足，品种改良速度不及东北大米，导致其产品口感不及东北稻米。第二，化肥农药施用过多，影响产品卖相。据反馈，苏北稻米的重金属和农药残留等指标均远高于东北稻米，尤其氮肥的过多施用导致苏北稻米煮熟后米饭亮度不够，产品品相不好，降低了苏北稻米的市场竞争力。第三，区域品牌认可度不高，优质苏北稻米"东北稻米化"，其他苏北稻米与东北稻米口碑差距进一步拉大。苏州稻米消费市场，尤其高端市场并不认可"苏北稻米"的区域品牌。同时，为实现短期利益的最大化，很多优质的苏北稻米为获取更高利润，被用于调和或贴牌东北稻米。优质苏北稻米的"东北稻米化"，使得消费市场上"东北稻米"和"苏北稻米"的区域品牌差距进一步拉大。

（二）南通市稻米市场流通现状及存在问题

1. 调研组织与实施

为了解南通市稻米生产质量、稻米流通体系的发展脉络和稻米品牌竞争现状，课题组于 2020 年 5 月下旬对南通市 7 家稻米加工企业进行了电话访谈。调查结果显示，稻米企业以中档和普通稻米生产加工为主；稻米销售以省外市场为主；区域性知名稻米品牌基本形成；稻米消费市场以本省稻米为主。

2. 南通稻米生产概况

南通市属北亚热带和暖温带季风气候，稻作历史悠久，生产水平较高，是江苏省水稻高产与主产地区之一。全市常年水稻种植面积约 18 万 hm²，水稻总产量 160 万 t 左右，稻谷产量占整个江苏省的 8% 左右。

3. 调研结果

（1）生产加工平价稻米为主，中高端稻米不断增加　南通市稻米加工总量在 100 万 t 左右，其中高端稻米加工量占比在 10% 左右，中端稻米加工量占比在 40% 左右，普通稻米加工量占比约为 50%。中高端稻米品种主要为南粳 5055、南粳 9108 及营养强化的富硒米和部分小众品种；普通稻米品种主要包括淮稻 5 号等；高端稻米主要为各稻米加工企业注册的有机产品和绿色产品，部分家庭农场和合作社注册的有机产品等。用于加工中高端稻米的稻谷主要来源于稻米加工企业的自有基地和订单农业，用于普通稻米加工的稻谷则主要来源于市场收购、网上拍卖和向稻谷收储企业购买。稻米加工企业中高端稻米加工占比不断提高，但产量在 10 万 t 以上的稻米企业仍以加工平价稻米为主。

（2）销售以省外市场为主，省内市场为辅　南通市稻米总产量中有 70%销往省外，省内销量占总加工量的 30%。省外主要销售市场为上海、浙江、福建及云南、贵州、四川等，其中，销往上海的稻米占省外销量的 50%，浙江占 30%，福建占 10%，云南、贵州、四川占 10%。省内市场主要为本地、南京及苏锡常地区。代理经销商仍是稻米企业销售稻米的主要渠道。此外，稻米企业还对企事业和学校食堂进行销售，少量通过电商平台进行销售。据估计，上海稻米市场上江苏稻米市场份额超过 40%，且在不断提高；浙江市场上江苏稻米约占 20%。

（3）区域性品牌逐步显现，全国知名品牌欠缺　在首个"中国农民丰收节"上，江苏省农委发布了江苏稻米产业信息，江苏龙顺米业有限公司"龙顺大米"和如东喜丰农业科技有限公司"晓塘大米"获评 2018 年度"江苏好大米"特等奖。目前，南通市的海安稻米和如东稻米开始受到广大消费者的认可，并逐渐形成区域品牌。有机稻米品牌、绿色稻米品牌和中国地理标志产品不断涌现。调研中还了解到部分东北稻米企业委托本地米厂进行代加工，原料为南通本地稻米，采用东北米企的商标和包装进行销售。

（4）消费市场以本地稻米为主，东北稻米调剂为辅　南通稻米消费市场主要以本地稻米为主，省外稻米主要有东北稻米。东北稻米市场份额较小，一般认为市场占有量低于 10%，主要通过超市进行销售。

（5）南通市稻米高质量发展和打造知名品牌面临的问题　第一，历史上优质稻米品种相对欠缺，虽然近年来不断有稻米新品种面世，但推广和形成影响需要时间。第二，南通市稻米加工企业和稻米品牌数量众多，其中也存在大量套牌、冒牌企业和产品，导致市场竞争不良，需要规范。第三，稻米企业之间联系不紧密，难以形成密切合作的稻米协会，发挥不了抱团竞争及合作的优势。

（三）扬州市稻米市场流通现状及存在问题

1. 调研组织与实施

为了解扬州市稻米生产质量、稻米流通体系的发展脉络和稻米品牌竞争现状，课题组于 2020 年 5 月下旬对扬州市 7 家稻米加工企业进行了电话访谈，就扬州市稻米产品结构、流通销售情况、品牌建设等进行了调查。结果显示，稻米企业以中档和普通稻米生产加工为主；稻米销售以省内市场为主；缺乏全国或区域知名稻米品牌；稻米消费市场以本省稻米为主。

2. 扬州稻米生产概况

扬州地处江淮之间，属于热带湿润气候区，为典型的江苏里下河农区，农作物布局以稻麦两熟为主。其中水稻高产稳产，是扬州粮食生产中的优势作物，常年种植 20 万 hm²，占粮食面积的 50% 以上；稻谷总产量约 180 万 t，占粮食产量的 66%。水稻生产在扬州市粮食生产中具有举足轻重的地位。

3. 调研结果

（1）生产加工平价稻米为主，中高端稻米为辅　扬州市年稻米加工总量在 120 万 t 左右，其中高端稻米加工量占比低于 10%，中端稻米加工量占比在 30% 左右，普通稻米加工量占比在 60% 左右。高端稻米品种主要有金香玉 1 号、宝粮 1 号以及部分小众品种；中端稻米品种主要包括南粳 5055、南粳 9108、南粳 46 等；普通稻米品种主要包括淮稻 5 号等。高端稻米主要为各稻米加工企业注册的有机产品和绿色产品，部分家庭农场和合作社注册的绿色和有机产品等。用于加工中高端稻米的稻谷主要来源于稻米加工企业的自有基地和订单农业，用于普通稻米加工的稻谷则主要来源于市场收购、网上拍卖和向稻谷收储企业购买。稻米加工企业高端、中端、普通稻米加工结构比较稳定，中高端稻米产量略有上升；家庭农场和合作社高端产品较多，但总量不大。

（2）销售以省内市场为主，省外市场为辅　扬州市稻米总产量中有 65%~70% 在江苏省内销售，主要销售市场为苏南地区，省外销售占比为 30%~35%。省外市场主要为上海、浙江及云南、贵州、四川、福建、广东、海南，其中，约 10% 的稻米销往上海，约 10% 的稻米销往浙江，约 10% 的产量销往云南、贵州、四川。据估计，上海市场上有超过一半的稻米来自江苏。代理分销是稻米企业主要的销售渠道，部分企业拥有自有门店或批发部，部分企业供应企事业单位食堂。部分家庭农场和合作社通过电商平台进行销售，但稻米企业直接跟超市对接较少，因为资金回笼较慢。

（3）稻米品牌众多，知名品牌稀缺　扬州稻米企业对品牌建设比较重视，部分企业注册商标超过 30 个；少量产品进行了有机产品和绿色产品认证，但全国知名稻米品牌少有。同时，存在东北稻米企业委托本地米厂进行代加工现象，品牌和包装由东北企业提供，稻米为扬州本地稻米。

（4）消费市场以本省稻米为主，东北稻米调剂为辅　扬州稻米消费市场上除本地稻米外，还有来自省内的射阳稻米和淮安稻米，省外稻米主要有东北稻米。东北稻米市场份额较小，一般认为低于市场占有量的 10%，主要通过超市进行销售。

（5）扬州市稻米高质量发展和打造知名品牌面临的问题　第一，人地资源紧张，户均耕种面积少，农户分散决策导致种植品种杂乱，管理水平不一致，生产的稻谷质量差异较大。第二，稻米收储政策难以做到优质优价，稻农仅追求稻谷高产量，对稻谷质量关注不够。第三，稻米加工企业和稻米品牌数量众多，其中也存在大量套牌、冒牌企业和产品，导致市场竞争不良。

（四）盐城市稻米市场流通现状及存在问题

1. 调研组织与实施

为了解盐城市稻米生产质量、稻米流通体系的发展脉络和稻米品牌竞争现状，课题组于 2020 年 6 月下旬、7 月中旬对盐城市相关稻米协会负责人、稻米企业、农场种植大户进行了电话访谈，就盐城市稻米产品结构、流通销售情况、品牌建设等进行了调查。结果显示，盐城市主打优质稻米生产，高端稻米销售体量小；稻米主要销往上海、苏南、浙江北部地区及云南、贵州、四川等地；销售渠道多样，加工能力仍有不足；品牌建设成效明显，但全国性影响力不够；射阳稻米一枝独秀，区域内稻米产业发展不均衡。

2. 盐城市稻米生产概况

盐城市四季分明、日照充足，冷暖有常、雨量适中，既是全国重要的商品粮基地，也是全国为数不多粮食超百亿斤的产粮大市，同时还是全国几大粳米主产区之一。盐城市常年水稻种植面积保持在 38.7 万 hm^2，占江苏省的 17％ 左右，年产稻谷 360 万 t，占江苏省的 18％ 左右，射阳、阜宁、滨海三县种植面积和产量占盐城市的 50％ 以上，其中射阳县种植面积 10.7 万 hm^2，年产稻谷 130 万 t，占三成以上。盐城市水稻种植 95％ 以上是粳稻，粳稻产量约占全国的 7.4％，占江苏省粳稻产量的 30％。水稻种植品种主打淮稻、南粳系列。

3. 调研结果

（1）主打优质稻米生产，高端稻米销售体量小　盐城稻米从生产环境和品种口感上寻找突破口，一方面突出盐城稻米生产独特的外部环境，包括良好的气候环境、水土资源及空气质量，同时，大力推广"稻虾、稻鱼、稻蟹"养殖，建立有机稻生产基地。另一方面依靠农业科技支持，根据品质、品相和市场认可度，优选水稻种植品种，筛选了武育粳 3 号、淮稻 5 号、南粳 9108 作为主打的稻米种植品种。虽主打优质稻米生产，但盐城市的高端稻米生产占比少，多数以有机米、富硒米等礼品米形式出现，总的市场份额不到 2％。

（2）三分之二销往市外，主销长三角城市群　近几年来，盐城市主打的南粳系列品种稻米因香、糯、软，且饭软而不黏，凉饭不返生，米饭有清香味，深得市场消费者青睐，价格略高于其他品种（0.2～0.4 元/kg 不等）。盐城稻米 2/3 销往市外，主要集中在长三角城市群，如上海、苏南、浙江北部地区，上海地区年销量约 80 万 t，占上海市场的 20％ 左右，少部分销往云南、贵州、四川等地。同期，东北稻米在盐城稻米市场上的份额不到 10％，主要通过商超进行销售。

（3）收购渠道多样，但加工能力发展中仍显不足　盐城稻米收购主要采取合同收购、生产基地、稻米生产合作社等形式，其中，合同收购约占 25％，生产基地约占 20％。粮农合作组织优质稻谷订单收购达到 60％ 以上。受稻米市场行情影响，合同收购、订单收购实际执行率通常要低于上述比例。2019 年全市稻米加工企业 124 家，设计产能为年加工稻谷 471 万 t。稻米加工企业虽然在加工能力、产量利润方面逐年提高，处于高速发展时期，但与东北地区稻米加工能力相比，仍然存在较大的差距。

（4）品牌建设成效明显，但全国性影响力不够　盐城稻米"品牌辈出"，先后有"射阳大米""阜宁大米""建湖大米"获中国驰名商标，其中"射阳大米"更有"江苏第一米"美称。"滨海大米""大丰大米"也先后获国家地理标志商标。近期，"盐城大米"获批国家地理集体商标。虽然盐城稻米很受欢迎，特别是射阳稻米在市场上享有"北有五常、南有射阳"的美誉，但与"五常大米""吉林大米""盘锦大米"等东北稻米品牌相比，盐城稻米产品和品牌附加值还不高。同时，由于体量不大，对域外消费者的影响力有限，暂时无法同"东北稻米"等大体量的稻米品牌影响力相抗衡。

（5）射阳稻米一枝独秀，区域内稻米产业发展不均衡　射阳县稻米产业发展在盐城市稻米行业起引领性的作用，目前射阳稻米年产约 100 万 t，主要通过批发市场（50％）、商超（25％）、专营店（15％）、网络（10％）等渠道销售。射阳县稻米加工设计年产能为 300 万 t，全县稻米恒温储存仓库总容量为 150 万 t, 完全能够满足当地稻米加工及存储的需要。相比之下, 阜宁、建湖、滨海、大丰等区县稻米加工产业由于起步晚, 知名度远不如"射阳大米", 各区县的稻米加工能力差别较大, 部分区县的稻米加工及稻米恒温仓储能力还不能满足当地稻米产业发展的需要。

(6) 盐城稻米高质量发展和打造知名品牌面临问题　第一, 现有种植品种性状仍有明显缺陷。主推品种南粳 9108 的最佳食味期仅有 3 个月, 替代品种南粳 5718 存在香型不足的问题, 这一方面对稻米存储设施提出了更高的要求, 另一方面需要育种工作的跟进。第二, 稻米生产销售优质优价难以体现。虽然盐城市主打优质稻米生产, 但以走量为主的营销模式使其优质稻米难以在中高端稻米市场上立足, 其价格仅仅略高于市场上的其他稻米。第三, 生产经营主体小而分散影响品牌打造。不论是合同收购还是基地生产, 水稻生产大部分以分散的小农户为主, 规模化生产比例较低, 稻米产品的标准化程度低, 且不利于稻米性状提优和品牌维护。第四, 缺乏大型龙头企业的带动, 行业协会缺乏凝聚力。虽然射阳县稻米产业的发展由射阳大米集团进行统筹, 但实质上是政府部门主导了对外的市场宣传工作。而盐城其他区县则缺乏能起引领作用的龙头企业, 现有企业难以形成合力。第五, 总体加工能力和仓储条件仍然不足。除了射阳县, 其他主要稻米生产区县无论是稻米加工能力还是稻米储存设施建设都处于发展阶段, 且市面上的盐城稻米基本上是以成品米的形式出现, 稻米产品在精深加工方面显得不足。第六, 重品牌创建, 轻品牌维护。虽然盐城稻米"品牌"辈出, 但部分地区在品牌发展过程中, 重视品牌创建及评审工作, 但对品牌创建后的维护工作不够重视。第七, 打假之路任重道远。早在 2003 年, 在射阳稻米走俏上海市场后就开始出现假冒产品, 此后射阳稻米主管部门就开启了一系列的打假活动。随着盐城稻米、射阳稻米市场的进一步打开, 打假工作任务将日益艰巨。

(五) 徐州市稻米市场流通现状及存在问题

1. 调研组织与实施

为了解徐州市稻米生产质量、稻米流通体系的发展脉络和稻米品牌竞争现状, 课题组于 2020 年 6 月中旬对徐州市粮食局、徐州市三家稻米加工企业进行了现场和电话访谈, 就徐州市稻米产品结构、流通销售情况、品牌建设等进行了调查。结果显示, 徐州市稻米企业以中档和普通稻米生产为主; 稻米销售以省外市场为主; 稻米消费以自产自销和购入省内临近区县稻米为主; 稻米产业基本没有具有影响力的品牌。

2. 徐州市稻米生产概况

徐州市地处苏、鲁、豫、皖四省接壤地区, 长江三角洲的北翼, 地形以平原为主, 属温带半湿润季风气候, 四季分明, 气候条件较为优越。2019 年徐州市水稻播种面积 17.9 万 hm^2, 占粮食播种面积的 23%, 占秋粮播种面积的 43%; 稻谷总产量 154 万 t, 占粮食总产量的 31%, 其中粳稻占稻谷总产量的 60%。徐州市水稻播种面积和总产量均占江苏省的 8% 左右。

3. 调研结果

(1) 平价稻米生产为主, 中高端稻米生产规模较小　2019 年徐州市入统稻米加工企业

42 家，其中省级龙头企业 8 家，年处理稻谷能力 291 万 t，实际产品产量（含二次加工）119 万 t，其中，中晚籼米占 27%，粳米占 73%。加工原料投入 168 万 t，产能利用率约 40%，产品出品率约 70%。徐州市高端稻米加工量占比不足 5%，中端稻米加工量占比在 30% 左右，普通稻米加工量占比约为 65%。用于生产中高端稻米的品种主要为徐稻 9 号、南粳 2728、南粳 5718、圣稻 22 号、苏秀等，其中只有徐稻 9 号为自主研发品种，其余多为引进品种。普通稻米品种主要是淮稻系列，品种较杂。高端稻米主要为各稻米加工企业注册的绿色产品、有机产品，通过加工企业的生产基地进行生产。因土地流转存在一定的困难，米业企业建立生产基地的情况较少，且经营能力不足。用于加工中端稻米的稻谷主要来源于稻米加工企业的订单收购，但是徐州市稻米加工产业近年来订单农业发展缓慢，主要原因在于稻米销售价格增值小于原粮收购价格增值。用于普通稻米加工的稻谷则主要来源于市场收购。

（2）销售以省外市场为主，省内市场为辅　徐州市稻米有 80% 以上销往省外，主要销售市场为云南、贵州、四川、河南、河北、山西、陕西、广东、浙江、福建等，省内销售较少。原因有二，一方面徐州稻米偏硬，而南京、苏州、上海市场偏好糯性米；另一方面由于徐州地处江苏最北端，相比苏中、苏南等地运输成本不占优势。就全国范围来看，徐州稻米相比盐城、宿迁、淮安等地的稻米有自身优势，原因在于大部分省份消费者偏好稍硬、颗粒分明的稻米，可与苏中、苏南等地稻米针对的目标消费群体进行错位竞争。徐州市 90% 左右的稻米通过经销商销售，部分高端稻米通过对接企业、电商平台进行销售。

（3）品牌建设不足，区域性、全国知名品牌欠缺　目前徐州市稻米的品牌建设处于劣势，区域性和全国知名品牌较少。首先，徐州市稻米的品种和品质有待进一步提升。其次，稻米企业的联合较为松散，米业协会的统筹力量不足，导致徐州市稻米的市场占有率较低。最后，虽然徐州市也不乏一些优质的稻米产地，例如微山湖、骆马湖等水稻集中生产区域，其稻米品质基本受到广大消费者的认可。但是，由于政府的宣传和推广力度不足，米业企业的联合程度不强，难以形成具有影响力的知名品牌。

（4）消费市场以本省稻米为主，东北稻米调剂为辅　徐州市稻米产品消费来源以本省稻米为主，本市稻米市场份额仅占 30% 左右，省内周边地区如连云港、淮安、宿迁稻米市场份额约占 50%，东北稻米在徐州市场上的占有率约为 20%。

（5）徐州市稻米高质量发展和打造知名品牌面临的问题　第一，徐州市水稻品种研发处于劣势，政府投入不足，直接导致稻米品质提升存在瓶颈。第二，品种推广模式存在弊端，导致农户种植品种与市场需求不匹配。第三，稻米企业之间联系不紧密，缺少稻米协会联盟，市场占有率低，发挥不了抱团竞争及合作的优势。第四，政府对稻米品牌的推广和宣传力度不足。

四、江苏稻米市场流通格局及问题

准确把握江苏稻米的流通格局与市场流向，明确稻米产业流通领域存在的问题及发展潜力，是研判稻米产业发展路径与目标的重要依据，也是促进江苏稻米产业高质量发展，实现千亿级稻米产业的重要前提。本报告通过对苏南、苏中、苏北及周边省份和北方地区代表性市场的稻米流通现状的调研，分析不同档次稻米省内外的流通格局，提出相关政策建议。

（一）江苏省稻米流通格局

主产区以平价稻米生产加工为主，中端稻米生产不断增加，高端稻米规模较小。将稻米划分为高、中、低三档，从加工层面看，江苏稻米主产区无论是苏北还是苏中地区（除盐城外），均主要以平价稻米生产为主，徐州、南通、扬州3地的普通稻米加工量分别约为65%、50%、60%。随着人们对稻米品质要求的提升，在优质水稻品种的支撑下，中端稻米品种的种植和市场需求不断增加，如徐州、南通、扬州3地中端稻米加工量达30%、40%、30%。苏南地区以生产中端稻米主要，但由于水稻种植面积不大，粮食自给率低，其中端稻米的生产还不能满足本地区的需求。无论是苏北、苏中还是苏南地区，高端稻米的生产规模均较小，如徐州、南通、扬州3地高端稻米加工量分别约为5%、10%、10%。

不同档次的稻米收购来源呈现差异化发展。稻米收购方式主要有市场收购、收储企业购买、合同订单收购及企业自有生产基地、稻米生产合作社等，不同档次的稻米收购呈现差异化。高端稻米主要来源于各稻米加工企业、部分家庭农场和合作社注册的有机产品和绿色产品等；用于加工中高端稻米的稻谷主要来源于稻米加工企业的自有基地和订单农业；用于普通稻米加工的稻谷则主要来源于市场收购、网上拍卖和向稻谷收储企业购买。盐城市稻米合同收购约占25%，生产基地收购约占20%，粮农合作组织优质稻谷订单收购达到60%以上。

稻米主销长三角城市群及云贵川等南方地区。水稻主产区约2/3的产量销往本地以外的省内或省外市场，主要覆盖长三角城市群及云贵川等南方地区。盐城稻米主要销往上海、苏南、浙江北部地区，其中上海地区年销量约80万t，占上海市场的20%左右，少部分销往云贵川等地。扬州市稻米总产量中有65%~70%在省内销售，主要销售市场为苏南地区；省外主要销售市场为上海、浙江、云南、贵州、四川、福建、广东、海南，其中销往上海、浙江以及云贵川地区的分别约为10%。南通市稻米总产量中有70%销往省外，主要销售市场为上海、浙江、福建、云南、贵州、四川等，其中，销往上海的稻米占省外销量的50%，浙江占30%，福建、云贵川分别占10%；省内市场主要为南京、南通和苏锡常地区。徐州市稻米有80%以上销往省外，主要销售市场为云南、贵州、四川、河南、河北、山西、陕西、广东、浙江、福建等，省内销售较少。

省内主销区稻米市场面临东北稻米的冲击。虽然主产区东北稻米所占市场份额小，大多地区不足10%，但主销区稻米市场正面临东北稻米的冲击，以苏州为例，苏州粮食批发市场上的东北稻米份额已从2006年的16%上升到目前的35%，苏北稻米则从占据绝大部分市场份额下降到42%，且原先的苏北稻米在高端市场占有一定的市场份额，但由于苏北稻米品种退化严重，产品竞争力下降迅速，东北稻米进入后很快打开苏州市场，并占据了高端稻米市场份额，苏北稻米则退至中端稻米市场。未来随着收入水平的提高和高端稻米需求的增加，苏北稻米在苏州的市场份额可能会进一步被东北稻米挤占。

销售方式多样化。代理分销是稻米企业主要的销售方式，徐州市90%左右的稻米通过经销商销售。部分稻米加工企业拥有自有门店或批发部，盐城射阳县稻米 50% 通过批发市场进行销售，通过专营店进行销售的比例约为 15%。扬州、南通、常州、盐城等地高档稻米产品通过定点供应企事业单位食堂以及商超途径进行销售，盐城射阳稻米商超销售比例高达 25%。此外，部分家庭农场和合作社通过电商平台进行销售，主要以高端稻米销售为主，盐城射阳稻米的网络销售占比约为 10%。总体上，普通稻米主要采用传统销售方式，中高端稻米销售门店化、网络化。

（二）周边及北方地区代表性市场的江苏稻米流通现状

上海市场：江苏稻米 VS 东北稻米。2001—2019 年，江苏稻米在上海的市场占有率约从 40% 上涨至 70%，相比之下，东北稻米则从约为 1.2% 的份额增加至 10%。江苏稻米市场份额高得益于两方面原因：一是产品品质符合市场需求。江苏在地理环境、气候等自然条件方面和上海接近，江苏稻米软糯的口感更符合上海市民的需求。同时，由于地理毗邻形成了稳定且有黏性的市场关系，如上海与盐城的长期合作关系，使得上海成为盐城射阳稻米的"直销窗口"，再加上东北稻米供给量有限，对上海市场的占领也无法一蹴而就。二是流通成本低。江苏稻米大多通过水运的方式运送到上海，其运输成本远低于东北稻米陆运成本。近几年，尤其以盐城海丰农场稻米最为畅销，销售常见于超市。五常、稻花香等东北稻米虽然品牌知晓度高，但其在上海市场的品牌维护相对薄弱，导致假冒伪劣产品以次充好的现象较多，大众满意度有所下降。此外，有消费者反映，东北稻米在初次煮熟时口感好，但加热后米粒变生硬，口感稍逊于江苏稻米。

浙江市场：江苏稻米 VS 东北稻米。粳米主要在杭嘉湖等浙江北部地区流通，少量在温州、台州等浙江南部地区流通。在以粳米为主食的浙北市场，江苏稻米的平均市场占比约为 12%，东北稻米约为 44%。稻米细分市场上，东北稻米主要占据中高端市场，而江苏稻米主要分布在中端市场。与东北稻米相比，虽然江苏的南粳系列在市场上也受到许多消费者的好评，但市场反映东北稻米的口感要优于江苏稻米。江苏稻米品牌众多，但品牌知名度不足，浙江市场上大部分消费者并不能识别江苏各地稻米之间的区别，而东北地区主打的"五常大米"一直受到消费者青睐。

安徽市场：江苏稻米 VS 东北稻米/安徽稻米。从合肥市场上江苏稻米的流通现状看，虽然当地的粳米消费量在逐渐增加，但当地消费者目前仍以食用籼米为主。合肥市稻米市场以本省稻米和东北稻米为主，江苏稻米较少。相比之下，东北、日本等粳米知名品牌市场表现突出，江苏粳米品牌影响力不足。合肥市场上的稻米主要为苏北稻米，多为品牌代理，缺乏自主品牌。高端有机稻米品牌认证体系尚不完善，存在多渠道高价销售贴牌有机稻米的现象，但高端稻米消费市场占比仍然不大。合肥市场上安徽稻米价格区间在 4.4~18 元/kg，东北稻米价格区间在 6~28 元/kg，江苏稻米价格区间在 4.8~16 元/kg，从单价上看江苏稻米在合肥市场上具有一定的优势。

江苏稻米在北方优势产区的市场流通现状。北方市场上的江苏稻米品牌十分少见，市面上基本不流通江苏品牌标识稻米。以哈尔滨为例，其市场上销售的稻米以省内稻米为主，吉林稻米为辅。除此之外，市场上也有一部分进口稻米，但所占市场份额较小。由于东北地区独具的自然条件优势，水稻生产病虫害少，稻米品质好，备受消费者青睐，江苏稻米产品在北方市场缺乏竞争力。虽然东北地区对南方稻米认知度较低，对江苏稻米品牌的认知度和接受度也较低，但由于五常稻米的供给瓶颈衍生出的"调和米"时常有见江苏稻米的身影。

江苏稻米品质优良，但正经受东北和周边省份稻米品牌冲击，为科学研判江苏稻米品牌的市场表现、优劣势、存在问题和发展潜力，促进产业高质量发展，课题组就江苏省内、周边省份及北方地区代表性市场的稻米流通与品牌竞争状况，江苏稻米品牌市场表现开展了以上系列调查研究，总结出以上调研报告以供参考。

（陈品　刘馨月　章丹　张宗利）

长三角地区中高端稻米市场需求潜力分析

[摘要] 精准把握稻米市场需求结构与潜力，是江苏稻米产业高质量发展的重要内涵，也是稻米产业高质量发展战略定位和政策制定的依据。在充分的市场调研基础上，一方面对近年稻米市场消费结构变化进行了统计，并展开了原因分析，另一方面，采用计量经济模型对江苏稻米主销区长三角地区未来 20 年中高端大米的市场消费潜力进行了预测。结果表明，江苏省大米消费市场已趋稳定，消费结构逐渐由低档向中高档转变，经济发展水平和人口规模是推动大米消费转型升级的主要原因。长三角地区未来对中高端品牌大米需求具有持续向好的发展预期，预计到 2040 年，中高端大米市场需求将达到 1 231 万～2 463 万 t，市场价值将达到 1 085 亿～2 302 亿元。长三角地区可成为江苏中高端品牌大米市场开发和拓展的重要方向。

为分析江苏省稻米消费情况，预测中高端稻米需求潜力，课题组于 2020 年 7 月以大米需求为对象对江苏省 M 连锁超市所有门店近 5 年①的大米销售情况进行了调研。以大米销售单价为品质判断依据，将大米分为三个档次（普通：<5 元/kg；中端：5～10 元/kg；高端：≥10 元/kg②）。在对不同档次大米的销售量、销售额、销售结构等进行描述性分析的基础上，通过计量经济模型估计各档次大米的消费收入弹性，并结合近年来南京、合肥、杭州和上海等主要城市城镇居民的收入变化情况，对长三角地区未来 20 年中高端大米的市场消费潜力进行预测。

一、江苏省大米消费现状分析：基于 M 超市大米销售数据

（一）市场不同档次大米销售量变化情况

江苏省大米消费市场已趋稳定，消费结构逐渐由普通档次向中高端转变。表 1 和图 1 数据表明，江苏省 M 超市所有门店大米销售总量在 2015 年达到 28 316t，2016 年上升至最大值 29 457t，之后两年先下降后回升，2018 年销售量达到 29 340t。从三类不同档次大米消费看，2015—2018 年市场的销售主体完成了由普通大米向中高端大米的转变，2018 年普通大

---

① 本次调研数据涉及的实际年份跨度为 2014—2018 年，不过，据访谈了解，M 超市在 2014 年公司战略规划有调整，因此数据的连续性有所弱化。为了保证分析结果的可靠性和准确性，在描述性分析部分，我们仅选取了 2015—2018 年 4 期数据为依据进行相关规律的考察。

② 单价区间根据实地访谈划定。

米的市场占有率为38%，中端大米占56%，高端大米占6%。2015—2018年，普通大米销售量在2015年达到最大值15 227t，随后逐年下降，其中2017年的销售量降幅最大，比2016年减少了23%，2018年达到最小值11 045t。中高端大米的情况则与之相反，销售量均逐年增加，中端大米在2015—2018年期间销售量增长较为平稳，年均增长率均在10%左右，由2015年的12 210t增加至2018年的16 381t；高端大米销售量在2015—2018年期间同样连续上升，其增长速度较快，平均每年增长30%左右，2018年销售量达到1 914t，比2015年增长了2.2倍。

表1　2015—2018年M超市不同档次大米销售量（t）

档次	2015年	2016年	2017年	2018年
普通	15 227	14 825	11 382	11 045
中端	12 210	13 505	14 999	16 381
高端	879	1 127	1 471	1 914
合计	28 316	29 457	27 852	29 340

数据来源：根据M超市数据统计整理。

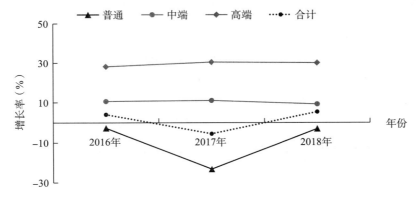

图1　2016—2018年M超市不同档次大米销售量增长率变化态势
（数据来源：根据M超市数据统计整理）

　　江苏大米市场产品主体出现了由普通大米向中端大米转变的消费升级趋势，高端大米市场占比很小但增长明显。从不同档次大米消费结构看，2017年，大米市场表现出对中高端稻米的需求优于普通稻米的状况，且在随后一年优势有所扩大，且高端大米市场份额虽小，但一直呈增长趋势。具体而言，2015—2018年，普通大米销售量占比由超过一半逐步减小至1/3强，且以2017年为分界点，普通大米失去主体地位，其在市场占比由2015年的54%降至2018年的37%，呈下降态势。中端大米销售量占比则与之相反，同样以2017年为分界点，其销售量占比大幅度上涨，超过总体的一半，2018年占比达到56%，上升趋势明显。高端大米销售量占比整体保持相对稳定的上涨趋势，由2015年的3%涨至2018年的7%，不过占比仍处于较低水平（图2）。

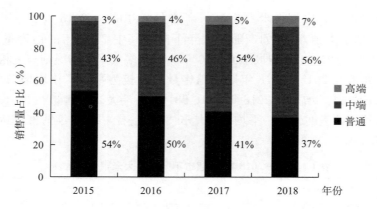

图 2　2015—2018 年 M 超市不同档次大米销售量占比
（数据来源：根据 M 超市数据统计整理）

（二）市场不同档次大米销售额变化情况

大米销售额与销售量的变化趋势相同，总销售额稳步增长，消费结构也逐渐向中高端转型。由表 2 和图 3 数据可知，2015—2018 年大米总销售额一直保持相对稳定的小幅增长态势，2015 年销售额为 15 424 万元，2018 年增长至 17 797 万元。从不同档次大米市场结构看，中端大米由于价格高于普通大米，故一直保持最高销售额，且远高于高端大米销售额。2015—2018 年普通大米销售额整体呈不断下降态势，其中 2017 年下降幅度最大，降幅约为18%，2018 年达到最低值 4 785 万元；中端大米的销售额在逐年增长，由 2015 年的 7 734万元增长到 2018 年的 10 170 万元，但 2018 年的增幅较以往有明显降低；受销量增长的影响，高端大米销售额整体也表现出较为稳健的增长态势，由 2015 年的 1 216 万元增长至2018 年的 2 842 万元，但受需求较小的影响，其销售额总体低于中端大米和普通大米。

表 2　2015—2018 年 M 超市不同档次大米销售额变化（万元）

档次	2015 年	2016 年	2017 年	2018 年
普通	6 474	6 113	4 984	4 785
中端	7 734	8 534	9 803	10 170
高端	1 216	1 550	2 098	2 842
合计	15 424	16 197	16 885	17 797

数据来源：根据 M 超市数据统计整理。

普通大米销售份额逐年降低，中高端大米销售份额则逐年提升。如图 4 所示，2015—2018 年普通大米销售额占比变化态势基本与销售量变化态势相吻合，中高端大米占比在不断上升，普通大米占比在不断下降，但中高端大米销售额一直在市场上占优势。其中，2015年普通大米销售额占比高达 42%，而 2018 年则降为 27%；中端大米销售额占比变化态势与之相反，以较小幅度在不断增长，2015 年的占比为 50%，2018 增长至 57%；高端大米销售额占比虽然整体呈上涨态势，由 2015 年的 8% 增至 2018 年的 16%，但占比仍处于较低水平，提升空间较大。

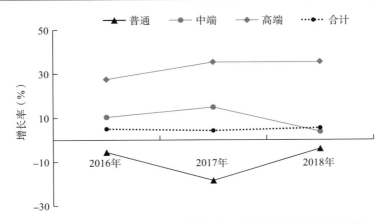

图 3　2016—2018 年 M 超市不同档次大米销售额增长率变化态势
（数据来源：根据 M 超市数据统计整理）

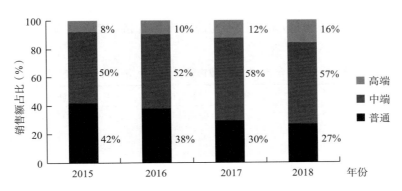

图 4　2015—2018 年 M 超市不同档次大米销售额占比
（数据来源：根据 M 超市数据统计整理）

（三）市场不同档次大米价格变化趋势

为分析大米价格变化趋势，一方面，利用 M 超市收集的数据，在高、中、低不同档次大米中各随机选择 2 个近 4 年在市场上持续销售的大米品牌为例进行考察，另一方面结合国家发展和改革委员会及商务部官方网站公布的全国大米零售、批发、收储等价格信息对市场上大米价格的整体变化趋势进行辅证考察。

各档次大米价格变化幅度较小，整体稳定（表 3）。普通品牌中东海明珠苏北大米的价格在 2017 年前稳定在 4.5 元/kg 左右，随后降至 4.05 元/kg；三特苏垦大米价格则整体略有上升，且稳定在 5 元/kg 左右，该档次价格整体稳定。中端品牌中福临门东北优质大米在大多数年份里价格稳定，保持在 7.5 元/kg 上下波动，而福临门酥软香大米同样保持在 6.5 元/kg 上下，该档次价格也整体稳定。高端品牌大米的价格均随时间先下降后上升，但整体波动幅度不大，其中福临门稻花香米价格峰值为 17.41 元/kg，与最低价格之间仅差 1.72 元/kg，而福临门泰国茉莉香米的峰值为 17.04 元/kg，与最低价格之间相差

0.96 元/kg，该档次价格同样较为稳定。

表 3　2015—2018 年 M 超市不同档次大米价格表

档次	大米品牌名称	单价（元/kg）			
		2015 年	2016 年	2017 年	2018 年
普通	东海明珠苏北大米	4.47	4.50	4.62	4.05
	三特苏垦大米	4.93	5.06	5.14	5.10
中端	福临门东北优质大米	6.95	7.49	7.49	7.71
	福临门酥软香大米	6.72	6.68	6.80	6.72
高端	福临门稻花香米	16.51	15.69	17.41	—
	福临门泰国茉莉香米	17.04	16.73	16.88	16.08

注：不同档次各选择两个主要的大米品牌为代表进行分析。

数据来源：根据 M 超市数据统计整理。

　　我国大中城市超市集市大米价格逐年增加，但增幅较小。从全国 36 个大中城市粮食超市集市平均价格来看，2015—2020 年粳米与晚籼米的价格虽然在逐年上升，但上升幅度很小，从整体上看处于稳定状态（表 4）。

表 4　2015—2020 年 36 个大中城市粮食超市集市平均价格表（元/kg）

年份	粳米（二级）价格	晚籼米（二级）价格
2015	5.58	5.18
2016	5.62	5.24
2017	5.68	5.32
2018	5.74	5.36
2019	5.76	5.46
2020	5.78	5.46

数据来源：国家发展和改革委员会官网。

　　全国大米零售价格档次稳定，变化并不明显。从全国范围来看，2017—2020 年我国大米平均零售价仅由 6.54 元/kg 上升至 6.59 元/kg，粳米批发价则由 5.14 元/kg 下降至 5.08 元/kg，籼米批发价同样由 4.53 元/kg 上升至 4.61 元/kg，不论是涨价还是降价，幅度都很小，价格整体稳定（表 5）。

表 5　2017—2020 年全国大米零售及粳米、籼米批发价格表（元/kg）

年份	大米零售价	粳米批发价	籼米批发价
2017	6.54	5.14	4.53
2018	6.54	5.16	4.58
2019	6.58	5.10	4.57
2020	6.59	5.08	4.61

数据来源：商务部官网。

　　国家稻米最低收购价逐年降低，但降幅很小。自 2014 年以来，各品种稻米的最低收购价格在不断降低，其中粳米的下降幅度最大，由 3.1 元/kg 降至 2.6 元/kg，中晚籼稻由 2.8 元/kg 降至 2.5 元/kg，早籼稻由 2.7 元/kg 降至 2.4 元/kg，降幅均十分有限（表6）。

表6 2014—2019 年稻米最低收购价格表（元/kg）

品种	2014 年	2015 年	2016 年	2017 年	2018 年	2019 年
早籼稻	2.7	2.7	2.7	2.6	2.4	2.4
中晚籼稻	2.8	2.8	2.8	2.7	2.5	2.5
粳稻	3.1	3.1	3.1	3	2.6	2.6

数据来源：国家发展和改革委员会官网。

因此，从以上不同调查范围和不同大米品种的价格分析中能够看出，不同档次的大米价格均随时间保持了整体稳定，仅在某一较小的价格区间内上下浮动。

（四）长三角地区居民收入水平及变化趋势

随着长三角地区经济的快速发展，城镇与农村居民的人均可支配收入逐年增长，但城镇与农村之间、不同城市之间均存在明显差异。报告选取江苏省和长三角地区的上海市、杭州市，以及合肥市的居民收入进行对比分析。如表7所示，2018 年江苏省城镇与农村居民的人均可支配收入分别是 47 200 元和 20 845 元，合肥市分别为 41 484 元和 20 389 元，杭州市分别为 61 172 元和 33 193 元，上海市分别为 68 034 元和 30 375 元。以上数据显示，长三角地区城镇居民人均可支配收入约是农村人均可支配收入的 2 倍；上海作为我国经济最发达的一线城市，其城镇人均可支配收入最高，依次是杭州、江苏，最低为合肥；农村居民人均可支配收入情况则不同，杭州最高，随后是上海和江苏，合肥最低。

表7 2014—2018 年长三角地区居民收入水平变化趋势

地区	年份	城镇居民人均可支配收入（元）	农村居民人均可支配收入（元）
江苏	2014	34 346	14 958
江苏	2015	37 173	16 257
江苏	2016	40 152	17 606
江苏	2017	43 622	19 158
江苏	2018	47 200	20 845
合肥	2014	29 348	14 407
合肥	2015	31 989	15 733
合肥	2016	34 852	17 059
合肥	2017	37 972	18 594
合肥	2018	41 484	20 389
杭州	2014	44 632	23 555
杭州	2015	48 316	25 719
杭州	2016	52 185	27 908
杭州	2017	56 276	30 397
杭州	2018	61 172	33 193

（续）

地区	年份	城镇居民人均可支配收入（元）	农村居民人均可支配收入（元）
上海	2014	47 710	21 192
上海	2015	52 962	23 205
上海	2016	57 692	25 520
上海	2017	62 596	27 825
上海	2018	68 034	30 375

数据来源：2014—2018 年各地统计年鉴。

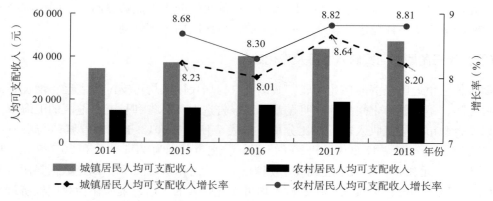

图 5　2014—2018 年江苏省人均可支配收入及增长率变化趋势

（数据来源：江苏省 2014—2018 年统计年鉴）

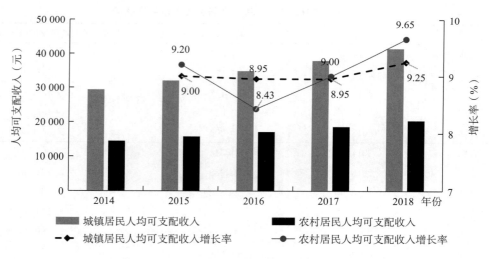

图 6　2014—2018 年合肥市人均可支配收入及增长率变化趋势

（数据来源：合肥市 2015—2019 年统计年鉴）

　　江苏省城镇居民人均可支配收入的增长率稳定保持在 8％以上，农村居民人均可支配收入的增长率高于城镇居民，且趋势保持一致，均在 2017 年达到了增长率高峰，分别为

8.82%和8.64%（图5）；合肥市城镇居民人均可支配收入的增长率较为稳定，约为9%，农村居民人均可支配收入的增长率在2016年出现小幅下降后，2017—2018年一直保持持续增长态势（图6）；杭州市城镇与农村居民人均可支配收入的增长率均呈现先下降后上升的趋势，分别保持在8%与9%的水平上，且农村居民的收入增长率整体更高（图7）；上海市城镇与农村居民人均可支配收入的增长率与前3个城市不同，2015—2017年增长率明显下降，分别由2015年的11.01%、9.50%，下降至2017年的8.50%、9.03%，2018年有所回升（图8）。

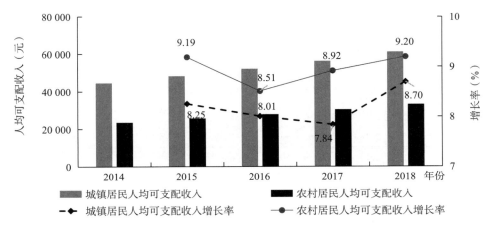

图7　2014—2018年杭州市人均可支配收入增长率变化趋势

（数据来源：杭州市2014—2018年统计年鉴）

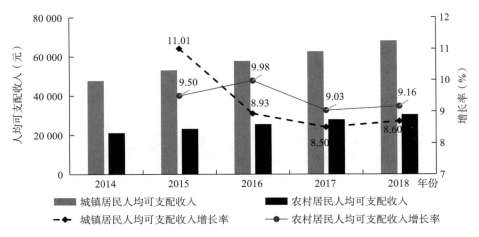

图8　2014—2018年上海市人均可支配收入增长率变化趋势

（数据来源：上海市2014—2018年统计年鉴）

（五）长三角地区城镇人口变化趋势

长三角地区城镇常住人口数量整体不断增加，各区域人口增长率有较大差距。如表8所示，合肥市城镇常住人口数量最少，2015 年仅有 532 万人，2018 年达到了 606 万人，明显低于杭州市和上海市，但增长速度较快且平稳，年均增长率 3.33%。杭州市城镇常住人口在 2014 年为 668 万人，随后不断增加，除 2015 年外增长率均超过 3%，2018 年甚至达到了 4.38%，人口数量为 759 万人。上海市作为我国第一大城市，人口数量已趋近饱和，近 5 年内常住人口数量整体稳定在 2 400 万人左右，各年之间略有起伏。江苏省城镇常住人口数量逐年增加，由 2014 年的 5 190 万人增加至 2018 年的 5 604 万人，但增长率不断下降，由 2015 年的 2.23% 下降至 2018 年的 1.51%。

表 8　2014—2018 年长三角地区城镇常住人口变化趋势

城市	年份	城镇常住人口（万人）	城镇常住人口增长率（%）
合肥	2014	532	—
合肥	2015	548	3.12
合肥	2016	567	3.39
合肥	2017	587	3.60
合肥	2018	606	3.22
杭州	2014	668	—
杭州	2015	679	1.69
杭州	2016	700	3.10
杭州	2017	727	3.86
杭州	2018	759	4.38
上海	2014	2 426	—
上海	2015	2 415	−0.43
上海	2016	2 420	0.18
上海	2017	2 418	−0.06
上海	2018	2 424	0.23
江苏	2014	5 190	—
江苏	2015	5 306	2.23
江苏	2016	5 417	2.09
江苏	2017	5 521	1.93
江苏	2018	5 604	1.51

数据来源：2014—2018 年各地统计年鉴。

二、对江苏大米的需求潜力模拟分析

（一）我国大米消费与需求结构变化及趋势

随着我国经济水平的不断发展，生活水平的日益提高，对包括大米在内的食品消费需求也在不断升级，大米消费已经从满足人们的基本热量需要，进入追求营养、安全、美味的更高阶段，这为中高端大米的发展带来机遇，也决定了未来我国大米消费量与消费结构的变化趋势。

有研究表明，随着我国经济发展和人们消费观念的变化，人均大米口粮需求有下降趋势，而作为工业消费、饲料消费及损耗的普通稻米的需求将持续增加（焦善伟，2019）。2012 年以来，我国口粮大米需求减少较快，但 2015 年以后，口粮大米需求降幅减缓。2018 年我国人均大米口粮消费为 81.7kg，较 2012 年下降 10.3kg。然而，2018 年我国大米的工业消费为 1 850 万 t，较 2017 年增加 250 万 t；饲料消费及损耗为 1 500 万 t，较 2017 年增加 50 万 t。另外，2018 年进口大米大幅下降，出口大米快速增加，净进口大米较 2017 年减少 183 万 t，出口这部分大米也大都为普通大米（郑红明，2019）。

虽然国内口粮大米的总需求逐渐减少，但优质大米的需求却快速增加，推动优质大米产量持续增加。我国中高端大米的销售市场主要在华东地区，占比约 1/3；其次是华北、华南和华中地区。作为我国高端大米的有机大米产量 2011 年约为 42.9 万 t，占国内稻谷的比重仅为 0.3%，到 2018 年已增长至约 161.3 万 t，占比达到 1.09%，年复合增长率 21% 左右，远高于大米行业的整体增速。2018 年我国有机大米的销售均价为 23.56 元/kg[①]，远高于同期国内普通大米销售价格。由于销量涨、价格高，较高的经济效益促使加工企业和农户生产有机大米的积极性提高不少。同时随着我国消费者越来越重视食品的营养与健康价值，我国优质大米的需求将会继续提升。

（二）对江苏大米消费的需求收入弹性估计

2020 年 7 月，课题组对江苏省 13 个地市合计涉及的 64 个区县 115 家 M 超市 2014—2018 年各档次大米的销售信息进行了调研。这一数据的获取为课题组估算大米需求收入弹性提供了很好的基础。结合江苏 13 个地市相应区县的城镇居民人均可支配收入和城镇常住人口数据，课题组采用计量经济模型估计了大米需求弹性，模型如下：

$$\ln C_i = \alpha_0 + \alpha_1 \ln I + \alpha_2 \ln P_{1i} + \alpha_3 \ln P_{2i} + \alpha_4 \ln P_{3i} + \alpha_5 \ln L + \sum \beta_j C_i d_j + \varepsilon_i$$

其中，C_i 表示高、中、低各档次大米的销售量或者销售金额；I 表示区县城镇居民人均可支配收入；P_{1i}、P_{2i}、P_{3i} 分别表示低、中、高各档次大米的平均销售单价；L 为区县城镇常住人口数量；$C_i d_j$ 为各区县的地区虚拟变量。报告采用普通最小二乘法（OLS）对上述计量经济模型进行系数估计。参数 α_1 即表示大米的消费收入弹性，系数为正，说明收入每增加 1%，大米消费将增加 α_1%，系数为负，说明收入每增加 1%，大米消费将下降 α_1%。具体模型估计结果见表 9 和表 10。

表 9 大米需求弹性模型估计结果（销售量）

变量	各档次大米销售量的对数		
	普通	中端	高端
城镇居民人均可支配收入（对数）	−2.452***	1.763***	4.321***
	(0.188)	(0.141)	(0.257)

---

① 2019 年中国稻谷（大米）产业报告。

（续）

变量	各档次大米销售量的对数		
	普通	中端	高端
普通大米单价（对数）	−3.027***	1.056**	0.726
	(0.554)	(0.414)	(0.756)
中端大米单价（对数）	−0.226	−1.025	−1.188
	(0.866)	(0.648)	(1.183)
高端大米单价（对数）	−0.314	0.064 4	−0.966*
	(0.387)	(0.290)	(0.529)
城镇常住人口数（对数）	0.018 5	0.285	1.218***
	(0.311)	(0.233)	(0.425)
区县虚拟变量	控制	控制	控制
常数项	43.490***	−7.424***	−37.29***
	(3.273)	(2.449)	(4.471)
观测值	271	271	271
F 值	29.15***	64.82***	29.92***
R^2	0.88	0.94	0.88

注：括号中为标准误；***、**、* 分别表示 1%、5% 和 10% 的统计显著性水平。

表 10　大米需求弹性模型估计结果（销售额）

变量	各档次大米销售额的对数		
	普通	中端	高端
城镇居民人均可支配收入（对数）	−2.176***	1.783***	4.270***
	(0.179)	(0.142)	(0.250)
普通大米单价（对数）	−2.731***	1.303***	0.493
	(0.528)	(0.417)	(0.736)
中端大米单价（对数）	0.236	−0.456	−0.719
	(0.825)	(0.652)	(1.152)
高端大米单价（对数）	−0.209	0.010 0	−0.498
	(0.369)	(0.292)	(0.515)
城镇常住人口数（对数）	0.055 4	0.265	1.222***
	(0.297)	(0.234)	(0.414)
区县虚拟变量	控制	控制	控制
常数项	40.350***	−7.049***	−35.870***
	(3.120)	(2.465)	(4.354)
F 值	31.54***	64.46***	31.81***
观测值	271	271	271
R^2	0.98	0.94	0.89

注：括号中为标准误；***、**、* 分别表示 1%、5% 和 10% 的统计显著性水平。

计量经济模型估计结果显示，模型拟合度较高，主要控制变量结果稳健，且作用方向与经济理论预期相符。随着居民收入增加，普通大米的消费将逐渐减少，中、高端大米消费增加。具体地，城镇居民人均可支配收入每增加1%，普通大米消费量将下降2.5%，中端大米消费量将增加1.8%，高端大米的消费需求弹性最大，收入上涨1%，需求增加4.3%。城镇常住人口数每增加1%，高端大米的消费量将增加1.2%。

（三）对江苏大米的需求潜力模拟分析

模拟模型与方案设定：设定如下模型对长三角地区中、高端大米的未来需求潜力进行模拟预测：

$$需求增长率＝收入增长率×需求收入弹性＋人口增长率×需求人口弹性$$

基于前文大米需求弹性的估计，设定中、高端大米的需求收入弹性分别为1.8%、4.3%，需求人口弹性分别为0.3%、1.2%。

参考当前长三角地区主要城市收入增长趋势，分别设定6%和10%作为短期收入增长的最低和最高水平。考虑到经济增长达到一定程度后，增长率水平会下降的必然规律，假设每10年收入增长率减缓0.5个百分点，从而最终设定2020—2030年间的年收入增长率为6%~10%，而2030—2040年的年均收入增长率为5.5%~9.5%。

在长三角地区主要城市城镇常住人口变化趋势的描述性分析基础上，假设江苏省、上海市、杭州市、合肥市年均人口增长率分别为2.0%、-0.02%、3.2%、3.3%。根据以上模型和数据设计方案，可以计算出2020—2040年长三角地区主要城市中、高端大米的需求增长率，并以2018年长三角地区主要城市中、高端大米的消费总量为基期，可以估计出2030年和2040年中、高端大米的绝对消费水平，进一步地，以中端大米价格的中位数7.5元/kg作为中端大米的平均售价，以15元/kg作为高端大米的平均售价，可以估计出2030年和2040年中、高端大米的销售额。具体模拟估计结果见表11和表12。

模拟结果分析：模型预测结果表明，未来中、高端大米的需求潜力巨大。从需求增长率来看，2020—2040年江苏省中、高端大米的需求增长率持续增长，预计到2040年，高端大米需求量增长率将在86%~305%之间，中端大米需求量增长率将在35%~128%之间（表11）。从消费绝对量来看，2020—2040年江苏省中、高端大米需求总量呈稳定增长态势，预计到2040年，江苏省中、高端大米需求总量达803万~1607万t。其中，高端大米需求大幅提升，预计2040年消费量在141万~396万t，中端大米需求量在662万~1211万t（表12）。

长三角地区其他主要城市中、高端大米需求增长率和需求量预测结果显示，不同城市中、高端大米需求增长率变化趋势相对一致，特别是高端大米需求增长势头强劲，说明中、高端大米存在很大的市场潜力。预计到2040年，杭州市和合肥市高端大米需求增长率将突破90%，在收入快速增长背景下，有可能达到目前的4倍；上海市由于常住人口规模缩减趋势，高端大米需求增长率略低于杭州市和合肥市，在82%~302%之间。各城市中端大米需求增长率低于高端大米，但基本在11%~129%之间。

表 11　2020—2040 年长三角地区主要省/市中、高端大米需求增长率（单位：%）

地区	档次	低方案			高方案		
		2020 年	2030 年	2040 年	2020 年	2030 年	2040 年
江苏	中端	12.06	21.15	35.60	20.41	51.87	127.02
	高端	29.80	51.73	86.51	49.75	125.11	304.91
上海	中端	11.44	20.40	34.69	19.79	51.12	126.11
	高端	27.32	48.73	82.85	47.28	122.11	301.26
杭州	中端	12.44	21.76	36.55	20.79	52.48	127.98
	高端	31.31	54.18	90.31	51.26	127.56	308.72
合肥	中端	12.47	21.82	36.65	20.82	52.54	128.07
	高端	31.44	54.40	90.70	51.39	127.79	309.11

　　不同城市的中、高端大米需求量表现出明显的增长态势，但中端大米较高端大米仍具有明显的市场需求优势。预计到 2040 年上海市中端大米需求量在 198 万～364 万 t 之间，杭州次之（87 万～158 万 t），合肥最少（68 万～124 万 t）。与杭州、合肥相比，受经济发展水平、收入等因素影响，上海对高端大米具有较高的需求量，预计 2040 年上海市高端大米需求在 41 万～117 万 t，杭州次之（19 万～52 万 t），合肥相对较少（15 万～41 万 t）。预计到 2040 年，江苏省、上海市、杭州市、合肥市对中高端大米需求总量将达到 1 231 万～2 463 万 t。

表 12　2020—2040 年长三角地区主要省/市中、高端大米需求量预测（单位：万 t）

地区	档次	低方案			高方案		
		2020 年	2030 年	2040 年	2020 年	2030 年	2040 年
江苏	中端	488	592	662	533	810	1 211
	高端	75	114	141	98	220	396
	合计	563	706	803	631	1 030	1 607
上海	中端	147	177	198	161	243	364
	高端	23	33	41	29	65	117
	合计	170	210	239	190	308	481
杭州	中端	63	77	87	69	106	158
	高端	10	15	19	13	29	52
	合计	73	92	106	82	135	210
合肥	中端	50	61	68	55	83	124
	高端	8	12	15	10	23	41
	合计	58	73	83	65	106	165
总计	中端	748	907	1 015	818	1 242	1 857
	高端	116	174	216	150	337	606
	合计	864	1 081	1 231	968	1 579	2 463

　　不同城市的中高端大米销售额与需求量的变化一致，均呈现出明显的增长态势。预计到

2040 年，上海市的中端大米销售额在 149 亿～273 亿元之间，杭州次之（65 亿～119 亿元），合肥最少（51 亿～93 亿元）。较高的收入水平会带来较高的消费能力与意愿，因此，2040 年上海市高端大米的销售额预测为 62 亿～176 亿元，明显高于杭州（29 亿～78 亿元）和合肥（23 亿～62 亿元）（表 13）。预计到 2040 年，江苏省、上海市、杭州市、合肥市对中高端大米的消费总额将达到 1 085 亿～2 302 亿元。《2019 年中国稻谷（大米）产业报告》显示，我国中高端大米的销售市场主要在华东地区，占比约 1/3。此外，当前多数研究机构预测，到 2023 年我国高端大米市场规模将达到 600 亿元左右①。而按照本报告的预测方案，到 2023 年长三角地区高端大米的市场规模约为 230 亿元，恰好占全国比例 1/3 强。这进一步验证了本文预测方案的有效性。

通过以上分析可知，长三角地区未来对中高端品牌大米需求具有持续向好的发展预期，市场潜力巨大，长三角地区应成为江苏中高端品牌大米市场开发拓展的重要市场。

表 13　2020—2040 年长三角主要省/市中、高端大米销售额预测（亿元）

地区	档次	低方案			高方案		
		2020 年	2030 年	2040 年	2020 年	2030 年	2040 年
江苏	中端	366	444	497	400	608	908
	高端	113	171	212	147	330	594
	合计	479	615	708	547	938	1 502
上海	中端	110	133	149	120	183	273
	高端	35	50	62	44	98	176
	合计	145	182	210	164	280	449
杭州	中端	47	58	65	52	80	119
	高端	15	23	29	20	44	78
	合计	62	80	94	71	123	197
合肥	中端	38	46	51	41	62	93
	高端	12	18	23	15	35	62
	合计	50	64	74	56	97	155
总计	中端	561	680	761	614	932	1 393
	高端	174	261	324	225	506	909
	合计	735	941	1 085	839	1 438	2 302

（刘家成　纪月清　赵小松　郑姗　陈品）

参　考　文　献

焦善伟，2019. 2019 年国内稻谷市场形势展望 [J]. 种业导刊（11）：3-6.

郑红明，2019. 2019 年中国稻谷（大米）产业报告 [N]. 粮油市场报，10-26（T18）.

---

①　http://tuozi.chinabaogao.com/nonglinmuyu/04TWG12020.html.

江苏省稻米产业高影响力品牌建设研究

[摘要]稻米品牌建设是提升稻米市场竞争力，促进稻米产业提档升级，优化稻米产业生态的重要手段和必要路径。为促进江苏省从粮食生产和粮油加工大省向强省转变，有必要系统分析和厘清江苏稻米品牌发展现状、问题、原因、未来发展方向以及可行建设路径。基于此，本报告首先界定和比较农产品区域公用品牌和地理标志内涵，以两者为例分析江苏省农产品区域品牌发展现状，并辅以射阳大米、兴化大米和苏北粮油 3 个江苏大米品牌发展的典型案例分析。其次梳理和总结五常大米、吉林大米品牌发展历程及成功建设经验和江苏稻米品牌建设目前存在的问题及原因。最后，针对江苏稻米品牌建设现存问题，结合江苏稻米发展的优劣势，理性借鉴五常大米和吉林大米品牌建设经验，从中获得江苏稻米品牌建设发展及规划的重点启示。

一、各类农产品品牌内涵与差别

（一）农产品区域公用品牌内涵

关于农产品区域公用品牌的概念界定，主要有以下 3 种观点：①地理标志观。农产品区域公用品牌是区域内生产经营主体进行品牌建设时使用的"公共品牌标志"，是区域内特色产品与产业的身份标志（董雅丽和白会芳，2007；曾建明，2010）。②特色资源观。农产品区域公用品牌是区域内稀缺资源、地理及文化特色的综合体现，是具有较高知名度和商业价值的品牌（杨柳，2008）。③产业集群观。农产品区域公用品牌依托产业集群而形成（胡大立，2006；梁文玲，2007），农业产业化通过带动区域内涉农企业和农户共建优质农产品区域品牌，提高农产品市场竞争力，促进区域经济增长。

基于此，本研究将农产品区域公用品牌定义为：在一定区域内由若干农业生产经营者共同使用的、基于区域特定自然生态环境、技术条件、历史人文因素的农产品品牌，一般由"地理名＋产业名或产品名"组成。

根据农产品区域公用品牌的定义，可将其特征分为以下 5 个方面：①地域依赖性。区域公用品牌农产品的生产与产地紧密相连，受区域人文历史、地理资源、经济发展条件及政策等影响，产品品质具有鲜明的区域特征。②准公共产品性。农产品区域公用品牌的使用在区域内部具有非竞争性、非排他性的公共产品特征，区域内农业生产经营者可通过共享"区域品牌"，获取品牌增值收益。同时，区域品牌的共享性因区域范围限制而形成与区域外产品的差异，有助于强化并传递产品的质量信息。有时，地方政府可以通过构建产品质量标准体系，设置品牌使用壁垒，提高区域内农产品的品牌竞争力。③产业集群性。农产品区域公用品牌是以特色产业为基础，依托集群的外部性和集聚性，在产业技术、规模、市场占有率等方面形成竞争优势而形成，它嵌入在农业集群的社会关系和经济关系中，是经济网络、社会网络及品牌网络的统一复合体（俞燕，2015）。④以政府干预为特征的多元主体。农产品品牌的运营主体呈现多元特征，包括政府、行业协会、企业等（黄蕾，2009）。但因为我国传统农业集群居多，农业品牌建设滞后，加上行业协会等中介机构的力量薄弱，由此形成了以政府为主导的农产品区域公用品牌推进主体（俞燕，2015）。⑤品牌文化溢价。农产品区域公用品牌是市场竞争下基于相近人文历史和文化内涵而形成的区域内的品牌联合（孙凤芝等，2013）。特有的品牌文化带来的"品牌溢价"远高于普通农产品，更能赢得消费者对特色农产品的认同感，从而影响消费者购买行为。

（二）农产品地理标志内涵

世界贸易组织（WTO）知识产权协议《与贸易有关的知识产权协议》（TRIPS）首先界定地理标志概念："地理标志是证明某一产品来源于某一成员、地区或地点的标志。其特定品质、声誉及其他特点主要归因于该地理来源"（俞燕，2015）。我国从1999年开始实施地理标志保护，已经形成了国家地理标志保护产品（PGI）、地理标志商标（GI）、农产品地理标志（AGI）三种地理标志形式，前两种由国家知识产权局负责登记，第三种由农业农村部负责登记。由于本研究主要关注稻米品牌的建设和管理，且考虑到数据收集的可行性，在数据收集和分析中均以农产品地理标志（AGI）为研究对象，以了解各地区农产品地理标志发展情况。

根据我国《农产品地理标志管理办法》，农产品地理标志可定义为：来源于某一特定地域，具有独特产品品质和特性，以地域冠名的农产品标识（俞燕，2015）。

农产品区域公用品牌与地理标志的联系与区别：①功能和市场属性一致性。区域公用品牌和地理标志都依托区域特定的自然和人文资源而形成，都具有区域特性和不完全的共有产权特征，功能都是通过挖掘区域特色农产品品牌资源，提高品牌知名度，增加优质特色农产品供给，满足日益细分的市场需求，进而推动区域特色农业、特色农产品和区位优势经济发展，实现农业增效和农民增收。②法律属性不同。地理标志是法律概念，是一种法律上认可的知识产权，其申请主体是地方政府部门，地理标志产品受到相应法律保护，对侵权者的抵御力和对经营者的约束力比较强。区域公用品牌是市场经营概念，具有区域特色的农产品只要获得消费者认可就具有品牌价值，与注册和认证无必然联系。③所处发展阶段不同。农产品地理标志是由农业农村部农产品质量安全中心审核登记形成，是国家级农产品区域公用品牌的代名词。其形成过程为：首先由地区产业集群形成比较初级的区域公共品牌（未注册商标），随着依附产业发展成熟，地方政府、集体或者行业协会将为其背书，使其成为具有区域特色的、受地方政府保护的农产品区域品牌，最后可向国家提交申请注册登记地理标志，使其成为国家层面的农产品区域公用品牌。

（三）农产品企业品牌与产品品牌

根据美国市场营销协会的定义，产品品牌是指一种名称、标记、符号及其组合运用，其目的是使某一销售者的某种产品或服务与竞争对手相区别。企业品牌则是指以企业名称为其产品品牌名称的品牌（俞燕，2015）。

农产品区域公用品牌与企业或产品品牌的联系与区别：①目标一致性。农产品区域公用品牌与企业或产品品牌都具有品牌特性和品牌标识，三者建设目标基本一致，即一方面满足日益细分的消费者需求，另一方面通过增加农产品的影响力和美誉度来提升农产品的竞争力，提高经营者的收入水平。②产权属性不同。区域公用品牌属于准公共产品，为区域内共同所有，在一定范围内具有非排斥性、非竞争性以及外部性等特征；而企业或产品品牌属于私有产品，具有严格的排斥性和竞争性。③主体和品牌管理不同。政府、行业协会、企业等构成了农产品区域公用品牌建设和维护主体，这些主体在利益和风险共享的同时也存在利益矛盾和冲突，可能导致品牌建设不足，品牌管理和保护难度大。而企业品牌所有权归属企业本身，具有品牌专属性，企业建设自身品牌积极性较强，品牌保护、管理及推广相对容易。

二、江苏省农产品区域品牌发展现状与比较分析

通过选取全国范围可比的指标，以相邻的浙江与安徽省以及作为粳稻优势产区和农业大省的吉林和黑龙江省为对比参照，分析江苏农产品区域品牌发展现状。

（一）农产品区域公用品牌发展现状与区域比较

江苏省农产品区域公用品牌发展较早[1]，品牌数量在全国农产品区域公用品牌中占有较大比重且显著高于浙江、安徽和吉林3省，与黑龙江农产品区域公用品牌发展速度相近（表1）。

表1 全国及5省份最具代表性农产品区域公用品牌分布情况[2]（个）

年份	全国	江苏	浙江	安徽	黑龙江	吉林
2015	61	5	1	2	3	0
2016	82	4	1	2	4	2
2017	100	5	4	3	4	4
2018	100	6	6	3	6	2
2019	300	12	10	10	13	11

资料来源：根据中国农业品牌研究中心公布数据分析整理。

2017年和2018年全国100强农产品区域公用品牌中，江苏省数量较其他省份更多，这主要与近几年江苏省政府连续出台多项文件，强力扶持和推进江苏农产品区域公用品牌建

---

① 农产品区域公用品牌分国家统一评定和省内单独评定两个类型，由于本研究涉及与其他省份农产品区域公用品牌发展的比较，故本部分侧重分析国家层面统一评定的农产品区域公用品牌。

② 表1中为中国农业品牌研究中心所评定的最具代表性的农产品区域公用品牌，如"61"表示农产品区域公用品牌全国前61；同时，2017年国家首次评定全国百强农产品区域公用品牌，并于2019年建立《中国农业品牌目录》，农产品可分为果品、蔬菜、粮食、油料、畜禽、水产、茶叶、林特、食用菌、中药材和其他11类，共包括具有代表性的300个特色农产品区域公用品牌。

设，提升江苏省农产品在全国的知名度有关。2019 年全国 300 强农产品区域公用品牌中，江苏省农产品区域公用品牌的数量大致与其他省份持平，这既反映了其他省份在品牌建设上的追赶（如浙江），也反映了江苏省尽管前 100 名品牌数量较多，但排名 101～300 名品牌数量相对较少。因此，江苏省在今后的区域公用品牌的建设和维护中，不仅要重视各类别排名靠前的区域公用品牌建设，也需考虑数量和质量的双重提升。

1. 江苏省农产品区域公用品牌品类众多，水产类品牌居多，粮油品牌较少

第一，江苏省农产品区域公用品牌相比较于其他 4 省，品类众多且齐全。2019 年《中国农业品牌目录》中，江苏省农产品区域公用品牌共涉及果品、蔬菜、粮食、畜禽、水产和茶叶 6 个类别，其中，水产品区域公用品牌中，江苏省数量明显高于其他 4 省（图 1）。这一方面得益于江苏省地理上横跨南北、地势平坦、东临海洋、河湖众多、水网交错的自然环境，这为多类别农产品提供优越的生长条件；另一方面江苏省位于长三角核心地带，交通便利，市场广阔，有利于果品、蔬菜、水产等生鲜农产品的运输、流通和供给。第二，虽然区域公用品牌发展较为均衡，但在粮食、油料等公用品牌发展方面仍较为欠缺。江苏作为粮食生产和粮油加工大省，粮食总产量和粮油加工产值一直位于全国前茅，但从粮食和油料区域公用品牌发展来看，江苏省粮食区域公用品牌数量远低于黑龙江和吉林，油料区域公用品牌数量为 0（图 1），这显然与江苏粮食大省不匹配，急需进行粮食和油料区域品牌建设，提升江苏粮油的竞争力。

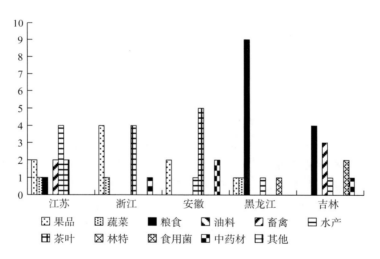

图 1　2019 年 5 省份各类型农产品区域公用品牌分布情况（个）

（资料来源：根据《中国农业品牌目录》数据分析整理）

2. 江苏省大米区域公用品牌发展缓慢，品牌数量远不及黑龙江、吉林和江西

在 2016 年和 2018 年公布的全国十大大米区域公用品牌①中，江苏省兴化大米和射阳大

---

① 2016 年全国十大大米区域公用品牌有：五常大米、响水大米、庆安大米、盘锦大米、宁夏大米、宣汉桃花米、遮放贡米、射阳大米、兴化大米、罗定稻米；2018 年全国十大大米区域公用品牌有：五常大米、兴化大米、射阳大米、盘锦大米、庆安大米、宁夏大米、兴安盟大米、榆树大米、方正大米、罗定稻米。

米都稳居前十，在数量上仅次于黑龙江大米区域公用品牌，明显多于其他大米生产省份，优势明显。但在 2019 年公布的《中国农业品牌目录》中，江苏大米区域公用品牌仅剩下 1 个，为射阳大米，在不及黑龙江大米"区域共用品牌"数量的同时，也已被吉林、江西、广东和上海所赶超（图 2），江苏大米在长三角大米市场的优势地位正面临巨大冲击，急需通过加强品牌建设来巩固优质大米生产的优势地位。

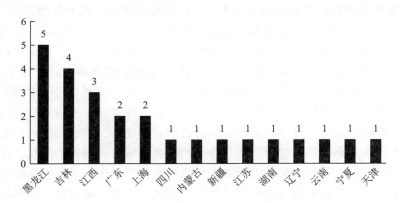

图 2　2019 年各省份大米区域公用品牌分布情况（个）
（资料来源：根据《中国农业品牌目录》数据分析整理）

案例 1　射阳大米的历久弥新

1. 发展现状

射阳大米生产地位于闻名全国的鱼米之乡射阳县境内。射阳县耕地面积 13.8 万 hm²，年产粮食 150 万 t，连续 12 年荣获全国"粮食生产先进县"称号，连续 6 年获评全国超级产粮大县，被中国粮食协会授予"中国优质粳稻之乡"称号，是名副其实的"吨粮县"。近年来，射阳县围绕做大"一粒米"，重点推动射阳大米从重产量向重质量转变、从卖产品向卖品牌转变。射阳大米先后被评为国家地理标志产品、中国驰名商标、中国名牌产品、中国农产品百强区域公用品牌、中国大米十大区域公用品牌、2020 中国农业品牌 100 强等，品牌价值达 245.32 亿元，被誉为"江苏第一米"。目前，射阳大米已形成育种、种植、仓储、加工、销售、研发等多种产业多个环节融合发展的良好势头，从田间到餐桌、从种植到加工实现全产业链高质量管控。

2. 发展历程——大事记

2002 年 6 月，发布《推进射阳县优质稻米产业化的实施意见》；2002 年 8 月，发布关于执行"射阳大米"内控质量标准的通知。

2003 年 12 月，射阳大米协会第二届会员大会表决通过《射阳大米协会章程》《射阳大米会员单位行为自律公约》。

2004 年 6 月，形成"关于近阶段打击假冒'射阳大米'的实施意见"，据此开展了"射阳大米"第一轮打假活动；2004 年 8 月大米协会发布《射阳大米质量管理监督手册》；2004 年 11 月，首次以县级地域名称注册大米集体商标。

2005 年 6 月，"射阳大米"集体商标正式启用；2005 年 11 月，射阳大米被江苏省确认为 2005 年江苏名牌产品。

2006 年 11 月，在上海举办第四届"射阳大米"新闻发布会。

2007 年 2 月，发布《射阳大米"十一五"时期品牌培育规划》；2007 年 6 月，射阳大米协会制订实施《射阳大米》企业标准。

2009 年 1 月，射阳大米成功实施地理标志产品保护，"射阳大米"被认定为江苏省著名商标；2009 年 12 月，"射阳大米"进入中国农产品区域公用品牌价值排行榜前十强，位列全国大米品牌首位。

2011 年 2 月，射阳大米协会制定了《"十二五"射阳大米发展规划》；2011 年 4 月，首家"射阳大米"特约经销店落户上海浦东；2011 年 5 月，"射阳大米"被认定为"中国驰名商标"；2011 年 10 月，射阳大米荣获"中国十佳粮食地理品牌"。

2012 年 3 月，射阳大米获"2011 年消费者最喜爱的中国农产品区域公用品牌"称号；2012 年 11 月，射阳大米协会启动新一轮维护商标权益活动。

2013 年 8 月，射阳大米获"2012 最具影响力中国农产品区域公用品牌"称号。

2014 年 5 月，首例侵害"射阳大米"商标所有权案一审判决。

2015 年 2 月，射阳大米协会开始推广南粳 9108；2015 年 9 月，射阳大米获"2015 年最受消费者喜爱的中国农产品区域公用品牌"称号，张昌礼获"2015 年农业品牌带头人"称号。

2016 年 7 月，射阳大米被纳入"国家重大研究项目：品牌价值提升工程研究之农产品品牌价值提升研究"子项目；2016 年 11 月，射阳大米荣获第十四届中国国际农产品交易会金奖称号。

2017 年 10 月，射阳大米获第 15 届中国粮油展金奖。

2018 年 10 月，射阳大米获"中国十大区域公用品牌"和"中国十大好吃米饭"殊荣。

2019 年 5 月，射阳大米荣获"2019 中国品牌影响力 100 强"称号，射阳大米协会被江苏省民政厅评估为 5A 级社会组织；射阳大米自 2019 年开始启动产品溯源体系建设工作；2019 年 10 月，射阳县被授予"中国优质粳稻之乡"称号，射阳大米获第十七届中国国际粮油展金奖；2019 年 11 月，射阳大米入选《中国农业品牌目录》；2019 年 12 月，射阳大米入选"江苏省十强农产品区域公用品牌"。

2020 年 11 月，射阳大米获第十八届中国国际粮油交易会金奖；2020 年 12 月，射阳大米荣获"2020 十大大米区域公用品牌"称号；盐城市必新米业有限公司的"必新大米"荣获"2020 十大好吃米饭"称号。

3. 经验总结

（1）资源禀赋优势明显，种植历史悠久。独特的气候环境、水土资源是射阳大米发展的基础。射阳县属海洋性湿润气候，春夏回温较慢，生长期相对较长；夏季雷雨多，秋季晴朗，降温迟，无霜期长，十分有利于稻谷成熟期干物质和糖分积累。射阳县为黄淮冲积海相沉积平原，土壤蓄水透气性能好，境内土质含钾量丰富，尤其适宜水稻种植。境内生态环境优越，是全国四大湿地保护区之一。盐城地方志有早在明朝洪武年间便出现"洼田种稻，垛田植棉"的记载。1916 年，清末状元张謇致力实业救国，在射阳沿海等地废灶兴垦，种植水稻将近 1 万 hm²，专为晚清宫庭供米。新中国成立后，随着盐碱滩改造，扩大了水稻种植面积。进入 21 世纪，射阳坚持发展优质稻米，推广武育粳 3 号、南粳 9108 及南粳 46 种植，优质品牌大米进入市场后，深受人们喜爱。

（2）优选稻米品种，推广先进种植模式。深入到上海、苏州等长三角地区考察了解稻米需求情况，结合大米食味品质，确定稻谷种植品种，同时与农业种子部门衔接，提高种子供应的纯度，确保大面积同品种种植。同时，通过与南京农业大学、江苏省农业科学院等涉农科研院所开展深入合作，设立江苏射阳大米产业研究院和博士工作站，因地制宜培育高品质优良食味专用品种，量身定制射阳大米产业"芯片"。全县水稻采用先进栽培方法，制定整套生产标准，推行绿色标准化生产。积极推广稻田复合种养模式，推动连片绿色种植，为射阳大米的整体品质提升起到了保障作用。

（3）政府主导下企业、行业协会协调联动发展机制。在射阳县委、县政府的大力支持下，在全国率先于 2001 年成立了"射阳县大米协会"。协会成立以后，围绕推进优质大米产业化，形成稳定的工作推进平台，一方面，在品种选择与确认、品牌培育与维护、栽培技术提升、加工质量规范等方面发挥统筹协调作用。另一方面，通过聚合全县稻米种植、收储、种子供应、加工等各方面力量，推动企业提高产品质量，改进企业管理，严格行业自律，开展维权服务，注册集体商标，参与各种评价活动，达到标准化生产、规模化加工、集约化经营的目标。目前，射阳大米协会已成为省级 5A 级社团组织，是全国"大米行业示范单位"。

（4）政府引领下的集团化发展模式。为将个体优势聚合为整体优势，改变分散经营、多头竞争，扭转群龙无首、发展无序的现象，在射阳县政府的主导下，由射阳县政府直属国有企业射阳国投集团组建江苏射阳大米集团，集团先后建成 0.33 万 hm² 种植基地、1.33 万 hm² 订单农业、35 万 t 高标准粮食储备库，拥有 3 个全国放心粮油示范企业、1 个省级农业龙头企业，下辖射阳国投农业科技发展有限公司、盐城市新合作粮食物流有限公司等 8 个子公司，总资产近 30 亿元，年销售额 8 亿元、利税 6 000 多万元。作为射阳县稻米企业高质量发展的标杆，射阳大米集团入选全国百佳粮油企业，自有品牌"谷投味道"射阳大米荣获"中国十大好吃米饭""中国十佳粮油优质特色产品"等称号，主打品种南粳 9108 荣获"首届中国好米榜"五星级称号。

（5）品牌发展战略导向。围绕大米品种品质品牌战略，在射阳大米协会主导下开展一系列的创牌活动，如推行"射阳大米"包装的标准化、一统化、系列化，使用"射阳大米协会推荐产品"标签；参与各类交易会、展示展览，在评比评鉴中争创高级别奖牌，以奖牌提升影响；在目标市场强化宣传，积极推介，通过组织大米品尝、经贸洽谈、新闻发布等活动，提升品牌的知名度。强化品牌管理，抓好品牌维护。对会员企业严格要求，对违规行为从严从重处理；不间断地开展产地源头、销售窗口的打击假冒"射阳大米"活动，在打假中提升品牌信誉。

案例 2　兴化大米的艰难曲折

1. 发展概况

兴化大米产自江苏省兴化市。兴化位于北亚热带湿润季风气候区，境内地势低平、水网密集、气候湿润、雨量充沛，具有独特的南北气候分界和里下河"锅底洼"特征，是名副其实的"鱼米之乡",自然条件十分适宜水稻种植,是著名商品粮生产基地、全国粮食生产十大标兵县之一,大米食味优良。自 2009 年兴化大米被批准成为国家地理标志产品并注册成为集体商标以来,兴化大米面对省内乃至全国范围的知名大米品牌竞争,虽然取得了一些成绩,如陆续斩获第十三届国际农产品交易会金奖、中国十大大米区域公用品牌、中国国际粮油展金奖等,但品牌建设整体成效较低,品牌知名度、产品辨识度不高,市场占有率较低。品牌竞争力不仅落后于吉林大米、五常大米等全国知名品牌,即便在省内众多大米品牌中,同样乏力,在 2021 年举办的第五届"前黄"杯"江苏好大米"评鉴推介会中,更是无缘十大品牌之列。相比于兴化香葱、兴化大闸蟹等兴化其他知名农产品的品牌影响力,兴化大米的品牌建设收效甚微。总体上,兴化大米品牌价值不显,距离好米卖好价,切实实现兴化稻米产业规模化、集约化、标准化升级转变,任重道远,须对兴化大米品牌建设各方面工作进行反思。

2. 经验与教训

(1)兴化大米品牌建设现状呈现矛盾景象。一方面,兴化自然气候环境优异,水稻单产水平位居全省前列,水稻育秧基质研制应用、机插秧、测土配方施肥技术推广应用面积全省领先,被列为江苏水稻产业技术体系示范推广基地;另一方面,兴化大米产品品质参差不齐,多数产品档次偏低,高档米欠缺,企业不愿使用兴化大米公用品牌,陷入卖散米或为知名品牌"贴牌"的窘境,难以带动稻米产业升级、企业做大和农民增收。

(2)品牌建设讲究天时、地利、人和,兴化大米品牌建设不可谓没有天时地利,之所以品牌建设成效缓慢,原因在于人。政府、行业、企业对品牌建设重视度不够,品牌定位模糊,品牌价值欠挖掘,品牌宣介单一,未严抓品质、未严管市场、未建立差异优势,整体缺乏品牌建设荣辱感、使命感和集体感。

(3)政府方面,不够真正重视品牌建设,口号在前,行动在后。政府对于兴化大米品牌建设的短期以及中长期目标任务缺乏科学统筹规划,未真正意识到在品牌建设中的资源整合和行业企业引领作用。虽提出了一些远景和模式概念,但缺乏科学部署和具体落实。总体上政府品牌建设工作星星点点,但又未形成燎原之势。

(4)行业方面,生产收储加工缺少标准,销售流通缺少监管追溯,宣传推介缺少抱团。兴化大米缺乏完善的高标准水稻种植环节作业和稻米加工质量标准体系,标准化水平低,以至于混收混放,给粮食收储加工带来难度,没有做到优质优收优价。即便选用南粳 9108 优良稻种,依旧造成优质原料浪费,同一品牌、同一品种的品质不稳定;行业缺乏通用、有效的大米销售流通追溯手段、防伪手段以及市场监管制度,跟风模仿现象严重,淘宝等电商平台等存在第三方兴化大米售卖店铺,无人监管;在缺乏政府引领对接资源的情况下,行业对外营销宣介少有抱团出击,对外品牌形象不凝聚。

(5)企业方面,缺乏龙头引领,各自为战,不重视与农户利益联结,难以或疏于参与品牌建设。兴化大米缺少龙头加工企业的引领和标杆示范,加工企业虽多,但规模偏小,加工水平不高;由于政府品牌建设的实际引导和支持不足,区域公用品牌不受重视,价值不显,企业更注重自主特有商标,在渠道部署和宣传推广上各自为战,甚至恶意竞争;部分加工企业没有与优质稻米种植基地签约,欠缺与种粮农户的沟通对接,企业、基地、农户之间利益联结松垮;受制于企业规模和金融信贷约束,大米加工企业或没有资本或没有信心制定并执行长期的品牌战略规划，精深加工难发展。

（6）品牌宣传推介偏向传统，缺乏对电商渠道的维护。经实际浏览，兴化大米京东旗舰店，发现在售产品仅两种，缺乏自家产品区分以及竞品对比，同时有消费者反映客服怠慢、物流缓慢、包装破损等有损品牌形象的情况。

案例3　苏北粮油的别开生面

1. 企业现状

江苏苏北粮油股份有限公司（以下简称苏北粮油）成立于2006年，主营"蟹园"大米、"家缘"大米、挂面、稻米油等产品，集粮食储备、精深加工、电子商务为一体，是江苏省"苏宿联建"示范性企业。公司致力于大米生产、加工和销售，选用南粳9108等优质稻种，米源优质稳定，加工工艺先进，加工质量高，"蟹园""家缘"系列大米先后通过ISO9001、HACCP、绿色食品等认证，畅销本省及浙江、安徽、广东等地。"家缘""蟹园"两大主营品牌均为江苏省著名商标，"家缘"大米是江苏省名牌产品，"蟹园"大米被列入国家星火计划项目，近年来品牌知名度与市场占有率稳步提高，产品年度销售额持续增长，2018年销售额突破3亿元。2019年8月，苏北粮油在"新三板"挂牌上市，是江苏省稻米行业首家在"新三板"挂牌上市的民营企业。

2. 发展概况

作为江苏省"苏米"公用品牌核心企业，从2006年公司成立，到2012年取得"蟹园"商标合法使用权，注册"家缘"大米商标，再到2019年挂牌上市，苏北粮油较好地实现了将泗洪大米做大做强的品牌愿景和公司蓝图，引领泗洪大米生产加工朝标准化、规模化、精深化、产业化方向迈进，深入发掘泗洪大米品牌潜能。好米卖好价，大米品牌价值与大米加工企业价值齐增长，企业荣获全国首批放心粮油示范企业、全国绿色食品示范企业、江苏省农业产业化重点龙头企业、中国百佳粮油企业、"江苏精品"认证等荣誉。旗下"蟹园"大米连续两年蝉联江苏好大米十大品牌第一名，"家缘"大米被评为江苏省名牌产品。2019年苏北粮油取得"宿有千香"农产品区域公用品牌使用权，代表市政府向全国推广宿迁地区的农副产品。

3. 经验总结

苏北粮油是泗洪大米品牌建设的重要参与者，其企业成长伴随泗洪大米品牌建设，两者相互促进，合作共赢，期间伴随产品质量不断提升和经营管理持续升级。苏北粮油的成功离不开大米生产、加工、销售等环节的精益求精，其中既有企业内因驱动，也有自然、政府等外因帮扶。

（1）自然、政府外因。一是自然底蕴深厚，稻作传承悠久。好产品源于好品质，苏北粮油位于江苏省宿迁市泗洪县，泗洪地处淮河，东临洪泽湖，是江苏北部优质稻米主产区，著名的螃蟹之乡。2016年境内发掘出的碳化稻遗存经检测距今已有约8 300年历史。悠久的传承与深厚的底蕴，共同造就泗洪大米优良品质。二是市、县政府高度重视品牌建设，给予企业多方面大力支持。泗洪县政府围绕品牌建设在稻米生产、收储、加工、营销、溯源上不断创新，科学规划部署，创造良好外部支持环境。具体表现在：①为了建设高标准粮食种植基地，推动规模经营，政府出台《农村承包土地的经营权抵押贷款风险补偿基金管理办法》，推进土地规模流转，大力培育新型农业经营主体；②为了实现稻米粮源有机、优质，政府借助农业"百园工程"，大力发展稻虾、稻蟹种植，严格执行休耕轮作，多环节实施GAP认证，实现全县粮食质量检验全覆盖，推行中国好粮油产品身份识别制度；③为了增强优质粮食区分度，政府建立健全优质粮食分类、分等、分级、分仓收储机制，对优质粮食实行专收、专存、专加工；④为了打破大米加工企业散乱，加工良莠不齐，政府创新运营机制，充分发挥行业协会作用，打造区域公用品牌，出台行业标准，引导苏北粮油等龙头企业参与构建稻米市场流通体系；⑤为了促进生产各环节标准化，泗洪县农委提出水稻生产服务体系全程社会化，实现泗洪县水稻生产"六统一"；⑥为了延长大米加工产业链，政府与科研院所合作，以项目为载体，搭建多类科研平台，鼓励企业建立技术创新长效机制，推进粮食精深加工；⑦为了弘扬稻米文化，融合业态，政府投资建设稻米主题小镇，举办稻米文化节，融合体育赛事；⑧市政府高位引导，推动"宿有千香"农产品公共品牌建设，将"宿有稻香"视为重点任务。

（2）企业内因。一是充分利用自然禀赋，稻蟹共作，彰显生态价值和绿色品质。利用泗洪作为螃蟹之乡和优质水稻主产区的区域天然优势，实行稻蟹共作，降低化肥农药使用，发展绿色有机循环农业，打造高端优质"蟹园"大米。二是眼光长远，自觉保护品牌口碑，维护市场流通秩序。苏北粮油"蟹园"泗洪大米严采取稻蟹共生的生态种植模式，不掺假售假、以次充好，珍惜"蟹园"品牌，守住诚信底线。三是增强相关主体利益联结，确保加工粮源质量。苏北粮油联合泗洪县政府、京东集团签署战略合作协议，开展"农民种地不花钱"项目，帮助农户解决生产资料融资和粮食回收难题；抓住集中土地流转契机，与界集镇和曹庙乡政府签订2 000hm²土地流转合同；以建设种植基地、带动农户种粮、壮大龙头加工企业为出发点，实行"公司＋基地＋订单农户"的种植模式；建立全市首家"粮食银行"，创新在田粮食动产抵押，提供借贷担保等措施缓解新型农业经营主体融资困境。四是跳出卖原粮阶段，发展精深加工，延长产业链。米糠榨油、生产米糠蛋白、碎米制造淀粉糖和生产大米蛋白粉、稻壳气化发电及生产活性炭等，苏北粮油深谙大米精深加工价值，正在布局形成集大米加工、大米淀粉糖加工、米糠油加工和饲料加工为一体的新格局。五是强强合作，挖掘专业力量，赋能稻米产业。苏北粮油联合江南大学签订技术合作协议，研发米糠毛油自动化生产工艺；与泗洪县政府、中国粮食行业协会、南京财经大学、国家粮食储备局武汉科学研究设计院共建中国（泗洪）稻米研究院。六是紧密对接区域市场需求，实现定制化服务，创新营销。苏北粮油在与超市合作的过程中，和不同的超市企业签订不同的基地合同，由公司提供多种稻种供超市选择，选定稻种后组织人员种植，种植风险由公司承担，超市进行包销，超市可定期视察所签约的种植基地。

案例4　水韵苏米的后发先至

江苏省粮食和物资储备局积极打造"水韵苏米"区域公用品牌，自2018年起，苏米品牌建设连续三年被列为江苏省政府十大任务百项重点工作，每年安排"优质粮食工程""中国好粮油"行动省级统筹专项资金500万元，在省内8个千亿级农业特色产业规划项目中列首位，既增加了优质粮油产品供给，促进了稻米产业高质量发展，又带动了农民增收和农业增效。3 年来，"水韵苏米"省域公用品牌从无到有、从小到大、从省内到省外、从名不见经传到家喻户晓，声誉日上，"水韵苏米"逐步成为"鱼米之乡"的鲜亮名牌和好米代表。

1. 发展历程

"水韵苏米"品牌建设至今，经历了"品牌规划阶段""品牌成立阶段"，正处于"品牌培育阶段"，"十四五"期间将在《苏米品牌建设三年行动规划（2020—2022）》目标达成的基础上，向"品牌扩张阶段"迈进。

品牌规划阶段（2018）：确定"水韵苏米"发展目标，明确"放心、好吃、营养"的产品价值定位，制订《江苏大米》团体标准。

品牌成立阶段（2019）：注册"水韵苏米"集体商标，重点抓好市场定位、品牌识别系统和产品的生产，制订《水韵苏米品牌宣传推广方案》，出台实施了《江苏大米核心企业认定监管办法（试行）》等系列管理方法。

品牌培育阶段（2020—2022）：重点进行品牌的推广和管理，共培育"水韵苏米"核心企业 50 家、评定核心企业生产基地 12 万 hm²，制订《苏米品牌建设三年行动规划（2020—2022)》《核心企业生产基地管理办法》，加强宣传推介力度，搭建合作平台，拓展市场渠道，提升品牌知名度和美誉度。

2. 建设进展及成效

（1）夯实品牌创建基础。近 3 年，省粮食和物资储备局首先制定出台了《苏米集体商标使用管理规则》，申请注册了"水韵苏米"集体商标，于 2019 年 12 月 7 日正式生效。2018 年 10 月 16 日发布了全国首个涵盖全产业链的"水韵苏米"团体标准。其次，聚焦品牌的管理和推广顶层设计，制定出台了《江苏大米核心企业认定监管办法（试行）》《苏米省域公用品牌标识管理办法（试行）》《苏米品牌建设三年行动计划》等制度文件，编制了"水韵苏米"品牌宣传推广方案，确定了"放心、好吃、营养"的品牌核心理念和"柔、香、糯"的产品品质特性。同时，积极发挥省粮食行业协会"桥梁纽带"作用，聚集省农科院等科研机构、产业龙头优势资源，政产学研等通力合作、协同推进，以品牌引领带动稻米产业融合发展，为品牌建设提供技术支撑。

（2）突出龙头企业培育。江苏省粮食和物资储备局以打造"水韵苏米"省域公用品牌为切入点，重点培育具有江苏特色的名优大米品牌。目前，全省拥有"水韵苏米"十大区域品牌，"水韵苏米"核心企业 50 家，"中国好粮油"产品 4 个，"江苏精品"产品 3 个，"江苏好粮油"产品 70 个，"好吃苏米"金奖、优秀奖产品 50 个，"水韵苏米"（江苏好粮油）样板店（企业）10 家，以及"水韵苏米"核心企业生产基地 12 万 hm²。同时，区域公用品牌建设中也涌现出一批优秀案例，如淮安市高举"淮安大米"旗帜，荣获"全国稻米产业融合示范市"称号；射阳县依托鹤乡生态优势，培育壮大稻米产业，被授予"中国优质粳米之乡"称号；江苏农垦米业集团作为"水韵苏米"核心企业"排头兵"，实现了"源头可追溯、流向可跟踪、信息可查询、责任可追究"；宿迁苏北粮油有限公司依托生产优质稻谷、品牌大米，成为全省首家新三板上市的稻米企业。

（3）宣贯品牌行业标准。一方面，政府积极推进"水韵苏米"团体标准贯标工作，加大"水韵苏米"行业标准、管理办法的学习宣传力度，引导核心企业把握稻米生产、加工、质量控制共性特点，规范企业稻米种植、收储、加工、流通各环节的质量管理。另一方面，不断探索推进"水韵苏米"产品从基地源头的质量溯源，引导核心企业向前延伸，逐步建成了一批"好稻种＋好生态"的"水韵苏米"示范基地。2020年，江苏省50家"水韵苏米"核心企业，大米产品总销量296万t，销售收入157.8亿元，约占全省708家入统大米加工企业销售总额的33％，在行业中占据重要地位。通过持续的品牌示范，不断提升"水韵苏米"核心企业质量品牌建设、产业链条带动能力，促进了区域产业集群品牌塑造，放大了"水韵苏米"省域品牌效应。

（4）加强品牌宣传推介。做实"水韵苏米"品牌宣传推介，配合渠道建设，对接宣传媒体、广告和展会平台，在提升影响力上下功夫。如通过与新华报业传媒集团共同主办"水韵苏米"品牌宣传战略合作发布会，举办"好吃苏米"品鉴大赛，以及在第十七、十八届江苏名特优农（上海）交易会，第二、三届中国粮食交易大会上举办"水韵苏米"省域公用品牌专场推介活动，集中进行展示、宣传和推介"水韵苏米"品牌，品牌知名度与美誉度得到显著提高，市场占有率也在不断提升。如"水韵苏米"公用品牌荣获2018年首届国际稻米博览会金牌，第十七届、十八届国际粮油精品展金奖，第九届、十届中国粮油榜"中国粮油影响力公共品牌"等重大荣誉。

（5）创新品牌渠道建设。2019年，省粮食和物资储备局开始推进"好粮油"样板店建设，制订了《江苏好粮油样板店建设计划》《江苏好粮油样板店认定监管办法》，让"好粮油"样板店建设成为"水韵苏米"品牌对接上海等一二线城市、渠道下沉的重要抓手。同时，不断强化核心企业与餐饮、经销商等专业渠道的联系，开展社区对接活动，拓展了"水韵苏米"产品销售市场。并积极引导企业开展线上线下融合发展，2020年江苏省农垦米业集团"苏垦尚膳"产品电商平台营业额达1.02亿。此外，江苏省也积极推进"水韵苏米"品牌在省外的渠道建设，创新商业营销模式，带动江苏优质稻米一二三产融合发展。

（6）协同效应不断加大。江苏省粮食和物资储备局以"水韵苏米"省域公用品牌打造为切入点，形成省局牵头统筹协调监督，省粮食行业协会负责品牌授权使用机制运营，联合高校科研机构、媒体、核心企业等协同工作局面，通过"省域—市县域—企业"三级联动品牌培育方案，带动区域品牌持续发展。切实强化"六稳"工作，全面落实"六保"任务，到长三角、珠三角等粮食销区建立订单粮食等多种形式产销合作关系，推动江苏稻米产业"五优联动"提质扩面，增强粮食市场保障能力。

（二）农产品地理标志发展现状与区域比较

1. 江苏省地理标志农产品数量不断增加，近年加速增长

农产品地理标志是农业发展水平和农产品品牌建设的重要体现之一。江苏省农产品地理标志发展迅速，于2008年农产品地理标志有记录以来，以平均32.89％的年增速快速发展。截至2020年，江苏农产品地理标志产品数量达到137个，占全国农产品地理标志数量的3.72％。从增速来看，江苏省农产品地理标志发展呈现长期缓慢增长，并于近年加速增长的趋势。与全国农产品地理标志增速相比较，江苏农产品地理标志增速于2018年以前大多数年份都低于全国水平，而在2019年出现转折，增速显著高于全国水平（表2），这主要与江

苏省政府近年对农产品地理标志的重视和投入有密切关系。

表2　2008—2020年全国与江苏省农产品地理标志增长情况

年份	全国（个）	全国增速（%）	江苏（个）	江苏增速（%）	江苏占比（%）
2008	121	—	—	—	—
2009	202	66.94	6	—	2.97
2010	535	164.85	14	133.33	2.62
2011	835	56.07	25	78.57	2.99
2012	1 047	25.39	30	20.00	2.87
2013	1 375	31.33	36	20.00	2.62
2014	1 588	15.49	41	13.89	2.58
2015	1 794	12.97	46	12.20	2.56
2016	2 006	11.82	52	13.04	2.59
2017	2 244	11.86	56	7.69	2.50
2018	2 525	12.52	61	8.93	2.42
2019	2 780	10.10	72	18.03	2.59
2020	3 147	13.20	117	62.50	3.72

资料来源：根据全国农产品地理标志查询系统数据统计整理。

2. 江苏农产品地理标志数量与增长均不具优势，与农业增加值[①]快速增长不匹配

一方面，江苏省农产品地理标志无论是数量还是增长速度与其他省份相比都不具优势。2015年江苏省农产品地理标志数量高于吉林、贵州、安徽和浙江，但是显著低于黑龙江、湖北、山东、河南等省（图3）；到2020年，江苏省农产品地理标志数量被贵州和浙江反超，相对安徽的优势也明显减弱，仅仅明显高于吉林省。另一方面，从每百亿农业增加值农产品地理标志数量来看，2015—2018年江苏省仅为1.09～1.38，与农业增加值总量大和快速增长严重不匹配。江苏省每百亿农业增加值地理标志数量明显低于农业增加值更高的山东、四川和河南，与黑龙江、浙江、湖北、安徽、广西、贵州、吉林等省（自治区）差距明显（图4）。因此，江苏省应更加关注农产品地理标志的申报和登记工作，在实现农业大省的基础上向农业强省迈进。

3. 江苏省大米地理标志数量居全国前列，粳稻产区仅次于黑龙江

第一，江苏省大米地理标志数量多，位于全国前列。根据农业农村部最新公布的农产品地理标志数据，全国稻米地理标志共128个，其中江苏大米地理标志为7个，地理标志数量低于湖北、黑龙江、贵州、广西、湖南和江西，高于山东、安徽、吉林和浙江等省（图5），表明总体江苏省大米地理标志数量居全国前列。同时，若只比较粳稻产区大米地理标志数量，江苏仅次于黑龙江，高于吉林、辽宁。第二，江苏省大米地理标志工作启动较晚，品牌

---

① 本报告中农业增加值为农林牧渔业增加值，后文中不再说明。

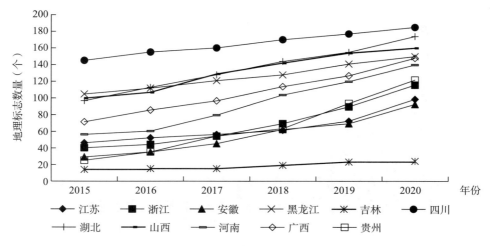

图 3　2015—2020 年部分省份农产品地理标志数量及变化情况

（资料来源：根据全国农产品地理标志查询系统数据统计整理）

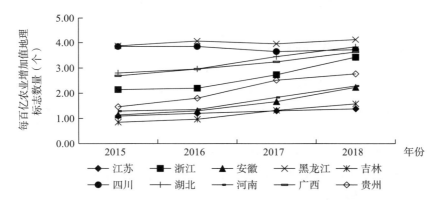

图 4　部分省份每百亿农业增加值农产品地理标志数量及变化情况

（资料来源：根据全国农产品地理标志查询系统、《中国农业统计年鉴》数据统计整理）

合力发挥不足。江苏大米地理标志最早注册登记的是泗洪大米，注册时间为 2010 年（见附录），之后长达 7 年未有其他大米地理标志进行注册，这不利于大米地理标志品牌效应的长期累积。而对比黑龙江，其不仅在大米地理标志注册时间（2008 年）较江苏早（附录表 1），且大米地理标志数量持续增加，品牌效应得到充分积累，为现阶段大米品牌整合和品牌合力发挥打下坚实的基础。

基于以上分析，本研究认为江苏省农产品区域品牌总体发展较好，但在粮食尤其是大米区域品牌方面与黑龙江和吉林有所差距。具体而言，江苏省农产品区域公用品牌发展较早，数量众多，品类较齐全，粮油品牌尤其是大米品牌较少，不及黑龙江和吉林；江苏省地理标志农产品数量不断增加，大米地理标志数量居全国前列，粳稻产区仅次于黑龙江，但与农业增加值的快速增长不匹配。因此，江苏省政府仍然需要加大对农产品区域品牌建设的支持，重点关注大米区域品牌的建设与发展，巩固江苏大米在长三角区域的优势地位。

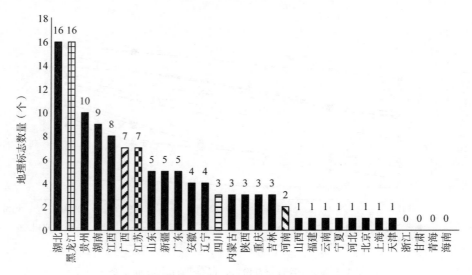

图 5 全国 31 省份大米地理标志数量分布情况
（资料来源：根据全国农产品地理标志查询系统数据统计整理）

三、五常大米品牌发展历程及政府作用

（一）五常大米简介

五常大米干物质积累丰富，支链淀粉和速溶双链蔗糖含量高[①]。大米形状饱满，质感坚硬，颜色清透，饭粒油亮，香味浓厚[①]。

五常大米产自黑龙江省南部的五常市，日照充沛，水系发达，河网密布，一级、二级、三级支流共 300 余条。土质有机物质丰富，富含植物生长所需的氮、磷、钾等元素[②]，土壤类型多样，有草甸土、黑土、沙壤土等多种类型。

五常大米拥有五优稻 1 号、五优稻 3 号、稻花香 2 号、五优稻 A 等优良稻种。其中，五优稻 1 号是中国首个荣获美国绿色营养食品协会认证的水稻品种。

（二）五常大米品牌发展历程

五常大米品牌历史渊源久远，享誉甚早，种植历史最早可追溯到唐初渤海国时期。清道光十五年，五常大米成为贡米，专供皇室。咸丰四年，清政府以"三纲五常"中的"仁、智、礼、信、义"赐名此地为五常，五常大米"千年水稻，百年贡米"之称由此而来[③]。

五常大米品质底蕴深厚，再加之五常政府在品牌建设上的发力，截至 2019 年，五常大米种植面积约 15.7 万 hm²，大米加工企业 400 多家，在全国拥有品牌店 300 多个，专卖店

---

① 五常大米网．http：//www．wcdmw．gov．cn/tianti-module-gateway/tianti/index/chanyegaikuang．jsp．
② 中国文化报：五常稻香．http：//nepaper．ccdy．cn/html/2019-11/23/content_274958．html．
③ 五常大米网：产业概况．http：//www．wcdmw．gov．cn/tianti-module-gateway/tianti/index/chanyegaikuang．jsp．

1 000 多个，进驻商超系统超过 5 000 家①。2016—2020 年五常大米连续四年蝉联全国地标产品大米类品牌价值榜首，2019 年中国品牌价值评价信息结果显示，五常大米与贵州茅台酒、安溪铁观音等进入中国区域品牌前十，位居第六②。品牌建设期间，五常大米陆续摘得"绿色食品""有机食品""中国名牌""美国食品营养协会认证产品""中国原产地域保护产品""中国地理标志保护产品"等诸多国内外荣誉及认证，已然成为高端大米品牌的缩影。成功实现品牌升值及产业提档升级，做大做强五常大米的预期战略目标。

得益于五常市委、市政府持续推出的一系列保护五常大米地理标志品牌及规范整顿市场的举措，五常大米品牌建设之路硕果累累。

1993 年，五常市提出绿色战略口号，着手发展水稻③。

1994 年，五常市稻米使用国家绿色食品标志。

2001 年，五常大米品牌注册证明商标，实现标志统一。

2006 年，五常大米获得"中国名牌"荣誉称号。

2008 年，五常大米取得"中国名牌产品"认证。

2011 年，五常市荣获"中国优质稻米之乡"美誉。

2013 年，"五常大米"证明商标被评定为"中国驰名商标"。

2013 年，"五常"产地证明商标入选"中国驰名商标"。

2014 年，五常大米登录央视宣传纪录片《舌尖上的中国 2》。

2016 年，五常市政府与天猫敲定战略合作。

2018 年，五常大米位列 2018 年中国区域农业产业品牌粮油类榜首④。

2019 年，五常大米入选《中国农业品牌目录》。

2020 年，五常大米纳入中欧互认地理标志。

2016—2020 年，五常大米位于全国地标产品大米类品牌价值榜首⑤。

（三）五常大米品牌建设中的问题及政府应对措施

五常大米品牌建设过程并非一帆风顺，在稻米质量、商品流通、市场监管、品牌保护、加工生产等环节均存在不同程度的问题，具体表现为：①建设缺少统筹，各方联动弱；②市场化程度低，营销能力差；③市场监管缺位，产品流通乱；④品牌保护不足，掺混假冒多；⑤企业缺乏引领，加工产能低；⑥质量体系不全，品质待提升；⑦品牌内涵未挖，品牌价值低。五常政府围绕以上品牌建设中存在的问题，采取针对性措施，确保五常大米品牌崛起之路走好、走稳、走远。

---

① 黑龙江日报：每个五常大米产品都有"身份证". http://epaper.hljnews.cn/hljrb/20191004/442818.html.

② 中国品牌建设促进会：2019 中国品牌价值评价信息发布名单. http://www.ccbd.org.cn/content-13-282-1.html.

③ 人民网：了解你不知道的五常大米历史. http://sh.people.com.cn/n2/2016/1222/c346252-29499972.html.

④ 中国网财经：2018 中国区域农业品牌影响力排行榜发布. http://finance.china.com.cn/agri/20181224/4848767.html.

⑤ 央广网：五常大米连续四年蝉联地标产品大米类全国第一. https://baijiahao.baidu.com/s?id=1672176235203688695&wfr=spider&for=pc.

1. 针对"建设缺少统筹，各方联动弱"的措施

政府、行业等各层面内部以及各层面之间形成品牌建设的战略意识，明晰品牌建设的目标及任务，做到紧密联系，有统筹，有侧重。①在政府层面，成立以市委书记、市长为组长，市委宣传部、农业农村局、市场监管局、财政局、电视台等部门为成员单位的稻米产业管理工作领导小组；②在部门层面，由农业农村局和市场局分别专设绿色食品产业办公室和地理标志产品保护管理办公室；③在行业层面，成立五常市大米协会和五常大米集团有限公司①。各层面各组织合心合力，推动五常稻米产业全面提档晋级，实现良性发展。

2. 针对"市场化程度低，营销能力差"的措施

①建立线上线下主销渠道，拓展线上线下经销网络。线上开发自有销售及宣介平台"五常大米网"，主动对接天猫、京东等，支持企业、合作社、农户开设线上店铺；线下在主销区开设官方旗舰店及体验店，增设经销网点，门店布局涵盖全国各大城市。②创新营销模式，培育品牌高端形象。五常市政府与中国民生银行、阿里巴巴签署《五常大米项目》战略协议，成立信息化种植基地，实现从播种到餐桌全程可视化溯源，创新开展可视化营销②。同时，通过日剂量小包装、会员制服务、订单农业等精品化、差异化、个性化的营销手段，塑造高端形象③。

3. 针对"市场监管缺位，产品流通乱"的措施

①净化市场环境，专项整治常态化。五常市场监督管理局公布《五常大米专项整治行动工作实施方案》，依法从严打击无照、无证加工，以及违规授权非本地经销商分装稻米，私自印售五常大米包装物，哄抬水稻价格、垄断市场、强买强卖等侵害稻农和稻米加工企业利益，扰乱市场秩序的不端行为④。②政府驻企，现场督导。市场监督管理局人员驻厂监管，指导大米加工企业正确使用五常大米地理标志名称及专用标识、商标，避免出现不正当竞争、虚假广告宣传等行为。

4. 针对"品牌保护不足，掺混假冒多"的措施

①实行防伪溯源，严控商标授权。制定《五常大米溯源防伪管理规定》，建立溯源防伪查询平台，严格实行"三确一检一码"（确地块、确种子、确投入品、质量检测和溯源防伪）和"一物一码"制度，实现全程可溯。制定《五常大米产业整治工作方案》，强化对全产业、全流程的监管。以产地证明商标授权使用为核心，严把大米协会和溯源体系准入关口，规范商标使用，完善溯源防伪体系。②严厉执法，保真打假。省区域内实行三级负责制，严打假冒伪劣。依法严厉打击商标冒用、以普充精、以次充好、虚假宣传等扰乱市场正常秩序的行为。2018—2019年，市场监督局监督检查大米加工企业281家，打掉制假售假窝点5个，

---

① 新浪网：走进五常市：五常大米品牌转型之路. https://k.sina.com.cn/article_1815207383_6c31ddd700100i1pq.html? from=news.

② 哈尔滨五常市人民政府网：中国民生银行、五常市人民政府、阿里云战略合作签约仪式在乔府大院举行. http://www.hljwch.gov.cn/zwgk/zypz/cqjy/2019-12-08/1524.html.

③ 新华网：五常大米品牌发展论坛在哈尔滨召开. http://www.cinn.cn/pphd/201812/t20181220_202942.html.

④ 人民网：五常大米"保真打假"出重拳 十个方面加强品牌建设与保护. http://www.hljwch.gov.cn/xwxx/zwyw/1369.html.

扣押涉案大米近 1 000t，包装物 15 万条①。

5. 针对"企业缺乏引领，加工产能低"的措施

①引入龙头企业，引领规范生产。政府帮助粮食加工企业协调贷款、给予专项支持，吸引中粮、金福粮油等龙头粮企入驻，树立行业质量标杆，引领规范化生产，提高标准，升级工艺，优化流程。②整合加工品牌，强化对外形象。截至 2016 年，市内稻米加工企业就已超过 290 家，针对企业多、品牌乱，五常市对现有品牌进行整合，一致实行稻花香、长粒香等原产地品牌②。③树立工业理念，发展精深加工。推动全市中型及以上稻米加工企业实现自动流水线生产，自动化设备率达 80％以上③。建立高效稻米精深加工聚集区，支持加工企业延长产业链条，积极开发米糠油、谷维素等精深加工型稻米副产品。

6. 针对"质量体系不全，品质待提升"的措施

①制定质量标准，完善体系建设。制定《地理标志产品 五常大米》标准，制定《五常大米标准体系》，体系囊括育种、种植、投入品使用、收储、加工、产品质量、环境质量、溯源防伪 8 个重要方面，保证质量体系兼具系统性和完整性。②强化农技研发，推广技术规程。制定和推广《"稻花香号"生产技术标准》《水稻大、中棚旱育苗技术规程》《优质水稻栽培技术规程》《无公害食品 水稻加工技术规程》《五常市水稻标准化生产技术规程》等，覆盖五常大米从良种繁育到加工销售的各流程各工序，实现全产业链标准化和规范化。③加强科研合作，优化稻米种源。强化种子基地建设，积极与中国农业大学等重点科研院校合作，实施"育繁推一体化"，加快优良品种如"五优稻 4 号"的提纯复壮及审定推广工作，确保原种纯、良种优、覆盖广④。④开展生态保护，确保水土品质。对拉林河、牤牛河流域沿线乡镇环境进行综合整治，开展清河障、固堤防、补生态等保护活动⑤，保护稻米种植地良好生态。⑤利用现代科技，加强质量管理。建立大米质量安全检验检测中心和安全检验监测平台，在全市重点水稻种植地块布置摄像头和传感器，配备移动监测设备，对水稻长势实施全天候实时掌控，确保稻米品质。

7. 针对"品牌内涵未挖，品牌价值低"的措施

①挖掘品牌文化，讲好品牌故事。通过开展"五常大米节"等多样化文化宣传，以及面向全国征集五常大米 LOGO，持续提升民众关注度。开发以五常大米为核心的集合地域特色和文化内涵的旅游产品，文、旅、稻等产业深度融合，打响"中国稻乡，生态五常"旅游品牌。②建立官方网站，成立交易中心及监管仓。建立包含品牌介绍、溯源防伪、授权查询、举报投诉、在线购米等功能于一体的五常大米网，开发配套手机端应用程序。建设五常

---

① 哈尔滨市五常市人民政府：2018 年—2019 年政府工作报告（一）. http：//www.hljwch.gov.cn/zwgk/gzbg/1537.html.

② 中国青年网：五常大米的品牌保卫战. http：//news.youth.cn/jsxw/201510/t20151025 _ 7239935.htm.

③ 哈尔滨新闻网：第二届中国优质稻米之乡·五常大米节 8 月 28 日在深哈两地同时举行. https：//www.thepaper.cn/newsDetail _ forward _ 4274656.

④ 哈尔滨市五常市人民政府：2018—2019 年政府工作报告（二）. http：//www.hljwch.gov.cn/zwgk/gzbg/1538.html.

⑤ 哈尔滨市人民政府：2020 年市政府将统筹抓好以下六方面工作. http：//wcsxxgk.harbin.gov.cn/art/2020/5/19/art _ 12561 _ 909172.html.

大米交易中心，通过拍卖交易、订单交易、对手交易等多元化交易方式，提升五常大米品牌价值[1]。建设官方监管仓，整合仓储物流并纳入溯源防伪管理体系，优化消费体验，提升品牌印象[2]。③加大品宣投入，加强线上线下宣传。五常政府每年最低投入 400 万元专项资金，用来组织企业参加各类展销会、博览会[3]。此外，五常市政府在主流媒体平台开展全面且立体的品牌宣传，并加快推进大米旗舰店和直营体验店建设布局。

（四）五常大米品牌建设成功经验

五常大米品牌发展模式可总结为：以"六个一"（一个区域品牌——五常大米；一个集宣传、销售于一身的官网——五常大米网；一组精密防伪系统——"三确一码"溯源防伪体系＋五常大米专属身份标识；一套完整的质量技术体系——五常大米标准体系，覆盖从种子繁育到加工销售等多个流程多道工序；一个跨部门协作的政府领导班子——五常市稻米产业管理工作领导小组；一个品牌维护的决心——市场监督与保真打假常态化）为品牌建设行动总纲；以"七个统一"（统一管理机构、统一良种育种、统一技术标准、统一加工标准、统一包装标识、统一营销推广）为品牌建设行动方向；以"五个强化"（强化品牌意识，狠抓品牌管理；强化标准体系，推动农技落地；强化防伪追溯，坚持打假，坚定维权；强化产业合力，促进利益共享；强化创新营销，塑造高端印象）为品牌建设行动方案。

五常大米品牌建设成功的条件在于：

1. 自然资源得天独厚，地形特殊

气候上，五常与吉林一样处在松花江流域，地处北纬 $44°4'$ 至 $45°26'$，纬度位置相近。但是五常地形特征较为独特，地势西北低、东南高，其稻作区域三面环山，开口朝西，形成"C"字包围，这一独特地势保证了暖湿气流可在稻作区内回旋，形成特殊的局部小气候。此外，全年 $\geq 10°$ 有效积温超过 2 300℃，无霜期长达 124d，日照超过 2 500h，有利营养干物质积累。

水土资源上，五常市河网密集，年径流总量超过 $3 \times 10^9 \, m^3$，大小河流 390 多条，水库众多，水资源充沛。黑土地覆盖面广，土层深厚，土壤酸碱度、有机质和微量元素含量适宜，有利于农作物生长。

纬度适宜、黑土肥沃、河网密布、积温合适、地形独特，以上条件共同孕育出五常大米优质、独特的食味，属于"天赐稻场"，其他地区难以复制。

2. 优良稻种品质自古有之，历史积淀深厚

良种的培育需要机缘和时间，五常大米素有"千年水稻，百年贡米"之称，种植、培育历史悠久。演化至今的优良稻种，既有现代科技的助力，更是千百年传统稻作培育过程的结晶。

3. 政府在品牌建设工程上行动统一，目标一致，总揽全局

稻米产业管理工作领导小组由市委宣传部、政府办、农业农村局、市场监管局等政府部

---

① 哈尔滨市五常市人民政府：2018 年市政府将着力做好以下七方面工作 . http：//www. hljwch. gov. cn/zwgk/ghjh/270. html.

② 央广网：五常大米连续四年蝉联地标产品大米类全国第一 . http：//hlj. cnr. cn/qyhy/20200714/t20200714_525167183. shtml？from＝groupmessage.

③ 新浪网：五常大米品牌转型之路 . https：//k. sina. com. cn/article_1815207383_6c31ddd700100i1pq. html？from＝news.

门组成，着力于品种、品质、品味、品相、品牌五个重要方面，合力做大做强五常大米。

4. 高度重视，严肃对待防伪溯源、商标管理及市场监督工作

建立从农户、生产基地、稻米企业到经销商一条龙式的常态化监督、监管、严惩机制，确保大米不假、市场不乱、溯源到位，凸显五常大米身份感。

5. 细分市场，创新营销模式，差别营销

在巩固市场份额的同时，不断强化品牌高端市场影响力。顺应高端市场消费需求和消费者心理的日益变化，通过日剂量小包装、可视化溯源消费、定制式销售、会员制服务等创意营销细分市场，差别营销；拉大与其他大米品牌在产品包装精致度、服务水平、定制化水平、消费方式新颖性等方面差异，增强消费者对五常大米与其他大米品牌间的区别感知度；进一步突出五常大米少而精、少而优等特点，彰显五常大米健康好吃营养的功能属性，昂贵稀缺的价值属性，仁义礼智信的文化属性以及对消费者个性的支持，不断刷新五常大米品牌境界；从食味、品质、品相等理性路径和身份感、文化认同感等感性路径促进消费者产生品牌价值共鸣，提升五常大米高端奢侈的品牌形象。

6. 强化良种育繁推，促进品种统一与区域品牌整合，保障品质

加强良种提纯复壮，避免种源退化和弱化，主推良种五优稻4号，统一实行稻花香、长粒香等品牌，确保大米品种统一、品质统一，品种与品牌高度整合，品牌对外形象清晰。

四、吉林大米品牌发展历程及政府作用

（一）吉林大米简介

吉林大米品相洁白晶莹，质地密实，富含有机质和矿物质，米饭油亮溢香，食味好[1]，分火山岩型大米、弱碱性大米、有机大米三大类别，主推吉林圆粒香、吉林稻花香、吉林长粒香和吉林小町四大稻米品种[2]。

吉林大米产地位于黑土带上，区域内四季分明，雨热同季，境内水系发达，有松花江、辽河等五大水系，盛产优质粳稻。此外，吉林省生态格局独特，东部土质松软肥沃，透气性好；中部松辽平原，黑土丰富，有机质含量高；西部草原湿地，土质多为偏碱性黑油土，富含氮、磷、钾及有机质[3]，以上使得吉林大米在品质及功能上呈现出多元化特征，能更好应对多样化市场需求。

（二）吉林大米品牌发展历程

自2013年4月起，吉林省相继出台《吉林省人民政府办公厅关于推进吉林省大米品牌建设的指导意见》《吉林省人民政府关于加快实施"健康米"工程的指导意见》《吉林

---

① 中国吉林网：吉林大米："好吃、营养、更安全". http://news.cnjiwang.com/jwyc/201609/2234774.html.

② 吉林省粮食和物资储备局：吉林大米好吃、营养、更安全. http://grain.jl.gov.cn/lsj2015/mtjj/201706/t20170629_3256559.html.

③ 人民网：吉林省农科院科技支撑助力"吉林大米"品牌战略. http://jl.people.com.cn/n2/2016/0215/c351793-27734313.html.

大米品牌建设发展规划》等重要文件，掀起一场声势浩大的"政府站台、企业唱戏"的创新品牌建设活动，助力吉林大米公用品牌腾飞。历时 7 年，从品牌初创到品牌成熟，定位"好吃，营养，更安全"的吉林大米实现了"好米"变"名米"、"名米"卖"好价"的品牌崛起，品牌建设及发展卓有成效。与品牌建设之初相比，吉林大米产业由起初的粗放加工逐步转型到如今的精品农业，业态转型良好。水稻播种面积已由品牌建设之初的 80 万 hm² 增至 86.7 万 hm²，优质稻种播种面积超过 80%，中高端大米产量跃升至 100 万 t。2016—2020 年，吉林省水稻市场平均收购价高于国家最低保护价，稻农获得切实利益。150 多家粮企开通大米质量溯源系统，以吉林大米统一标识为特征的近 200 家直营店、600 多个商超专区（专柜）遍布全国 20 多个省、自治区、直辖市[1]。综上可看出，吉林大米已大体实现"好米变名米，名米卖好价""农民增收、农业增效、产业做大、品牌做响"的品牌愿景。期间：

2013 年，吉林"健康米"工程启动[2]。

2014 年，吉林大米品牌形象和品牌主张确立。

2015 年，习近平总书记在吉林考察调研时作出重要指示，打好"豆米牌"[3]。

2016 年，吉林大米产业联盟成立[4]。

2016 年，"吉林大米中华行"推介活动开始[5]；同年，吉林大米高峰论坛召开[6]。

2017 年，吉、浙两省"以米结缘"，率先开展两省对口务实合作[7]。

2018 年，吉林大米互联网订单农业正式启动；同年，吉林大米开创"吉田认购"专属稻田订制模式[8]，以及从产区到社区一站式营销模式。

2019 年，吉林大米入选"第九届中国粮油影响力公共品牌""2019 中国农产品区域公用品牌最佳市场表现品牌""新华社民族品牌工程"。

2020 年，吉林大米在浙江、福建等地开展宣传活动。

（三）吉林大米品牌建设中的问题及政府应对措施

吉林大米在定位中高端市场，打响做大"吉林大米"这一区域公用品牌的过程中，在品种、品质、品相、营销、品宣等方面曾出现过如下问题：①产品质量标准低，品质效益不

[1] 新华社："吉林大米"的五年之变. http://www.jl.xinhuanet.com/2020-07/16/c_1126245256.html.

[2] 中国质量新闻网：吉林省全方位实施"健康米"工程培育市场品牌. http://www.cqn.com.cn/zgzlb/content/2016-04/13/content_2797761.html.

[3] 央广网：打好"豆米牌"吉林省迈出坚实一步. http://hn.cnr.cn/hngbcj/jr/20150817/t20150817_519561565.shtml.

[4] 中国吉林网：吉林大米产业联盟成立. http://jl.cnjiwang.com/jdtq/201609/2227495.html.

[5] 吉林日报：吉林大米：五年奋进成就"第一品牌". http://jlrbszb.cnjiwang.com/pc/paper/c/201710/25/content_40013.html.

[6] 中国吉林网：2016 吉林大米高峰论坛在吉林市举. http://news.cnjiwang.com/jlxwdt/jl/201609/2229286.html.

[7] 新浪吉林：稻米香飘品牌路——聚焦吉林大米品牌建设六年历程. http://jl.sina.com.cn/life/hyzx/2020-06-02/detail-iirczymk4817231.shtml.

[8] 中国新闻网：吉林大米吉田认购吉商推介会盛大开幕. http://www.jl.chinanews.com/cjbd/2019-01-25/59842.html.

显；②品牌杂乱不规范，企业各自为战；③品牌营销创新差，产品影响力弱；④优种覆盖率不足，品种难提品质；⑤缺乏龙头标杆企业，产能落后低下[①]。为解决以上问题，吉林省政府有针对性、有规划地制定并实施如下措施。

1. 针对"产品质量标准低，品质效益不显"的措施

①制定实施高水平大米标准，搭建标准体系。②建立质量追溯体系，开展水稻认证。建立质量追溯体系，采集、整理、汇总省内大米加工企业和水稻专业合作社相关信息，实现"来源可追溯，去向可查证，责任可追究"[②]。加大对地理标志水稻认证力度，鼓励企业、合作社开展"三品一标"水稻生产及认证，提高优质安全水稻占比。

2. 针对"品牌杂乱不规范，企业各自为战"的措施

①整合品牌，培育拳头产品。按照政府引导、市场运作、企业自愿的原则，整合大米品牌，重点培育梅河大米、舒兰大米、查干湖大米、延边大米等地理标志大米品牌[③]，以及更进一步培育特色名优大米品牌。②围绕区域大米地理标志品牌，加强品牌规范。省粮食与省质监等部门一同制定各区域大米地理标志品牌申请登记办法，指导各地围绕地理标志品牌的推广使用及管理建立健全相关制度及办法，扩大地理标志品牌使用范围；引导大米加工骨干企业以地理标志产品为核心，打造系列产品，提高地理标志品牌大米的加工占比；充分发挥大米协会职能，规范企业市场行为，维护品牌声誉。③打造产业联盟，抱团出击。吉林省各区域的大米加工企业、经销商、品牌服务机构等组成产业联盟，共举"吉林大米"大旗，推动优质大米生产"上规模、扩产量、成批量"，联盟企业在各区域内组建小联盟，抱团出击[④]。政府通过完善联盟章程，严定准入门槛，明确联盟企业责任及义务，促使之成为品牌建设的主要载体[⑤]。

3. 针对"品牌营销创新差，产品影响力弱"的措施

①创新营销，模式多元化。整合销区市场和渠道资源，推出"直营＋商超"、电商、社区直供、"吉田认购"四类营销模式。其中，"吉田认购"模式实现稻、文、旅等资源有机整合，开创区域性公共品牌打造"私人订制"的先河，实现吉林大米价值链、产业链和供应链共建共享。②线上线下同布局，营销体系化。线上，创新"互联网＋吉林大米"营销模式，全省主要大米加工企业在淘宝、京东等大型电商平台开设网店；线下，以"吉林大米"统一标识为标志，开设大米体验店及直营店；与各市主流经销商合作，积极进驻省内及重点销区城市商超专柜[⑥]；营销网络逐渐体系化，省内、外营销互联，直营、分销互补。③细分产品卖点，特色地区化。吉林大米分东部大米、中部大米、西部大米三大系列。其中，东部大米

① 吉林省人民政府办公厅：《吉林大米品牌建设指导意见》（吉政办发［2013］14号）．http：//xxgk.jl.gov.cn/szf/gkml/201812/t20181205_5347936.html.

② 吉林省人民政府办公厅：http：//xxgk.jl.gov.cn/zcbm/fgw_97953/xxgkmlqy/201907/t20190711_5997489.html.

③ 中华人民共和国农业农村部：打造吉林大米好味道．http：//jiuban.moa.gov.cn/fwllm/qgxxlb/jl/201503/t20150309_4430998.html.

④ 通化市农业农村局：吉林大米：擦亮吉林品牌 做强现代农业．http：//www.tonghua.gov.cn/ztzl/nw/nydt/201809/t20180919_294964.html.

⑤ 吉林日报：吉林大米再出发．http：//jlrbszb.cnjiwang.com/pc/paper/c/201804/23/content_52818.html.

⑥ 中国吉林网：全力打造吉林大米品牌 促进粮食供给侧改革．http：//news.cnjiwang.com/jlxwdt/sn/201610/2237828.html.

突出矿物质含量高，主打富硒大米；西部结合弱碱土特征，主打弱碱大米；中部围绕黑土地资源优势，主打有机大米。④八方行走，推介立体化。一是吉林省粮食和物资储备局牵头，粮食部门和米企在全国多个销区重点城市频繁开展推介工作，做到广撒网，多亮相；二是与其他地区米面粮油知名品牌合作，实现联合推介。例如，牵手山西小米举行"吉晋产好米，大小两相宜"联合推介，与山西小米、齐鲁粮油、天府菜油举行"吉晋鲁川聚中原、米面粮油全配齐"联合推介[1]；三是充分利用互联网资源，开展"云发布""云招商""云直播"等线上推介。⑤讲好品牌故事，品宣常态化。以"吉林大米——安全、营养、好吃"为主题，围绕生态环境、稻米品质及相关历史文化，利用电视、广播、报纸、网络等媒体做好常态化宣传，做到"电视有影、广播有声、报纸有字、站场有牌、网络有事"[2]，实现品牌推广自主、持续、可控。

4. 针对"优种覆盖率不足，品种难提品质"的措施

①主推优良水稻，各部门参与环节指导。全省主推吉粳 511、吉粳 809 等 10 个左右优良品种，建立重点种植示范区，扩大示范品种影响；各市（州）、县（市）根据当地情况选择 2～3 个优良品种，开展推广种植工作。农业农村部门加强对优良水稻种植指导，粮食部门加强对优质稻种购、销指导，种子研培单位加强对优良品种的育与推[3]。②强化技术研发和推广。实施水稻良种工程、技术攻坚，提高水稻单产、品质及抗逆性。水稻所组织编写《吉林省水稻栽培技术作业历》，针对不同稻区编制对应水稻栽培关键技术方案[4]，科技员为科技示范户根据技术方案提供技术服务。

5. 针对"缺乏龙头标杆企业，产能落后低下"的措施

①扶持产业，优化产能。加大政策扶持，推动大米加工企业整合重组，做大做强一批重点粮企如松粮集团、松江佰顺等，做优做精一批重点品牌如查干湖大米、延边大米等；建设水稻加工集中区，支持大米加工企业改良、创新相关技术，提高精深加工水平。②产业化经营，协同发展。鼓励大米加工企业建立优质水稻生产基地，实行统供、统栽、统施、统收，确保加工大米品质；推广和完善订单农业，确保种植计划与市场需求不脱节。

（四）吉林大米品牌建设成功经验

吉林大米品牌发展模式可概括为：以"五个一"（一个公共品牌——"吉林大米"；一个产业联盟——省内大联盟带动各个区域小联盟；一个官方宣介、销售平台——吉林大米网；一个质量标准体系——提供标准质量保障；一个销售渠道——直营店加商超专柜销售模式）为行动统筹，以"五个化"措施（工程化统领，构建核心体系；立体化推介，扩大品牌影响；多元化传播，讲好品牌故事；标准化管控，夯实产业基础；创意化营销，促进提质增

① 央广网：首届中国粮食交易大会召开 吉林大米、山西小米联袂登场. https：//baijiahac. baidu. com/s? id=1609202750378610515&wfr=spider&for=pc.

② 新华社：吉林大米如何从香到"响". http：//www. jl. xinhuanet. com/2020-07/16/c_1126244358. html.

③ 吉林省人民政府办公厅：《吉林大米品牌建设指导意见》（吉政办发［2013］14 号）. http：//xxgk. jl. gov. cn/szf/gkml/201812/t20181205_5347936. html.

④ 吉林日报："蝶变"背后的科技支撑——省农科院助力"吉林大米"品牌战略. http：//aetc. jaas. com. cn/index/descript_news. php? sid=1837.

效）为行动大纲，推动品牌建设市场化、规模化、网络化，全力打造吉林大米"三位一体"（以"吉林大米"公共品牌为核心，强化区域品牌、企业品牌、产品品牌）的品牌格局。

吉林大米品牌建设之所以成功，与以下方面存在紧密联系：

1. 稻米产地自然资源优越，东北大米稻作区有品牌加成

气候方面，吉林省地处北纬 $40°52'\sim N46°18'$，属于世界黄金玉米带的纬度区间内，与黑龙江五常及日本水稻主产区北海道等地纬度相近，属大陆性季风气候，光照充足，年日照长达 2 454.2h，雨热同季，年均降水量 610.6mm；土壤方面，吉林省境内适宜水稻种植的土地分布均匀且类型多样，土壤无重金属污染问题，微量元素及有机质含量丰富；水源方面，境内有松花江、辽河、鸭绿江、图们江、绥芬河五大水系，且均位于环境优良的水系上、中游区域，水资源丰富，灌溉工程发达，灌溉面积超过 73 万 hm^2；区域优势方面，吉林属于东北稻区，东北稻区地处黑龙江、松花江、乌苏里江三江平原，土壤矿物质含量丰富，日照充沛，水网密集，病虫害少，所生产的东北大米品质优，在市场上整体表现一向出色，消费者口碑较好。吉林大米作为东北大米一员，从东北大米整体优秀品牌形象中受益。

2. 政府高度重视，行动迅速，规划清晰

在品牌意识上，为实现好米变名米、卖好价、有市场、提产业等愿景，吉林省政府对吉林大米品牌建设予以高度重视，牢牢抓住稻米需求的品质升级机遇，强抓品牌形象，突出吉林大米"好吃，营养又安全"的品质，直扣消费者"优良食味、丰富营养、安全食用"的饮食需求。省财政设立专项资金逾亿元[①]，支持品牌建设各项工作开展。在规划上，政府"五个一"统领工程、"五个化"行动措施以及"三位一体"品牌布局有总有分，科学顶层设计与可行具体措施兼具。在围绕品种培优、品质升级、品牌整合、产业融合等关键问题上，省农委、省国土资源厅、省工商局、省质监局等政府部门分工合作，充分整合及协调各行各业资源。在品牌营销上，政府起关键引导和组织作用，讲求集团化作战，携领吉林大米企业出席各类展销会、品鉴会和交流会以提高曝光度；对接其他地区政府，推进品牌宣传合作以提高宣传广度和效力；实现政府搭台，企业唱戏。

3. 以品质提升为核心，重视品种研发，促进区域品种统一和生产标准化

以稻米品质为根本，以品质提升为核心，重视良种研发、选育与推广种植，促进区域品种统一。围绕稻种培育、稻米种植、稻米收储、稻米加工、稻米销售等产业环节加强质量标准体系建设和质量追溯体系建设，促进生产标准化。

4. 政府牵头，强化资源整合，分工协作，创新营销，合力打造区域品牌

资源上，由政府牵头，强化资本、技术、渠道、媒介等各项资源的集聚与整合；产业上，主张激励相容，分工协作，推动产业实现横纵联合，强化各方利益联结，促进产业化经营和规模化发展；营销上，细分卖点，通过创新"吉田认购"等创意营销模式，彰显高级品质和高端形象；推介上，充分利用各地区、各行业媒介资源，做到既全面又立体，既走传统主流媒体渠道也借助互联网平台流量，既苦练内功又与其他品牌强强联合，既有针对性也有持续性。

---

① 吉林日报：吉林大米：五年奋进成就"第一品牌". http://jlrbszb.cnjiwang.com/pc/paper/c/201710/25/content_40013.html.

五、江苏大米品牌发展存在问题与原因

总体而言，近几年江苏大米产业和品牌建设已取得了较好的进展，但仍然存在一些问题，具体如下。

1. 品牌多但影响力不高，优质大米流失，加剧高端品牌建设难度

第一，江苏大米品牌众多且小而散，优势主导品牌不强。从全国来看，我国目前的区域性大米公共品牌有 50 多个，其中江苏占据 4 个，但江苏大米缺乏食味标准，品类价值缺失，总体呈现"多、小、杂、散"的特征，导致江苏大米呈现高端产品不足，知名品牌少的现状，缺乏像"五常""盘锦"等国内知名大米以及日本越光、泰国 RD15 等国家支柱型（品种）品牌。以盐城稻米为例，市域内以传统的射阳大米、阜宁大米和建湖大米较为知名，但市域外仅"射阳大米"有一定的认知度，消费者对于"盐城大米"的品牌认知度不高（任志霞，2019）。第二，江苏优质大米流失严重，加剧高端大米品牌建设难度。以五常大米为代表的东北大米一直被消费者认定是"好吃、安全"的中高端大米，在其抢占江苏大米市场过程中，一些冒牌企业常以较高价格大量收购江苏优质大米并进行代加工和贴牌销售，导致江苏优质大米大量流失，剩余中低品质大米难以支撑高端品牌建设。据课题组于扬州调查结果显示，扬州稻米企业仅少量产品进行有机产品和绿色产品认证，全国知名稻米品牌少有，存在东北稻米企业委托本地米厂代加工现象，品牌和包装由东北企业提供，稻米为扬州本地稻米，这在一定程度上增加了东北大米在江苏大米市场的影响力和对江苏大米市场的侵占。

2. 区域内生产不统一，限制区域品牌做大，且区域间产品特色挖掘不足，又限制区域品牌差异化发展

第一，江苏南北生产条件差异大，各区域大米生产不统一，无论在育种、种植还是后期环节，都呈现出互不相干、各自为政的情形，标准化程度不高，限制区域品牌做大。例如，育种与推广方面，水稻品种存在多、乱、杂现象，优质品种结构性矛盾突出，品种应用和布局不均衡，品种推广存在盲目性等问题，造成粮食收购时，不同品种、口感、质量的稻谷容易混淆收购，以此加工得到的大米，品质、口感很难一致。大米加工方面，江苏大米加工企业小、乱、杂、多，大型加工企业不足，造成大米加工能力低下，加工标准难以统一。水稻病虫草害防治方面，部分区域仍存在过度施药、农药残留超标等现象，影响大米品质和安全性。各环节不统一会严重影响优质大米的质量，不利于全产业链打造优质大米品牌。第二，江苏大米已形成多区域品牌齐头并进趋势，但区域间产品特色不足，不利于大米区域品牌差异化发展。据江苏省农业推广部门统计资料，江苏省目前注册的优质粳米商标超过 500 个，且各地区相继推出射阳大米、兴化大米、泗洪大米、淮安大米等多个区域品牌，但是，不同区域品牌产品间区分度不够，品牌特色不足，消费者购买时难以区分品牌差异。以兴化大米为例，兴化优质大米选择的品种为南粳 9108，该系列品种在江苏、安徽、上海、浙江北部等地区大面积种植，属于主推优质品种。由于南粳系列品种在兴化地区栽培前缺乏结合当地自然条件进行品种改良研究，导致"兴化大米"产品与周边地区大米品牌同质化严重，缺乏自身特色。

3. 品牌保护不力，侵权较为严重，阻滞高端品牌形成

第一，政府和企业品牌保护意识薄弱。作为区域品牌建设的主要力量，政府和企业理应承担更多保护大米品牌的责任和义务。但是，一方面，地方政府往往仅重视初期的品牌创建，忽视后期的品牌管理和保护，面对品牌"多且杂"和知名品牌不足的局面行动迟缓，不利于高端品牌的形成。另一方面，龙头企业在品牌建设中资金和力量投入不足，不愿意承担过多的品牌建设和保护义务，导致区域大米品牌标准化、产业化、规范化进程缓慢；中小企业实力较弱，抵御风险能力薄弱，品牌建设和维护能力有限，参与大米区域品牌建设积极性不高。第二，大米品牌监管缺乏，冒牌掺假大米众多，阻滞高端品牌形成。大米品牌差异化不足，品牌特色不明显，使得一些小企业往往借助大米知名品牌的帽子，掺杂普通大米或低质大米进行获利，侵权问题较为严重。同时政府对大米品牌缺乏监管，未建立可追溯大米质量监测体系，任凭普通大米和中档大米潜入高端大米市场，拉低高端市场大米品质，严重阻碍高端大米品牌建设。据课题组在南通市调查，南通市大米加工企业和大米品牌数量众多，其中存在大量套牌、冒牌企业和产品，导致市场竞争不良。

4. 区域品牌建设和维护缺乏顶层规划及区域协调

第一，江苏省政府和地方政府在大米品牌建设和维护上缺乏顶层设计。例如，品牌定位方面，大米品牌定位不准确，偏向中档和普通大米产品，高端大米产品较少；品牌传播方面，品牌宣传策略简单，未充分发挥省政府主导和地区间合作的宣介作用，品牌传播不足；大米销售方面，销售网络单一，营销手段落后，大米市场占有率较低；品牌维护方面，缺乏大米的标准化体系和质量追溯体系，优质大米流失关注不够，冒牌混杂侵权监管不足；品牌文化方面，大米生产加工与第三产业的融合有待深化，稻田的生态涵养、文化传承等特色功能拓展不足。第二，江苏大米区域品牌虽然发展较好，但区域间品牌缺乏良性竞争，协调不足。在地方政府的强力扶持下，各地区大米品牌发展较好，但区域间同质化严重，缺乏地区特色，且省内各区域自主经营、自主定价，但由于管理失衡，约束机制失灵，存在相互砸价、品质、质量参差不齐等问题。区域间品牌缺乏良性竞争，严重影响江苏大米品牌形象；同时，省政府未充分协调各区域品牌优势和特色，导致各区域大米品牌进军省外市场时普遍独自作战，难以发挥区域品牌合力。

六、江苏省农产品区域品牌建设与发展必要性

品牌建设是高质量稻米产业发展的关键一环，谋划以品牌化带动现代化，对农业、农村和农民的发展尤显重要。江苏作为重要的稻米生产大省，具有得天独厚的自然资源、品种选育、产业与物流等方面优势，大力培育和发展具有江苏底蕴和特色的品牌大米对推进区域农业转型升级、乡村振兴战略落地具有重要意义。

（一）加强稻米品牌建设是振兴江苏优势产业的需要

2018 年中共中央、国务院印发的《乡村振兴战略规划（2018—2022 年）》提出，要"以各地资源禀赋和独特的历史文化为基础，有序开发优势特色资源，做大做强优势特色产业，创造特色鲜明、优势集聚与市场竞争能力强的特色农产品优势区"。水稻是江苏传统优势农

作物，但长期以来，存在品牌意识不强，品种优势不突出；大米知名度不高，品牌定位不准确；加工产业薄弱，品牌整合不到位等不利于产业优势提升的弊病。打造江苏稻米特色品牌，旨在依托其独有的自然资源禀赋优势、地理区位优势及源远流长的稻作文化，创造特色鲜明、品质优势突出、竞争能力强的区域品牌，以振兴水稻种植、加工、食品制造等系列产业，促进全省经济高质量发展。

（二）加强稻米品牌建设是确保农民丰产丰收的需要

水稻是江苏省第一大粮食作物，常年种植面积和稻谷总产分别占粮食作物的40％和60％。长期以来，稻谷作为大宗农产品，市场售价相对较低，相反生产资料价格上涨幅度过快，加上近年连续调低稻谷收购最低保护价，使得水稻生产比较效益显著下降，不利于农民种粮积极性的提高。打造江苏稻米特色品牌，可以优化水稻种植业结构，延长水稻产业链条，带动大米加工、食品制造、仓储物流、观光旅游、餐饮住宿、电子商务等产业的发展，推动要素合理配置和产业有机融合，让农村一二三产业在融合发展中同步升级、同步增值、同步受益，从而增加广大农民的就业机会，拓宽乡村产业门路，形成产业兴旺发达、农民增收致富的良性发展格局。

（三）加强稻米品牌建设是顺应市场趋势满足消费升级的需要

在我国全面进入小康社会后，广大人民群众生活水平将不断提高，消费持续升级，从而要求提升稻米供给质量，以满足"吃好"的需求。当前，江苏甚至全国稻米生产品质普遍不高，在国内难以满足人们日益增长的优质稻米需求，在国际市场上缺乏与日本和泰国优质米竞争的实力。品牌代表着品质，强化江苏大米品牌建设，就是要以提供优质生态稻米、健康安全制品为宗旨，按照"绿色、安全、高品质"的原则，不断减少化肥、农药使用，大力推广有机肥和生态防治技术，通过提高稻谷品质进而提升稻米及其制品品质，创建由产地环境、种植管理、加工储运、质量追溯等构成的江苏独有的大米标准体系，打造超越"国标"、"日标"和"欧标"的江苏高品质稻米品牌，从而满足消费升级的需要。

七、吉林大米、五常大米品牌建设经验比较及对江苏大米品牌建设启示

基于对吉林大米、五常大米品牌建设经验的梳理，本部分进一步总结两品牌建设经验的异同之处，为江苏稻米品牌建设提供启示。

（一）两大稻米品牌成功崛起的共同经验

1. 优越的气候自然条件

经验：两者都具有优异的适合稻作的纬度、气候、水土等自然条件，从产地禀赋上就决定了所产稻米的品质高度。

启示：江苏在气候、纬度、土壤质量等自然禀赋上，与五常、吉林地区相比，条件的确

没有两者突出，从技术和理性角度也不存在复制五常或吉林稻米生产自然条件的可能。因此，江苏稻米在自然禀赋上的弱势需要在品牌建设的其他发力点上补回。

2. 有力的政府规划协调

经验：政府高度重视品牌建设，具有战略眼光和长远谋划。在围绕品种、品质、品相、品宣、品牌营销等一系列品牌建设规划和布局上发挥主导作用，各部门分工协作，牵引汇聚各方资源，提高资源配置效率，推进行业整合，促进稻米产业升级，实现稻米品牌建设上规模、成产业。

启示：江苏经济发展重心不在稻米产业或者说不在第一产业。省内农业科研院所众多，稻种研发实力强大；制造业先进，技术背景深厚；处于长三角，交通网络发达，交通运力庞大，周边紧邻城市的消费者对稻米的口味习惯相近。在具备以上诸多有利条件下，江苏稻米产品依旧只能盘踞在普通大米市场，品牌发展最近方才见到起色，稻米品牌战略至今才提及。很大一部分原因在于政府主动性不强，以至顶层设计和科学引导缺位。稻米品牌崛起非一日之功，从长远规划到步步实施，江苏政府部门要在战略上高度重视稻米品牌建设，充分调动、整合、利用政府部门内部、稻米行业内部、稻米行业与其他行业之间的各种资源，做好顶层设计和各方规划，稳扎稳打。

3. 品种统一化与生产标准化

经验：强调优秀稻米品质，通过加强稻种培优复壮和提高良种种植及加工占比，全面建立并严格实施质量标准体系，规范从稻米种植到稻米生产加工各个环节，促进品质统一，推进生产标准化。

启示：江苏稻米品牌的发展，面临的突出问题之一便是品种鱼龙混杂、品质参差不齐、品质监管与维护缺乏体系，难以标准化。通过学习吉林、五常在促成稻米品质统一和标准化生产上的先进经验，可在制度、管理、技术上加以借鉴。

（二）两大稻米品牌崛起的独到之处

1. 五常大米稻作历史更加悠久

经验：相比吉林大米，五常大米品牌历史渊源更加久远，现如今的优良稻种和优秀稻米品质既源自优越自然环境和地理位置，也得益于古今稻种培育历史的深厚积淀，时间与机缘上较之吉林大米更甚。

启示：反观江苏稻作历史积淀不深，自然环境禀赋也有所欠。只有政府在品牌这一准公共品上发挥强力引领作用，通过科学的顶层设计、明确的战略规划、清晰的市场定位、高效的资源调用以及多元的产品设计，才能尽力弥补历史积淀的薄弱和市场先机的失去。

2. 五常大米打假防伪更胜一筹

经验：五常大米产量少，享誉大，市场一度混乱。五常市政府在防伪溯源、打击假冒、规范市场方面投入甚多，相关制度、办法、流程及管理经验相比吉林大米，更加深厚。

启示：学习五常在溯源防伪、商标授权、包装管控、政府监督、行业自查上的成熟经验，整顿江苏稻米市场流通乱象，既防优质苏米外流到其他稻米品牌渠道借壳销售，也防别家品牌稻米混入江苏稻米渠道扰乱苏米品牌市场印象。

3. 品牌营销推广侧重点不同

经验：吉林大米与五常大米在品牌营销及推广策略上各有侧重。吉林大米讲究集团化作战，主张立体化营销推介以及强强联合。五常大米倾向走小而精的高端产品路线，细分市场，力图与其他大米在品牌属性和消费者品牌价值认知上拉开差距。

启示：江苏稻米品牌作为市场后发者，一方面学习吉林大米，结合自身资源与特点，借鉴集团化、立体化品宣策略，深耕周边有利市场和江苏主场；另一方面学习五常大米，挖掘、培养与其他稻米品牌在品牌属性、品牌服务、品牌价值上的差异点，强化消费者品牌认知度及忠诚度，提高品牌溢价能力。

附录　大米地理标志产品列表及登记注册时间

稻米品牌名称	省份	登记年份	稻米品牌名称	省份	登记年份
泗洪大米	江苏	2010	白莲坡贡米	安徽	2018
射阳大米	江苏	2017	芜湖大米	安徽	2019
高墟大米	江苏	2019	新开河贡米	吉林	2008
姜堰大米	江苏	2019	万昌大米	吉林	2008
东台大米	江苏	2019	舒兰大米	吉林	2015
土桥大米	江苏	2020	息烽西山贡米	贵州	2015
宿迁籼米	江苏	2020	瑯川贡米	贵州	2017
阿城大米	黑龙江	2008	凯里平良贡米	贵州	2018
肇源大米	黑龙江	2009	郭家湾贡米	贵州	2019
延寿大米	黑龙江	2009	安龙红谷	贵州	2019
梧桐河大米	黑龙江	2011	平坝大米	贵州	2019
桦川大米	黑龙江	2011	独山大米	贵州	2020
兴凯湖大米	黑龙江	2013	白水贡米	贵州	2020
他拉哈大米	黑龙江	2013	海龙贡米	贵州	2020
东宁大米	黑龙江	2013	金竹贡米	贵州	2020
五大连池大米	黑龙江	2014	平林镇大米	湖北	2008
佳木斯大米	黑龙江	2015	瓦仓大米	湖北	2011
萝北大米	黑龙江	2015	葫芦潭贡米	湖北	2012
居仁大米	黑龙江	2016	承恩贡米	湖北	2014
饶河大米	黑龙江	2016	石马槽大米	湖北	2014
七台河大米	黑龙江	2017	东巩官米	湖北	2014
万宝镇大米	黑龙江	2018	洪湖再生稻米	湖北	2015
庆安大米	黑龙江	2019	监利大米	湖北	2015
南陵大米	安徽	2010	郧阳胭脂米	湖北	2015
含山大米	安徽	2017	房县冷水红米	湖北	2015

（续）

稻米品牌名称	省份	登记年份	稻米品牌名称	省份	登记年份
孝感香米	湖北	2016	东兰墨米	广西	2016
谢花桥大米	湖北	2016	环江香粳	广西	2017
金桩堰贡米	湖北	2016	凤山粳	广西	2018
钟祥长寿村大米	湖北	2017	侧岭米	广西	2019
水竹园大米	湖北	2017	钦州赤禾	广西	2019
蕲春再生稻	湖北	2020	南丹巴平米	广西	2020
弋阳大禾谷	江西	2010	紫鹊界贡米	湖南	2010
井冈红米	江西	2010	城头山大米	湖南	2014
奉新大米	江西	2010	乌山贡米	湖南	2018
高安大米	江西	2014	松柏大米	湖南	2018
黎川黎米	江西	2017	常德香米	湖南	2018
宜春大米	江西	2018	江永香米	湖南	2018
麻姑米	江西	2019	赫山兰溪大米	湖南	2019
鄱阳大米	江西	2020	大通湖大米	湖南	2019
象州红米	广西	2012	白云贡米	湖南	2020

资料来源：根据全国农产品地理标志查询系统数据统计整理。

（徐志刚　陈品　朱玮强　张赟）

参 考 文 献

董雅丽，白会芳，2007. 论区域品牌的形成机制［J］. 科技管理研究（8）：32-34.

胡大立，谌飞龙，吴群，2006. 企业品牌与区域品牌的互动［J］. 经济管理（5）：44-48.

黄蕾，2009. 区域产业集群品牌：我国农产品品牌建设的新视角［J］. 江西社会科学（9）：105-109.

梁文玲，2007. 基于产业集群可持续发展的区域品牌效应探究［J］. 经济经纬（3）：114-117.

任志霞，2019. 优质稻米区域性公共品牌创建的现状与思考——以"盐城大米"品牌创建为例［J］. 大麦与谷类科学，36（6）：55-57.

孙凤芝，于涛，张明伟，等，2013. 基于系统视角的区域品牌传播模式探究［J］. 山东大学学报（哲学社会科学版）（5）：125-131.

杨柳，2008. 论地理品牌与产业集群的价值实现——基于中国白酒产业的分析［J］. 软科学，22（12）：114-118.

俞燕，2015. 新疆特色农产品区域品牌：形成机理、效应及提升对策研究［D］. 武汉：华中农业大学.

曾建明，2010. 基于系统的角度："区域品牌形象"应作为评价区域竞争力的一个新要素［J］. 系统科学学报，18（2）：65-67，71.

张生彬，叶静，2019. 省域公共品牌"苏米"创建的若干思考［J］. 中国粮食经济（8）：73.

江苏省稻米品牌建设战略与政策建议

[摘要]为推动江苏从稻米产业大省向产业强省迈进，在综合分析省内外稻米产业形势、江苏稻米品牌建设优劣势，审慎借鉴五常大米、吉林大米等知名大米品牌建设经验的基础上，提出江苏稻米产业瞄准长三角中高端市场，加快实施"水韵苏米"省域品牌与"高特优"区域品牌相结合的统分品牌战略，以实现"苏米"品牌统分结合、集团作战，不断提升市场供需契合度，强化江苏稻米市场优势地位。并从加强政府统筹协调，打响"水韵苏米"省域品牌，创建"高特优"区域品牌，提升稻米生产标准化与质量，品牌营销宣介，稻米市场流通与规范，科研创新驱动，全环节政策支持等方面提出政策建议。

为全面提升江苏省稻米品牌建设水平，切实提升苏米品牌形象、品牌知名度与品牌价值，助力千亿元级优质稻米特色产业落地，推动江苏从粮食产业大省向产业强省迈进，在综合分析省内外产业形势、江苏稻米品牌建设优劣势，审慎借鉴五常大米、吉林大米等知名大米品牌建设经验的基础上，确立和提出江苏稻米品牌建设战略及相关政策建议。

一、苏米统分品牌战略

（一）实施苏米统分品牌战略与要点

建议江苏稻米产业加快实施"水韵苏米"省域品牌与"高特优"区域品牌相结合的统分品牌战略。瞄准长三角中高端市场，全力提升"水韵苏米"省域品牌知名度，加快创建一大批以高附加值、特色、优质大米为基础，具有高影响力的"高特优"区域品牌，实现苏米品牌统分结合、集团作战，不断提升市场供需契合度，强化江苏稻米市场优势地位。

战略要点包括三方面：

（1）实施"水韵苏米"省域品牌统一化策略，全力提升"水韵苏米"省域品牌知名度，增强苏米品牌整体的市场信誉，发挥省域品牌统领功能。

（2）实施"高特优"区域品牌差异化策略，加快创建一大批高影响力区域品牌，形成苏米区域品牌差异化优势，满足市场中高端个性化需求。

（3）实施统分结合品牌策略，实现苏米品牌集团作战，不断提升苏米"高特优"区域品牌与长三角市场日益增长的多元化需求的契合度。

实施"水韵苏米"省域品牌与"高特优"区域品牌相结合的统分品牌战略，一方面要全力发挥"水韵苏米"省域品牌统领作用，另一方面充分利用江苏区域品牌众多这一优势，加快实施"高特优"区域品牌差异化策略,有效提升江苏稻米品牌对长三角地区稻米多元化市场需求的适应能力,满足市场不断增长的中高端需求,拓展品牌价值增长空间,助力江苏稻米产业开创全新局面。

2. 实施苏米统分品牌战略的必要性

苏米统分品牌战略是充分考虑了江苏稻米品牌建设与发展基础,生产、市场、加工优劣势,外部环境挑战与机遇,广泛吸纳了五常大米、吉林大米,以及江苏稻米品牌建设经验教训的战略思考选择。该战略既立足当下又考虑未来,既保持传承又力求创新,力促江苏稻米产业在国内市场实现弯道超车、行业领先。

第一,实施"高特优"区域品牌差异化策略是长三角中高端大米市场多元化需求增长的必然要求

一方面,长三角地区作为我国经济最发达的区域之一,大米市场中高端需求潜力巨大,江苏稻米瞄准长三角市场,发展"高特优"中高端品牌有优良的市场条件。本研究对长三角区域中高端大米需求弹性的测算结果表明,长三角区域的中高端大米市场潜力巨大,经济发展、人口规模增加将持续推动长三角大米消费升级,预计到 2040 年中高端大米需求总量将达到 1 231 万～2 463 万 t,市场价值将达到 1 085 亿～2 302 亿元。另一方面,长三角地区居民收入高,稻米多元化需求增长潜力大。大米食味品质、营养功能、健康功能等均属于多元化需求点,也是品牌市场份额潜在增长点。而东北稻米品牌产品和品牌印象趋同,市场同质化竞争严重,多元化稻米需求的供给缺位,这给江苏稻米发展"高特优"区域品牌留下很大空间。目前中高端稻米品牌建设和营销重点主要围绕大米的营养、安全以及食味,而对经济发达地区中高端稻米消费者更深层、更多元的稻米需求挖掘不足。

第二,实施"高特优"区域品牌差异化策略是经济发达地区对稻米产业发展的必然要求

江苏经济发达,稻米品牌持续发展必须发力中高端市场,增加产品附加值,提高品牌溢价能力,因为经济发达地区商业和投资机会多,资本等要素投入回报要求高,但农业产业回报率较低,各类要素投入积极性低。现实中,从前述对江苏省农产品区域公用品牌的分析看,目前大力发展的是附加值较高的非粮食类产品。如不实施"高特优"区域品牌差异化策略,充分利用稻米产业发展的优势条件,着力提升资本等要素在稻米产业上的回报率,江苏稻米产业将难以跳出中低端市场和社会投入不足的尴尬境地。

第三,实施"高特优"区域品牌差异化策略是江苏稻米区域品牌升级发展的必然要求

江苏稻米品牌众多,各区域品牌特色挖掘潜力大,便于向"高特优"品牌方向转变,增强对市场需求的反应能力,化劣为优。单一品牌或高度整合品牌的产品设计灵活性和产品线重塑性一般较弱,面对多元化稻米市场需求,反而难以实现品牌战略分工,抑制品牌影响和品牌价值提升。江苏稻米区域品牌众多,虽然全国影响力强的很少,看似劣势,但其实可以转为优势。通过创建和发展大批"高特优"区域品牌,能培养及提升江苏稻米区域品牌对目标市场稻米多元化需求的灵活反应能力,填补中高端大米市场多元化需求空白,实现江苏区域品牌众多与长三角市场稻米多元化需求的深度契合,形成江苏稻米产业特色。

第四,实施"水韵苏米"省域品牌统一化策略是江苏稻米实现品牌协同、集团作战的必然要求

根据本研究结果，虽然过去10多年江苏稻米品牌建设成效显著，有力支持了稻米产业发展，但是，江苏稻米高端品牌少且发展难，影响力偏弱，优质稻米存在流失；区域品牌多，也有知名品牌，但品牌影响力不强，特色不足；品牌保护不力，侵权问题严重，阻碍高端品牌做大、做强。江苏稻米区域品牌建设和维护面临诸多问题的一个重要原因是缺乏顶层规划与区域协调。实施省域品牌统一化策略能发挥省域品牌统领作用，实现区域差异化品牌分工协同，集团作战。

"水韵苏米"省域品牌建设近年来已崭露头角，初见成效，为实施省域品牌统一化策略提供了良好基础。在江苏省委省政府高度重视和大力支持下，省粮食与物资储备局积极落实省委省政府提出的发展千亿级优质稻米产业的部署，从2017年年底开始创建"水韵苏米"省级品牌，经过3年多努力耕耘，品牌建设已取得较好成效，多次获奖并在第九届和第十届中国粮油榜上被评为"中国粮油影响力公共品牌"。省政府对于加大苏米品牌创建的重视及决心，为进一步提升"水韵苏米"省域品牌知名度，发挥其统领作用创造了良好政策条件。

第五，实施苏米统分品牌战略是促进江苏稻米生产、加工、科研优势转为市场竞争优势的必然选择

江苏稻米产业基础好、水稻科研实力雄厚、加工业发展水平高，实施苏米统分品牌战略，打响"水韵苏米"省域品牌具备良好的经济与产业基础；江苏稻米生产规模大，市场地位突出，产业基础好；单产和成本优势十分明显，优质稻谷品种和原料丰富，亟须通过品牌建设来争取市场领先地位；江苏工业先进，食品加工业发达，稻米生产加工制备工艺及综合配套技术的研发与制备有强大的工业基础作为支撑；江苏省拥有众多涉农学科研究水平领先的高等院校，不乏高水平农科院所，农科底蕴深厚，稻作科技研发实力雄厚。

第六，实施苏米统分品牌战略是依托江苏稻米得天独厚市场优势，开创江苏稻米产业新局面的理性选择

一方面，江苏省地处长三角经济发达市场，大米食味契合。长三角地区是我国人口集聚最多的三大区域之一，不仅消费市场庞大，而且江苏稻米在食味品质上的"香、软、糯"更加契合长三角地区消费者的食味偏好。同时，市场对大米品牌的接纳首先便是对食味的接纳，对品牌的偏好首先也是对食味的偏好。相比于东北大米，"水韵苏米"在长三角市场具有独特优势。另一方面，江苏省毗邻上海、浙江等大市场，交通便利，流通成本优势明显，江苏稻米品牌在长三角市场进行品牌宣传、仓储物流、稻米销售具有明显的区位优势，有利于提升"水韵苏米"品牌知名度。

二、促进苏米统分品牌战略实施的政策建议

为加快实施"水韵苏米"省域品牌与"高特优"区域品牌相结合的统分品牌战略，从加强政府统筹协调，打响"水韵苏米"省域品牌，创建"高特优"区域品牌，提升稻米生产标准化与质量，到品牌营销宣介、稻米市场流通与规范、科研创新驱动、全环节政策支持等方面提出以下建议。

1. 政府高度重视，促进资源整合与协调，创造苏米品牌建设良好环境

建议省政府继续保持对稻米品牌建设战略的高度重视，围绕苏米中高端品牌建设愿景，科学做好顶层设计和可行性规划，在研发、生产、营销等层面全面发挥好公共管理职能，调动、整合政府部门、稻米行业、科研部门各项有利资源，实现"水韵苏米"省域品牌与"高特优"区域品牌建设齐头并进、集团作战。不同于企业和产品品牌，农产品区域公用品牌属于公共物品，政府投入资源符合发展规律。从五常大米和吉林大米品牌建设经验看，政府高度重视、财政持续投入、资源整合协调对其稻米品牌成功建设和可持续发展都发挥了关键性作用，值得借鉴。

2. 增加财政支持，全力打响"水韵苏米"省域品牌，强化品牌统领功能

"水韵苏米"省域品牌经过3年多努力已打开了良好局面，但"水韵苏米"品牌建设从建立到目前每年投入300多万元，一共投入仅千万元。与黑龙江、吉林等省政府在大米品牌建设上每年财政投入千万元规模相比，江苏省在大米品牌建设上的财政投入规模与其大米产业国内地位、苏米品牌建设愿景和省财政实力相比很不匹配。建议加大对"水韵苏米"省域品牌建设的财政投入，未来5年内每年财政投入不低于1 000万元，支持"水韵苏米"在长三角全力打响品牌，提升知名度，增强其对省内区域品牌的统领功能。

3. 鼓励地方政府充分挖掘地方资源，化劣为优，创建"高特优"区域品牌

江苏稻米产业应科学正确对待品牌众多问题，各地方政府应加大对地方大米产业行业的支持力度，努力挖掘长三角市场中高端需求增长潜力，充分利用区域品牌优势，通过适度整合以及品牌战略合理分工，化劣为优，契合中高端大米市场多元化需求，在区域品牌与多元化需求之间寻求高度默契，创新品牌增值路径。应建立和完善农业品牌标准，鼓励地方政府、行业协会等，打造一批高附加值、特色、优质和高影响力的"高特优"区域品牌。鼓励稻米加工企业做好长三角地区稻米中高端、多元化需求调研，摸清需求特征，结合自身优势规划生产与营销，依托"高特优"区域品牌，打造竞争力强的企业品牌。

4. 推进苏米标准化生产体系形成，实现区间差异化、区内统一化生产，为统分品牌战略实施提供生产基础

标准化生产体系是优质、特色产品与品牌建设的基础。目前江苏稻米生产面临突出问题是同一品牌大米产品品质参差不齐，必须努力推动区域品种统一化和生产标准化。不过品种统一化和生产标准化应具有区域特色，需要因地制宜，区域之间呈现差异化，区域内部趋于统一化。品质优良、特色鲜明的稻米产品需要良种、良田和良法配套融合，需要强化区域品种研发，优化品种性状；需要通过集中推广、种植示范等方式推进区域内品种统一化；需要不断创新生产经营模式，依托现代信息技术，构建稻米产品追溯体系，不断推进江苏省域稻米品种和大米产品区内统一化、区间差异化、生产标准化，助力苏米统分品牌战略实施。

5. 完善规范质量体系，强化苏米生产收储加工体系建设，提升产品质量优质度和稳定性

规范化的质量体系和全环节质量管理是大米产品质量的制度保障。收储和加工是质量保证的重要环节，必须强化大米储加体系建设，在优质生产基础上提升大米产品质量的优质度和稳定性。在收购环节，完善现有分级收购体系，区分品质好坏，实现稻谷分仓、分等、分品收购，保证产品质量的稳定性。在储存环节，要大力推广绿色生态保鲜技术，保证粮食稻谷新鲜度，减少损耗。在加工环节，要加大工艺改进，除了通过加工增加大米产品功能性，更要提倡适度加工，保留稻米的营养成分。必须强化稻米产品检测体系建设，尽快形成上下贯通的绿色食品检验检测体系，创新检验技术，提高检验水平。在政府部门加强监管的同时，积极引入第三方独立检验和监管平台，增强市场监管能力和效果。

6. 构建系统化的营销体系，强化政府引领支持，各方抱团冲击，统分品牌、集团作战，提升苏米品牌美誉度

营销与宣介对于品牌价值传播、弘扬与增值至关重要，各级政府应高度重视，大力支持和积极参与"水韵苏米"和"高特优"区域品牌的营销活动，助力统分品牌战略实施，提振江苏稻米产业发展质量。应积极通过立体化品牌宣介和线上线下营销布局展现江苏稻米特色，传递品牌价值观，加深品牌与消费者共鸣。应着重打造江苏稻米品牌文化、江苏稻米品牌形象，提高消费者对"水韵苏米"和"高特优"区域品牌的认知度和美誉度。政府应当在省（市）营销宣介对接、区域营销宣介资源整合与调配上发挥引导和携领作用，带领众企业抱团作战，顺应市场需求，展现品牌特色，彰显品牌凝聚力，增强公众认知，助力打响"水韵苏米"统一品牌和区域"高特优"品牌。

7. 促进省内外科研资源整合，加大品种研发投入，加强创新成果保护，引导区域品牌技术创新

依托省内高水平农业科研院所研发底蕴和工业制造实力，促进省内外种子研发、机械制造、工艺优化等领域科研资源整合和协作，依据中高端大米市场的多元化需求分类，围绕品种改良、设备研发、工艺改进等制订高水平标准，进而引导技术创新，推动企业落实技术攻关及应用。特别需要加大水稻品种研发投入，加强遗传育种对现有稻米品种食味、性状的改良，结合市场需求研发创制特色优质水稻新品种。加强创新成果保护，严厉打击侵权行为。开放针对统分品牌战略的新技术和新产品的专利申请绿色通道，专设知识产权管理办公室，通过对知识产权确权，加强专利保护；加强对技术运用、产品设计相关领域的市场监管，严惩创意剽窃，保护创新成果。

8. 完善知识产权保护体系，维护品牌形象，打击市场侵权，阻止优质苏米原料流失

江苏稻米不乏优质原料，但存在优质原料流失的问题，市场知识产权保护力度亟须加强。一方面，由于江苏稻米区域品牌市场影响力不足，稻米原料收购价格不高，部分企业将优质江苏稻米套用其他高影响力品牌稻米"换壳"出售，以获取更高水平的短期收益，导致优质原料流失，影响江苏稻米高端品牌建设和发展；另一方面，部分企业借助知名江苏稻米品牌"帽子"，掺杂普通大米或低质大米进行获利。这些都严重损害江苏稻米品牌形象及长远利益，扰乱市场流通秩序。针对流通市场上存在的以上现象，应实现创建与维护两手抓，学习借鉴五常大米在溯源防伪、商标授权、包装管控、行业自查、违规处罚等方面的成熟经验，尽快建立健全相关制度、办法、流程，严防严打侵权等违规行为，确保来源可溯、去向可查、责任可追，树立和维护优质品牌形象，阻止优质稻米原料流失。

9. 建立可持续的政策支持体系，加强对苏米品牌建设和产业发展的全环节支持

"水韵苏米"省域品牌与"高特优"区域品牌相结合的统分品牌战略实施并取得成效，

离不开从生产到收储、加工、销售的全环节、整套政策的大力支持。在生产方面，需要加大对企业商业化育种的投入和科企合作的支持。同时，支持引进国内外先进育种技术、装备和高端人才，并购优势科研单位或种子企业，促进"育繁推一体化"种子企业发展壮大；在收储加工方面，加大对粮食低温冷链储藏技术的研发和推广补贴，同时鼓励支持一批新型农业经营主体加强仓储保鲜冷链设施建设，提升鲜活农产品产地仓储保鲜冷链能力；在品牌推广方面，加大对苏米品牌的扶持力度，通过制定相关政策引导品牌建设，充分发挥公共管理及服务职能，推进资源优化和整合。此外，对于全产业链的龙头企业，一方面应逐步增加税收优惠覆盖范围，降低税收优惠门槛；另一方面通过综合运用税收、奖补等政策，鼓励金融机构创新产品和服务，加大信贷支持。

（徐志刚　朱玮强　张赟）